KB217274

한국 고대 도교

• 장인성

충남대학교 사학과
국립대만대학교 석 · 박사
현재 충남대학교 사학과 교수

저서 :『백제의 종교와 사회』, 서경문화사
논문 :「倭 왕권과 蝦夷(에미시)」, 2009 외 다수

이 저서는 2013년 정부(교육과학기술부)의 재원으로 한국연구재단의 지원을 받아 수행된 연구임 (NRF-2013S1A6A4018393)

This work was supported by the Nationsal Research Foundation of Korea Grant funded by the Korean Govermment(NRF-2013S1A6A4018393)

초판인쇄일 2017년 12월 22일
초판발행일 2017년 12월 26일
2쇄발행일 2018년 10월 10일
지 은 이 장인성
발 행 인 김선경
책임편집 김소라
발 행 처 도서출판 서경문화사
주소 : 서울시 종로구 이화장길 70-14 204호
전화 : 743-8203, 8205 / 팩스 : 743-8210
메일 : sk8203@chol.com
등록번호 제1994-000041호
ISBN 978-89-6062-201-2 93200

정가 19,000

한국 고대 도교

장인성 지음

서경문화사

머리말

우리나라 전통시대의 종교로 흔히 유교 · 불교 · 도교 삼교를 든다. 그런데 도교는 유교와 불교에 비해 상대적으로 주목을 받지 못했다. 그 까닭은 아마도 도교문화의 유산이 다른 이름의 외피를 두르고 있었기 때문이었다. 그러므로 그 외피를 벗겨서 도교문화의 실체를 밝히는 작업은 우리 문화의 진면모를 드러내고 문화적 다양성을 확인할 수 있는 매우 의미 있고 흥미로운 과제이다. 이런 시각에서 볼 때 2013년 12월 국립중앙박물관에서 개최한 "한국의 도교문화–행복으로 가는 길"이란 주제의 기획특별전은 참으로 시의적절한 전시였다. 이 특별전은 국내외를 막론하고 한국 전통시대 도교문화 전반에 관한 최초의 전시였다. 그동안 한국의 유교와 불교 그리고 민간신앙을 주제로 한 전시가 적지 않았다는 점을 감안한다면, 이 전시는 도교문화를 새롭게 인식할 수 있는 좋은 계기가 되었다. 국립중앙박물관 특별전의 도록인 "한국의 도교문화–행복으로 가는 길"의 프롤로그에서 '한국의 도교문화'라는 주제로 한국 도교의 수용과 역할을 간명하게 밝혔다. 고구려가 도교를 수용한 이후 한국에서 도교는 종교로서 정체성 있는 뚜렷한 세력을 형성하지 못했지만 다양한 도교적 요소가 불교와 민간신앙에 혼합되거나 문학과 회화 등에 영향을 주었다고 하였다. 따라서 한국에서 도교는 종교로서보다는 한국인의 취사선택에 따른 하나의 문화 현상으로 존재하였다고 결론을 내리고 있다. 물론 이것은 지금까지 연구 성과에 따라 도출된 결론이다. 그러나 이렇게 결론을 내릴 만큼 한국의 도교연구 성과가 충분히 축적되었다고 볼 수는 없다.

그동안 한국의 도교연구는 1930년대에 출간된 이능화의 『조선도교사』의 연

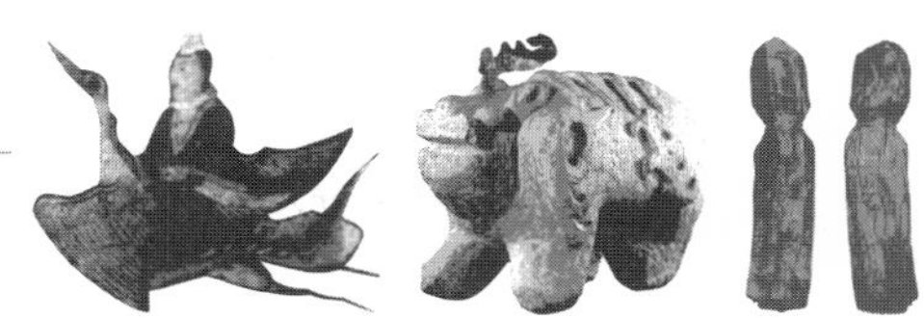

구를 크게 벗어나지 못하고 있었다. 한국 고대의 도교연구도 마찬가지였다. 최근에 이르러 비로소 한국 고대 도교의 연구가 많은 연구자들의 관심을 끌고 있다. 무령왕릉의 매지권, 백제금동대향로 등 도교문화를 드러내는 유물이 계속 출토됨에 따라 본격적으로 도교문화에 주목했기 때문이다. 이에 따라 기존의 신선사상에 대한 연구를 넘어 도교문화 전반으로 연구 범위가 확대되었다. 고구려 도교 수용에 대해서도 국제 관계와 역사 기억의 시각에서 새롭게 접근하는 연구 성과도 있었다. 이러한 연구 성과를 바탕으로 새로운 연구 과제를 개발하고 연구 방향을 모색하는 것이 시급한 과제가 되었다.

필자는 충남대학교 사학과에 부임한 후 백제의 종교와 사회에 많은 관심을 갖고, 백제의 도교문화에 관한 글도 발표하였다. 그러나 곧 한계에 부딪히고 낙담하고 말았다. 백제의 유물을 통해서 신선사상을 논한 필자의 연구는 기존의 연구 성과와 별반 다르지 않았기 때문이었다. 그때 대만 중앙연구원 동북아시아지역연구의 일환인 '무당의 면모(巫者的面貌)—한국 · 대만 · 중국 무당의 비교연구(2001~2003)'의 공동연구에 참여하여 대전 · 충청지역 무속 자료를 집중적으로 수집하고 고찰할 기회를 갖게 되었다. 이때 대전 · 충청지역의 앉은굿에는 도교적 요소가 융합되어 있다는 사실을 확인할 수 있었다. 앉은굿에서 도교의 천존을 비롯한 각종 신격 · 경문 · 신장의 위목 · 의식 등을 수용하여 그 의례를 변용하였음을 알 수 있었기 때문이다. 도교가 생생히 살아 있는 문화의 현장을 목격하게 된 셈이다. 이런 경험을 통해 필자는 한국 도교문화의 성격을 정확하게 이해하기 위해서는 한국 도교사에 대한 면밀한 검토와 연구가 필요하다는 커다란 과제를 안게 되었다.

새롭게 발굴된 고고 유물에서도 새로운 도교문화의 내용이 나타나기 시작했다. 각종 목간도 발굴되면서 백제 도교문화의 구체적인 내용이 속속 드러났다. 새로운 자료는 연구자에게 새로운 연구 성과를 낼 수 있는 계기를 제공하였다. 필자는 개인적으로 이러한 백제 유물들에 관한 글을 쓰면서 『속일본기』를 꼼꼼하게 읽는 기회를 가졌다. 『속일본기』 가운데 보이는 백제 유민들의 활약 속에 백제 도교문화가 크게 자리하고 있다는 사실을 알고 매우 기뻤다. 백제 유민의 도교문화를 통해 백제 도교문화의 면모를 복원할 수 있을 것이라는 희망을 보았기 때문이다. 그 후 고구려와 신라의 도교에 관한 글을 쓸 수 있는 기회도 갖게 되었다. 이처럼 도교에 지속적인 관심을 갖고 연구하던 중에 2013년 '한국 고대의 도교'라는 연구 과제로 한국연구재단의 저술지원사업에 선정되어 큰 지원을 받았다. 이 책의 저술은 한국연구재단의 지원으로 완성할 수 있었기에 먼저 한국연구재단에 감사드린다.

그동안 한국 고대 도교사의 새로운 연구 과제를 개발하고 연구 방향을 모색하는 데 일조할 수 있기를 바라며 노력한 결과물을 이제 세상에 내놓으려 한다. 연구도 삶과 마찬가지로 인연의 퇴적에 따라 다양해지고 풍부해졌다. 이 책의 완성 또한 많은 인연이 있어 가능했기에 그동안 도움을 주신 분들께 감사드린다. '무당의 면모'의 연구 책임자였던 대만 중앙연구원 역사어언연구소(歷史語言硏究所)의 린푸스(林富士) 연구원은 필자가 한국 도교를 연구할 수 있는 계기를 만들어 주었다. 대만 성공대학교(成功大學校) 리우징정(劉靜貞) 교수님은 2009년 "종교전파와 종교충돌(宗敎傳播與宗敎衝突)"이란 주제의 국제학술회의에 필자를 초청하여 고구려 도교에 관해 발표하도록 도움을 주었다. 2006년 『속일본기』 윤독을 함께 했던 한국교원대 김은숙, 송호정 교수님과 충남역사문화원 박재용 백제학연구부장은 필자가 일본의 백제 유민의 도교문화 연구에 착수할 수 있는 실마리를 마련해 주었다. 노중국 계명대 명예교수님은『신라 천년의 역사와 문화』에서 신라의 도교문화 부분을 집필하도록 격려해 주셨다. 충남대학교 사학과 전·현직 교수님들과 백제연구소 소속 교수님들의 가르침과 도움도 큰 힘이 되었다. 한국 고대 도교 연구자들에게 감사해야 함은 말할 것도 없다. 이 책의 완성은 그들의 선행 연구가 있었기에 가능했다. 끝으로 이 책을 기획하고 완성하는 모든 과정에 조언을 아끼지 않은 학문적 동지인 아내 김인숙에게 감사한다.

이 책의 후반부를 완성하기 위해 집필에 몰두하던 지난봄 어머님께서 소천하셨다. 지병으로 오랫동안 고생하시면서도 의연하셨던 그 모습을 떠올리며 어머님의 영전에 이 책을 바친다.

2017년 12월

장 인 성

목 차

머리말

서장 도교와 도교문화 _ 11
1. 도교와 도교문화의 정의 … 13
2. 한국 도교 자생설 … 15

제1부 고구려의 도교 ……… 25

제1장 영류왕대의 도교 수용의 국제적 계기 _ 28

제2장 영류왕대 정치와 『노자』 _ 39

제3장 연개소문의 도교 진흥 _ 48
제1절 고구려 도교 관련 사료분석 … 48
제2절 도교 진흥 … 55

제4장 도교문화 _ 70

제2부 백제의 도교문화 ……… 79

제1장 한성도읍시기의 도교문화 _ 83
제1절 『노자』의 이해와 활용 … 84
제2절 칠지도와 칠자경 … 89

제2장 웅진도읍시기의 도교문화 _ 102
제1절 무령왕릉과 도교문화 … 103
제2절 동성왕의 원지 축조 … 116

제3장 사비도읍시기의 도교문화 _ 127
제1절 사비도성의 원지 … 128
제2절 원지의 구조 … 135

  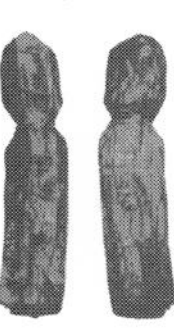

제3절 사비도성의 삼산 … 142

제4절 유물로 본 도교문화 … 153

제4장 백제 의약과 도교문화 _ 163

제1절 백제의 의료기관-약부(藥部) … 163

제2절 백제 본초학의 특징 … 168

제5장 일본에 전파된 백제의 도교문화 _ 175

제1절 백제계 도왜인과 도교문화 … 176

제2절 백제 유민 출신의 의약전문가와 신선술 … 181

제3절 주금사의 도왜와 역할 … 186

제3부 신라의 도교문화 ······ 203

제1장 신선사상 _ 206

제1절 『노자』와 『장자』의 이해 … 207

제2절 신선의 추구 … 212

제3절 원지 … 225

제2장 방술 _ 229

제1절 김유신 가문과 방술 … 230

제2절 방술 관련 유물 –목우인(木偶人) … 236

제3장 통일신라 말기 도당유학생과 도교 _ 240

제1절 김가기의 신선사상 … 241

제2절 최치원과 도교 … 249

참고문헌 _ 287

찾아보기 _ 305

서장

도교와 도교문화

서장
도교와 도교문화

1. 도교와 도교문화의 정의

우리나라 전통시대의 대표적인 종교로 유 · 불 · 도 즉 유교 · 불교 · 도교 3교를 든다. 이 3교를 유 · 불 · 선(仙)이라고도 칭한다. 우리나라에서 도교를 선 또는 선교(仙教)와 동일시하는 까닭은 도교의 궁극적 목표가 신선을 지향하고 있기 때문일 것이다. 그렇다면 도교는 구체적으로 어떤 종교인가?

조직화된 도교는 중국 후한 제국의 정치 · 사회체제가 붕괴되던 2세기에 출현하였다. 이때 출현한 도교에는 노장(老莊) 사상을 핵심으로 하면서 여러 사상과 신앙이 혼합되었다. 오랜 전통의 샤머니즘과 유가 · 묵가 · 법가 등의 사상을 받아들였고, 선진진한시대에 유행했던 방선도(方仙道)의 전통을 이었으며, 불교의 영향도 받았다. 그러므로 도교는 중국 고대 문화의 복합체적인 성격을 띠고 있다. 신선가(神仙家)의 전통을 이은 방선도는 장생불사의 신선설을 유포하면서, 불사약을 구하거나 선인(仙人)을 찾아다니며 장생불사의 방법을 구체적으로 강구하였다. 진시황시대 서복이 불사약을 구하기 위해 수천 명의 어린아이들을 거느리고 신선이 산다는 삼신산을 찾아 바다로 떠난 것은 대표적인 예이다. 이들이 창안한 장생불사의 방술(方術)은 도교의 기초가 되었다.

도교에 유교나 불교 등 다른 종교와 기타의 신앙이 혼입되어 있기 때문에 도교를 정의하기가 쉽지만은 않다. 그럼에도 불구하고 도교의 독특한 특징은 다음 몇 가지로 요약할 수 있다.[1)]

첫째, 모든 것을 창조하고 유지하는 근원적인 힘이라고 여기는 도(道)에 대한 믿음이다. 원래 노장사상에서 유래한 이 도(道)가 후일에는 인격화되었다.

둘째, 여러 층으로 이루어진 천(天)에 수많은 신령들이 거주하고 있다는 믿음이다. 도사는 의례를 통해 이들 신령들과 교통할 수 있다고 여겨졌다.

셋째, 기(氣)로 이루어진 인간은 수련과 양생을 통해 도(道)와 합일하여 신선이 될 수 있다는 믿음이다. 도교의 궁극적인 목적은 수도성선(修道成仙) 즉 수도를 통해 신선이 되는 데 있다.

도교문화는 넓은 의미로 볼 때 이와 같은 도교의 특징적인 정신이 깃들어 있는 문화를 가리킨다.[2)] 도교의 특징 중에서도 도교의 궁극적 목적인 신선이 되기 위해 구체적인 방법으로 양생술(장생술)과 방술(方術)을 발전시켰다. 양생술이란 음식물의 섭생, 기의 운용, 방중술, 약물복용 등을 통한 불로장생술이다. 방술이란 주문과 부록, 신에게 제사하는 의식인 재초(齋醮)와 과의(科儀) 등으로 귀신을 부리는 방법이다. 이러한 방법 이외에도 신선이 되기 위해서는 도덕적이고 윤리적인 인간이 되어야 한다는 믿음도 있었다.

---

1) Livia Kohn, Introducing Daosim, New York, Routeledge, 2009, pp.223~226.
좐스창 지음/안동준·런샤오리 뒤침, 『도교문화 15강』, 알마, 2011, 28~31쪽.

2) 좐스창 지음/안동준·런샤오리 뒤침, 앞의 책, 35쪽.

악행을 저지르면 불로장생할 수 없다고 여겼기 때문이다. 불로장생을 추구하는 양생술은 독특한 도교의학으로 발전하였고, 방술은 귀신세계라는 종교적 특징을 드러내고 있다.[3] 이와 같은 도교문화를 중국의 주변국가에서 쉽게 찾아볼 수 있다. 왜냐하면 중국 문화의 복합체인 도교문화는 주변 국가에 중국 문화가 전파될 때 따라서 자연스럽게 전파되었기 때문이다.

2. 한국 도교 자생설

한국의 도교는 언제 어떻게 시작되었을까? 이것은 한국 도교의 기원만이 아니라 한국 도교의 성격을 이해하는 데 대단히 중요한 문제이다. 한국 학계에서는 일찍부터 한국 도교가 자생하였음을 강하게 제기하였다. 이러한 주장은 후한 말 도교 교단이 성립되기 이전에 성행했던 신선사상과 샤머니즘을 주요한 논제로 설정하고 있다. 이능화는 그가 1930년대에 저술한 『조선도교사』[4]에서 이 논제를 심도 있게 고찰하여 한국 도교사 연구에서 큰 족적을 남겼고, 한국 도교의 자생설에 가장 큰 영향을 끼친 근대 학자이다.

이능화는 『조선도교사』에서 한국 도교의 큰 흐름을 중국에서 전래된 '진정도교(眞正道敎)'와 한국에서 유래한 '선파(仙派)'로 구분했다. '진정도교'를 '과의적 도교(科儀的道敎)'라고도 했다. '과의(科儀)'란 도교의 의례를 가리키는 '과(科)'와 '의(儀)'를 합친 용어로 '과의적 도교'란 중국에서 전래된 도교 의식을 거행하는 도교를 지칭한다. 이에 비해 '선파'는 한국의 원시 종교에서 유래했다고 하였다. 도교가 한국에서 자생했다는 주장을 펴기 위해 이능화는 단군신화를 주목하였다. 그가 단군신화에 주목한 이유는 조선의 건국

---

3) 酒井忠夫 외 지음, 崔俊植 옮김, 『道敎란 무엇인가』, 民族史, 1990.

4) 李能和 輯述, 李鍾殷 譯注, 『朝鮮道敎史』, 普成文化社, 1986.

신화가 하늘에서 시작되었다는 점을 강조하기 위해서였다. 천제(天帝)인 환인(桓因)을 원시천존(元始天尊)에 비견하였고, 천신(天神)인 환웅(桓雄)이 인간계로 내려와 인간을 제도하였으며, 단군은 신인(神人)이며 선인(仙人)이라고 하였다. 환인은 '선파(仙派)'의 비조로 중국의 황제(黃帝)와 동시대의 인물이라고 묘사하기도 했다. 그러므로 고구려가 중국의 도교를 수용할 때 나라 안 모든 사람들이 환영하고 다투어 신봉하였던 이유는 우리 조선민족의 원시종교인 선파가 있었고 백성의 습성에는 '선파'가 뿌리를 내리고 있었기 때문이라고 하였다. 이능화는 도교의 한국 기원설을 주장하면서 한 걸음 더 나아가 중국의 신선술이나 도교의 방술이 조선의 '선파'에서 배워 간 것이라는 점을 강조하였다. 그 요점을 정리하면 다음과 같다. 1) 고대 중국인들이 신선이 산다고 믿었던 삼신산(三神山)은 바로 환인 · 환웅 · 왕검 삼신(三神)이 활동했던 산으로 우리나라에 있었다. 2) 이곳과 땅이 잇닿아 있던 중국의 연(燕)과 제(齊)나라의 방사들이 우리나라의 삼신산을 모방하여 봉래(蓬萊) · 방장(方丈) · 영주(瀛洲)의 삼신산설(三神山說)을 만들었다. 3) 중국의 방사들은 신선이 살고 도참과 점성술도 일찍부터 발달했던 우리나라에 와서 그것들을 배웠다. 그 실례로 진한시대의 방사인 한종(韓終)과 그의 아들인 한치(韓稚)도 한국에 와서 돌아가지 않았으며, 한 고조 유방을 도와 한나라를 건국한 장량도 방사인데 한국에 와서 신선과 방사의 일을 배웠다고 하였다. 그리고 진시황시대에 방사 노생(盧生)도 한국에 와서 술법을 배워 "진나라를 망하게 할 놈은 호(胡)이다"라는 녹도서(籙圖書)를 진시황제에게 바칠 수 있었다고 하였다. 노생이 한국에서 술법을 배웠다는 그의 주장의 근거는 『후한서』의 "예(濊)에서는 별을 보고 그 해의 풍흉을 점치길 좋아한다"는 구절이다.[5)]

이와 같은 이능화의 한국 도교의 자생설은 조선시대 중기 이후에 지어진 『청학집(靑鶴集)』, 『규원사화(揆園史話)』 등의 설화집에 의거한 주장으로 견강부

5) 나의 논문, 「이능화의 한국 도교관」, 『한국인물사연구』 17호, 2012, 359~383쪽.

회식의 해석을 가하여 나온 결론이다. 설화에 근거하기 때문에 역사적 사실을 입증할 수 없는 근본적인 문제점이 있다. 예를 들면 노생이 활약한 시대는 진통일제국시대(기원전 221~기원전 207)인데 증거로 든 예(濊)가 기록된 시대인 후한시대(25~220)와는 약 4백 년의 차이가 난다. 녹도서는 예언을 하는 참언(讖言)인데 이런 참언이 이미 선진(先秦) 시대에 나왔다는 주장이 있다.[6] 반면에 예(濊)에서는 참언과 관련된 어떤 자료도 찾을 수가 없다. 그럼에도 불구하고 이능화가 이와 같은 주장을 펼친 데는 한국문화의 우수성을 강조하고자 하는 데서 출발한 것으로 보인다.[7] 이렇게 문제점이 많은데도 불구하고 지금까지도 한국 도교사 연구의 인식 체계와 자료 범위는 이능화의 도교 연구를 크게 벗어나지 못하고 있다고 해도 과언은 아니다.[8]

이능화 이후 1980년대에도 많은 학자들이 한국 도교 자생설을 주장하였다. 이능화의 뒤를 이어 한국 도교 연구에서 큰 족적을 남긴 차주환은 그의 저서『한국의 도교사상』에서 자생설의 가능성을 열어 놓았다. 그는 "신선사상의 진원지가 중국이 아니고 우리 해동 땅이었다고 단정할 과학적인 근거는 내세울 수 없기는 하지마는 그러한 관념을 가져 볼 만한 가능성이 전무하지는 않을 것 같다"[9]고 하였다. 그 이유로 한국의 산악이 많은 지리적 환경을 들었다. 신선사상의 발생은 산악신앙과 밀접한 관계가 있는데, 우리나라는 산악으로 뒤덮여 있어 일찍부터 신선설 또는 신선사상이 싹텄다는 것이다. 또 중국의 동북부와 한반도의 북부 산악지대가 지리적으로 연결되어 있기 때문에 한국에서도 신선사상이 발생할 수 있었다는 점을 우회적으

---

6) 鐘肇鵬,『讖緯論略』, 遼寧教育出版社, 1992, 1~33쪽 참조.

7) 최준식,「이능화의 조선도교사」,『한국도교문화의 위상』, 한국도교사상연구회 편, 아세아문화사, 1993, 287~305쪽.

8) 정재서,「해방 후 한국 도교 연구의 흐름(1945~2006)」,『한국 도교의 기원과 역사』, 이화여자대학교출판부, 2006, 15쪽.

9) 차주환,『한국의 도교사상』, 동화출판사, 1984, 104쪽.

로 주장하였다.[10] 차주환이 한국 고대 도교의 기원을 논하면서 든 근거 자료는 대부분 이능화가 『조선도교사』에서 열거한 것들이다. 이러한 자료에 대해 그는 "이러한 일들은 다 실증을 시도할 대상이 될 수 없는 것들이기는 하다"[11]라며 한국 도교 자생설의 근거 자료에 대해서 확신하기보다는 유보하는 자세를 취하였다.

차주환 이후에도 한국 도교 자생설을 주장하는 학자들이 계속 이어졌다. 자생설을 넘어 중국 도교가 한국에서 영향을 받았다는 주장도 나왔다. 도광순은 그의 논문 「중국 고대의 신선사상」에서 선진시대 중국의 제(齊)와 연(燕) 지역에서 신선사상이 유행할 수 있었던 근본 원인은 신선사상의 발상지로 추정되는 한국과 지리적으로 인접해 있기 때문이라고 하였다. 신선사상이 한국에서 시작되어 중국에 전파되었다는 주장이다. 신선사상은 제와 연 지역의 방사에 의해 발전된 방선도(方僊道)의 영향을 받았는데, 이 방선도는 무(巫)와 선(僊·仙)의 신앙에서 유래하였다고 했다. 도광순은 "무의 문화현상은 원래는 동북아시아의 동이족에 의해서 크게 발달된 것이라 할 수 있고, 선(僊)의 문화도 또한 그러했다고 할 수 있다고 본다. 동이족의 중심이 한반도의 한민족이었음은 말할 것도 없다"고 하고, "무나 선의 문화가 한반도 중심의 것이라면, 한반도와 인접한 지역에 먼저 전파되었을 것은 당연한 이치다"라고 하였다. 그러므로 삼신산도 고대 한국의 땅인 발해에 있었고, 한반도와 인접한 제나라와 연나라에서 고대 한국의 신선사상에 대해서 듣고 있었기 때문에, 신선이 사는 삼신산을 발해에 있다고 하게 된 것이라 생각된다고 하였다.[12] 삼신산의 소재지를 구체적으로 논증하기 위해 『사기』 봉선서의 삼신산의 특징을 1. 발해 중에 있고, 2. 봉래(蓬萊)·방장(方丈)·영주

---

10) 차주환, 「도교의 이입과 한국적 수용」, 앞의 책, 1984, 95~105쪽.

11) 차주환, 「도가사상과 도교」, 앞의 책, 1984, 40쪽.

12) 도광순, 「중국 고대의 신선사상」, 『신선사상과 도교』, 범우사, 1994, 13~34쪽.

(瀛洲)의 3개의 산으로 되어 있으며, 3. 신선과 불사약이 있고, 4. 초목과 금수는 모두 하얗다는 4가지로 요약했다. 이 4가지 특징에 가장 잘 부합한 산이 바로 태백산이고 이때 태백산은 지금의 백두산을 지칭한다고 하였다. 삼신산은 원래 환인·환웅·단군 삼신(三神)을 가리키는 말인데 중국인들이 3개의 신산으로 잘못 알고 봉래·방장·영주의 삼신산으로 일컫게 되었다고 하였다. 그러므로 "우리나라는 고대에 신선사상이 크게 발달한 곳이고, 또 그 신선사상의 발상지는 고대 한국의 땅이 아니었나 하는 추정이 가능하다고 믿는다"[13]고 하였다. 도광순은 도교의 중요한 요소인 무(巫)를 주목했고, 이능화의 주장을 좀 더 구체적으로 논증하려고 시도했다.

신선사상이 한국에서 발생하여 중국에 전파되었다는 주장은 2000년대에 들어서도 계속 제기되고 있다. 고조선 지역의 무교(巫敎) 즉 샤머니즘이 중원 지역의 도교문화에 영향을 주었다는 주장이다. 이때의 고조선 지역은 넓게는 중국 동북지역과 발해만 연안 일대를 가리키고, 좁게는 부여와 고구려의 영역을 일컫는다. 무교는 중국의 도교에 큰 영향을 미친 방선도(方仙道)와 중국 도교의 뇌신(雷神) 신앙에 크게 기여했다고 한다. 중국에서 출토된 한대의 화상석 등 각종 도상 자료에 보이는 내용은 고조선 지역 무교의 영향을 받은 것이라고 주장한다. 이런 주장은 대부분 중국의 자료를 가지고 고조선 지역의 무교로 자의적으로 해석하고 있다. 예를 들어 뇌성보화천존(雷聲普化天尊)과 같은 중국 도교의 뇌신 신앙은 단군신화의 뇌신 신앙에서 유래한다는 주장이다. 풍백·우사·운사를 거느린 환웅의 정체를 뇌신이라고 보았다.[14]

그런데 단군신화에는 뇌신에 대한 직접적인 언급이 없다. 뇌신은 우레라

13) 도광순, 「신선사상과 삼신산」, 앞의 책, 1994, 45~75쪽.

14) 안동준, 「고조선 지역의 무교가 중원 도교문화에 미친 영향」, 『도교문화연구』 26, 2007, 69~96쪽.

는 경이롭고 공포를 갖게 하는 자연현상을 숭배하는 모든 문화의 원시종교에서 유래했다고 보는 것이 타당하다. 현재의 중국 영역 내의 소위 소수 민족의 문화에서도 뇌신을 숭배하고 있으며 이러한 현상은 게르만, 슬라브 민족의 원시종교에서도 보인다.[15] 인류의 보편적인 문화현상을 특정한 지역의 전유물로 파악한다는 점은 재고해야 한다. 또 이러한 논리를 전개하는 주장에서는 역사적인 선후관계를 무시하는 경향이 있다. 중국 도교에서 뇌성보화천존이 중요한 신으로 등장한 계기는 신소파(神霄派)가 성행했을 때이다. 북송 말에 등장한 신소파는 새로운 도교 신을 받드는데, 그 중의 하나가 오뢰(五雷)를 총괄하고 중생을 교화하며 상벌을 관장하는 신(神)인 구천응원뇌성보화천존(九天應元雷聲普化天尊)이다. 구천응원뇌성보화천존을 교주로 한 도교의 주요 경전인 『옥추경(玉樞經)』을 집주(集註)한 해경백진인(海瓊白眞人)은 남송시대의 도사인 백옥섬(白玉蟾, 1194~1229)을 가리킨다. 그는 자신의 출생을 뇌부신인(雷部神人)과 연결시키고 있다.[16] 그러므로 『옥추경』은 백옥섬이 살았던 시대인 남송시대 이전인 북송 말 혹은 남송 초에 출현했다고 본다.[17] 이처럼 11세기나 12세기에 이르러 중국 도교에서 비로소 성행한 뇌성보화천존 곧 뇌신(雷神)을 기원전 고조선 지역의 신앙과 연결시켜 이해하려는 것은 시대의 선후관계를 무시하는 태도이다.

최근에도 관련 자료를 자의적으로 해석하고 시대의 선후관계를 무시하는 연구방법의 문제점을 인식하면서도 여전히 한국 도교 자생설을 주장하는 연구자가 있다. 임채우는 이능화가 『조선도교사』에서 한국 도교가 자생했

---

15) 李遠國, 「神霄雷法的淵源與特徵」, 『神霄雷法-道教神霄派沿革與思想』, 四川人民出版社, 2003, 212~219쪽.

16) 卿希泰 主編, 『中國道教史』 第3卷, 四川人民出版社, 1996, 119~127쪽.
劉仲宇, 「兩宋新符籙道派社會文化背景分析」, 『道家與道教』 道教卷, 陳鼓應·馮達文 主編, 廣東人民出版社, 2001, 401~418쪽.

17) 任繼愈 主編, 『道藏提要』, 中國社會科學出版社, 1991, 17~18쪽.

다고 주장하면서 든 근거인 '청구(靑丘)'와 삼신산을 구체적으로 검토하였다. 그는 '청구'와 삼신산이 한국 고대 도교의 문제를 풀 수 있는 관건이라고 보았기 때문이다. 그는 청구에 대한 용례를 검토한 결과 청구는 어떤 특정 지명이 아닌 고대의 전설적인 지명일 뿐이라고 하였다. 그리고 삼신산이 한국에 소재한다는 주장도 재검토한 결과 "삼신산이 우리나라에 있다거나 태백산이란 설은 후대에 중국의 삼신산과 혼동이 되었거나, 서시(徐市)가 불로초를 찾으러 왔었다는 전설과 함께 중국과의 관련성을 찾으려던 조선시대에 만들어진 설화일 가능성이 높다고 하겠다"라고 하였다. 따라서 한국 도교의 자생설이 역사적인 사실임을 증명하지는 못한다고 하였다.[18] 이와 같이 도교의 기원에 관한 문제에서 한국 도교의 자생설이 근거 자료의 미흡이라는 한계가 있음을 밝힌 그는 한국 도교가 아닌 한국 선도(仙道)라는 새로운 개념을 제기하였다. 한국 선도라는 개념을 통해 한국만의 특수성을 드러낼 수 있다는 것이다. 한국 선도가 한국에서 자생하여 발전해 온 고유한 선도 전통을 지칭하는 개념이라고 주장하고 있으나 선도의 내용에 대한 구체적인 언급은 없다.[19]

2000년대 들어 한국 도교 자생설을 비판적으로 검토하면서도 새로운 활로를 개척하려고 시도한 연구자로 정재서를 들 수 있다. 정재서는 『한국 도교의 기원과 역사』에서 기존의 한국 도교 연구의 성과를 정리하고 새로운 견해를 제기하였다. 그는 「한국 도교의 기원」에서 이능화의 『조선도교사』 이후 전개된 한국 도교 자생설을 비판적으로 검토하였다. 정재서는 한국 학자들이 허술한 논증과 민족주의 · 국수주의적인 학문태도로 한국 도교의 자생설을 주장한다는 외국학자들의 비판을 겸허히 수용해야 할 필요가 있다

18) 임채우, 「한국 선도의 기원과 근거 문제」, 『도교문화연구』 34집, 2011, 39~65쪽.

19) 임채우, 「한국선도와 한국도교 -두 개념의 보편성과 특수성」, 『도교문화연구』 29집, 2008, 251~270쪽.

고 하였다. 그러나 그는 도교가 중국에서 전래되었다는 전래설만으로 한국 도교를 설명하는 데 대해서도 전적으로 찬동하지 않았다.[20] 그는 자생설과 전래설을 절충하여 한국 도교의 특징을 설명했다. 그리고 한국 도교의 기원에 대한 견해를 다음과 같이 피력하였다. "교단으로서의 체계를 갖춘 중국의 도교가 당 시대에 처음 한국으로 전래된 것은 사실이지만 교단 도교 성립 이전의 원시 도교문화, 예컨대 신선에 대한 동경 및 숭배 관념 같은 것은 한국에도 이미 자생하고 있었다고 보는 것이다." 또 "한국 도교는 고대 한국 문화가 본래부터 지니고 있던 원시 도교적 요소, 그리고 후대에 한국에 전래된 조직화되고 이론화된 중국 도교가 결합하여 이룩된 것으로 보는 것이 타당할 것이다"라고 주장하였다. 한국 도교 자생설에 대한 문제의식을 갖고도 정재서는 도교가 중국만의 토착 종교인가라는 근본적인 문제를 제기하였다. 도교 발생 시기에 대해 "도교의 발생 시기는 이르게는『산해경(山海經)』등의 고서(古書)에 담긴 불사관념(不死觀念)에서 그 단서를 찾기도 하나 대개는 신선설이 유행하기 시작한 전국 중·후기 무렵으로 본다"고 하였다. 그리고 도교의 발생 지역은 특정한 지역에 국한해서 논할 수 없다고 하였다. 그 이유로는 고대로 올라갈수록 중국 문화는 다원적이어서 주변 문화와의 복합적인 성향을 보이기 때문이라고 하였다. 또 도교 발생의 모태라고 할 샤머니즘·산악숭배·조류숭배 관념 등은 고대 동북아 일대 여러 민족 사이에 넓게 분포하고 있는데 그 가운데서도 발해만 지역의 중요성에 착안하였다. 그 결과 한국과 중국이 지리적으로 연결된 발해만 지역은 도교문화의 기원을 공유하고 있다고 주장하였다.[21]

정재서는 도교 발생의 시기, 공간 그리고 도교의 문화적 요소를 새롭게 조망하였다. 그는 도교의 기원을 논하면서 도교 발생의 모체라고 할 샤머

20) 정재서, 「한국 도교의 기원」, 앞의 책, 2006, 69~92쪽.

21) 정재서, 「한국 도교 개설」, 앞의 책, 2006, 25~68쪽.

니즘 · 산악숭배 · 조류숭배 등으로 논의의 장을 확대하였는데 이러한 모체는 한국과 중국에만 있는 문화현상이 아니라 인류 모두에게 공통되는 일반적인 현상이다. 그러므로 이러한 인류 공통의 모체를 가지고 도교의 개별적인 요소가 한국에 존재했다는 논리로 도교의 발생을 논하기에는 설득력이 미흡하다. 또 샤머니즘 · 산악숭배 · 조류숭배라는 문화현상이 언제 어떻게 도교와 연결되는지 구체적인 논증이 부족하다. 그럼에도 불구하고 "최근 도교 연구는 중국 자체의 도교문화에 대한 탐구에서 벗어나 주변국의 도교문화에까지 관심 영역을 확대하는 등 비교학적 지향의 추세에 있다. 결국 동아시아 문화에서 도교의 보편 의미를 자리매김하려는 이러한 시도가 결실을 거두기 위해서는 종래의 단원론적, 중심주의적인 문화사관을 철폐하고 주변 문화의 정체성에 대한 열린 자세와 호혜적인 문화 인식을 갖지 않으면 안 될 것이다"[22]라는 정재서의 제언은 향후 한국 도교 연구의 새로운 방향을 제시하고 있다.

지금까지 이능화의 영향을 받아 강하게 제기된 한국 도교의 자생설을 중심으로 한 한국 도교 연구는 그 구체적인 실체가 결여된 의식의 과잉이라는 함정에 빠져 앞으로 나아가지 못하는 문제점을 안고 있었다. 정재서의 제언처럼 열린 자세와 호혜적인 문화 인식을 가져야만 한국 고대 도교의 원형을 그려 낼 수 있을 것이다. 그러므로 한국과 중국은 물론 동아시아 전반에 걸친 고대 문헌과 고고 유물에 남겨진 도교의 편린을 찾아서 그 퍼즐을 제대로 맞추어야만 비로소 구체적인 한국 고대 도교의 모습을 그려 낼 수 있을 것이라고 생각한다. 이런 점들을 염두에 두고 한국 고대 도교를 종합적으로 고찰하고자 한다.

---

22) 정재서, 「한국 도교의 기원」, 앞의 책, 2006, 92쪽.

제1부
고구려의 도교

제1부
고구려의 도교

고구려의 도교는 그간 많은 연구자들의 관심을 끌었다. 도교의 수용과 진흥이 고구려 후기의 정치상황을 이해하는 데 크게 도움이 되기 때문이다. 고구려의 도교 연구는 대부분 연개소문 집권 시기에 집중되어 있다. 연개소문의 대내정책은 도교의 진흥책이 거의 유일하기 때문이다. 연개소문이 『노자』 사상을 통해 독재정치를 강화했다는 주장도 있으나[1] 연개소문이 도교를 진흥시켜 귀족세력을 억압하고 대내 위기를 극복하려고 했다는 견해가 주를 이루고 있다.[2] 그러나 연개소문이 어떻게 도교를 이용하여 귀족세력을 누르고 대내 위기를 극복했는지에 대한 구체적인 연구는 미흡한 실정이다. 반면 연개소문의 도교 진흥책이 중국의 사료에는 반영되지 않았다는 점

---

1) 이내옥, 「연개소문의 집권과 도교」, 『역사학보』 99·100합집, 1983, 94~96쪽.

2) 임기환, 「연개소문의 집권과 귀족 연립체제의 붕괴」, 『고구려 정치사 연구』, 한나래, 2004, 305~306쪽.
노태돈, 「연개소문론」, 『한국고대사의 이론과 쟁점』, 집문당, 2009, 207~208쪽.

때문에 연개소문 집권 시기 도교의 존재조차 회의하는 연구도 있다.[3] 이러한 연구는 중국의 사료를 전부 섭렵한 결과도 아니고 연개소문 집권 시기의 도교와 불교의 관계에도 관심을 두지 않았기 때문에 도출된 오류이다. 따라서 한국과 중국의 고구려 도교 관련 사료를 종합적으로 검토해야 할 당위성이 제기된다.

제1부 고구려의 도교에서는 먼저 고구려가 도교를 수용하게 된 국제적 계기는 무엇이며, 도교를 수용한 후에 많은 고구려인들이 도사의 『노자』 강의에 호응했던 이유를 밝히기 위해 영류왕대의 정치와 『노자』 인식을 분석하고, 이어서 연개소문의 도교 진흥책이 어떤 이유로 행해졌는지를 고찰하고자 한다. 그 다음은 고구려 고분벽화에 나타난 신선사상을 통해 고구려의 도교문화를 검토하고자 한다.

제1장 영류왕대의 도교 수용의 국제적 계기

고구려가 당으로부터 도교를 수용한 기록을 살펴보면, 고구려는 영류왕 7년(624), 영류왕 8년(625), 보장왕 2년(643) 세 차례 도교를 수용하였다.[4] 고구려가 영류왕 7년(624)에 처음 당으로부터 도교를 수용한 과정에 대한 『삼국사기』 기록을 보면

> 왕이 당에 사신을 파견하여 반력(班曆)해줄 것을 청하였다. (당에서는) 형부상서 심숙안을 보내어 왕을 상주국 요동군공 고구려 국왕으로 책봉하고, 도사에게 명하여 천존상

---

3) 窪德忠, 「朝鮮の道教」, 『東アジアにおける宗教文化の傳來と受容』, 窪德充著作集 6, 第一書房, 1998, 161~162쪽.

4) 『三國史記』 卷21 高句麗本紀 榮留王 7年, 8年, 寶藏王 2年.

과 도법을 가지고 가서『노자』를 강의하게 하였다. 왕과 국인이 그것을 들었다.[5]

라고 하였다. 위의 내용은 고구려의 반력(班曆) 즉 역서(曆書) 반포 요청, 당의 고구려왕 책봉, 그리고 당의 도사 파견과『노자』강의 등의 순서로 기록되어 있다. 이들 사건들이 서로 밀접한 연결고리를 맺으면서 연속적으로 일어난 것임을 알 수 있다. 그러므로 각 사건들의 구체적인 의미와 상호 관련성을 살펴볼 필요가 있다.

한국 고대 삼국 가운데 당에 역서를 반포해 주기를 주동적으로 요청한 나라는 오로지 고구려뿐이다.[6] 고구려에는 영류왕 이전에도 중국식 태음태양력을 수용한 역법이 있었다. 평양으로 천도한 장수왕과 문자왕시대에는 중국식 태음태양력을 사용하였다.[7] 고구려는 역법이 가지고 있는 정치·문화적 의미를 잘 알고 있었기에 당나라에 역서 반포를 요청하는 외교적 행동을 전개한 것으로 보인다. 중국에서 역서를 나누어주는 반력(班曆)은 정치·문화적인 의미가 있었다. 왕조가 교체될 경우 새로운 왕조는 새로운 역서를 반포하곤 했다. 역서는 새로운 왕조에 정통성을 부여하는 의미를 내포하고 있었다. 그리고 중국의 주변 국가가 중국의 역서를 수용한다면 그것은 바로 중국 황제가 지배하고 있는 시간에 귀속하고, 정치적으로 복종(臣服) 또는 우호관계를 맺는다는 것을 의미했다.[8]

---

5) 『三國史記』卷21 高句麗本紀 榮留王 7年, "王遣使如唐, 請班曆, 遣刑部尙書沈叔安, 冊王爲上柱國遼東郡公高句麗國王, 命道士, 以天尊像及道法往爲之講老子, 王及國人聽之."

6) 윤성환, 「고구려 영류왕의 대당조공책봉관계수립 정책의 의미」, 『동북아역사논총』 39호, 2013, 96쪽.

7) 김일권, 「고구려 5세기 금석문에 나타난 간지역일 자료와 역법연구」, 『동북아역사논총』 36호, 2012, 53~92쪽.

8) 王勇, 「唐曆在東亞的傳播」, 『東亞文化圈的形成與發展-政治法制篇』, 高明士 主編, 國立臺灣大學歷史學系, 2003, 90쪽.

당 초기에 고구려만이 아니라 서역지역의 토욕혼(吐谷渾)도 당에 역서를 반포해 주기를 요청한 기록이 있다. 토욕혼이 당에 역서를 반포해 주기를 요청한 정황은 고구려의 역서 반포 요청을 이해하는 데 도움이 된다. 당 태종시기(626~649)에 서역지역에 있던 토욕혼의 왕 복윤(伏允)은 당의 변경지역을 침략하였다. 당 태종은 여러 차례 토욕혼을 대대적으로 공격하여 토욕혼왕 복윤을 압박하였다. 이때 토욕혼왕 복윤의 장자로 오랫동안 중국에 인질로 있었던 순(順)은 그의 부친이 자기 동생을 태자로 삼은 데 앙심을 품고 많은 토욕혼 사람들을 이끌고 당에 항복하였다. 당에 끝까지 저항하던 복윤이 자살하자 토욕혼 사람들은 순을 왕으로 모시고 당에 칭신(稱臣)하며 내부(內附)하였다. 토욕혼을 회유할 수 있는 절호의 기회를 포착한 당나라는 바로 토욕혼왕 순을 서평군왕(西平郡王)으로 봉함과 동시에 굴호여오감두가한(趉胡呂烏甘豆可汗)으로 칭하고 당나라의 군사를 보내 순을 지원하였다. 그러나 토욕혼 사람들은 순을 살해하고 그의 어린 아들 연왕(燕王) 낙갈발(諾曷鉢)을 왕으로 세운 후 대신들이 토욕혼을 좌지우지하였다. 당 태종은 이런 정세변화에 적극적으로 대응하기 위해 적석도행군대총관(積石道行軍大總管)인 후군집(侯君集)에게 그곳을 다스리게 하였다. 이때 토욕혼에서 처음으로 역서를 반포해 줄 것과 자제의 입시(入侍)를 요청하였다. 이러한 요청을 받은 당 태종은 낙갈발을 하원군왕(河源郡王)에 봉하고 오지야발륵두가한(烏地也拔勒豆可汗)으로 칭하였다.[9] 당과 토욕혼의 관계를 보면 복윤의 통치기간에 상호 적대적이었으나, 순과 낙갈발의 시대에는 양국 관계가 매우 우호적이고 원활하였다. 양국 관계가 원활하던 낙갈발 시대에 토욕혼은 당나라에 역서를 반포해 달라고 요청하였다. 이런 점으로 볼 때 토욕혼에서 당에 반력을 요청한 것은 토욕혼의 지배자가 당의 정치적인 영향력을 인정하고 당의 문화를 적극적으로 받아들이겠다는 의미였다.

---

9) 『新唐書』 卷221上 西域上, 土谷渾.

고구려도 같은 이유로 당에 반력을 요청했을 것이다. 영류왕이 당에 요청한 역서는 수·당 교체 이후 당에서 새롭게 제정한 역법임에 틀림없다. 당 고조(618~626)는 수 공제(恭帝)에게서 선양을 받은 후 연호를 무덕(武德)이라고 정하고, 즉위년인 무덕 원년 10월 부인균(傅仁均)이 제정한 무인력(戊寅曆)을 공포·시행하였다.[10] 부인균은 바로 당 고조에게 새로운 왕조 개창에 부응하는 새로운 역을 만들어야 한다고 주장한 인물이다.[11] 무인력의 제정과 시행은 당 고조가 수 공제에게 선양을 받아 새로운 왕조를 열어 천명을 얻었다는 정통성을 확인하는 작업이었다.

그렇다면 영류왕 7년에 고구려는 왜 반력을 요청했을까? 이를 알아보기 위해서는 영류왕대 대당관계를 살펴보아야 한다. 이를 위해 『삼국사기』 고구려본기 영류왕조를 근거로 영류왕대 고구려와 당과의 관계를 표로 작성하면 다음과 같다.

• 영류왕대 대당관계

년도	고구려	당	비고
618	영류왕 즉위	당 건국	
619	당에 사신 파견 조공		
621	당에 사신 파견 조공		
622	당에 사신 파견 조공		고구려와 당 포로 교환
623	당에 사신 파견 조공		
624	당에 사신 파견 반력을 청함	도사 파견	
625	당에 사람을 파견하여 불교와 도교의 교법을 배울 것을 구함	당이 허락함	
626		산기시랑 주자사를 파견하여 신라, 백제와 화평하기를 요구함	당 고조 태종에게 양위

10) 『舊唐書』 卷1 高祖本紀, 武德 元年 10月 癸巳, "詔行傅仁均所造戊寅曆."

11) 『舊唐書』 卷32 曆1, "高祖受隋禪, 傅仁均首陳七事, 言戊寅歲時正得上元之首, 宜定新曆, 以符禪代, 由是造戊寅曆."

년도	고구려	당	비고
628	당에 사신을 파견하여 태종이 돌궐 혈리가한을 사로잡은 것을 축하함, 아울러 봉역도를 바침		
629	당에 사신 파견하여 조공		
631		당이 광주사마 장손사를 파견하여 수의 전사자를 묻고 제사함	영류왕이 천리장성의 축조 개시
640	당에 세자 환권을 파견하여 조공함, 왕 자제를 파견하여 당의 국학에 들어가기를 청함		
641		당이 직방랑중 진대덕을 파견하여 고구려의 허실을 살핌	
642	당에 사신을 파견하여 조공		연개소문 영류왕 시해

위 〈영류왕대 대당관계〉 표를 보면 고구려 영류왕이 즉위한 해인 618년에 당 고조도 수의 공제(恭帝)로부터 선양을 받아 당을 건국하였다. 고구려 영류왕과 당 고조는 고구려와 중국의 오랜 전쟁상태를 끝내고 새롭게 양국관계를 수립할 수 있는 좋은 기회를 맞이하였다. 무엇보다도 당 고조는 건국할 당시에 고구려를 적대시할 수 있는 여력이 없었다. 당은 고조 무덕 4년(621)에 이르러서야 각지에 할거하며 당과 적대관계에 있던 군웅들 가운데 가장 큰 세력을 떨쳤던 두건덕(竇建德)과 왕세충(王世充)을 물리치고 천하를 통일할 수 있는 기반을 확고히 했다.[12] 그리고 무덕 7년(624)에 이르러서야 중국의 대부분을 통일하게 되었다. 중국에서 이런 상황이 전개되는 것을 잘 알고 있던 고구려는 당과의 우호관계를 더욱 증진하기 위해 당에 반력을 요청했던 것으로 보인다. 고구려에서 반력을 요청하자 당에서는 영류왕을 고구려왕으로 책봉하고, 도사에게 천존상(天尊像)을 가지고 가서 『노자』를 강의하게 하였다. 그렇다면 당에서는 왜 고구려에 천존상을 보냈으며 천존

12) 『舊唐書』 卷1 高祖本紀 武德 4年.

상은 어떤 의미를 지닌 것일까?

먼저 천존(天尊)에 대해 알아보자. 천존은 도교의 최고의 신인 원시천존(元始天尊)의 약칭이다. 원시천존은 남조 양나라의 도사인 도홍경(陶弘景, 456~536)의 『동현영보진령위업도(洞玄靈寶眞靈位業圖)』에서 도교 최고 신격으로 자리매김한 후에 수당대에 이르러 그 지위가 확고하게 정립되었다. 그러므로 원시천존의 의미를 알기 위해서는 도교 최고 신격의 변화를 이해할 필요가 있다.

원시천존 이전에 도교 최고의 신은 태상노군(太上老君)이었다.[13] 노군(老君)의 존칭인 태상노군은 『도덕경』의 저자로 알려진 노자를 신격화한 명칭이다. 후한시대에 도교가 발흥하면서 노자는 우주의 질서를 조화롭게 하고 세상을 구제하여 새롭게 태평스러운 시대를 여는 구원자의 역할을 하는 신으로 인식되었다. 위진남북조시대에 이르러 노군의 이러한 역할이 더욱 확대되었다. 노군은 영생불사의 도를 체득한 존재로 사람을 구원하고 주변의 야만인조차도 교화할 수 있다고 여겨졌다.[14] 신천사도를 열어 중국 도교 역사에 지대한 영향을 미친 북위의 도사 구겸지(寇謙之, 365~448)는 자신에게 강림한 태상노군에게서 도교를 개혁할 수 있는 권위와 비법을 계시 받았다고 주장하였다. 바로 기존의 도교인 천사도(天師道)를 개혁하여 도교를 새롭게 부흥시키라는 계시였다. 구겸지가 왕성하게 활동을 펼쳤던 5세기 초에 도교에서 태상노군을 최고의 신으로 여겼음을 알 수 있다. 이러한 전통은 면면히 이어져 수·당대에 이르기까지 중국의 북부지역에서는 여전히 태상노군이 도교 최고의 신이었다.[15] 한편 남조 양나라 도사 도홍경(456~536)은

13) 태상노군에 대한 전반적인 연구는 Livia Kohn, God of the Dao-Lord Lao in History and Myth, Center for Chinese studies the university of michigan ann arbor, 1998을 참고하기 바란다.

14) Livia Kohn, 앞의 책, 1998, pp.7~19.

15) 劉屹, 「中古經教道教的主神與補神研究」, 『神格與地域-漢唐間道教信仰世界研究』, 上海

그가 편찬한 『동현영보진령위업도(洞玄靈寶眞靈位業圖)』에서 도교 신들의 계보를 체계적으로 작성하였다. 이 책에서는 원시천존이 최고의 신격을 차지하고 있는 데 비해 태상노군이 뒤로 밀려나 있다.[16)]

6세기 도교의 각종 교파가 남조 계통의 동진(洞眞), 동현(洞玄), 동신(洞神)의 삼동(三洞)의 체계로 통합되었고 후일 도교 경전도 삼동으로 분류체계를 삼았다. 도교가 통합되는 과정에 상청파의 원시천존이 최고의 신격이 되었고, 두 번째로는 영보파의 태상도군(太上道君)이 위치하였고, 세 번째로 천사도 계통의 태상노군이 자리 잡았다. 비록 태상노군이 최고가 아닌 세 번째 신격으로 내려왔지만 신비로운 방법으로 세상을 구제하고 직접 인간과 상호작용하는 도(道)의 화신으로서 그 중요성은 결코 줄어들지 않았다.[17)]

수대에 이르면 원시천존은 확실히 도교의 최고의 신격으로 숭배되었다. 『수서』 경적지(經籍志)에는 도교의 경전에 대한 설명이 있다. 이 책은 당 초기에 제작되었기 때문에 수대는 물론 당 초기의 도교를 이해하는 데 중요한 자료이다. 『수서』 경적지를 보면 원시천존은 우주에서 처음과 끝도 없는 절대적인 존재로서 지고무상의 신이며, 천지가 개벽되는 겁(劫)이 있을 때마다 비밀스런 도를 주어서 태상노군 등 여러 선관(仙官)을 구제한다고 하였다.[18)] 태상노군이 겁이 있을 때 천존이 구제해야 할 대상이 된 점으로 보아도 원시천존의 위상이 지고무상임을 알 수 있다. 도교 경전에는 원시천존의 탄생

人民出版社, 2011, 97~98쪽.

16) 石井昌子, 「도교의 신」, 『道教란 무엇인가』, 酒井忠夫 외 지음/최준식 옮김, 민족사, 1990, 109~118쪽.

17) Livia Kohn, 앞의 책, 1998, pp.21~22.

18) 『隋書』 卷33 經籍志 4, 道經 條. "道經者, 云有元始天尊, 生於太元之先, 稟自然之氣, 沖虛凝遠, 莫知其極. ... ... 以爲天尊之體, 常存不滅. 每至天地初開, 或在玉京之上, 或在窮桑之野, 授以祕道, 謂之開劫度人 ... ... 所度皆諸天仙上品, 有太上老君·太上丈人·天眞皇人·五方天帝及諸仙官, 轉共承受, 世人莫之豫也. 所說之經, 亦稟元一之氣, 自然而有, 非所造爲, 亦與天尊常在不滅."

에 관한 설화가 있다. 『원시상진중선기(元始上眞衆仙記)』를 보면 천지일월이 아직 명확해지기 전에 반고진인(盤古眞人)이 있어 스스로를 원시천왕(元始天王)이라 불렀는데, 4겁이 지나 천지가 갈라지자 원시천왕은 옥경산(玉京山)의 궁전에 살았다고 한다. 그 후 2겁이 흐른 뒤에 태원옥녀(太元玉女)가 태어나자 원시천왕이 내려와 태원옥녀와 기를 통하고 정을 맺어 천황(天皇)이 태어나고, 천황은 지황(地皇)을 낳고, 지황은 인황(人皇)을 낳고, 팔제대정씨(八帝大庭氏)·포희(庖羲)·신농(神農)·축융(祝融)·오룡씨(五龍氏)를 얻었다고 한다. 원시천왕이 원시천존인 점으로 볼 때 이 설화는 원시천존이 바로 중국을 세운 신임을 명확히 밝히고 있다.[19]

그렇다면 원시천존을 비롯한 도교의 신격은 언제부터 형상화되었을까? 초기 도교에서는 신상(神像)을 두지 않았다. 도는 인간이 어떤 방법으로도 형용할 수 없는 존재로 여겼기 때문이다. 그러므로 도교의 초기 교단인 오두미도(五斗米道)의 창시자 장도릉(張道陵)이 지은 『노자상이주(老子想爾注)』에서 "도는 지극히 존귀하고 은미하여 모습과 형상이 없다. 그 훈계를 따를 뿐이지 (그 형상을) 보거나 알 수는 없다"[20]고 하였다. 그러나 도(道)가 노군(老君) 즉 노자로 인격화되면서 그 형상이 묘사되기 시작했다. 갈홍(葛洪, 283~343)의 『포박자내편(抱朴子內篇)』 잡응편(雜應篇)에서는 노군의 모습이 구체적으로 기술되어 있다. 노군의 얼굴은 황색이고 입술은 새의 부리와 같이 생겼는데 코가 높다고 하였다. 눈썹길이는 5촌이고 귀는 7촌이었으며 이마에 세 개의 주름이 있고 키는 9척의 당당한 상을 갖추었다고 하였다. 이러한 노군의 모습을 전심전력으로 생각하여 그 모습을 보게 되면 수명을 연장하고 모든

19) 石井昌子, 앞의 논문, 1990, 118쪽.

20) 饒宗頤, 『老子想爾注校證』, 上海古籍出版社, 1991, 17쪽. "道至尊, 微而隱, 無狀貌形像也, 但可從其誡, 不可見知也."

일을 알게 된다고 하였다.[21] 이 내용을 보면 마음속으로 노군을 상상한 모습이지 형상으로 만든 것은 아니다. 비록 마음속으로 상상만 할지라도 노군의 모습을 구체적으로 형상화하기 시작했다는 것은 노군의 모습을 형상으로 만드는 전 단계로 보아도 무방하다.[22]

〈도판 1〉 도교 삼존상(노군상),
중국 북주 568년, 높이 34.8cm,
도쿄예술대학 대학미술관 소장[23]

도교의 신격이 형상으로 만들어지기 시작한 시기는 5세기 전반으로 추정되는데 불상을 모방한 데서 출발하였다. 그러므로 현재 남아있는 이 시기의 도교 신상(神像)은 불상을 모방한 것으로 태반이 불상과 구별하기가 어렵다. 다만 개중에 도교의 신상은 불상과 달리 중국풍의 의관을 하고 수염을 기르고 있으며 오른손에 장(璋) 또는 진미(麈尾) 같은 물건을 가지고 있는 경우가 있다.[24] 이러한 도교 신상의 특징

21) 葛洪, 『抱朴子內篇』, 雜應篇 第十五. "但諦念老君眞形, 老君眞形見, 則起再拜也. 老君眞形者, 思之, 姓李名聃, 字伯陽, 身長九尺, 黃色, 鳥喙, 隆鼻, 壽眉長五寸, 耳長七寸, 額有三理上下徹, 足有八卦 ……見老君則年命延長, 心如日月, 無事不知也."

22) 李淞, 「關中北朝造像碑研讀札記」, 『長安藝術與宗教文明』, 中華書局, 2002, 358쪽.

23) 국립중앙박물관, 『한국의 도교문화』, 2013, 28쪽.

24) 神塚淑子, 「南北朝時代の道教造像-宗教思想史的考察を中心に」, 『中國中世の文物』, 礪波護 編, 京都大學人文科學研究所, 1993, 225~289쪽.

은 남북조시대 말기에 명확히 확립된 것으로 보인다.[25] 수나라가 건국되면서 천존상은 더욱 중요해졌다. 수 문제는 개황 20년(600)에 불상과 도교의 천존상을 훔치거나 훼손 또는 파괴하면 엄벌에 처한다는 조서를 내렸다.[26] 여기서 도교의 신상은 천존상만을 특별히 언급한 데 비해 불상은 특정 불상만을 언급하지 않았다. 이 조서로 볼 때 수 문제 시대에 도교의 최고 신격으로 천존이 확립됨에 따라 천존상도 보호의 대상이 되었음을 알 수 있다.

〈도판 2〉 천존좌상, 당 개원 7년(719), 석조높이 305cm, 산시성 박물관 소장[27]

수의 뒤를 이은 당이 고구려에 보낸 천존상은 중국풍의 의관에 수염을 기르고 옥장을 들고 있는 모습이었을 것이다. 이런 형상의 당대에 제작된 천존상이 오늘날까지 전해 오고 있어 그 모습을 확인할 수 있다.

그렇다면 천존상을 고구려에 보내 주면서 당나라는 무엇을 기대했을까?

羅宏才, 『中國佛道造像碑研究-以關中地區爲考察中心』, 上海大學出版社, 2008, 293쪽.

25) 神塚淑子, 앞의 논문, 1993, 245쪽.

26) 『隋書』 卷2 高祖下 開皇20年 12月 辛巳 詔曰 "…… 敢有毁壞偷盜佛及天尊像, 嶽鎭海瀆神形者, 以不道論. 沙門壞佛像, 道士壞天尊者, 以惡逆論."

27) 金維諾, 『中國美術·魏晉至隋唐』, 中國人民大學出版社, 2010, 195쪽.

수대에 이르러 도교 최고의 신으로 확립된 천존을 형상화한 천존상을 통해 당의 우수한 선진문화를 알리고자 한 것은 아니었을까? 고구려 영류왕 시기에 고구려인들 가운데 오두미도를 다투어 숭배하고 있는 사람들이 있었기 때문에[28] 당나라에서 온 천존상의 전시 효과는 상당했을 것이다. 그것은 국제관계에서 선진문화가 갖고 있는 기능에서 알 수 있다. 국제관계에서 주고받는 문물은 단순한 물건이 아니다. 그 문물을 받고 상대국이 보일 반응까지 계산하고 만든 고도의 정치적 산물이기 때문이다. 그러므로 국제관계에서 주고받는 문물은 국제관계의 종속물이 아니라 국제관계를 전략적으로 사고하면서 상대국을 의도한 대로 이끌어 내고자 하는 바람이 실려 있는 문화 또는 권력의 기호라고 보아도 좋다.[29] 그 예로 당 현종은 신라 성덕왕(702~736)에게 한 쌍의 흰색 앵무, 자주색 얇은 비단에 수놓은 두루마기, 금은 세공품 등 많은 선물을 보내 주었다. 이를 받아 본 성덕왕은 당 현종에게 사례하는 글을 올렸는데, 그 안에는 영특한 앵무, 옥으로 장식한 함, 다채로운 문양을 한 비단은 보는 이의 눈을 부시게 하고 듣는 사람의 마음을 놀라게 했다는 내용이 있다.[30] 당 현종이 진기한 선물을 신라 성덕왕에게 보내 준 데는 당의 외교적 의도가 숨어 있었다. 바로 성덕왕 때 발해가 바다를 건너 당의 등주(登州)를 침략하자, 당나라는 신라 성덕왕에게 발해의 남쪽 변경을 치게 한 것이다. 최첨단의 기술로 만들어진 당 현종의 선물은 신라 성덕왕의 마음을 움직이는 데 일조했다고 보인다. 당 고조 역시 이와 같은 효과를 얻으려고 고구려에 천존상을 보냈을 것이다.

---

28) 『三國遺事』 第3卷 第3 興法篇 寶藏奉老 普德移庵, "高麗本紀云, 麗季武德貞觀間, 國人爭奉五斗米教, 唐高祖聞之, 遣道士送天尊像, 來講道德經, 王與國人聽之, 卽第二十五代榮留王卽位七年, 武德七年甲申也."

29) 新川登龜男, 「調(物産)の意味」, 『日本古代の對外交涉と佛教-アジアの中の政治文化』, 吉川弘文館, 1999, 9~35쪽.

30) 『三國史記』 卷8 新羅本紀 聖德王 32年.

제2장 영류왕대 정치와『노자』

영류왕 7년(624) 처음 공식적으로 도교가 당나라에서 들어올 때『삼국사기』에서는 당 고조가 도사에게 명하여 천존상과 도법을 가지고 가서『노자』를 강의하게 하였는데 '왕과 국인(王及國人)'이 그것을 들었다[31]고만 하였다. 도교의 대표적인 경전인『노자』는『도덕경』또는『노자도덕경』이라고도 표기한다.『삼국유사』에는『노자』강의에 대해 좀 더 상세한 내용이 실려 있다. 그 내용을 보면

> 고구려 말기 즉 무덕과 정관 연간에 고구려 국인들이 오두미교(五斗米教)를 다투어 신봉하였다. 당 고조가 그 소식을 듣고 도사를 파견하고 천존상을 보내『도덕경』을 강의하니 '왕과 국인(王與國人)'이 들었다.[32]

고 하였다. 이 내용을 보면 고구려에는 당 고조가 도사를 파견하여『도덕경』을 강의하기 이전에 이미 오두미도를 믿는 도교도가 있었고 당에서 파견된 도사의『도덕경』강의를 들은 국인들은 오두미도 신봉자들이었을 개연성이 크다. 중국 사서인『구당서』기록을 보면

> 전형부상서 심숙안을 파견하여 건무를 상주국 요동군왕 고려왕으로 책봉하고 천존상과 도사를 보내서 도사로 하여금『노자』를 강론하자 그 '왕과 도속(王及道俗)' 등 보고

---

31)『三國史記』卷21 高句麗本紀 榮留王 7年, "王遣使如唐, 請班曆, 遣刑部尙書沈叔安, 冊王爲上柱國遼東郡公高句麗國王, 命道士, 以天尊像及道法往爲之講老子, '王及國人'聽之.

32)『三國遺事』第3卷 第3 興法篇 寶藏奉老 普德移庵, "高麗本紀云, 麗季武德貞觀間, 國人爭奉五斗米教, 唐高祖聞之, 遣道士送天尊像, 來講道德經, '王與國人'聽之, 卽第二十五代 榮留王卽位七年, 武德七年甲申也."

들은 자가 수천 명이었다.[33]

라고 하였다. 『삼국사기』와 『삼국유사』에서는 『노자』를 들은 사람이 '왕과 국인(國人)'이라고 했고, 『구당서』에서는 '왕과 도속(道俗)'이라고 표기했다. 『구당서』의 기록으로 볼 때 『삼국사기』와 『삼국유사』에서 『노자』의 강론을 들었다는 국인(國人)을 도속(道俗)이라고 보아도 무방할 것이다.

그렇다면 도속(道俗)은 구체적으로 누구를 지칭하는 것일까? 도속(道俗)을 도사(道士)와 속인(俗人)이라고 해석하는 견해가 있다.[34] 하지만 이러한 해석은 고구려에 도사가 있었다는 전제하에 가능하다. 아쉽게도 영류왕대의 고구려에 도사가 존재했다는 근거 자료를 현재까지는 찾을 수 없다. 도속(道俗)의 사전적 정의를 보면 도인(道人)과 속인(俗人)을 지칭하는 말이기도 하나 승려와 속인을 지칭하기도 한다. 예를 들어 『해동고승전(海東高僧傳)』을 보면 고구려 승려인 의연이 불법과 학문에 조예가 깊어 당시의 도속(道俗)이 (그에게) 귀의하였다[35]는 내용이 나온다. 이때 도속은 승려와 속인을 말한다. 따라서 영류왕 7년에 도사의 『노자』 강론을 들은 국인들 가운데는 승려도 있었을 것으로 보인다. 이때 고구려의 승려들이 당나라 도사의 『노자』 강론을 듣고 도교에 대한 나름대로의 시각을 분명히 할 수 있는 계기가 되었을 것이다.

고구려의 조야는 당에서 파견된 도사의 『노자』 강의에 어떤 태도를 보였을까? 이에 대해 『삼국사기』와 『삼국유사』에서는 전술한 바와 같이 왕과 국인이 들었다는 사실만을 짤막하게 서술하였다. 이에 비해 『구당서』에서는

---

33) 『舊唐書』 卷199上, 列傳149上 東夷 高麗 武德 7年, "遣前刑部尙書沈叔安往冊建武爲上柱國遼東郡王高麗王 仍將天尊像及道士往, 彼爲之講老子, 其'王及道俗'等觀聽者數千人."

34) 김수진, 「7세기 고구려의 도교 수용 배경」, 『한국고대사연구』 59, 2010, 176쪽.

35) 『海東高僧傳』 卷1 釋義淵, "慧解淵深, 見聞泓博, 兼得儒玄, 爲一時道俗所歸."

고구려에서 『노자』 강론을 하니 왕과 도속(道俗) 수천 명이 들었다고 했고, 『신당서』에서는

> 도사에게 명하여 (천존)상과 도교를 가지고 가서 『노자』를 강론하게 하니 건무(영류왕)가 크게 기뻐하고 국인을 이끌고 함께 들었는데 (그 숫자가) 하루에 수천 인이었다.[36)]

라고 하였다. 중국 측 기록으로 보면 영류왕을 비롯하여 고구려인들이 『노자』 강론에 크게 호응했음을 알 수 있다. 영류왕은 당 고조가 도사를 파견한 1년 뒤에 다시 당에 사신을 파견하여 도교 배우기를 요청했다. 영류왕은 왜 이처럼 도교 수용에 적극적이었을까? 이 문제를 풀기에 앞서 먼저 당나라에서는 왜 도사를 파견하여, 고구려 영류왕과 국인들 앞에서 『노자』를 강의하게 하였는지를 고찰해야 한다. 이에 대한 답은 중국에서 노자와 『노자』가 어떻게 정치적으로 이용되었는지 살펴보는 작업부터 선행되어야 한다.

도교는 수나라 건국부터 이미 정권과 밀접한 관련이 있었고, 당나라도 역시 이러한 전통을 계승 발전시켰다. 먼저 수나라를 건국한 수 문제 양견(楊堅, 581~604)이 어떻게 도교를 정치적으로 이용했는지 살펴보자. 양견은 원래 불교와 인연이 깊었다. 지금의 섬서(陝西) 지방에 있던 절 반야사에서 태어난 양견은 지선(智仙)이란 여승이 키웠다. 지선은 어린 양견에게 금강역사(金剛力士)의 뜻이 있는 '나라연(那羅延)'이란 아명을 지어 주고, 양견이 자라서 위대한 일을 할 인물이 될 것이라고 끊임없이 암시하며 마음에 각인시켰다고 한다. 이렇게 훈육한 결과 양견은 스스로 하늘이 내린 '나라연신왕(那羅延神王)'임을 굳게 믿었다. 나라연신왕의 전설은 수 문제가 천명을 가졌음

---

36) 『新唐書』 卷220 東夷列傳, 高麗, "命道士以像法往, 爲講老子, 建武大悅, 率國人共聽之, 日數千人."

을 보여 주기 위해 만들어진 정치신화임은 두말할 것도 없다.[37)]

천명이 내렸다는 정치신화를 잘 활용하여 수나라를 건국한 문제는 불교를 가장 중시했지만 도교도 소홀히 하지 않았다. 도교에서 부록(符籙)과 도참(圖讖)으로 수 문제가 천명을 가졌다고 예언했기 때문이다.[38)] 수 문제가 즉위하기 전부터 북주(北周)의 도사들은 양견이 황제에 오를 것을 알고 그에게 천자가 될 것이니 자중자애(自重自愛)하라고 하였고, 그의 관상을 보고 신하의 상(相)이 아니라고 하였으며, 심지어는 그에게 천명(天命)의 부적이 있다고도 하였다.[39)] 수 문제도 즉위한 후에 도교의 지지를 얻기 위해 많은 노력을 경주하였다. 수를 개창한 후에 문제는 개국의 연호를 개황(開皇)으로 정했는데, 이것은 도교의 우주관과 시간관을 차용한 것이다. 『수서』 경적지에 의하면 원시천존이 여러 번 겁(劫)을 열어 인간을 구원(開劫度人)하여 새로운 시대를 연다고 하였다. 연강(延康), 적명(赤明), 용한(龍漢), 개황(開皇)은 새로운 시대를 알리는 원시천존의 연호라고 하였다.[40)] 이러한 점으로 볼 때 수 문제는 도교의 협력을 얻고 새로운 시대가 개막되었음을 알리기 위해 원시천존의 연호인 개황을 개국의 연호로 제정하였음을 알 수 있다. 수 문제는 하늘이 제왕이 될 사람에게 준다는 징표인 부명(符命)을 바친 도사를 총애하고 등용하였다. 그 가운데 천문역법에 조예가 깊었던 도사 장빈(張賓)은 양견의 막부에서 수가 선양을 받을 것이라는 부명을 말하여 양견의 마음을 흡족하게 하였다. 수 문제는 즉위 초에 장빈이 만든 신력(新曆)을 반포하고 사용하

---

37) 韓昇, 『隋文帝傳』, 人民出版社, 1998, 28~34쪽.

38) 卿希泰 主編, 『中國道教史』 第二卷, 四川人民出版社, 1996, 2~9쪽.
王永平, 『道教與唐代社會』, 首都師範大學出版社, 2002, 6~10쪽.

39) 葛兆光, 『道教與中國文化』, 上海人民出版社, 1987, 175쪽.

40) 『隋書』 卷32 經籍四, "有元始天尊 ... ... 每至天地初開, 或在玉京之上, 或在窮桑之野, 授以祕道, 謂之開劫度人. 然其開劫, 非一度矣, 故有延康, 赤明, 龍漢, 開皇, 是其年號."

였다.[41] 이는 새로운 왕조를 개창한 황제는 새로운 역법을 창제해 사용해야 한다는 중국 전통의 정치사상을 실현한 조치였다. 이렇게 중요한 조치에 도사가 깊이 관여했다는 점으로 볼 때 수나라 건국 초기 통치이념의 기초를 세우는 데 도사가 중요한 역할을 했고, 거기에 도교 사상이 깊게 투영되었음을 알 수 있다.

수 문제가 도교를 장려했던 까닭은 왕권과 제왕을 신격화하려는 목적이 있었기 때문이다. 또한 도교의 기복양재술(祈福禳災術)로 국가와 백성을 구원하고, 도교의 권선징악 교리로 사회의 도덕을 지키며, 도교의 청정무위(淸淨無爲) 사상으로 통치의 방책으로 삼고자 한 의도도 엿볼 수 있다.[42] 그러나 수 문제가 개황 20년(600)에 내린 조서에서 "불법은 심오하고, 도교는 허융(虛融)하나 모두 큰 자비를 내려 중생을 제도한다"[43]고 하였는데, 이때 불교를 도교보다 먼저 언급한 것을 보면 불교를 더 중시했음을 알 수 있다.

이러한 상황은 당이 건국되면서 완전히 역전되었다. 당 황실은 도교와 특별한 관계를 맺고 도교 우위정책을 펼쳤기 때문이다. 수말 당초에는 이씨당왕설(李氏當王說)이란 참위가 크게 유행하였는데, 도사들은 당 고조 이연(李淵)과 당 태종 이세민(李世民)에게 그 참위(讖緯)의 주인공이라고 하며 혁명의 선봉에 설 것을 강력히 권유하였다. 심지어는 도사들이 이연 집단에 물자를 직접 공급하기도 하였다.[44] 종남산 도사인 이순풍(李淳風)은 노군(老君)이 종남산에 내려와 당공(唐公) 이연이 천명을 받게 된다고 말했다고 하면서 이연을 위해 동분서주하였다. 누관도사(樓觀道士)인 기휘(岐暉)는 이연이 군대를 일

41) 『隋書』 卷17 律曆中.

42) 任繼愈 主編, 『中國道教史』, 上海人民出版社, 1990, 265~266쪽.

43) 『隋書』 卷2 高祖下 開皇 20年 12月, "佛法深妙, 道教虛融, 咸降大慈, 濟度群品."

44) 오성훈, 「당 전기 도교 전개의 한 측면」, 『중국 도교사론1 -중국 고대 도교의 민중적 전개내용』, 이론과 실천, 1997, 221~231쪽.

으킬 때 진군(眞君)이 와서 천하를 평정한다고 하면서 자신의 이름을 평정(平定)으로 바꾸기까지 하였다.[45] 그 후 당 왕조를 창업한 당 고조 이연은 무덕 7년(624)에 몸소 노자묘(老子廟)에 배례하였다. 이듬해인 무덕 8년에 당 고조는 유·불·도 삼교 가운데 도교가 첫째이고, 유교가 두 번째이며, 불교가 마지막이라고 삼교의 순위를 분명히 하였다. 이어서 당 태종은 노자를 당 황실의 조상(祖上)으로 공인하였다. 이러한 도교 우위정책은 당대 전반기에 일관되게 행해졌다.[46]

수와 당 왕조 초기에는 도교를 크게 진흥시키면서 도교의 기본 경전인 『노자』를 중시하였다. 수 양제는 대업연간(605~616)에 방술(方術)에 능한 도사들을 많이 등용하고 그들에게 『노자』와 함께 『장자』·『영보(靈寶)』·『승현(昇玄)』도 강론하게 하였다.[47] 수 양제가 등용한 도사 송옥천(宋玉泉), 왕원지(王遠知) 등은 장생을 추구하기 위해 벽곡(辟穀)을 행하며 소나무와 물로 식사를 대신하였다.[48] 수 양제에게 등용된 도사들은 중현파(重玄派)에 속했는데,[49] 중현파는 도교의 중현(重玄) 사상을 중심으로 『노자』를 해석하는 학파로 수대에 성립하여 당대에 매우 큰 영향력을 미쳤다. 중현(重玄)은 『노자』 제1장의 "현지우현(玄之又玄)"에서 유래하였다. 당대에는 중현파가 성행하면서 『노자』의 주해가 29가(家) 190권이 나올 정도로[50] 『노자』를 중시하였다.

---

45) 참위와 당 왕조의 수립에 관해서는 呂錫琛, 「讖語, 道教與李唐王朝的崛起」, 『道家, 方士與王朝政治』, 湖南出版社, 1991, 158~175쪽을 참고하기 바란다.

46) 砂山稔, 「道教と隋唐の歷史·社會」, 『隋唐道教思想史硏究』, 平河出版社, 1990, 159~187쪽.

47) 『隋書』 卷35 經籍4, "大業中, 道士以術進者甚衆. 其所以講經, 由以老子爲本, 次講莊子及靈寶昇玄之屬."

48) 『隋書』 卷77 隱逸列傳 徐則, "時有建安宋玉泉, 會稽孔道茂, 丹陽王遠知等 亦行辟穀, 以松水自給, 皆爲煬帝所重."

49) 砂山稔, 「道教と老子」, 『隋唐道教思想史硏究』, 平河出版社, 1990, 58쪽.

50) 李大華·李剛·何建明, 『隋唐道家與道教』 上冊, 廣東人民出版社, 2002, 26쪽.

당 고조는 『노자』를 중시하여 무덕 7년(624) 2월에 국학(國學)에 행차하여 도사인 유진가(劉進嘉)에게 『노자』를 강론하게 하였다.[51] 당 고조의 이러한 조치는 『노자』의 중요성을 제고하고 그 사상을 보급하는 데 크게 기여했다. 당 고조는 국학에 행차하여 『노자』를 강론하게 한 바로 그 해에 고구려에 도사를 파견하여 『노자』를 강론하게 했다. 이어서 당 태종도 『노자』를 매우 중시하여 노사도(盧思道)에게 『노자』를 교정하게 하고, 『노자』를 인도에 소개하기 위해 승려인 현장(玄奘)에게 범문(梵文)으로 번역하도록 하였다.[52]

당 건국 초기 이처럼 『노자』를 중시한 이유는 무엇일까? 그 이유로 정치사회적인 배경을 들 수 있다. 수대 말기의 내란을 겪으면서 당 건국 초기에 사회와 경제는 극심하게 피폐했다. 수 양제 집권 초기에 800만 호에 달했던 인구가 당 고조 무덕연간(618~626)에는 200만 호 정도로 급감했고, 당 태종 정관연간(627~649)에 이르러서도 300만 호에 미치지 못했다.[53] 이와 같이 어려운 상황을 극복해야만 하는 절실한 과제를 안고 있던 당 태종은 『노자』의 '청정무위(淸靜無爲)'를 통치방향으로 설정했다.[54] 당 태종 정관 11년(637) "도사여관재승니지상조(道士女冠在僧尼之上詔)"에서는 도교의 교훈인 청허(淸虛) 정책을 강조하여 천하가 크게 평정된 것은 무위(無爲)의 공에 힘입은 것이라고 하며 도교가 불교보다 상위에 있음을 분명히 밝혔다.[55] 당 건국 초기 『노자』를 중시하고 활용한 것은 바로 노자의 '무위지치(無爲之治)' 사상을 반영한 것이다. 중국 역사에서 '무위지치(無爲之治)'를 달성한 시기로는 일반적으로 전한시대의 문제와 경제의 '문경지치(文景之治)'와 당 태종의 '정관

---

51) 『大唐新語』, 中華書局, 1984년판, 162쪽.

52) 李申, 『道教本論』, 上海文化出版社, 2001, 193쪽.

53) 『通典』 卷7 食貨7 歷代盛衰戶口.

54) 呂錫琛, 「貞觀君臣對道家思想的運用及其社會效果」, 앞의 책, 1991, 176~194쪽.

55) 『唐大詔令集』 卷113, 政事 道士女冠在僧尼之上詔, "老君垂範, 義在淸虛, ... 故能經邦致治, 返朴還淳. ... ... 天下大定, 亦賴無爲之功."

지치(貞觀之治)' 그리고 당 현종의 '개원지치(開元之治)'를 든다. 백성들을 편안히 하는 정책인 무위지치의 구체적인 실행은 군주의 검약, 각종 세금과 요역의 경감, 간소하고 관대한 정치 등의 조치를 들 수 있다. 이와 같은 일반적인 내용 이외에 당 초기에는 무위지치를 적극적인 의미로 확대해석하였다. 당 태종과 그의 현신(賢臣)인 위징(魏徵, 580~643)은 무위지치란 기존 질서에 인위를 가하여 그 질서를 해치지 않는 공정무사한 통치의 실현과 기존 질서를 자연으로 받아들여 절대 긍정하고 그에 안분하는 생활을 의미한다고 하였다.[56)]

당 초기 통치자들의 『노자』를 활용한 통치 철학은 자연스럽게 주변국에도 전파되었을 것이다. 고구려의 영류왕도 당나라의 『노자』 사상의 해석과 적용을 보며 시사점을 얻었을 것으로 보인다. 도교의 적극적인 수용은 단순히 당과의 관계 개선만을 위한 조치는 아니라고 본다. 왜냐하면 영류왕대 고구려가 당과 어떤 외교적인 자세를 취했는지 보면 알 수 있다. 영류왕대 고구려가 대당외교를 주동적으로 펼치고 있었다는 점을 주목해 볼 필요가 있다. 영류왕은 당과 우호관계를 유지하면서도 천리장성 축조를 시작하는 조치를 내리고 언제든지 당과 전쟁할 준비를 하고 있었다. 그러므로 영류왕대 고구려 조야에서 당나라 도사의 『노자』 강론에 호응하고 도교 수용에 적극적이었던 또 하나의 중요한 이유는 바로 국내의 정치적인 필요성에서 기인한 것으로 보인다.

당시 고구려 국내정치 상황을 살펴보면 안장왕(519~530) 이후 귀족 간의 갈등과 대립이 심화되기 시작하였다. 안원왕(531~544) 말년에는 왕위 계승을 둘러싸고 정쟁이 발생하여 2,000명이나 사망할 정도였다. 그러나 평원왕(559~589) 이후 연개소문의 정변까지 80여 년 동안 정쟁에 관한 기록이

56) 김선민, 「당초 군주의 노자숭배와 『노자』의 정치적 운용」, 『동방학지』 115, 2002, 186~212쪽.

없고 정국이 안정적으로 운영되었다. 정국이 안정적으로 운영된 까닭은 귀족 세력 간에 정권연합을 통해 세력 균형이 이루어졌기 때문이다. 귀족들의 대표인 막리지와 귀족회의의 주재자 격인 대대로가 정권을 좌우하고 세력 균형을 이루었다. 대대로의 선출과정이 바로 귀족 간의 세력균형을 이루는 매우 중요한 장치였다. 국정을 오로지하는 막중한 권력을 갖고 있는 대대로는 3년마다 한 번씩 교체되는 관직이었다. 3년마다 한 번씩 대대로를 교체하는 과정은 귀족 세력 간의 합의를 이끌어 내는 지난한 과정이었을 것이다. 합의에 이르지 못하면 귀족들은 그들이 거느린 무력을 동원하여 대규모의 유혈 정쟁을 일으킬 수도 있었다.

영류왕대는 귀족들 간에 세력균형을 이루며 비교적 안정된 귀족연립정권이 이루어졌다. 영류왕대에 정국이 안정되었다는 점은 표면적으로 귀족들 간의 세력 균형이 잘 유지되고 있었다는 것을 반영한다.[57] 이러한 안정된 정국 아래서 영류왕과 귀족들에게 기존의 질서를 긍정하고 공평무사를 강조하는『노자』의 무위지치가 상당히 매력적이고, 그들의 정치권력을 합리화하는 데 도움이 될 통치이념으로 보였을 것이다. 이러한 배경에서 영류왕은 당에서 도교를 매우 중시하고 있음을 알고 당과의 우호적인 관계를 증진시키기 위해 적극적인 행보를 보였다. 당 고조가 보낸 도사의『노자』강론을 들은 이듬해인 영류왕 8년에 다시 당에 사신을 파견하여 불교와 도교를 배우기를 요구한 것이다. 당은 고구려의 요구에 바로 화답하였다.[58] 당에서 도교를 중시하는 정책을 펴고 있다는 점을 잘 알고 있던 영류왕이 당에 도교의 교법을 구하면서도 불교의 교법도 함께 구한 것을 보면 영류왕은 여

---

57) 임기환, 앞의 책, 2004, 261~301쪽.

58)『三國史記』卷20, 高句麗本紀 榮留王 8年, “王遣人入唐求學佛老敎法, 帝許之.”
『三國遺事』第3卷 第3 興法篇 寶藏奉老 普德移庵, “明年王遣使往唐, 求學佛老, 唐帝 謂高祖也 許之.”

전히 국내에서 도교보다는 불교를 우선시하는 정책을 유지했던 것으로 보인다. 이러한 정책은 연개소문이 집권하면서 크나큰 변화가 일어났다.

제3장 연개소문의 도교 진흥

한국 사료에서는 연개소문이 주동적으로 당에 도교를 요청한 사실을 강조하고 있으나, 중국 사료에는 연개소문이 당에 도교를 요청한 사실에 대해서는 한마디 언급이 없이 당 고조가 영류왕에게 도교를 전수한 것만 기록하고 있다. 그러므로 당시 고구려의 도교 수용에 대해서는 한국과 중국의 사료를 종합적으로 면밀히 검토해 보아야만 비로소 그 의미를 구체적으로 파악할 수 있다. 본 장에서는 먼저 한 · 중 양국의 고구려 도교의 수용에 대한 서로 다른 기록의 의미를 분석하고자 한다. 이 작업을 통해 양국이 각자 자기중심적인 역사기억을 남겼다는 것을 확인하게 될 것이다. 다음으로 연개소문이 도교를 외교적 수단만이 아니라 국내 정치에도 적극적으로 활용하고자 했던 점을 고찰하고자 한다. 즉 고구려의 도교 수용을 당과의 국제관계의 맥락에서 고찰해 보고,[59] 고구려에서 도사의 활동에 주목하고자 한다. 이 작업을 통해서 연개소문이 도교를 진흥시켜 달성하고자 한 목적을 이해하게 될 것이다.

제1절 고구려 도교 관련 사료분석

『삼국사기』와 『삼국유사』에 보면 영류왕이 도교를 수용한 후 19년이 지난 보장왕 2년(당 태종 정관 17년, 643)에 고구려에서 다시 당의 도교를 수용한 기

59) 김수진은 일찍이 당의 주변국인 가몰로국이 도교를 외교적 수단으로 사용한 측면을 주목하였다. 「7세기 고구려의 도교 수용 배경」, 『한국고대사연구』 59, 2010, 163~202쪽.

록이 있다. 그 주요 내용은 연개소문이 주장한 도교를 진흥시켜야 할 이유와 당나라에 사신 파견 그리고 당에서 온 도사의 활동 등이다. 그런데 이러한 내용이 한국 사료에만 보이고 중국 사료에는 보이지 않기 때문에 이 기록에 대해 일본인 학자 고보노리타다(窪德忠)는 의혹을 제기하였다. 제기된 의혹은 다음 세 가지로 요약할 수 있다.[60]

첫째, 영류왕대에 도교를 수용하고 20년도 채 지나지 않은 보장왕 2년에 또 다시 도교 수용을 했다는 것은 모순된다.

둘째, 고구려가 도교를 요청한 이듬해인 644년에 당 태종이 고구려를 공격한 점으로 보아 고구려가 당에 도교를 요청했다는 것은 믿기가 어렵고, 당 태종이 도사를 파견하고 『도덕경』을 준 것도 납득이 되지 않는다.

셋째, 『문헌통고』와 『구당서』에는 영류왕대 도교 수용에 관한 사실이 기재되어 있으나 보장왕대의 도교 수용에 대해서는 한마디도 언급하지 않았다. 따라서 보장왕이 당에 도교를 요청했다는 점은 신뢰할 수 없다.

이상과 같이 제기된 세 가지 의혹 중에 세 번째 즉 한국의 고대 사서에는 보장왕대의 도교 수용에 관한 기록이 있으나, 중국의 사서인 『문헌통고』와 『구당서』에 전혀 언급이 없다고 지적한 점이 필자에게는 오히려 큰 시사점을 던져주었다. 그러므로 필자는 고구려 도교 수용에 관한 한국과 중국 사서의 기록을 면밀하게 검토하여 제기된 의혹을 풀고, 우리 역사서에 기록된 연개소문의 도교 진흥이 갖는 의미를 분석하고자 한다.

먼저 한국 사료를 검토해 보면 『삼국사기』에 연개소문이 보장왕에게 도교의 필요성을 설파하고 당나라에 도교와 도사를 요청하기를 청하는 내

60) 窪德忠, 「朝鮮の道教」, 『東アジアにおける宗教文化の傳來と受容』 窪德忠著作集 6, 第一書房, 1998, 161~162쪽.

용으로

> '삼교(유교 · 불교 · 도교)는 정(鼎 : 세 발 솥)의 발과 같아 하나라도 빠지면 불가합니다. 지금 (고구려에는) 유교와 불교는 성행하나 도교는 아직 융성하지 않아 천하의 도술을 갖추었다고 말할 수 없습니다. 당에 사신을 파견하여 도교를 구해 국인을 가르치기를 엎드려 청합니다.' 대왕(보장왕)이 깊이 동감하고 표를 받들어 청하니 태종이 도사 숙달 등 8인을 보내고 아울러 노자 『도덕경』을 하사하였다. 왕은 기뻐서 승려의 사원을 취해서 그곳에 머물게 하였다.61)

라고 하였다. 뒤를 이어 승려가 이러한 도교 진흥책에 반발하여

> (보장왕) 9년(650) 여름 6월에 반룡사 보덕화상이 국가에서 도교를 받들고 불교를 믿지 않는다고 여겨 남쪽의 완산 고대산으로 옮겼다.62)

고 하였다. 『삼국유사』에서는 도교의 진흥책에 대한 불교 승려의 강한 반발에 대해 좀 더 구체적으로 확인할 수 있다. 그 내용을 보면

> 보장왕이 즉위하자 삼교(유교 · 불교 · 도교)를 함께 흥행하게 하고자 하였다. 이때 총애하는 재상 (연)개소문이 왕에게 유교와 불교가 아울러 성행하나 황관(도교)은 아직 성행하지 않으니 특별히 당에게 사신을 보내 도교를 구하게 하라고 말하였다. 그때에 보덕화상이 반룡사에서 주석하였는데 좌도(도교)가 정도(불교)와 필적하여 국가가 위태롭게 되는 것을 민망히 여겨 여러 번 간했으나 듣지 않자 신력으로 방장을 날려 남쪽의 완산

61) 『三國史記』 卷21 寶藏王 2年 3月, "蘇文告王曰 三教譬如鼎足, 闕一不可. 今儒釋並興, 而道教未盛, 非所謂備天下之道術者也. 伏請遣使於唐, 求道教以訓國人. 大王深然之, 奉表陳請. 太宗遣道士叔達等八人, 兼賜老子道德經. 王喜, 取僧寺館之."

62) 『三國史記』 卷21 寶藏王 9年 6月, "盤龍寺普德和尙, 以國家奉道不信佛法, 南移完山孤大山."

주 고대산으로 이거하였다.63)

고 한다. 『삼국유사』 기록에는 도교 진흥책에 대해 상세하게 기록하였다. 그 구체적인 내용을 보면

> '연개소문이 상주하여 정(鼎 : 세 발 솥)에는 세 개의 발이 있고 나라에는 세 개의 교(유교 · 불교 · 도교)가 있습니다. 신이 살펴보니 나라에는 유교와 불교만 있고 도교가 없으므로 국가가 위태로웁니다'라고 하였다. 왕도 그렇게 여겨 당에 상주하여 도교를 요청하였다. (당) 태종이 숙달 등 도사 8인을 보내니 왕은 기뻐하고 불교의 사원을 도관(道館)으로 하고 도사를 존숭하여 유사(儒士)의 위에 앉게 하였다. 도사들은 국내의 유명한 산천을 돌아다니며 진압시켰다. 옛 평양성은 지세가 신월성이므로 도사들은 주문을 읽어 남하의 용에게 명령하여 성을 더 쌓게 하여 만월성으로 만들었다. 이 때문에 성 이름을 용언성이라 한다. 참을 지어 용언도 또는 천년보장도라 했다. 혹 영석-민간에서는 도제암 또는 조천석이라고도 하는데 대개 옛날에 성제가 이 돌을 타고 상제에게 조현했기 때문이다-을 파서 깨뜨리기도 했다.64)

라고 하였다. 이 기록에서 연개소문이 당에 도교를 요청한 이유와 도교 우선시 정책 그리고 도사의 활동 내역을 구체적이고 상세하게 확인할 수 있다.

다음으로 고구려 도교에 관한 중국 역사서의 내용을 각각 면밀하게 검토해 보겠다. 『구당서』에는

---

63) 『三國遺事』 第3卷 第3 興法篇, 寶藏奉老 普德移庵, "及寶藏王卽位, 亦欲倂興三敎, 時寵相蓋蘇文 說王, 以儒釋並興, 而黃冠未盛, 特使於唐求道敎. 時普德和尙住盤龍寺, 憫左道匹正, 國祚危矣, 屢諫不聽, 乃以神力飛方丈, 南移于完山州, 今全州也, 孤大山而居焉"

64) 『三國遺事』 第3卷 第3 興法篇, 寶藏奉老 普德移庵, "金奏曰, 鼎有三足, 國有三敎. 臣見國中, 唯有儒釋無道敎, 故國危矣. 王然之, 奏唐請之, 太宗遣叔達等道士八人, 王喜, 以佛寺爲道館, 尊道士坐儒士之上. 道士等行鎭國內有名山川, 古平壤城, 勢新月城也, 道士等呪勅南河龍, 加築爲滿月城, 因名龍堰城, 作讖曰, 龍堰堵, 且云千年寶藏堵, 或鑿破靈石. 俗云都帝嵓, 亦云朝天石, 蓋昔聖帝騎此石, 朝上帝故也."

무덕 7년(624) 전형부상서 심숙안을 파견하여 건무(영류왕)를 상주국 · 요동군왕 · 고려왕으로 책봉하고 이에 천존상과 도사를 데리고 그곳에 가서 『노자』를 강론하게 하니 왕과 도속 등 보고 듣는 자가 수천 인이었다.[65]

라고 하였다. 『태평어람』에도 『구당서』와 거의 같은 내용이 있다.[66] 『신당서』에는

사신을 파견하여 상주국 · 요동군왕 · 고려왕으로 배수하고 도사에게 명하여 (천존)상과 도교를 가지고 가서 『노자』를 강론하게 하니 건무(영류왕)가 크게 기뻐하고 국인을 거느리고 함께 들었는데 날로 수천 인이었다.[67]

라고 하였다. 『통전』에서는

무덕 4년(621)에 또 사신을 파견하여 도교를 청했다. 심숙안을 불러 천존상을 가지고 도사와 함께 그 국가에 가서 『5천문(도덕경)』을 강론하게 하고 현종(도교)을 열었다. 이때부터 처음으로 도교를 존중하여 그 국가에서 행해지니 석전(불교)을 능가하였다.[68]

라고 하였다. 『태평환우기』에는

65) 『舊唐書』 卷199上 東夷列傳 高句麗, "(武德) 七年 遣前刑部尙書沈叔安往冊建無爲上柱國 · 遼東郡王 · 高麗王, 仍將天尊像及道士往彼, 爲之講老子, 其王及道俗等觀聽者數千人."

66) 『太平御覽』 卷783 四夷部 東夷4, "七年 遣使往冊建武爲上柱國 · 遼東郡王 · 高麗王, 仍將天尊像及道士, 彼爲之講老子, 其王及道俗登觀聽者數千人."

67) 『新唐書』 卷220 東夷列傳 高麗, "遣使者拜爲上柱國 · 遼東郡王 · 高麗王. 命道士以像法往, 爲講老子, 建武大悅, 率國人共聽之, 日數千人."

68) 『通典』 卷186 邊防 高句麗, "大唐武德四年 又遣使請道教. 詔沈叔安將天尊像并道士至其國, 講五千文, 開釋玄宗, 自是始崇重之, 化行其國, 有踰釋典."

무덕 4년에 (고구려에서) 사신을 파견하여 조공하였다. …… 또 사신을 파견하여 도교를 청하였다. (무덕) 7년 2월에 사신을 파견하여 내부하고 정삭을 받고 역서를 반포해 주기를 청하니 허락하였다. 심숙안을 불러 천존상을 가지고 도사와 함께 그 국가에 가서 『5천문(노자)』을 강론하게 하고 원종(도교)을 열었다. 그때부터 처음으로 도교를 존숭하니 그 국가에서 행해져 석전(불교)을 능가하였다.69)

라고 하였다. 또 『책부원귀』에서는

(무덕) 8년에 고(구)려가 사람을 파견하여 도교와 불교를 배우고자 하니 조서를 내려 허락하였다.70)

라고 하였다. 이상 고구려의 도교 수용과 관련된 중국 사료들을 종합적으로 검토해 보면 기록상 다음 몇 가지 차이점을 확인할 수 있다.

(1) 먼저 『구당서』, 『태평어람』, 『신당서』의 기록이다. 여기에는 당 고조 무덕 7년에 고구려에 도사와 천존상을 함께 보냈고, 도사의 『노자』 강론에 고구려인들이 적극적으로 호응하였다고 했다.

(2) 『통전』, 『태평환우기』의 기록이다. 여기에는 고구려가 사신을 보내 도교를 요청했고, 도사가 고구려에 가서 『5천문(노자)』을 강론하니 도교를 받아들여 그때부터 도교가 존중되었고 국가에서 크게 행해져 불교를 능가하게 되었다고 하였다. 여기에는 기타 사료에 없는 무덕 4년에 고구려가 사신을 파견하여 도교를 청했다는 내용이 있다.

---

69) 『太平寰宇記』 卷173 四夷 2 東夷 2 高句麗國, "唐武德四年 遣使朝貢, …… 又遣使請道教. 七年二月 遣使內附, 受正朔, 請班書許之. 詔沈叔安, 持天尊像併道士, 至其國, 講五千文, 開釋元宗, 自是始崇重之, 化行於國, 有踰釋典."

70) 『冊府元龜』 卷999 外臣部 請求, (武德)8年, "高麗遣人來學道佛法, 詔許之."

(3) 『책부원귀』는 무덕 8년에 고구려에서 사람을 보내 불교와 도교를 배우고자했다는 기록만을 적고 있다.

이 내용을 검토해 보면 고구려 도교 수용 관련 중국 역사서 내용의 큰 차이점은 고구려의 도교 요청 유무이다. (1) 『구당서』, 『태평어람』, 『신당서』에는 고구려가 도교를 요청했다는 기록이 없다. (2) 『통전』과 『태평환우기』에는 고구려의 도교 요청과 수용 연대가 일치하지 않는 문제점이 있기는 하지만 고구려가 도교를 요청했다는 기록이 있다. (3) 『책부원귀』의 기록은 『삼국사기』 영류왕 8년의 기록과 일치한다. 중국 역사서를 보면 고구려의 도교 수용 연대와 순서를 무시하고 고구려에서 도교가 성행했던 사실을 강조하였다. 이와 같은 한국과 중국 역사서의 고구려 도교관련 기록을 분석해 보면 다음과 같은 차이점을 확인할 수 있다.

첫째, 한국 사서에서는 당에서 도교를 수용한 회수가 영류왕 7년, 영류왕 8년과 보장왕 2년 모두 3차례이나, 중국 사서에서는 당 고조 무덕 4년 혹은 무덕 7년 1차례뿐이다.

둘째, 한국 사서에서는 영류왕 시기보다도 보장왕 2년에 연개소문의 주창으로 이루어진 도교 수용에 관한 기사가 자세한 반면, 중국 사서에서는 보장왕 2년(당 태종 정관 17년)에 이루어진 도교 수용에 대해서는 전혀 언급이 없다.

셋째, 중국 사서에서는 보장왕 2년의 도교 수용에 관한 기록은 없지만 고구려에서 도교가 불교를 능가하였다는 점을 적고 있다.

이상의 세 가지 차이점을 보면 중국 사서에서는 당 고조가 고구려에 도교를 전수해 주었음을 강조한 반면 당 태종시대의 고구려 도교 관련 기사가 안 보인다. 하지만 고구려에서 도교가 불교를 능가했다는 점을 적시하고 있다. 고구려에서 도교가 불교를 능가했다는 것은 연개소문의 도교 진흥책의 결과일 것이다. 따라서 연개소문이 도교를 진흥시킨 것은 역사적인 사실로 의심할 여지가 없다고 생각한다. 그러나 중국 사서에서 연개소문이 도교를 진흥시켰다는 것에 대해 전혀 언급하지 않은 점은 어떻게 해석해야 할까? 필자의 생각으로는 한국이나 중국 어떤 쪽이든 자기중심적인 역사기억을 남기고자 했던 결과라고 생각한다. 그러므로 중국 사서에서는 당의 중요한 외교적 성과인 고구려에 대한 도교 전파를 적극적으로 추진한 영류왕대의 사실을 기록에 자세히 남겼을 것이다. 반면에 한국 사료에서는 고구려 보장왕대에 연개소문이 주동적으로 도교를 수용했던 역사기억을 남기고자 했던 것으로 보인다.

제2절 도교 진흥

연개소문은 적극적으로 도교를 외교에 활용하고자 했다. 연개소문과 같은 시기에 도교를 외교에 활용한 사례는 천축국(天竺國)의 가몰로국(伽沒路國)에서도 찾아볼 수 있다. 불교의 발상지인 천축국은 5천축국 곧 중천축 · 동천축 · 남천축 · 서천축 · 북천축으로 구성되었다. 이 5천축국에 예속된 나라가 또 수십 개국 있었는데 가몰로국은 그중 하나이다. 당 태종 때 서역 전문가인 우솔부장사(右率部長史) 왕현책(王玄策)이 천축에 사신으로 파견되었다. 그때 당에 우호적이었던 중천축왕 시라일다(尸羅逸多)가 죽자 그 신하였던 나복제아라나순(那伏帝阿羅那順)이 왕위를 찬탈하고 왕현책에게 대항했다. 왕현책은 토번(吐藩)과 니파라국(泥婆羅國)의 병사를 동원하여 나복제아라나순을 사로잡아 당의 경사로 압송하였다. 이 소식은 천축국 전체를 두려움에 떨게 하였다.[71] 나복제아라나순을 압송하는 과정에

71) 김수진, 앞의 논문, 2010, 187~190쪽 참조.

가몰로국은 해를 향하여 동문을 열어 놓는 풍속이 있었다. 왕현책이 이르자 그 왕은 사신을 보내어 기이하고 진귀하며 특이한 물건과 지도를 바치고 노자상과 『도덕경』을 청하였다.[72]

고 한다. 이처럼 천축국이 당의 위협에 떨고 있을 때 가몰로국은 진귀한 물건과 지도를 바치고 노자상과 『도덕경』을 요청하여 도교를 적극적으로 수용하는 자세를 취했다. 가몰로국은 당나라에서 도교가 존숭되고 있음을 알았고 도교를 적극적으로 수용하는 자세를 보임으로써 당과의 긴장관계를 완화하는 외교적 수단으로 활용했던 것이다.

고구려의 연개소문도 같은 이유로 당에 도교를 요구했을 것이다. 연개소문이 정변을 일으킨 지 6개월도 안 되어 당에 도교를 요청한 이유는 바로 당과의 긴장관계를 해소하고 국내의 정치적 위기도 수습하고자 하는 복합적인 목적이 있었기 때문이다. 그러므로 연개소문 정권의 도교 수용과 진흥의 배경을 이해하기 위해서는 당시 고구려 정권의 성격 이해가 선행되어야 한다. 연개소문이 정권을 장악한 배경을 알기 위해서는 그의 혁혁한 가문과 고구려 후기의 정치사회구조도 주목해야 한다.[73] 그의 가문은 6세기 중반 이후 두각을 나타낸 귀족으로 할아버지와 아버지가 막리지를 역임하며 병권을 장악한 바가 있었다. 동부대인(東部大人)인 연개소문의 아버지가 죽자

---

72) 『舊唐書』 卷198 西戎 天竺國, "有伽沒路國, 其俗開東門以向日. 王玄策至, 其王發使貢以奇珍異物及地圖, 因請老子像及道德經."

73) 연개소문의 생애와 정권의 성격에 대해서는 다음의 논문들이 참고가 된다.
노태돈, 「귀족연립정권과 연개소문의 정변」, 『고구려사연구』, 사계절출판사, 1998, 436~482쪽; 「연개소문론」, 앞의 책, 2009, 201~221쪽.
전미희, 「연개소문의 집권과 그 정권의 성격」, 『이기백선생 고희기념논총 한국사학논총(상) 고대편, 고려시대편』, 일조각, 1994, 267~287쪽.
李成市, 「高句麗泉蓋蘇文の政變について」, 『古代東アジアの民族と國家』, 岩波書店, 1998, 113~129쪽.
임기환, 「연개소문의 집권과 귀족 연립체제의 붕괴」, 앞의 책, 2004, 299~311쪽.

연개소문은 아버지의 지위를 이을 수 없었다. 그 이유로 연개소문의 성격이 잔인하고 폭력적이기 때문이라는 기록도 있다.[74] 하지만 실제로는 연개소문이 강고한 가문의 배경과 강력한 리더십으로 권력기반을 공고히 다져 가자 다른 귀족들이 그를 견제하고자 반대했던 것이다. 이때 연개소문은 기지를 발휘하여 자신을 반대하는 귀족들과 타협하는 자세를 보였다. 연개소문은 반대하는 귀족들에게 머리를 수그리고 사죄하면서 섭직(攝職)을 요청하고 (그 후) 불가한 점이 있다면 (섭직을) 폐해도 후회하지 않겠다고 하였다. 이러한 제안에 귀족들은 연개소문을 안쓰럽게 여기고 그가 아버지의 지위를 계승하는 것을 허락하였다.[75] 귀족들의 허락을 받고 부친의 직위를 계승했으니 연개소문이 계승한 직위는 동부대인(東部大人)과 막리지임이 틀림없다.[76]

동부대인은 동부를 관장하는 장이란 의미이다. 고구려는 수도를 5개의 부로 구획하였는데, 부는 행정단위이면서 군사적 편제단위였으므로 동부대인은 부병을 거느리는 병권을 가지고 있었다.[77] 막리지는 고구려 관등체계에서 제2인 태대형(太大兄)으로 역시 병권을 장악하고 있었다. 국정을 총괄하는 대대로는 여러 막리지 가운데서 선출했고, 3년에 한 번씩 교체되었는데 고구려 후기에 가서 최고의 관직으로 국정을 총괄하였다. 대대로가 그 직책을 잘 수행했을 경우에는 연임할 수 있었다. 대대로를 선출하는 과정에서 귀족들은 그들 간의 정치적 이해관계를 조율했을 것이다. 국정의 최고 책임자인 대대로를 선출하는 과정에 왕은 개입할 수 없었다. 대대로를 선출

---

74) 『三國史記』 卷49, 蓋蘇文傳, "國人以性忍暴, 惡之, 不得立."

75) 『三國史記』 卷49, 蓋蘇文傳, "蘇文頓首謝衆, 請攝職, 如有不可, 雖廢無悔, 衆哀之, 遂許嗣位."

76) 『三國史記』 卷49, 蓋蘇文傳에는 연개소문의 부친이 대대로로 되어 있으나 「泉男生墓誌」에는 연개소문의 부친이 막리지를 맡았다고 쓰여 있는 것으로 보아 연개소문의 부친은 막리지를 맡았을 것이다.
임기환, 앞의 논문, 2004, 293~294쪽.

77) 노태돈, 앞의 논문, 1998, 470쪽.

하는 과정에 귀족들 간의 의견이 상충하여 무력분쟁이 발생할 경우 왕은 왕궁에서 그 귀추만을 바라만 볼 뿐이었다. 고구려는 귀족이 연립해서 정권을 운영했기 때문이다.[78)]

동부대인과 막리지를 계승한 연개소문은 세력을 급속히 확대해 갔던 것으로 추정된다. 연개소문의 세력 확대 과정에서 야기된 당시 정계의 긴장감은 극도에 달했을 것이다. 『삼국사기』 개소문열전에 연개소문이 부친의 직위를 계승한 후 "흉악하고 잔혹하고 부도(不道)하여 여러 대인과 왕이 (연개소문을) 죽이려고 비밀리에 모의하였다"[79)]고 한 기록을 보면 당시 상황을 짐작케 한다. 여러 대인과 왕의 입장에서 볼 때 연개소문의 급속한 세력 확대는 그들의 생존을 위협하는 큰 위기였다. 그러한 위기를 극복하기 위해 연개소문을 죽이겠다는 비밀 모의를 진행했을 것이다. 비밀 모의 가운데 하나가 영류왕 25년(642)에 연개소문을 천리장성 축조를 감독하는 직위에 임명하는 조치였다.[80)] 이러한 조치는 연개소문을 그의 세력 기반에서 격리시키려는 의도로 보인다.[81)] 그런데 이러한 비밀 모의가 연개소문에게 누설되었다. 연개소문은 부병을 소집하여 열병을 할 것처럼 하고 성(城)의 남쪽에 술과 음식을 차려 놓고 여러 대신을 소집하여 열병식을 함께 보자고 하였다. 연개소문은 열병식을 관람하기 위해 참석한 100명이 넘는 여러 대신을 모두 죽여 버렸다. 그리고 궁으로 들어가 왕을 시해하고 왕의 조카인 장(臧)을

---

78) 노태돈, 앞의 논문, 1998, 436~456쪽.
임기환, 「막리지의 등장과 정치 운영 체제의 변화」, 앞의 책, 2004, 282~298쪽.

79) 『三國史記』 卷49 蓋蘇文傳, "而凶殘不道, 諸大人與王, 密議欲誅."

80) 『三國史記』 卷20 高句麗本紀 榮留王 25年, "春正月, ……王命西部大人蓋蘇文, 監長城之役."
『三國史記』 卷49 蓋蘇文傳에서는 東部大人으로 표기하고 있다.

81) 노태돈, 앞의 논문, 1998, 474쪽.

(보장)왕으로 세웠다.[82] 이처럼 영류왕 25년(642) 정변을 통해 정권을 장악한 연개소문은 대외적으로 강경책을 취했다. 그가 집권한 후 봉착한 대외 문제는 바로 신라와의 관계였다. 정변 직후인 642년 말에 신라의 김춘추가 평양성을 방문하여 고구려와 신라가 평화로운 관계를 가질 것을 제안하였다. 그러나 연개소문이 평화의 조건으로 신라의 소백산맥 이북의 영토를 고구려에 넘겨줄 것을 요구하자 회담은 결렬되었다. 회담이 결렬된 후 고구려는 신라에 대해 공세를 강화하였고, 당나라도 645년에 고구려를 침공하였다.

연개소문의 대내정책을 구체적으로 알려주는 자료로는 연개소문이 주장한 도교의 수용과 진흥책이 거의 유일하다. 그러므로 연개소문 집권 시기의 도교 진흥책이 특별히 주목된다.[83] 왜냐하면 연개소문의 도교 진흥책은 고구려 후기의 정치상황을 이해하는 데 크게 도움이 되기 때문이다. 연개소문은 도교를 수용해서 진흥시키고자 한 목적을 "구도교이훈국인(求道教以訓國人)"[84]이라고 했다. 이 문장은 "도교를 구해서 국인을 가르치고자 한다" 또는 "도교를 구해서 국인을 이끌고자 한다"로 해석할 수 있다. 그렇다면 연개소문이 도교를 어떻게 이용하고자 했는지 구체적인 내용을 추적해 보자. 이에 대한 답은 당에서 고구려에 파견한 도사들의 활동을 통해 유추할 수 있다.

첫 번째로 도사들의 주목할 만한 활동은 고구려에서 "도사들이 국내의 유명한 산천을 돌아다니며 진압했다"[85]는 『삼국유사』의 대목에서 찾을 수 있다. 도사들이 국내의 유명한 산천을 돌아다니며 진압했다는 것은 도사들

---

82) 『三國史記』 卷49 蓋蘇文傳, "蘇文悉集部兵, 若將校閱者, 幷盛陳酒饌於城南, 召諸大臣共臨視, 賓至, 盡殺之, 凡百餘人, 馳入宮弑王, ... 立王弟之子臧爲王."

83) 노태돈, 「연개소문론」, 앞의 책, 2009, 207~208쪽.

84) 『三國史記』 卷21 高句麗本紀 寶藏王 2年 3月, "求道教以訓國人."

85) 『三國遺事』 第3卷 第3 興法篇 寶藏奉老 普德移庵, "道士等行鎭國內有名山川."

이 고구려의 수도인 평양에만 머물지 않고 각 지역의 유명한 산천에도 돌아다녔다는 뜻이다. 왜 각 지역의 유명한 산천에도 가서 진압을 했을까? 이것은 당시의 정치상황과도 관련이 있다. 지역의 유명 산천에 대한 제사는 그것을 주관하는 세력과 밀접한 관련이 있기 때문이다. 고구려 관련 기록에서 산천 제사에 관한 내용이 별로 없어 그것을 자세히 파악하기에는 어려움이 있다. 비교적 남겨진 기록이 많은 신라의 예를 통해 산천 제사의 의미를 살펴보고자 한다.

신라에서는 대사(大祀)·중사(中祀), 그리고 소사(小祀)에 제사를 지냈다. 대사는 삼산(三山)이고, 중사는 오악(五岳)·사진(四鎭)·사해(四海)·사독(四瀆)과 기타 유명한 곳이며, 소사는 기타 명산이었다. 특히 명산에 대한 제사는 그 지역을 진호하는 산신에 대한 제사라고 볼 수 있다. 그 까닭은 명산 제사의 대상이 산악의 주재자로 여겨지는 산신에 대한 제사이기 때문이다. 명산 제사 가운데 오악을 연구한 성과를 보면 산신에 대한 제사가 지역의 세력과 밀접한 관련이 있음을 알 수 있다. 신라의 오악은 토함산, 부악(父岳), 태백산, 지리산, 계룡산이다. 석탈해는 사후에 토함산신으로 추앙되었고, 동악신으로도 불렸는데, 이는 토함산이 석씨(昔氏) 세력의 확대와 밀접한 연관이 있기 때문이다. 토함산은 신라의 석씨 세력이 동해안지역에서 경주평야로 진출하는 과정에 거쳐 갔던 중요한 거점이었다. 따라서 토함산은 석씨 세력의 상징적 산악으로 변모되었고, 후일 신라에서 신성시되었다. 대구평야의 경산지역에 위치하고 있는 부악은 압독국(押督國) 같은 지역 세력을 대표하는 산으로 여겨졌고, 신라의 북방지역에 있는 태백산은 그 지역의 토착세력을 대표하는 산이었다. 지리산은 가야, 계룡산은 백제와 연결된다고 여겨진다. 이러한 점을 감안한다면 신라의 오악제사는 오악과 연계된 지역의 세력을 진압한다는 상징적 의미도 있다.[86] 신라에서 오악을 비롯한 명산대천의

86) 이기백, 「신라 오악의 성립과 그 의의」, 『신라정치사회사연구』, 일조각, 1974, 194~

제사가 확립된 것은 통일신라시기이다. 통일신라에서 명산대천제사를 중시한 이유는 신라 중대왕실이 명산대천제사를 매개로 각 지역의 세력을 신라의 세력으로 편입시켜 효과적으로 통제할 수 있었기 때문이다.[87]

이와 같은 신라의 명산대천제사를 감안한다면 고구려에서도 명산대천은 그 지역의 정치세력과 밀접한 관련이 있었을 것으로 보인다. 고구려는 산천제사를 매년 지냈다. 『삼국사기』 온달열전을 보면

> 고구려에서는 항상 봄 3월 3일이면 낙랑(樂浪)의 언덕에 모여 사냥을 하고 잡은 돼지·사슴으로 하늘과 산천의 신에게 제사를 지내는데, 그날이 되면 왕이 나가 사냥을 하고 여러 신하들과 5부의 병사들이 모두 따라나섰다.[88]

는 기록이 있다. 이 기록으로 보면 고구려의 산천의 신에 대한 제사는 왕과 군신이 참가할 정도로 성대하게 거행되었음을 알 수 있다. 제사를 지내기 전에 사냥을 했다는 점은 제사와 군사훈련이 밀접한 관계가 있음을 나타낸다. 그러므로 산천 제사는 정치와 군사적 의미를 모두 내포하고 있다.[89]

고구려의 산천 제사로 주목되는 사례가 있다. 산상왕 7년(203) 봄 3월에 아들이 없던 산상왕은 아들을 달라고 산천에 기도하였다. 며칠 후 산상왕은 하늘이 소후(小后)가 아들을 낳게 해주겠다는 꿈을 꾸었다. 하지만 그때 산상왕에게는 소후가 없었다. 산상왕 12년(208) 겨울에 교제(郊祭)에 쓸 돼지가 달아나자 제사를 관장하는 관리가 돼지를 잡기 위해 주통촌(酒桶村)에 이르렀으나 잡지 못했는데, 그때 20세쯤 되는 아름다운 여인이 돼지를 잡아

215쪽.

87) 채미하, 「명산대천제사와 청해진」, 『신라 국가제사와 왕권』, 혜안, 2008, 303~330쪽.

88) 『三國史記』 卷45 溫達列傳, "高句麗常以春三月三日會獵樂浪之丘, 以所獲猪鹿, 祭天及山川神, 至其日, 王出獵, 群臣及五部兵士皆從."

89) 최광식, 『한국고대의 토착신앙과 불교』, 고려대학교출판부, 2007, 210~214쪽.

주었다. 이러한 소식을 듣게 된 산상왕은 그 여자의 집으로 가서 그 여자와 관계하였다. 그 후 왕과 주통촌 여성과의 관계를 시기 질투한 왕후가 군사를 보내 주통촌 여성을 죽이려고 하였다. 왕이 그 사실을 알고 왕후가 주통촌 여성을 해치지 못하게 하였다. 주통촌 여성이 아들을 낳으니 그 아들의 이름을 교체(郊彘)라고 하고 아들의 어머니를 소후로 삼았다. 교체는 바로 훗날의 동천왕이다.[90] 아쉽게도 이 기사에서 산천 제사의 구체적인 내용이 무엇인지 알 수 없다. 그러나 산천 제사를 실마리로 해서 산상왕이 주통촌의 여성과 관계를 맺었다는 내용은 고구려 왕실이 주통촌의 지역 세력과 통혼을 통해 연합한 정치적 상징성을 의미한다. 주통촌 지역은 산상왕이 환도로 도읍을 옮기는 데 매우 중요한 지역이었을 것이다. 주통촌 여성이 아이를 낳고 소후가 된 지 1개월 후에 산상왕이 고구려의 수도를 환도로 옮겼기 때문이다.

산상왕의 고사에서 연개소문이 도사들을 동원하여 각 지역의 명산대천을 진압하게 한 이유를 유추할 수 있다. 연개소문이 정권을 장악하였으나 그에게 복종하지 않는 지역 세력이 산재해 있었다. 당 태종이 안시성을 공격할 때 장수 이세적에게 말한 안시성의 전반적인 상황을 보면 알 수 있다. 당 태종은 이세적에게

> 내가 듣건대 안시성은 험하고 병사들은 정예병인데 그 성주는 재주와 용기가 있어 막리지의 난에도 성을 지키며 불복하자 막리지가 공격하였으나 항복시키지 못해 그에게 주었다.[91]

---

90) 『三國史記』 卷16 高句麗本紀 山上王 7年, 12年, 13年.

91) 『三國史記』 卷21 高句麗本紀 寶藏王上 4年, "吾聞, 安市城險而兵精, 其城主材勇, 莫離支之亂, 城守不服, 莫離支擊之, 不能下, 因而與之."
『新唐書』 卷220 東夷列傳 高句麗에는 "吾聞安市地險而衆悍, 莫離支擊不能下, 因與之"라고 쓰여 있다.

고 하였다. 이 내용을 보면 연개소문이 정변을 일으켰을 때 중앙의 정치세력 가운데 반대세력은 일소할 수 있었지만 지방의 반대세력을 완전히 제압하지 못했음을 알 수 있다. 그러므로 연개소문은 정변 직후 가장 고위직인 대대로에 같은 성씨인 도수류금류(都須流金流)를 앉히고 자신은 막리지로 있었다.[92] 이런 상황에서 연개소문은 반대파 귀족세력의 정치적 입지를 인정하고 정치사회적 통합을 도모하지 않을 수 없었을 것이다. 이것이 바로 연개소문이 도사를 각지에 파견하여 명산대천을 진압하는 조치를 내린 중요한 이유라고 여겨진다.

그렇다면 각지에 파견된 도사들은 어떤 방법으로 명산대천을 진압했을까? 이를 알려주는 직접적인 사료는 없다. 그런데도 차주환은 "각종의 도교행사를 곁들여 국가를 진호하는 재초(齋醮) 행사를 행하게 하였다"[93]고 했다. 차주환이 재초를 주목했다는 점은 탁월한 식견이다. 재초는 도교에서 제사의식을 말하는 특수한 용어이다. 당 황실은 초기부터 재초를 중시했다. 당의 황제가 자신의 수복(壽福)과 국가의 태평을 위해 재초를 거행했는데 이는 재초를 통해 복을 구하고 재앙을 물리칠 수 있다는 기복양재(祈福禳災)의 효능을 굳게 믿었기 때문이다. 그러므로 당 태종은 즉위 초에 유명한 도사인 이함광(李含光)에게 모산(茅山)에 단우(壇宇)를 지어 국가를 위해 재초를 거행하도록 칙명을 내렸고, 재위 기간에 여러 차례 모산에 사신을 파견하여 국가를 위해 재초를 거행한 도사들에게 상을 내리기도 하였다.[94] 『당육전』에 보면 금록대재(金錄大齋), 황록재(黃錄齋) 등 7가지 종류의 재초가 있는데[95] 그 가운데 가장 성대한 것은 금록대재(金錄大齋)이다. 금록대재를 거행하는

92) 임기환, 「연개소문의 집권과 귀족 연립체제의 붕괴」, 앞의 책, 2004, 303~304쪽.

93) 차주환, 「고구려의 도교사상」, 『한국도교사상연구』, 서울대학교출판부, 1978, 175쪽.

94) 張澤洪, 『道教神仙思想與祭祀儀式』, 文津出版社, 2003, 77~85쪽.

95) 김택민 주편, 『역주 당육전 상』, 卷四 尙書禮部, 신서원, 2003, 446쪽.

목적은 "음양을 조화시켜 재해를 소멸시키고 제왕과 국토를 위해 국운을 장구하게 하고 복을 내리게 하기 위한 것이다"[96]라고 했다. 재초의 목적과 내용에 대해 당나라 도사 두광정(杜光庭, 850~933)의 구체적인 설명을 보면

> 상원절의 금록(대재)은 국주(國主)와 제왕(帝王)을 위해 사직을 진안(鎭安)시키고 생령을 보우하며, 위로는 천재(天災)를 소멸하고 아래로는 지화(地禍)를 물리치며, 겁운(劫運)을 제어하고 산천을 조용하게 하며, 요마를 복종시키고 흉악을 제거하는 데 있다.[97]

라고 하였다. 금록대재를 통해 황실과 국가의 안위를 위한 거의 모든 것을 기원하며 간구했다. 그 중에서도 특히 주목을 끄는 대목은 금록대재를 통해 국주와 제왕을 위해 사직을 '진안(鎭安)' 즉 진호하여 안정시킨다는 구절이다. 다시 말해서 '진안(鎭安)'시키기 위한 재초 즉 제사의식이 필요했다는 의미이다. 두광정의 재초에 대한 설명을 토대로 볼 때 연개소문도 도사를 파견하여 각지 명산대천을 진압할 때 도사로 하여금 이러한 재초의식을 거행하게 했을 것이다. 연개소문은 이러한 도교의 재초의식을 통해 지방 세력을 중앙으로 편제하려고 의도했다고 생각된다. 그뿐만 아니라 도사들로 하여금 각지에서 재초를 주재하면서 연개소문 정권의 개막과 그 집권의 정당성을 알리도록 하였을 것이다.

두 번째로 당에서 파견한 도사들이 고구려에서 펼친 중요한 활동은 참언(讖言)의 생산이다. 『삼국유사』에 보면

---

96) 김택민 주편, 앞의 책, 卷四 尙書禮部, "調和陰陽, 消災伏害, 爲帝王國土延祚降福.", 446~447쪽.

97) 杜光庭, 『金籙齋啓壇儀』 序事, "上元金籙爲國主帝王鎭安社稷, 保佑生靈, 上消天災, 下禳地禍, 制御劫運, 寧肅山川, 摧伏妖魔, 蕩除凶穢".
두광정의 금록재의 효용에 대해서는 張澤洪, 앞의 책, 2003, 376~377쪽을 참고하고, 두광정의 금록재의 구체적인 절차와 내용은 周西波, 『杜光庭道教儀範之研究』, 新文豊出版公司, 2003을 참고하였다.

옛 평양성은 지세가 신월성(新月城; 半月城)이므로 도사들은 남하의 용에게 주문하여 성을 더 쌓게 하여 만월성으로 만들도록 타일렀다. 이 때문에 성 이름을 용언성이라 한다. 참(讖)을 만들어 용언도(龍堰堵) 또는 천년보장도(千年寶藏堵)라고도 했다.[98)]

는 기록이 있다. 도사들이 참언을 만들어 평양의 만월성을 용언도(龍堰堵) 또는 천년보장도(千年寶藏堵)라고 한 이유는 무엇일까? 이것을 검토하기 전에 먼저 도교의 참언(讖言)에 대해 알아보자.

참(讖)의 사전적 의미를 보면 미래의 길흉화복의 전조, 또는 미래의 길흉화복에 대한 예언을 뜻한다. 도교는 발생 초기부터 참언과 관련이 깊었다. 후한 말에 황건의 난을 일으켰던 태평도들은 "창천은 이미 죽었고, 황천이 세워질 것이다. 세(歲)는 갑자에 있는데 천하는 대길하다"[99)]는 구호를 내걸었다. 이 구호는 후한(後漢)이 곧 멸망하고 새로운 세상이 세워질 것이라는 미래 예언이었다. 이러한 미래 예언은 경서에 의거하지 않고 이루어졌을 때 그것을 참(讖)이라 하고, 경서의 뜻을 풀어서 미래를 예언하면 그것은 위(緯)라고 한다. 그러나 참(讖)과 위(緯)는 서로 혼용해서 사용하므로 합해서 참위(讖緯)라고 칭하는 경우가 많다. 중국에서 정치권력을 교체할 때 참위설을 이용했다. 신(新) 나라를 세운 왕망과 후한을 세운 광무제 모두 참언을 활용하여 정권을 쟁취하였다. 이러한 배경에서 만들어진 참위서는 도교에 많은 영향을 미쳤다.[100)] 수당시대의 도교도 참언을 만들어 정치권력에 접근

98) 『三國遺事』第3卷 第3 興法篇, 寶藏奉老普德移庵, "古平壤城, 勢新月城也, 道士等呪勅南河龍, 加築爲滿月城, 因名龍堰城. 作讖曰, 龍堰堵, 且云千年寶藏堵."

99) 『後漢書』卷71 皇甫嵩列傳, "蒼天已死, 黃天當立, 歲在甲子, 天下大吉."
이에 대한 연구로는 大淵忍爾, 「黃巾の叛亂と漢中政權」, 『初期の道教』, 創文社, 1991, 19~27쪽을 참고하였다.

100) 蕭登福, 『讖緯與道教』, 文津出版, 2000, 1~10쪽.
徐興無, 『讖緯文獻與漢代文化構建』, 中華書局, 2003, 22~35쪽에서 우주생성론 등

했다. 수 말기에 이씨(李氏)가 왕조를 세울 것이라는 참언이 크게 유행하였다. 이때 도사들은 이러한 참언을 이용하거나 각종 참언을 만들어 당 왕조를 창건한 이연에게 접근하여 크게 도움을 주었다.[101] 이처럼 수당시대의 도사들은 참언을 만드는 데 매우 능했다. 이런 도사들이 왜 고구려에서 참언으로 신월성을 용언도(龍堰堵) 또는 천년보장도(千年寶藏堵)라고 했을까? 이는 당시 고구려가 처한 대내외 정치상황과 밀접한 관련이 있다.

연개소문의 집권 시기에 고구려는 내우외환에 시달리고 있었다. 수당과의 장기간에 걸친 대규모 전쟁으로 고구려는 매우 피폐해졌고, 연개소문의 정변으로 노출된 귀족 간의 유혈충돌은 내부 갈등을 심화시켰다. 이 때문에 고구려인들은 고구려가 멸망할지도 모른다는 위기의식을 갖고 있었다. 이때 고구려가 멸망할 것이라는 참위서인 『고구려비기(高句麗秘記)』가 있었다고 전한다. 이 참위서는 『당회요(唐會要)』에 가장 먼저 나타난다. 당 고종 건원 3년(668)에 고구려와의 전쟁에 참여했던 시어사(侍御史) 가언충(賈言忠)이 돌아오자 당 고종이 고구려와의 전쟁에 관한 것을 물었다. 가언충은 고구려의 산천지세를 설명하고 고구려를 멸망시킬 수 있는 이유를 열거했는데, 그 가운데 하나가 『고구려비기』였다. 가언충이

> 신이 듣건대 『고(구)려비기』에서는 천년이 되기 전에 80노장이 (고구려에) 와서 멸망시킬 것이라고 하였습니다. 전한의 고려씨부터 즉 국토가 있었는데 지금에 이르러 9백 년이 되었습니다. 이적(李勣)의 나이가 80이 되었는데, 또한 그 『(고구려비)기』와 부합합니다.[102]

의 측면에서 참위와 도가가 밀접한 관계가 있음을 논술하였다.

101) 呂錫琛, 「讖語, 道教與李唐王朝的崛起」, 앞의 책, 1991, 158~175쪽.

102) 『唐會要』 卷95 高句麗, "臣聞高麗秘記云, 不及千年, 當有八十老將來滅之. 自前漢之高麗氏卽有國土, 及今九百年矣. 李勣年登八十, 亦與其記符同."

라고 하였다. 『고구려비기』의 내용처럼 당의 장수 이적(李勣)이 80살이 되었으니 곧 고구려를 멸망시킬 수 있다는 것이다. 수당과의 오랜 전쟁으로 시달리며 미래에 대한 불안과 위기감이 고조되어 절망감에 빠졌던 고구려인들에게 이『고구려비기』는 파급력이 매우 컸을 것이다. 『고구려비기』에 관한 내용은 왜(倭)에도 전해진 듯하다. 『일본서기』에 보면『고구려비기』와 유사한 내용이 나온다. 그 내용을 보면

> (668년) 겨울 10월에 대당대장군 영공이 고려를 공격하여 멸망시켰다. 고려 중모왕(동명왕)이 처음 건국할 때 천 년을 통치하고자 하였다. 모부인이 말하기를 만약 잘 나라를 다스린다면 가능하다(어떤 본에는 불가능하다고 하였다). 다만 7백 년의 통치는 있을 것이라고 하였다. 지금 이 나라가 망한 것은 7백 년의 끝에 해당한다.[103)]

라고 하였다. 『일본서기』에서는 먼저 고구려 멸망 소식을 기록하고 고구려 국운이 7백 년을 유지할 수 있었다는 예언을 소개하면서 지금 그러한 예언이 적중했다고 하였다. 『고구려비기』를 들어 당나라 군신 간에 나눈 고구려 국운에 관한 내용과『일본서기』의 고구려 멸망에 관한 내용이 매우 유사하다. 당과 왜에서조차 알고 있었던『고구려비기』의 내용과 유사한 예언들이 고구려에서도 유행했을 것이다. 따라서 연개소문 정권은『고구려비기』와 같은 고구려 멸망에 관한 예언에 대해 조치를 취해야만 했을 것이다. 연개소문 정권은 직면한 이러한 문제 때문에 도사의 활동 영역을 확대했을 것이다. 연개소문은 '천 년이 못 되어' 국운이 다한다는 예언에 강력하게 대처하기 위해 도사를 동원하여 남하(南河)의 용에게 주문을 하고, 평양성을 천년보장도(千年寶藏堵)라고 칭하며 고구려인의 불안감과 위기의식을 해소하려고

---

103) 『日本書紀』 卷27 天智天皇 7年 冬 10月, "冬十月, 大唐大將軍英公打滅高麗. 高麗仲牟王初建國時, 欲治千歲也. 母夫人云, 若善治國可得也. 若或本有不可得也. 但當有七百年之治也. 今此國亡者, 當在七百年之末也."

했음이 틀림없다.[104] 연개소문의 이러한 조치는 상당한 실효를 거둔 것 같다. 왜냐하면 연개소문의 집권기간 고구려는 여러 차례에 걸친 당의 대규모 공격을 성공적으로 막아 냈기 때문이다.

그러나 연개소문 집권기간 고구려에서 도교 중심의 각종 정책이 펼쳐지게 되자 불교계가 동요하게 되었다. 불교계의 동요와 이탈을 입증하는 자료가 『삼국사기』와 『삼국유사』에 보인다. 『삼국사기』 고구려본기 보장왕 9년(650)조를 보면

> 여름 6월에 반룡사의 보덕화상이 국가에서 도교를 신봉하고 불법을 믿지 않으므로 남쪽의 완산 고대산으로 옮겨갔다.[105]

고 하였다. 보덕화상이 남쪽으로 옮긴 시기는 650년으로 연개소문이 도교를 진흥한 지 8년이 경과한 후이다. 연개소문이 당에서 도사를 받아들인 후 줄곧 도교를 숭봉하는 정책을 펴 왔기 때문에 이에 반발하여 보덕화상이 완산 고대산으로 옮겼음을 알 수 있다. 보덕화상이 연개소문 정권에서 이탈하는 당시 상황을 좀 더 구체적이고 상세하게 서술한 『삼국유사』의 기록을 보면

> 그때에 보덕화상은 반룡사에 있었는데 좌도(도교)가 정(불교)에 필적하여 국가의 운명이 위태로워지는 것을 안타까이 여겨 여러 번 간했으나 듣지 않았다. 이에 신력으로써 방장을 날려 남쪽으로 완산주-지금의 전주다- 고대산에 옮겨 거기서 살았다. 이때가 바로

---

104) 나의 논문, 「古代韓國的道教和道教文化」, 『成大歷史學報』 第39號, 國立成功大學歷史學系, 2010, 48~49쪽.
이내옥, 앞의 논문, 1983, 94~96쪽.

105) 『三國史記』 卷22 高句麗本紀 寶藏王 9年, "夏六月, 盤龍寺普德和尙, 以國家奉道, 不信佛法, 南移完山孤大山."

영휘 원년 경술(650) 6월이었다. 얼마 후에 나라가 망했다.[106]

고 하였다. 승려 보덕화상이 고구려에서 도교가 불교에 필적할 만큼 성장하여 국가의 운명이 위태롭다고 여겨서 650년에 백제의 땅인 완산주에 옮겼고 얼마 후에 고구려가 멸망했다는 것이다. 이는 불교의 입장에서 서술한 내용으로 국운의 위기와 고구려 멸망 원인을 도교의 성행에서 찾고 있다. 『삼국유사』에는 도교에 대한 비판적인 기록이 더 있다. 고구려에 불교를 전한 중국의 승려 담시(曇始)의 신이한 행적을 기록하면서 북위 재상 최호가 황제에게 폐불(廢佛)이란 무도한 건의를 한 까닭이 좌도(左道)를 익혔기 때문이라고 하였다.[107] 도교에 능통했던 최호를 좌도를 익힌 사람으로 비판하고 있다. 좌도는 정치와 사회를 위태롭고 해롭게 하는 사도(邪道)를 말한다. 그러므로 좌도를 습득하거나 전파한 사람은 극형에 처하기 마련이다. 불교에서 볼 때 도교는 좌도였고 고구려 멸망의 원인은 바로 좌도인 도교에 있다고 간주한 것이다. 불교와 도교의 갈등은 사회 불안을 증폭시킬 수 있는 폭발력을 지니고 있었다.

그럼에도 불구하고 연개소문은 642년 집권한 후 죽을 때까지 약 20여년간 나름의 정권을 유지했다. 역사서에 연개소문의 대내정책을 구체적으로 알려주는 자료로 도교의 수용과 진흥책이 거의 유일하게 남겨졌다는 것은 연개소문 정권에서 도교의 위상을 대변해 준다. 연개소문은 외교는 물론 내치에도 도교를 적극적으로 활용하며 국가통치의 원동력으로 삼았던 것이다.

---

106) 『三國遺事』 第3卷 第3 興法篇 寶藏奉老 普德移庵, "時普德和尙住盤龍寺, 憫左道匹正, 國祚危矣, 屢諫不聽, 乃以神力飛方丈, 南移于完山州, 今全州也, 孤大山而居焉, 卽永徽元年庚戌六月也."

107) 『三國遺事』 第3卷 第3 興法篇, 阿道基羅.

제4장 도교문화

아쉽게도 고구려 도교문화를 이해할 수 있는 문헌자료가 별로 없지만 남겨진 자료의 편린을 통해 고구려 도교문화를 모색해 보자. 고구려에서 도교를 공식으로 수용하기 이전에 도교문화를 상당히 이해했던 흔적이 보인다. 그 흔적은 6세기 말 평원왕대(559~589)를 전후한 시기에 활약했던 고구려 승려 의연(義淵)에 관한 기록에서 찾을 수 있다. 『해동고승전(海東高僧傳)』에 보면 고구려 승려 의연(義淵)이 불교에 대한 이해가 깊었을 뿐만 아니라 유교와 현학(玄學)에도 조예가 깊어 승려와 속인들이 그에게 귀의했다고 하였다.[108]

여기서 주목되는 것은 현학(玄學)에도 조예가 깊었다는 대목이다. 현학은 위진남북조시대에 유행했던 철학 사조이다. 『주역(周易)』, 『노자(老子)』, 『장자(莊子)』를 삼현(三玄)이라고 하는데 특히 노장(老莊)의 도(道) 또는 무위(無爲) 사상이 기저를 이룬다. 의연이 현학에 밝았다는 점은 도교문화의 기저가 되는 노장사상에 이해가 매우 깊었음을 의미한다. 노장사상이 중심이 되는 현학의 깊은 이해는 단지 승려 의연 개인에게 국한된 것은 아니었다. 왜냐하면 의연은 고구려의 대승상(大丞相) 왕고덕(王高德)과 밀접한 관계를 맺고 있었기 때문이다. 의연이 북제(北齊)로 구법을 떠날 때 후원자가 바로 왕고덕이었다. 왕고덕은 평양을 기반으로 하는 신진귀족세력의 대표적 인물로 보인다.[109] 그러므로 왕고덕을 비롯한 평양의 신진귀족들도 현학에 대해서 상당한 이해가 있었다고 추정할 수 있다. 의연을 따랐던 속인들은 바로 왕고덕을 비롯한 평양의 신진귀족들이라고 생각되기 때문이다. 그렇기 때문에

108) 章輝玉, 『海東高僧傳硏究』, 민족사, 1991, 137쪽, 義淵, "釋義淵, 高句麗人也. 世系緣致, 咸莫聞也. ... ... 慧解淵深, 見聞泓博, 兼得儒玄, 爲一時道俗所歸."

109) 정선여, 『고구려 불교사 연구』, 서경문화사, 2007, 64~82쪽.

고구려에 도교가 전래되기 이전에 이미 고구려인들이 『노자』를 숙지하고 활용할 수 있었을 것이다. 고구려의 명장 을지문덕이 수나라 장수 우중문(于仲文)에게 보낸 시를 보면

> 신통스런 계책은 천문을 다하였고 묘한 계산은 지리를 통달했도다. 싸움에 이겨 공이 이미 높았으니 만족함을 알거든 원컨대 그만 그치라.110)

라고 했다. 여기서 "만족함을 알거든 원컨대 그만 그치라(知足願云止)"는 구절은 바로 『노자』 44장 "지족불욕, 지지불태(知足不辱, 知止不殆)"의 내용과 같다. 영양왕대(590~618)에 활약한 을지문덕이 『노자』를 인용하여 시를 썼다는 것은 도교 전래 이전에 도교문화가 이미 고구려에서 전파되었고, 고구려인들이 상당한 정도로 도교문화를 숙지하였다고 추단할 수 있다. 이러한 도교문화적 배경이 있었기에 영류왕 7년(624)에 당 고조 이연이 도사를 고구려에 파견했을 때 고구려 국인들이 오두미도를 다투어 신봉했다고 생각된다.

고구려 도교문화의 흔적은 고구려 고분벽화에도 찾을 수 있다. 길림성 집안 지역의 오회분 4호묘 벽화에는 여러 명의 다양한 인물상이 있는데 이 가운데 도사로 보이는 인물상이 있다. 인물상의 대부분은 유자(儒者)의 복장(도판 3-①)을 하고 있는데 이와는 다른 2명의 인물상을 주목해 볼 필요가 있다. 하나는 서벽 우측 위쪽에 그려진 연화대에 꿇어앉아 오른손에 책을 들고 있는 인물상이다(도판 3-③). 이 인물에 대해 최초의 발굴보고서를 보면 상투를 틀어 올렸다고 했는데 최근 고구려사와 고구려벽화 연구에 괄목할 만한 성과를 낸 중국학자 겅티에화(耿鐵華)는 이 인물상은 근본적으로 머리카락이 없는 빡빡머리로 복장은 승려복인 가사를 입었고 불경을 독송하는 모습이라고 했다. 가장 주목해 볼 인물상은 북벽 좌측 아래쪽에 그려진 인물

110) 『三國史記』 卷44 乙支文德傳, "神策究天文, 妙算窮地理, 戰勝功旣高, 知足願云止."

〈도판 3〉 집안 오회분 4호묘의 도사상(②)[111]

로 맨발인 채 왼쪽 무릎은 바닥에 꿇고 오른쪽 무릎은 세운 채 연화대 위에 앉아 있다. 그는 머리카락을 흩트리고 고개는 숙이고 있으며 녹색의 우의(羽衣)를 입고 있으며 왼손에 막대기를 들고 팔괘도(八卦圖)를 그리고 있다(도판 3-②). 경티에화는 이 고분의 조성시기를 우리나라 학자들보다는[112] 좀 더 늦은 6세기 후반에서 7세기 초로 보았고 우의(羽衣)를 입고 팔괘도를 그리고 있는 인물이 도사의 형상이라고 단정하였다. 그리고 이 도상은 고구려 왕공 귀족이 유·불·도 삼교를 통치사상으로 삼았다는 것을 반영한다고 주장했다.[113] 필자는 이 주장이 상당한 타당성이 있다고 보며, 이 벽화의 도사상

111) 耿鐵華, 앞의 책, 2008, 139쪽.
김길식, 「고고학에서 본 한국 고대의 도교문화」, 『한국의 도교문화 -행복으로 가는 길』, 국립중앙박물관, 2013, 273~316쪽은 고고학에서 발굴한 유적과 유물로 한국 고대 도교문화 전체를 소개하고 있어 고고학 자료로 한국 고대 도교문화를 이해하는데 매우 유용한 참고가 된다.

112) 전호태는 오회분 4호묘의 편년을 6세기 초로 보았다.
전호태, 『고구려 고분 벽화의 세계』, 서울대학교출판부, 2004, 284쪽; 『고구려 고분 벽화 연구 여행』, 푸른역사, 2012, 182쪽.

113) 耿鐵華, 『高句麗古墓壁畵硏究』, 吉林大學出版社, 2008, 138~139쪽.

은 이 고분이 조성될 당시 고구려의 도교문화의 흔적을 전해 주는 귀중한 자료라고 생각한다.

도교문화의 특징을 가장 잘 보여 주는 것 중에 하나가 장생불사를 추구하는 신선사상이다. 중국 본초학을 집대성한 의약서 『증류본초(證類本草)』에 보면 고구려인들이 금을 복용할 수 있는 기술이 있었다고 한다. 이는 고구려에서 연단법(熔丹法)을 활용한 신선술을 추구하였음을 보여 준다.[114] 신선술의 추구는 곧 신선사상으로 발전했다.

고구려인의 신선사상은 고구려 고분벽화에서 다양한 형태로 남겨져 있다. 고구려 벽화고분은 2012년까지 확인된 것은 모두 119기로 환인과 집안지역 일대에서 38기, 평양과 안악지역 일대에서 81기가 발견되었다.[115] 고구려 고분벽화의 인물 가운데 여러 형태의 신선이 많이 등장한다. 고구려 벽화 고분의 천정은 대부분 천상의 선경을 상징하는데, 거기에는 용을 타고 있는 신선, 봉황을 타고 있는 신선, 학을 타고 있는 신선 등 각종 기금이수를 몰고 있는 신선들이 많다. 축조 연대(408)가 확실한 평안남도 덕흥리 고분 벽화에도 여러 선인(仙人)이 등장한다. 그 가운데 고분의 서벽에 있는 선인(仙人) 상에는 '선인지당(仙人持幢)'이란 묵서명이 있다. 선인의 모습은 오른손에 연지(連枝)로 추정되는 가지를 쥐고 왼손에는 당(幢)을 잡고 날고 있다. 선인의 뒤쪽에는 2명의 옥녀(玉女)가 위아래에서 나란히 선인을 따라가고 있다. 위쪽의 옥녀는 오른손에는 선과(仙果)로 보이는 과일이 담긴 쟁반을 들고 있고 왼손에 깃발(幡)을 들고 있는데 이 옥녀상의 오른손 위쪽에 '옥녀지번(玉女持幡)'이란 묵서명이 있다(도판 4). 아래쪽에 있는 옥녀는 두 손으로 선과가 가득한 쟁반을 받쳐 들고 있는데 옥녀상의 전면에 '옥녀지□(玉女持□)'이란 묵서명이 있다. 또 이 고분벽화의 전실 천정의 견우직녀도 부근에도

---

114) 三木榮, 『朝鮮醫學史及疾病史』, 자가출판, 1962, 7~8쪽.

115) 전호태, 앞의 책, 2012, 37~39쪽.

'선인지련(仙人持蓮)'이란 묵서명이 적힌 선인상이 있다. 덕흥리 고분벽화의 선인과 옥녀는 하늘을 나는 모습인데, 이러한 도상이 등장한 이유는 선계(仙界)에 대한 인식이 있었기 때문이다.[116] 이와 유사한 도상은 한대의 화상에서도 찾을 수 있다. 한대의 화상에 절(節)과 같은 깃발을 들고 신과 인간들 사이에 있는 인물상이 있는데 이들은 대개 인간을 신의 세계 혹은 선계로 인도하는 역할을 담당했다.[117] 그러므로 덕흥리 고분벽화의 하늘을 나

〈도판 4〉 덕흥리 고분 옥녀지번[118]

116) 전호태, 「고분 벽화로 본 고구려인의 신선신앙」, 『신라문화』 17·18합집, 2000, 8~9쪽.
耿鐵華, 앞의 책, 2008, 192~193쪽.

117) 巫鴻, 「地域考古與對五斗米道美術傳統的重構」, 『漢唐之間的宗教藝術與考古』, 巫鴻主編, 文物出版社, 2000, 436~437쪽.
김일권, 「고구려 고분 벽화의 도교와 유교적 신화 도상 분석」, 『동북아역사논총』 25호, 2009, 284~285쪽.

는 선인은 무덤의 주인을 선계로 인도하는 역할을 하였을 것이다.

그 외에 집안 지역의 오회분 4호묘와 사신묘(四神墓)에서는 학을 탄 선인이 등장하는데, 이 신선의 형상은 『열선전(列仙傳)』에 실린 선인 왕자교의 모습과 유사하다.[119] 『열선전(列仙傳)』에 실린 왕자교(王子喬)의 고사를 보면 그는 주나라 영왕(靈王)의 태자 진(晉)으로 생황 불기를 좋아했다고 한다. 왕자교는 도사 부구공(浮句公)을 만나서 함께 숭고산(崇高山)으로 올라가 버렸다. 그는 30여 년이 지나 그를 찾아서 산에 오른 환량(桓良)이란 사람에게 나타나서 7월 7일 구씨산(緱氏山)의 정상에서 나를 기다리라고 자신의 집(주왕실)에 알려주기를 요청하였다. 그날이 되니 왕자교가 흰 학을 타고 산꼭대기에 있다가 며칠 후에 손을 들어 그때 모인 사람들에게 인사하고는 떠나 버렸다고 한다.[120] 오회분 4호묘와 사신묘에서 흰 학을 탄 신선이 왕자교와 다르다는 주장도 있다. 『열선전』의 신선들을 그린 『열선도(列仙圖)』의 왕자교의 모습과 차이가 있다는 것이다.[121] 흰 학을 탄 신선에 대한 서로 다른 주장은 고구려 고분벽화의 신선에 대한 연구를 더욱 진전시켜야 할 필요성을 제기한다.

이 외에도 고구려 고분벽화에는 각종 기이한 새와 짐승(奇禽異獸)이 등장한다. 학과 같은 기이한 새는 신선의 도행(道行)을 도와주는 역할을 한다. 덕흥리 고분벽화에는 묵서명과 함께 각종 기금이수가 그려져 있다. 청양(靑陽)·양광(陽光)이라는 이름을 가진 새와 비어(飛魚)가 등장하고, 인간에게 부귀를 가져다주는 짐승머리를 한 길리(吉利)·부귀(富貴)라는 새도 그려져 있다. 벽화에는 『산해경(山海經)』에 등장하는 기이한 짐승인 성성(猩猩)도 있다. 그 외

118) 耿鐵華, 앞의 책, 2008, 193쪽.

119) 耿鐵華, 앞의 책, 2008, 201~203쪽.

120) 劉向, 『列仙傳』, 卷1 王子喬.

121) 정재서, 「고구려 고분 벽화에 표현된 도교 도상의 의미」, 『고구려연구』 16집, 2003, 317~318쪽.

에 묵서명으로 이름을 확인할 수 있는 천작(天雀)·지축(地軸)·천마(天馬)·영양(零陽)·벽독(辟毒)·훼원(喙遠)·하조(賀鳥)·박위(博位) 등의 기금이수들이 그려져 있다. 그 중에 천추(千秋)와 만세(萬歲)라는 흥미로운 이름이 등장한다.[122)]

〈도판 5〉 집안 오회분 4호묘 학을 탄 신선상[123)]

〈도판 6〉 집안 사신묘의 학을 탄 신선도[124)]

122) 전호태, 앞의 논문, 2000, 10~11쪽.

사람 얼굴에 새의 몸을 한 인면조신(人面鳥身)의 천추와 만세는 신화에서 원래 가뭄이나 전쟁 등 재앙을 유발하는 흉조였으나 도교에서는 길조로 여긴다. 갈홍(葛洪)이 지은 『포박자(抱朴子)』에서는 사람 얼굴에 새의 몸을 한 천추와 만세는 그 이름과 같이 수명이 길다고 하였다.[125] 덕흥리 고분벽화에 나오는 천추와 만세는 둘 다 인면조신상이다. 반면 황해도 안악 1호분에 그려진 천추와 만세는 둘 다 짐승 머리에 새의 몸을 한 수두조신(獸頭鳥身)의 모습이어서 『포박자』의 설명과는 다르다. 평양 순창리 고분벽화인 천왕지신총에는 '천추'란 묵서명에 수두조신 모습의 그림이 있고, '만세'란 묵서명에 수두조신 모습이 그려져 있다. 그런데 집안의 삼실총 · 통구사신총 · 무용총(춤무덤)의 천추는 인면조신의 모습인데, 만세는 수두조신의 모습이다. 이처럼 고구려 고분벽화에서는 동일한 천추와 만세라는 존재를 고분마다 그 형상을 달리 표현하고 있다. 비록 천추와 만세의 모습이 고분마다 다른 점이 있지만 그 본래의 기능과 역할은 모두 불로장생을 상징한 것으로 보인다.[126]

또 하나 선계의 주재자인 서왕모(西王母)로 보이는 인물의 모습이 5세기 초엽에 축조된 감신총 고분벽화에 보인다. 감신총 고분의 전실 서쪽 천정고임에 서왕모로 보이는 인물과 그의 시녀로 보이는 두 여자, 이들을 향해 새를 타고 오는 여자 등이 그려져 있다. 서왕모로 보이는 인물은 T자형 대에 앉아 있는데, 대의 아래에는 수많은 산봉우리들이 솟아 있다. 벽화의 내용으로 볼 때 이들은 중국 한대부터 선계의 대명사로 알려진 곤륜산과 그곳

김일권, 앞의 논문, 2009, 250~266쪽에서는 도교적 도상을 형태, 주제, 그리고 기능에 따라 분류하고, 각종 기금이수를 자세히 소개하고 있다.

123) 耿鐵華, 앞의 책, 2008, 202쪽.

124) 耿鐵華, 앞의 책, 2008, 201쪽.

125) 葛洪, 『抱朴子內篇』 卷3 對俗, "千秋之鳥, 萬歲之禽, 皆人面而鳥身, 壽亦如其名."

126) 김일권, 앞의 논문, 2009, 258~260쪽.

의 주재자인 서왕모 그리고 그의 권속들을 표현한 것으로 보인다. 중국의 서쪽에 있는 곤륜산은 누구나 오르고 싶은 선계(仙界)이자 불사의 세계를 상징한다. 곤륜산의 주인인 서왕모는 불사의 신으로 불사약을 지녔다고 여겨졌다.[127] 서왕모가 주재하는 곤륜산을 벽화의 주요 주제로 삼았다는 것을 통해 우리는 5세기 고구려인들이 도교의 선계에 대한 인식이 비교적 구체적이었다는 것을 알 수 있다. 이러한 도교적 신선세계는 이후의 고구려 고분벽화에서 줄곧 애용된 주제였다.

고분벽화를 연구하는 데 유념해야 할 것은 바로 고분벽화가 장의(葬儀) 예술이란 점이다. 장의 예술로써의 고분벽화는 당시의 생활과 문화뿐만 아니라 내세관, 우주관 그리고 세계관을 보여 주기 때문에 앞으로도 다양한 연구 과제로 확대할 수 있을 것이다.[128] 그 주제 가운데 하나가 도교문화의 특징을 보여 주는 신선사상이다. 고구려 고분벽화에 나타난 신선사상에 대한 심도 있는 이해가 아직 미흡한 실정으로 향후 의미 있는 연구 과제가 될 것이라고 생각한다.

127) 전호태, 「고구려 감신총벽화의 서왕모」, 『한국고대사연구』 11, 1997, 365~404쪽: 앞의 논문, 2000, 9쪽.

128) 전호태, 「고구려 고분벽화의 자료적 가치와 연구방향」, 『고분벽화로 본 고구려 문화』, 고구려연구재단, 2005, 11~12쪽.

제2부
백제의 도교문화

제2부 백제의 도교문화

제2부
백제의 도교문화

한국 고대 문헌자료에서 백제의 도사(道士)와 도관(道觀)에 관한 기록을 아직까지는 찾을 수 없다. 이를 방증하듯 『주서(周書)』에 "백제에는 승니(僧尼)와 사탑(寺塔)은 아주 많으나 도사(道士)는 없다"[1]는 내용이 있다. 『주서』는 중국 북주(北周)의 역사를 기록한 책이다. 북주는 약 25년간(557~581) 존속하였는데, 이 시기는 백제 위덕왕 4년부터 28년까지로 이때 백제에 도사가 없었다는 것으로 해석된다. 백제 역사 전체를 살펴보아도 현재까지 『주서』의 기록을 뒤집을 만한 증거는 찾을 수 없다. 그럼에도 불구하고 백제는 적지 않은 도교문화의 내용을 전하고 있다. 가장 구체적인 내용은 무왕 35년(634) 궁남지에 방장선산(方丈仙山)을 모방하여 섬을 축조하였다는 『삼국사기』의 기록이다. 방장선산은 삼신산(三神山)의 하나이다. 백제에서 방장선산을 모방하여 못에 섬을 축조했다는 것은 삼신산에 대해 잘 알고 있었다는 의미이다. 신선이 산다고 여겼던 삼신산은 도교의 중요한 문화적 요소로 백제에서 이

1) 『周書』 卷49 列傳 異域上 百濟, "僧尼寺塔甚多, 而無道士."

러한 도교문화에 대해 깊은 이해가 있었다는 의미이기도 하다. 무왕이 궁남지를 조성한 시기는 당에서 도교가 크게 위세를 떨치던 당 태종 정관연간(627~649)이고, 이 시기 고구려도 당에서 도교를 적극적으로 수용하였다. 그러므로 무왕이 이때 도교문화를 투영한 궁남지를 조성한 것은 고대 동아시아의 정치와 문화에서 도교를 중시했던 추세에 부응한 조치로 보인다.

백제 도교문화의 풍부한 내용은 지하 유적과 유물이 발굴되면서 세상에 모습을 비로소 드러내기 시작했다. 1970년대 무령왕릉에서 출토된 매지권을 비롯한 각종 유물과 1990년대 발굴된 백제금동대향로 그리고 2000년대 이후 발굴된 의학과 관련된 유물 등은 백제 도교문화를 이해하는 데 구체적인 자료를 제공하고 있다. 이러한 자료로 인해 백제의 도교문화에 대한 연구는 종전보다 더 많은 연구 성과를 도출했고,[2)] 백제의 도교문화가 고대 일본의 도교문화에도 큰 영향을 주었다는 점이 밝혀졌다.[3)] 이러한 연구 성과는 문헌자료와 고고자료를 종합하여 도출된 것이다. 제2부에서는 기존의 연구 성과를 기반으로 하여 백제 도교문화가 담겨 있는 유적이나 유물이 출현하게 된 시대 배경과 정치 사회적 의미를 고찰하고자 한다. 이러한 고찰을 통해 백제 도교문화의 종합적 이해와 그 특징을 밝혀 보고자 한다.

---

2) 윤무병, 「백제미술에 나타난 도교적 요소」, 『백제의 종교와 사상』, 현대사회문제연구소, 1994.
나의 논문, 「백제금동대향로의 도교문화적 배경」, 『백제금동대향로와 동아세아』, 국립부여박물관, 2003; 「한성백제시대의 도교문화」, 『향토서울』, 2005; 「백제 의약과 도교문화」, 『백제연구』 52집, 2010.
김영심, 「백제의 도교 성립 문제에 대한 일고찰」, 『백제연구』 53집; 「백제문화의 도교적 요소」, 『한국고대사연구』 64, 2011; 「무령왕릉에 구현된 도교적 세계관」, 『한국사상사학』 40집, 2012.
문동석, 「한성백제의 도교문화와 그 성립과정」, 『백제연구』 50집, 2009.

3) 나의 논문, 「古代東亞世界的呪禁師」, 『宗教與醫療』, 林富士 編, 臺灣 聯經出版社, 2011; 「고대 일본에 전파된 백제 도교」, 『한국고대사연구』 55, 2009.

제1장 한성도읍시기의 도교문화

한성도읍시기 백제의 도교문화 관련 기록은 근초고왕시대(346~374)에 비로소 보인다. 근초고왕시대 백제는 전성기를 구가하였다.[4] 『삼국사기』 백제본기 근초고왕 조를 보면 대부분 외교와 군사적인 내용으로 채워져 있다. 그만큼 당시 외교와 군사 문제가 가장 중요한 국가적 과제였음을 알 수 있다. 근초고왕은 신라와의 관계를 돈독히 한 다음에 평양을 공격하여 고구려 고국원왕을 죽이는 혁혁한 전공을 거두었다.[5] 강력한 군사력을 바탕으로 백제의 영역을 크게 확대한 근초고왕은 동아시아의 외교무대에 화려하게 등장하였다. 근초고왕 27년(372)에 동진에 사신을 파견하여 방물을 바치니 동진에서는 이에 대한 답례로 백제에 사신을 보내어 백제왕 여구(근초고왕)를 진동장군령낙랑태수(鎭東將軍領樂浪太守)로 배수하였다.[6] 근초고왕이 이처럼 외교와 군사 면에서 지대한 성공을 거둘 수 있었던 것은 문화적인 역량이 뒷받침되었기에 가능하였다.[7] 그 중에 도교문화가 그 일익을 담당하였다. 주목할 만한 사례로는 근초고왕대에 크게 활약한 장군 막고해의 『노자』의 활용과 왜와의 외교에 등장한 칠지도와 칠자경을 들 수 있다. 치국에 활용된 한성도읍시기 백제 도교문화를 구체적으로 파악해 보자.

---

4) 근초고왕시대에 대한 전반적인 연구로 김기섭, 『백제와 근초고왕』, 학연문화사, 2000을 참고하였다.

5) 『三國史記』 卷24 百濟本紀 第2 近肖古王.

6) 『晉書』 卷9 帝紀9 簡文帝 咸安 2年, "咸安二年春正月辛丑, 百濟 ... 遣使貢方物, 六月, 遣使拜百濟王餘句爲鎭東將軍領樂浪太守".

7) 나의 논문, 2005.
문동석, 앞의 논문, 2009.

제1절 『노자』의 이해와 활용

한성도읍시기 백제의 도교문화는 『노자』의 이해와 활용에서 찾을 수 있다. 근초고왕 24년(369) 태자 근구수가 치양(雉壤)[8] 전투에서 고구려군을 격파하고 수곡성(水谷城)에 이르러 계속 진격하려고 할 때 장군 막고해가 근구수 태자에게 『노자』를 인용하여 간언을 했다. 그 내용을 보면 막고해가 "일찍이 도가의 말을 들으니 '만족할 줄 알면 욕되지 않고 그칠 줄 알면 위태롭지 않다(知足不辱, 知止不殆)'고 하였습니다. 지금 얻은 바가 많은데 어찌 기필코 많은 것을 구하려 하십니까?"라고 간언하였다. 태자는 이 말을 좋다고 여기고 고구려군에 대한 추격을 멈추었다고 한다.[9] 장군 막고해가 인용한 도가의 말은 바로 『노자』 44장에 나오는 구절이다. 『노자』 44장 전체의 내용을 보면

> 이름과 생명 가운데 어느 것이 가까운가? 생명과 재물 가운데 어느 것이 중요한가? 이름을 얻는 것과 생명을 잃는 것 가운데 어느 것이 해로운가? 이러한 이유로 이름을 탐닉하면 반드시 잃는 것도 많아지며, 재물을 많이 저장하고 있으면 잃는 것도 반드시 많아진다. '만족할 줄 알면 욕되지 않고 그칠 줄 알면 위태롭지 않아 오래 갈 수 있다(知足不辱, 知止不殆, 可以長久).'[10]

이다. 막고해가 태자 근구수에게 이 부분의 『노자』를 인용해서 전달하고자

---

8) 치양은 현재 황해도 白川郡으로 추정되는데, 근구수왕 즉위 조의 半乞壤은 치양의 별칭으로 여겨진다. 정구복 등, 『역주 삼국사기』 3, 주석편 상, 한국정신문화연구원, 1997, 655쪽, 권 제24 주석 122.

9) 『三國史記』 卷24 百濟本紀 第2 近仇首王, "將軍莫古解諫曰, 嘗聞道家之言, '知足不辱, 知止不殆' 今所得多矣, 何必求多. 太子善之, 止焉."

10) 『老子』 第44章, "名與身孰親. 身與貨孰多. 得與亡孰病. 是故甚愛必大費, 多藏必厚亡. 知足不辱, 知止不殆, 可以長久."

한 뜻은 바로 오래 갈 수 있게 하기 위해서(可以長久)는 만족할 줄도 알고 그칠 줄도 알아야 한다는 점을 강조하고자 한 것이다. 오래가게 하고자 한 것이 구체적으로 무엇이었을까?

이에 대한 해답은 후한 중기에 나온 『노자』 하상공주(河上公注)에서 찾을 수 있다. 『노자』에는 여러 가지 주석이 있으나 위진남북조시대에서 당대 초기에는 하상공주(河上公注)가 주로 이용되었다.[11] 막고해가 인용한 『노자』 44장의 하상공주(河上公注)를 보면 "나라를 다스리는 통치자가 백성을 어지럽히지 않으면 따라서 (국운이) 오래갈 수 있다"[12]고 하였다. 이는 『노자』를 국가 통치와 연결시켜 해석한 것이다. 즉 『노자』 44장은 국가 통치자가 지혜와 통찰력을 갖추면 국운이 오래갈 수 있다는 점을 강조하고 있다. 태자 근구수가 고구려 군을 격파하고 계속 진격하려는 상황에서 장군 막고해가 『노자』 44장의 구절을 적시에 인용하여 간언했다는 점은 그가 도교의 사상적 근간이 되는 『노자』를 이미 숙지했기에 가능했다고 보인다. 장군 막고해의 간언을 받아들인 점을 보면 태자 근구수도 틀림없이 『노자』를 잘 이해하였다고 여겨진다. 장군인 막고해가 『노자』를 숙지하고 있었다는 점은 『노자』가 장군의 임무를 수행하는 데 도움이 되었기 때문은 아니었을까? 고구려의 명장 을지문덕 또한 『노자』를 숙지하고 있었기 때문에 이런 추정이 가능하다. 이런 점을 염두에 두고 한국 고대에 『노자』가 전쟁에서 어떻게 활용되었는지 살펴보자.[13]

백제와 고구려의 전쟁은 근초고왕 24년(369)에 처음 일어났다. 근초고왕 24년(369) 고구려 고국원왕은 2만 명의 보병과 기병을 거느리고 치양에 와

11) 王卡 點校, 「前言」, 『老子道德經河上公章句』, 中華書局, 1993, 1~8쪽.

12) 王卡 點校, 앞의 책, 1993, 176쪽, "治國者民不擾, 故可長久."

13) 한국 고대에서 장군이 전쟁에서 『노자』를 활용한 점에 대해서는 나의 논문, 「한국 고대 도교의 특징」, 『백제문화』 제52집, 2015, 85~86쪽을 참고하였다.

서 민가를 약탈하였다. 이에 근초고왕이 태자 근구수를 치양으로 보내 고구려 군대를 급습하여(원문 : 急擊) 격퇴시켰다. 이 전쟁에서 백제는 고구려 군사 5천여 명의 수급을 얻고, 사로잡은 고구려군 포로를 장수와 군사들에게 나누어주는 전과를 올렸다.[14] 백제와 고구려의 전쟁은 양국의 대외 확장 정책과 맥을 같이 한다. 백제는 근초고왕대에 가야지역에 진출하여 남부 마한지역을 복속시키는 등 대외 확장 정책을 활발하게 전개하였다. 백제의 이런 정책은 고구려의 대외정책에도 큰 영향을 주었다. 고구려 고국원왕은 북방의 전연(前燕)에 가로막혀 북방으로 확장을 꾀할 수 없게 되자 남방에서 활로를 모색하면서 백제를 선제공격하였다.[15] 2년 후인 근초고왕 26년(371)에 고구려가 다시 백제를 공격하면서 두 나라는 국운을 건 대규모의 전쟁을 벌였다. 고구려가 대군을 동원하여 침공한다는 소식을 들은 근초고왕은 패하(浿河)에 군대를 매복시켰다가 가까이 다가온 고구려 군대를 급습(急擊)하여 승리를 거두었다. 이 전쟁의 승리를 계기로 백제는 수세에서 공세로 전환하였다. 그해 겨울에는 근초고왕과 태자 근구수가 3만 명의 정병을 이끌고 고구려 평양성을 쳐서 고국원왕을 죽이는 전과를 거두었다.[16] 이 승리를 계기로 백제는 고구려와 장기간 대치하며 맞서 싸우는 국제 질서의 한 축을 담당하게 되었다.

백제가 고구려와의 전쟁에서 승리할 수 있었던 요인은 어디에 있었을까? 전쟁에서 승패의 요인은 다양하다. 그 가운데 가장 중요한 요인인 군사력을 보면 근초고왕은 3만 명의 정병을 동원할 수 있는 군사조직은 물론 전

14) 『三國史記』 卷24 百濟本紀 第2 近肖古王 24年, "高句麗王斯由帥步騎二萬, 來屯雉壤, 分兵侵奪民戶, 王遣太子以兵徑至雉壤, 急擊破之, 獲五千餘級, 其虜獲分賜將士."

15) 강종원, 『4세기 백제사 연구』, 서경, 2002, 255~258쪽.

16) 『三國史記』 卷24 百濟本紀 第2 近肖古王 26年.

국적인 군사지원체계를 갖추고 있었다.[17] 대규모의 군사를 동원할 수 있는 능력은 백제가 승리할 수 있는 원동력이 되었을 것이다. 그러나 전쟁의 승패는 군대 인원수의 다소만으로 결정되는 것은 아니다. 역사상 소수의 군대로 다수의 군대를 물리치고 승리를 차지한 사실이 자주 등장한다. 그 까닭은 군 지휘관의 전술 전략에 따라 전쟁의 승패가 결정되기 때문이다.

근초고왕대 백제와 고구려의 전쟁을 살펴보면 전쟁의 주역은 근초고왕, 태자인 근구수 그리고 장군 막고해였다. 근초고왕이 태자와 함께 친히 군사를 이끌고 평양성을 공격하여 고국원왕을 죽이는 전과를 거두기도 하였으나, 근초고왕 말년 전쟁의 지휘는 태자 근구수가 맡았던 것으로 보인다.[18] 태자 근구수의 옆에는 장군 막고해가 있었다. 그러므로 근초고왕 말년에 벌어진 고구려와의 전쟁에서 펼친 전술과 전략은 태자 근구수와 장군 막고해가 서로 긴밀하게 논의하였을 것이다. 그들이 수립한 전술과 전략의 구체적인 내용은 알 수 없지만 백제가 전쟁을 수행하는 과정에서 보인 전술과 전략을 보면 실마리를 얻을 수 있을 것이다.

근초고왕 24년(369) 치양 전투와 근초고왕 26년(371)의 패하 전투에서 백제군은 급격(急擊)이란 전술을 사용하여 고구려 군에게 대승을 거두었다. 급격(急擊) 또한 『노자』에 나오는 전술의 하나이다. 『노자』에는 전쟁을 상서롭지 못한 것으로 보고, 전쟁을 먼저 일으키는 것을 반대하는 내용이 있지만 부득이하게 전쟁을 수행해야 할 경우에 전쟁에 임하는 자세는 물론 전쟁을 수행하는 구체적인 전술 전략에 관한 기록도 보인다.[19] 그러므로 『노자』가

---

17) 이문기, 「한성도읍기의 군사조직과 운용」, 『백제의 정치제도와 군사』, 충청남도역사문화연구원, 2007, 303~308쪽.

18) 양기석, 「근구수왕의 대외활동과 정치적 지위 -고구려왕의 관계를 중심으로」, 『백제의 국제관계』, 서경문화사, 2013, 53~54쪽.

19) 『老子』 31章, "夫佳兵者不祥之器, 物或惡之 ... 不得已而用之, 恬淡爲上, 勝而不美.",

병법서라는 주장도 있다.[20] 『노자』에는 전쟁에 임해서 기묘한 계책으로 승리하는 방법을 강조하는 내용이 있다. 『노자』 57장에 보면 "이정치국(以正治國), 이기용병(以奇用兵)"[21]이라고 하여 국가는 정도(正道)로 다스려야 하지만, 전쟁은 기묘한 술을 써야 한다는 소위 기정론(奇正論)이 있다. 병법서의 고전인 『손자병법』 세편(勢篇)에서는 기정론의 정(正)과 기(奇)의 의미를 구체적으로 설명하였다. 그 내용을 보면 "전쟁에서는 (정규의 전술인) 정(正)으로써 적과 맞서고, (비정규의 전술인) 기(奇)로써 승리를 거둔다"[22]라고 하였다. 이때 기(奇)는 다양한 뜻을 내포하고 있으나 비정상적인 법칙인 우회, 포위, 기습 등을 의미한다.[23] 결국 전쟁의 최종 승패는 기습전술인 기(奇)의 활용에 달렸음을 강조하였다. 태자 근구수가 활용했던 급격(急擊) 전술은 바로 『노자』의 기정론을 활용한 것이 분명하다. 『손자병법』에서는 기정론을 병법에만 적용한데 비해 『노자』에서는 용병(用兵) 즉 병법을 넘어서 치국으로까지 확대하여 정치론으로 승화시켰다.[24] 이처럼 전쟁에서 급격(急擊)이란 전법을 활용하고, 또 『노자』의 문구를 전술에 활용할 줄 알았다는 것은 백제에서 도교문화에 대한 이해가 있었기에 가능했을 것이다. 백제가 근초고왕시대에 『노자』를 전술과 전략에 활용한 것은 물론 한걸음 더 나아가서 치국에 활용함으로써 한성백제시대 전성기를 구가할 수 있었는지도 모르겠다.

69章, "用兵有言, 吾不敢爲主而爲客."

20) 王明, 「論老子兵書」, 『道家和道教思想研究』, 中國社會科學出版社, 1984, 27~36쪽.
李澤厚, 「孫老韓合說」, 『中國古代思想史論』, 人民出版社, 1986, 77~105쪽.
尹振環, 「老子與孫子兵法」, 『帛書老子與老子術』, 貴州人民出版社, 2000, 303~309쪽.

21) 『老子』 57章, "以正治國, 以奇用兵, 以無事取天下."

22) 『孫子兵法』 勢篇, "凡戰者, 以正合, 以奇勝."

23) 王建東, 『孫子兵法思想體系精解』, 臺灣, 武陵出版有限公司, 2003, 270쪽.

24) 何炳棣, 『何炳棣思想制度史論』, 臺灣, 聯經出版公司, 2013, 224쪽.

제2절 칠지도와 칠자경

백제 근초고왕대의 도교문화는 외교에도 활용되었다. 백제와 왜의 외교 관계를 보여 주는 중요한 유물인 칠지도(七支刀)에는 도교문화의 이해와 그 내용이 잘 용해되어 있다. 칠지도는 일본 나라현 천리시 이소노카미 신궁(石上神宮)의 신고(神庫)에 오랫동안 보관되어 있던 철검이다. 이 검이 학자들의 주목을 받기 시작한 것은 메이지(明治) 시대에 들어와서이다. 1873년부터 1877년까지 이소노카미 신궁의 대궁사(大宮司)로 재직했던 칸 마사토모(菅政友)가 칠지도에 금상감된 명문의 일부를 판독하고 기록을 남겼다. 칸 마사토모가 이 철검을 육차모(六叉鉾) 또는 육차도(六叉刀)라고 한 것으로 보아서 초기에는 이 검이 칠지도라는 것을 알지 못했던 것 같다. 시간이 좀 경과한 후 칸 마사토모는 검에서 '칠지도(七支刀)'라는 명문을 확인하고 발표한 논문 「임나고(任那考)」에서 이 검이 『일본서기』 신공황후기에 나오는 바로 그 칠지도라고 했다. 그 후 칠지도의 문자 해독과 해석이 지속적으로 이어져 1950년대 초에 이르러 명문의 대부분이 해독되자 칠지도 연구에 큰 진전이 이루어졌다.[25] 하지만 아직까지 연구자 간에 명문 판독이 일치하지 않는 부분이 있다. 칠지도의 상감된 명문 가운데 떨어져 나간 부분이 있기 때문이기도 하지만 분명히 밝혀진 명문조차도 연구자의 시각에 따라 각기 다르게 해독하기 때문이다.

칠지도는 고대 한일관계사 특히 백제와 왜의 관계사를 이해하는 데 매우 중요한 유물이므로 칠지도의 명문 해석을 놓고 한일 연구자 사이에 견해가 첨예하게 다른 것은 어쩌면 당연한 일인지도 모른다. 백제와 왜의 정치와 외교 관계를 어떤 입장에서 보느냐에 따라 칠지도에 대한 해석은 전혀 다

---

25) 奈良國立博物館, 『七支刀と石上神宮の神寶』, 2004, 33쪽 작품해설.
김영심, 「칠지도의 성격과 제작배경」, 『한국고대사연구』 69, 2013, 94~96쪽.

를 수밖에 없다. 한일 간에 가장 첨예한 입장 차이는 칠지도의 백제 헌상설과 백제 하사설이다. 그 외에 동진 하사설과 양국 평등설 등이 있다. 이러한 주장들은 칠지도 명문의 연호, 후왕(侯王) 등의 해석에 따라 도출된 결론이나 여전히 그 해석이 분분하다.[26)]

이런 주장들을 살펴보면 독특한 형태의 칠지도가 백제에서 제작된 이유와 배경에 대해서 만족할 만한 설명을 하지 못하고 있다. 백제에서 칠지도가 제작된 이유와 배경을 이해하기 위해서 먼저 칠지도의 용도에 대해 생각해 보자. 칠지도는 외교적으로 보내졌던 문물이다. 외교적 문물 속에는 주는 측이 받는 측의 마음을 움직이고자 하는 의도가 내재되어 있다. 백제에서는 왜가 칠지도를 받고 어떤 반응을 보일지를 고려했을 것이다. 백제의 고려는 왜 문화에 대한 인식이나 이해를 기반으로 했다고 생각한다. 따라서 칠지도를 주고받을 당시의 백제와 왜의 문화적 배경을 이해하면 독특한 형태의 칠지도 제작 배경과 명문의 의미를 좀 더 정확하고 객관적으로 판단할 수 있을 것이다.

칠지도는 칼의 양쪽 날이 마치 나뭇가지 모양의 독특한 형태로 그 중심에 하나의 크고 긴 본줄기가 있고, 그 줄기에 좌우 각각 3개씩 6개의 가지로 이루어져 있다. 칼의 전체 길이는 74.9cm인데 이 중 칼의 몸이 65cm이고 칼자루가 9.9cm이다. 나뭇가지같이 갈라진 여러 개의 칼날의 형태나 손으로 잡을 수 없는 칼자루의 형태로 보나 칠지도는 실용의 무기는 아니었다. 그렇다면 칠지도는 어떤 용도로 사용되었을까?

먼저 칠지도가 보관된 이소노카미 신궁(石上神宮)의 기능부터 살펴보자. 이

---

26) 칠지도에 관한 연구 성과는 김영심, 「七支刀銘」, 『역주 한국고대금석문』 제1권, 한국고대사회연구소편, 1997년 재판본, 169~174쪽과 주보돈, 「백제 칠지도의 의미」, 『한국고대사연구』 62, 2011, 253~294쪽에 잘 정리되어 있다. 칠지도 전반을 쉽고도 요령 있게 설명한 글로는 김영심, 「4세기 동아시아 세계와 백제의 위상, 칠지도」, 『금석문으로 백제를 읽다』, 노중국 외 지음, 학연문화사, 2014, 39~70쪽이 있다.

소노카미 신궁은 왜의 물부씨(物部氏)가 제사를 주관하였던 곳이다. 이곳은 고대 일본 건국 때 사용되었다는 전설적인 보검(寶劍)과 각 씨족에게서 거둔 신보(神寶)와 무기류를 보관하던 보고(寶庫)이자 무기고의 역할도 하였다. 이 소노카미 신궁의 주제신(主祭神)은 포도어혼대신(布都御魂大臣)인데, 이 주제신이 머물러 있다고 여겨지는 어신체(御神體)가 잡령(師靈)이라는 신검(神劍)이다. 『고사기』와 『일본서기』에 의하면 신무천황(神武天皇)의 동정(東征) 때에 국토평정을 위해 하늘에서 내려와 큰 공을 세운 검이라고 한다. 메이지시대 이전에는 이소노카미 신궁 제례의 하나인 신검도어제(神劍渡御祭)에서 신검(神劍)의 대체물로 칠지도가 사용되었다고 한다.[27] 고대에 이소노카미 신궁에서 거행된 궁정 진혼제(鎭魂祭) 의식의 진혼가에 '石上神宮의 大刀'라는 구절이 있는데, 이때 대도(大刀)가 곧 칠지도라는 주장이 있다.[28] 이런 점으로 미루어 볼 때 칠지도는 이소노카미 신궁의 의식에 쓰이는 의기(儀器)였음을 알 수 있다.

그렇다면 칠지도는 언제 왜에 보내졌을까? 이 문제를 풀기 위해 칠지도 명문과 칠지도를 언급한 『일본서기』와 『고사기』의 기록을 먼저 검토해 보자. 칠지도에는 앞면에 34자, 뒷면에 27자, 총 61자의 금상감 명문이 새겨져 있는데, 앞면의 다섯 번째 글자를 '五'가 아니라 '十一'로 읽을 경우 총 62자가 된다. 먼저 칠지도의 앞면에 태□ 4년으로 시작하는 34자의 명문을 보면

> 泰(□)四年□(五)月十六日丙午正陽造百練鋼七支刀□辟百兵宜供供侯王□□□□作
>
> 태(□) 4년 (5)월 16일 병오일의 한낮에 백 번이나 연단한 칠지도를 만들었다. 온갖 병기로부터 입는 해로움을 물리칠 수 있으니 공손한 후왕에게 알맞다. □□□□가 만들었다.

---

27) 奈良國立博物館, 앞의 책, 2004, 4~5쪽.

28) 김영심, 앞의 논문, 2013, 99쪽.

라고 하였다. 이 내용은 칠지도의 제작 연월일, 효능, 그리고 칠지도를 지참하면 좋을 사람 순으로 되어 있다. 뒷면에 새겨진 명문을 보면

> 先世以來未有此刀百濟王世□奇生聖音故爲倭王旨造□傳示□世
>
> 선세 이래 이런 칼은 없었다. 백제왕세□ 뜻하지 않게 성음이 생겨 왜왕을 위해 정교하게 만들었다. □세에 전하여 보이도록 하여라.

라고 하여, 이전에는 없었던 칠지도의 유일성, 백제에서 칠지도가 만들어져 왜왕에게 전달된 이유, 칠지도를 후세에 전하라는 내용으로 구성되어 있다.[29)]

칠지도 앞면의 명문을 보면 먼저 태□(泰□) 4년이란 연호가 나온다. 태(泰)자 다음 이어지는 글자가 불분명한데 이 글자가 시(始) 또는 초(初)라는 주장도 있지만, 칠지도 명문 도판을 보면 이 글자의 왼쪽에 벼 화(禾)변이 분명한 점으로 보아 화(和)로 판독하고자 한다.[30)] 그러므로 이 연호는 태화(泰和)로 보아야 한다. 이것이 백제의 연호라는 주장도 있지만,[31)] 태화(泰和)라는 연호 사용은 아직까지는 한·중·일 삼국 중에 어디에서도 확인할 수가 없다. 한자의 태(泰)자는 태(太)자와 통용되었다.[32)] 따라서 태화(泰和)를 태화(太和)라고 볼 수 있다. 태화(太和)라는 설에 의문을 제기하는 일부 논자들은 칠지도에 쉬운 태(太)라는 글자 대신에 굳이 복잡한 태(泰)를 새겨 넣을 리가

---

29) 奈良國立博物館, 앞의 책, 2004, 33쪽 작품해설. 번역은 김영심, 앞의 논문, 99쪽을 참고하였다.

30) 奈良國立博物館, 앞의 책, 2004, 7쪽.

31) 주보돈, 앞의 논문, 2011, 253~294쪽.

32) 청대 훈고학자 段玉裁는 『說文解字』의 泰字 注解에서 고대부터 중국에서 泰字와 太字가 통용된 연유를 설명했다. "夳, 古文泰如此 ... 謂太字卽說文夳字."(『說文解字注』(淸嘉慶20年經韻樓刻本) 第11卷 水部.)

없다고 주장하나 필자는 다른 각도에서 이 문제를 접근해 보고 싶다. 오히려 백제에서 태(太)와 통용되는 복잡한 획의 태(泰)자를 선택한 것은 자신들의 고도한 금속제작술을 드러내기 위한 의도가 숨겨져 있었다고 생각한다. 중국에서 연호 태화(太和)를 사용한 황제가 여러 명 있고,[33] 우리나라에서는 신라 진덕여왕이 사용했다. 그 중에서 칠지도와 관련된 시기는 중국 동진(東晉) 폐제(廢帝)인 사마혁(司馬奕)의 태화 4년인 369년으로 보는 것이 타당하다. 이러한 추정은『일본서기』신공황후기의 기록으로 방증할 수 있기 때문이다. 일본 천황의 정통성과 권위를 드러내기 위해 편찬된『일본서기』에는 설화적 내용과 역사적 사실을 왜곡한 점이 많아 신중하게 접근할 필요가 있다. 그럼에도 불구하고『일본서기』에는 백제의 실존 인물의 활동을 구체적으로 묘사한 기록이 적지 않다. 따라서『일본서기』의 이런 기록에 대한 엄밀한 분석을 통해 우리는 백제사의 귀중한 자료를 얻을 수 있다.

『일본서기』 신공황후 52년 조를 보면 백제의 초고왕(肖古王)이 칠지도(七枝刀)와 칠자경(七子鏡) 그리고 여러 가지 중요한 보물을 바쳤다는 기록이 있다. 백제가 귀중한 보물 등을 바친 이유는 왜가 가야 7국을 평정하고 한반도 남부의 땅을 백제에 준 보답으로 백제왕이 조공했다는 것이다.[34] 초고왕(肖古王)은 근초고왕이다.『일본서기』신공황후기의 이 내용은 왜가 한반도 남부를 점령하고 있었다는 점을 전제로 한 조작된 기사이다. 칠지도를 왜에 보낸 신공황후 52년은『일본서기』의 기년으로는 252년이나 신공기의 기년은 2주갑 즉 120년을 내려 보아야 한다는 것이 학계의 통설이므로 이 기사의 연대를 수정하면 372년이 된다. 372년은 백제 근초고왕 27년에 해당된다.

---

33) (삼국시대)魏 明帝 曹叡(227~233), (5호16국시대)後趙 石勒(328~330), 成漢 後主 李勢(344~346), 東晉 廢帝 司馬奕(366~371), 北魏 孝文帝(477~499) 등.

34)『日本書紀』卷9 神功皇后 攝政 52年, "秋九月 丁卯朔 丙子, 久氐等從千熊長彦詣之, 則獻七枝刀一口·七子鏡一面, 及種種重寶."

따라서 『일본서기』 신공황후기의 조작된 기사는 한 · 중 · 일 삼국의 역사 기록과 새로이 출토된 유물을 통해 철저히 분석해 보면 좀 더 객관적인 고대 한일관계사를 복원할 수 있다. 전술한 바와 같이 근초고왕대 백제는 고구려의 침공을 물리치고 활발한 정복 활동을 전개하여 한성백제시대의 전성기를 구가하였다. 특히 근초고왕은 대외관계를 확대하고 해상무역을 발전시켰는데 그 중에서도 남방을 경략하여 왜로 통하는 교통로를 확보했다는 점은 큰 의의가 있다. 『삼국사기』 근초고왕 본기에는 근초고왕 3년(348)부터 20년(365)까지 17년 동안의 기사가 누락되어 있는데, 『일본서기』 신공황후 49년 조를 분석해 보면 근초고왕이 이 시기 왜로 통하는 교통로를 확보하는 과정을 확인할 수 있다.[35] 칠지도는 근초고왕의 이런 대왜(對倭) 교통로 확보과정에 외교관계를 위해 제작된 중요한 외교문물이었던 것이다. 그렇다면 백제에서 외교문물로 독특한 양식의 칠지도를 제작한 이유는 무엇일까? 이 문제를 해결하기 위해서는 칠지도와 함께 왜에 보내졌던 칠자경의 의미도 분석해 보아야만 한다. 먼저 칠지도를 분석해 보자.

〈도판 7〉 칠지도

전술한 바와 같이 칠지도는 이소노카미 신궁의 의례에 쓰인 의기(儀器)였다. 학자들은 일찍이 이 칠지도의 효능이 도교적 요소와 관련 있음을 지적했다.[36] 우선 칠지도에 '병오정양(丙午正陽)'이

35) 노중국, 『백제의 대외 교섭과 교류』, 지식산업사, 2012, 105~108쪽.

36) 山尾幸久, 「石上神宮七支刀銘の百濟王と倭王」, 『古代の日朝關係』, 塙書房, 1989, 170~188쪽.

란 금속기 제작의 길일인 길상구(吉祥句)를 적었고, 칠지도의 효능에는 온갖 병기의 해를 물리친다는 의미의 '벽백병(辟百兵)'이란 길상구를 넣었다. 백병(百兵)에서 백(百)은 많다는 뜻이고 병(兵)은 병기(兵器)를 뜻하기 때문에 벽백병은 온갖 병기의 해를 물리친다는 의미로 보인다. 이런 길상구는 도교적인 요소를 포함하고 있다.[37] 동진시대 대표적인 도사 갈홍(葛洪)은 그의 저서 『포박자내편(抱朴子內篇)』 등섭편에서 산림에 들어가거나 강 혹은 바다를 건널 때 각종 위험에서 벗어날 수 있는 방법을 다음과 같이 소개하고 있다.

> (웅검과 자검의 제조 방법은) 5월 병오일 일중(日中)에 웅황(雄黃)·단사(丹砂)·자황(雌黃)·반석(礬石)·증청(曾靑)인 오석(五石)을 빻고 동(銅)을 넣어 가루로 만든 다음 금화지(金華池)로 씻어서 육일신로(六一神爐)에 넣어 제련해 낸다. 이때 계수(桂樹)를 땔감으로 쓰며 제련된 동은 다시 강탄(剛炭)으로 제련하는데, 동남동녀(童男童女)에게 불을 넣게 한다. 모동(牡銅)으로 웅검을 만들고, 빈동(牝銅)으로 자검을 만든다. 각기 5촌 5분의 길이로 한다. 웅검(雄劍)과 자검(雌劍)을 차고 강과 바다를 건너면 교룡(蛟龍), 커다란 물고기, 그리고 물귀신(水神)을 물리칠 수 있다. 물속에 들어가려고 하면 웅검은 왼쪽에 차고 자검은 오른쪽에 찬다고 하였다.[38]

5월 병오일 일중에 만든 검을 차면 물귀신도 범접을 못한다고 하는 점으

木村誠, 「백제사료로서의 칠지도 명문」, 『서강인문논총』 제12집, 2000, 139~166쪽.
김영심, 앞의 논문, 2013, 91~124쪽.

37) 吉田 晶, 『七支刀の謎を解く』, 新日本出版社, 2001, 27~35쪽.
김영심, 앞의 논문, 2013, 100~104쪽.

38) 『抱朴子內篇』 登涉篇 第17, "或問涉江渡海辟蛟龍之道. …… 以五月丙午日日中, 擣五石, 下其銅. 五石者, 雄黃·丹砂·雌黃·礬石·曾靑也. 皆粉之, 以金華池浴之, 內六一神爐中鼓下之, 以桂木燒爲之, 銅成以剛炭鍊之, 令童男童女進火, 取牡銅以爲雄劍, 取牝銅以爲雌劍, 各長五寸五分, 取土之數, 以厭水精也. 帶之以水行, 則蛟龍巨魚水神不敢近人也. …… 欲入水, 以雄者帶左, 以雌者帶右."

로 보아서 이 검에 주술적인 힘이 있다고 믿었음을 알 수 있다. 그러므로 5월 병오일은 주술적 힘을 갖는 검을 만드는 아주 중요한 길일이었다. 갈홍은 『포박자내편』 잡응편에서도 5가지 병기를 물리치는 방법으로 각종 부적을 소개하였는데, 특히 5월 5일에 만든 적령부(赤靈符)나 병오일 일중에 만든 연군용호삼낭부(燕君龍虎三囊符)를 패용하면 효험이 있다고 하였다.[39] 5월 5일이나 병오일 일중(日中) 때를 부적을 만드는 데 좋은 길일로 여겼던 것이다. 칠지도의 병오일 정양은 바로 병오일 일중과 같은 뜻으로 보인다. 따라서 병오일 정양에 만들어진 칠지도에는 백병을 물리칠 수 있는 강한 주술력이 있다는 의미이다.

그런데 『일본서기』 신공황후 52년 조에는 칠지도(七支刀)를 칠지도(七枝刀)로 기록하였다. 칠지도 뒷면에 "이전부터 이러한 칼은 없었다(先世以來未有此刀)"고 명기한 점으로 보아 칠지도는 그와 같은 형태의 칼은 과거에 없었던 당시 사람들에게 매우 독특한 칼이었음을 알 수 있다. 왜에서는 칠지도(七支刀)를 7개의 나뭇가지로 이루어졌다고 생각해서 칠지도(七枝刀)라고 표기한 것으로 보인다. 나뭇가지는 특별한 의미가 있다. 왜냐하면 일본 고대 신화에 수목에서 생명의 근원을 찾는 샤머니즘적인 우주수(宇宙樹) 또는 세계수(世界樹) 신앙이 보이기 때문이다.[40] 칠지도의 나뭇가지 모양의 독특한 형태와 이러한 신앙이 무관하지 않을 것이다.[41] 이러한 칠지도 제작 배경은 함께 보내진 칠자경에 대한 고찰을 통해 확인할 수 있다.

백제에서는 외교관계의 징표로 왜에 칠지도와 칠자경 등의 보물을 보낸

39) 『抱朴子內篇』 雜應篇 第15, "或問辟五兵之道或…五月五日作赤靈符, 著心前. 或丙午日日中時, 作燕君龍虎三囊符."

40) 福島邦夫, 「巨樹傳承·宇宙樹·シャーマミニズム·神樂」, 『長崎大學總合環境硏究』 第12卷 第2號, 2010, 97~100쪽.

41) 이도학, 『백제사』, 휴머니스트, 2003, 356~358쪽.
조경철, 「백제칠지도의 상징과 명협」, 『한국사상사학』 제31집, 2008, 8~9쪽.

데는 왜에서 이와 같은 보물에 대한 수요가 절실했기 때문이다.[42] 이 상황을 이해하기 위해 삼국시대의 중국과 왜의 관계를 먼저 검토해 보자. 『삼국지』 위서 동이전 왜 조에 보면 위(魏) 명제 경초 2년(238) 왜의 여왕 비미호(卑彌呼)가 위나라에 난승미(難升米) 등의 사신을 파견하자, 위에서는 비미호를 친위왜왕(親魏倭王)으로 봉하고 귀중한 선물들을 많이 하사했는데, 그 가운데는 오척도(五尺刀) 2구와 동경(銅鏡) 100점이 포함되어 있다. 위나라는 이러한 하사품들을 가져가서 왜국 사람들에게 모두 보여 주라고 하면서, 위나라가 왜국을 각별하게 생각하기 때문에 왜 여왕 비미호가 좋아하는 하사품들을 정중히 하사한다고 했다.[43] 이런 점으로 보면 도검과 동경은 왜 여왕 비미호가 매우 얻기를 원했던 물품이었음을 알 수 있다. 위나라가 멸망하고 진(晉)이 들어서자 왜는 진 무제 태시 2년(266)의 조공을 끝으로 4세기까지 중국과의 관계가 보이지 않는다. 이 시기에 칠지도와 칠자경은 왜와 백제의 교류를 보여 주는 중요한 유물이다. 칠지도와 칠자경은 왜 여왕 비미호가 위나라에게 원했던 오척도와 동경처럼 왜가 필요에 의해 백제에 제작을 요청했거나, 아니면 왜에서 절실하게 얻고자 한 것을 백제에서 잘 알고 있었을 수 있다. 왜에서 필요로 했던 도검과 동경을 이해하기 위해서 왜 여왕 비미호가 귀도(鬼道)를 섬겼다는 점을 주목해 볼 필요가 있다.[44] 귀도를 섬겼다는 점은 3세기 중반 이후 왜의 문화를 이해하는 데 중요한 시사점을 주기 때문이다.[45]

---

42) 노중국, 「도가사상의 수용과 그 전개」, 앞의 책, 2010, 384~388쪽.

43) 『三國志』 卷30 魏書 烏丸鮮卑東夷傳, "景初二年六月, 倭女王遣大夫難升米等詣郡, 求詣天子朝獻. …… 詔書報倭女王曰, 制詔親魏倭王卑彌呼, …… 今以汝爲親魏倭王, …… 又特賜汝紺地句文錦三匹 …… 五尺刀二口, 銅鏡百枚. 悉可以示汝國中人, 使知國家哀汝, 故鄭重賜汝好物也."

44) 『三國志』 卷30 魏書 烏丸鮮卑東夷傳, "卑彌呼, 事鬼道, 能惑衆."

45) 비미호 여왕의 귀도의 성격과 의미에 대해서는 나의 논문, 「의례와 일본 고대국가 형

왜 여왕 비미호는 샤머니즘적인 성격의 귀도로써 사회를 통합하는 통치를 하고자 했다는 견해가 있다.[46] 『삼국지』에서 사용되는 귀도의 용례를 살펴보면 귀도는 도교와 관련이 깊다. 『삼국지』 위서 장노(張魯)전에는 오두미도의 창시 과정이 적혀 있다. 장노가 한중(漢中)을 점거하고 귀도로 백성을 교화하며 스스로 사군(師君)이라 칭하고, 의사(義舍)에 의미육(義米肉)을 두고 길을 지나는 사람에게 적당한 양만큼 갖고 가게 했는데, 만약 지나치게 많이 가져가면 바로 귀도(鬼道)가 병을 일으키게 한다고 했다.[47] 여기서 귀도는 곧 오두미도를 가리킨다. 귀도가 병을 일으키기도 했다는 것은 귀도의 주술적인 측면을 보여 주고 있다. 이 점은 도교와 샤머니즘을 혼동하게 하는 원인이기도 한데, 샤머니즘의 기법은 도술에서도 큰 비중을 차지하고 있다. 장생불사의 신선사상 또한 오두미도가 추구하는 궁극의 목표였다.[48] 진수가 『삼국지』에서 비미호의 종교를 귀도라 칭한 것은 그것이 오두미도와 유사한 성격을 갖고 있기 때문이다.

오두미도는 샤머니즘적인 주술과 신선사상 이외에도 정교합일의 정권을 세웠다는 특징이 있다. 후한 말기 오두미도와 관련된 중요한 점은 장노(張魯)가 한중(漢中)에 종교위주의 정권을 세웠다는 사실이다. 실질적으로 정치권력을 갖고 있던 장노는 왕이라고 칭하지 않고 스스로 사군(師君)으로 칭했

성」, 『호서사학』 제37집, 2004, 219~248쪽을 참조하였다.

46) 石母田正, 「國家成立史における國際的契機」, 『日本の古代國家』, 岩波書店, 1971, 5~8쪽.
仁藤敦史, 「鬼道を事とし,よく衆を惑わす-謎の女王卑彌呼」, 『三國志がみた倭人たち』, 設樂博己編, 山川出版社, 2001, 168~169쪽.

47) 『三國志』 卷30 魏書 卷8 二公孫陶四張傳, "魯遂據漢中, 以鬼道敎民, 自號師君. 其來學道者, 初皆名鬼卒, 受本道已信, 號祭酒. 各領部衆, 多者爲治頭大祭酒. 皆敎以誠信不欺詐, 有病自首其過, ... 又置義米肉, 縣於義舍, 行路者量腹取足, 若過多, 鬼道輒病之."

48) 卿希泰 主編, 『中國道敎史』 第1卷, 四川人民出版社, 1988, 146~176쪽.

으며, 전통적인 관료인 장리(長吏)를 두지 않고 제주(祭酒)와 치두대제주(治頭大祭酒)를 두어 그들로 하여금 무리를 거느리게 하여 백성들의 추대를 받았다. 장노는 30여 년 동안 한중(漢中)지역에서 독자적으로 정치권력을 행사하였다. 후한 헌제 건안(建安) 20년(215)에 조조가 10만 대군을 이끌고 한중을 압박하자, 결국 장노는 항복하여 진남장군(鎭南將軍)에 제수되고 낭중후(閬中侯)에 봉해졌다.

왜 왕권의 성격에서도 이와 같은 샤머니즘적인 주술은 물론이고 신선사상과 정교 합일 등의 특징이 잘 드러난다. 화문대신수경(畵文帶神獸鏡)은 비미호 시대의 고고학 자료로 매우 중요한 유물이다. 1995년부터 1999년까지 이루어진 호케노야마(ホケノ山) 고분 발굴에서 화문대신수경이 출토되어 주목을 끌었다. 호케노야마 고분은 나라현 사쿠라이시(櫻井市) 하시나카(箸中)에 있는 전방후원분이다. 이 고분의 축조 연대가 3세기 중엽으로 판단되면서 부근에 있는 오래된 대형 전방후원분인 하시하카(箸墓) 고분보다 더 이른 시기의 것으로 확인되었다. 고분의 축조연대를 설정하는 데 중요한 표식유물인 화문대신수경은 목관에서 피장자의 발밑에 있었다. 이 화문대신수경은 직경 19.1cm, 중량 773g으로 거의 완형으로 발견되었다. 주요한 문양으로는 백아(伯牙)가 있고, 그 아래에 황제(黃帝)가 있으며 좌우에 동왕부(東王父)와 서왕모(西王母)와 같은 신선상이 있다.[49] 중국에서 이러한 신선세계의 등장인물과 서수(瑞獸)를 모티브로 한 신수경(神獸鏡)은 후한시대 중기 이후에 등장한다. 운거(雲車)를 타고 천공을 날아다니는 신선을 묘사한 화문대가 있는 화문대신수경은 2세기 후반기에 출현한 것으로 추정한다. 중국에서는 2세기 후반부터 3세기에 걸쳐 신수경이 크게 유행했는데, 이는 후한 후기의 혼란한 사회에서 불로장생을 희구하는 신선세계에 마음을 의지했던 사회현상과 밀접한 관련이 있다. 이 동경이 일본에 전파되기 시작한 것은 3세기 초

49) 奈良縣立橿原考古學硏究所編, 『ホケノ山古墳 調査概報』, 學生社, 2001.

반으로 추정된다.[50)]

일본에서 화문대신수경은 150점이 출토되었는데, 출토된 지역별로 분류해보면 구주(九州) 22점, 사국(四國) 11점, 중국(中國) 14점, 근기(近畿) 77점, 중부(中部) 14점, 관동(關東) 12점이다. 출토 분량으로 볼 때 근기지방이 압도적으로 많다.[51)] 일본 역사상 중국에서 들어온 문물 가운데 기내(畿內)지역이 분포의 중심이 된 것은 화문대신수경이 처음이다. 화문대신수경 유행 이전 동경은 주로 구주 북부지역에서 출토되었다. 이처럼 화문대신수경이 기내지역을 중심으로 분포되었다는 점은 기내지역을 중심으로 하는 정치세력이 의도적으로 이 동경을 입수해서 배포한 것으로 볼 수 있다. 3세기 초반에 일본 열도 기내 동쪽지역에 세력을 미친 정치세력은 사마대국으로 밖에 볼 수 없다.[52)]

그렇다면 사마대국은 왜 신수경을 입수해서 배포했을까? 본래 동경은 권위의 상징이었다. 중국 한나라에서 동경의 크기는 동경 주인의 지위를 정확히 반영했다.[53)] 사마대국시대의 동경도 위신재로서 기능을 하였다. 그런데 같은 시기에 중국에서 유행한 신수경으로는 방격규구경(方格規矩鏡), 내행화문경(內行花文鏡), 수수경(獸首鏡) 등 다양한 경이 있는데, 그 중에 일본에 유입된 동경은 신수경의 비율이 월등히 많다. 이것은 일본에서 신수경에 대한 수요가 많았기 때문이었다. 왜인들이 다량의 동경을 구했던 이유는 동경이 제사에 필요한 제기(祭器)이기도 했지만, 각 지역 수장 사후에 분묘를 조성할 때 동경은 매우 중요한 부장품이었기 때문이다. 수장들의 분묘에 동경

50) 福永伸哉, 『邪馬臺國から大和政權へ』, 大阪大學出版會, 2001, 52~53쪽.

51) 樋口隆康, 「ホケノ山古墳出土鏡を解く」, 『ホケノ山古墳調査概報』, 學生社, 2001, 55쪽.

52) 福永伸哉, 앞의 책, 2001, 54~55쪽.

53) 高倉洋彰, 『金印國家群の時代』, 青木書店, 1995, 134~136쪽; 「弁韓·辰韓の銅鏡」, 『韓半島考古學論叢』, 西谷正編輯, 2002, 245쪽.

을 매장한 것은 그들이 사제자(司祭者)로서 담당했던 주술적 역할과 관련이 깊다. 동경은 주술적 사제자로서의 역할에 필수적인 주구(呪具)였기 때문이다.[54] 동경이 주구의 역할을 했던 것은 빛나는 거울을 비추어서 신선을 만날 수도 있고, 인간을 해치는 이매망량(魑魅魍魎)같은 귀신을 물리칠 수도 있다고 생각했기 때문이다.[55] 특히 동경의 문양에는 서방의 신선세계인 곤륜산에 산다는 서왕모와 동해의 삼신산에 산다는 동왕부, 그리고 신선세계를 수호하고 신선세계로 갈 때 타야하는 영수(靈獸) 등이 새겨져 있다. 또 동경에 새겨진 "生如金石, 其師命長"[56]과 같은 불로장생을 희구하는 명문도 신선사상과 무관하지 않다.[57] 이러한 점을 감안하면 왜에서는 3세기 중반에 이미 신선사상을 알고 있었다고 여겨진다.

따라서 백제에서는 이와 같은 샤머니즘적인 주술사상과 신선사상의 추구와 같은 왜의 문화적 배경을 이해하였고, 이를 고려하여 외교 관계를 맺으면서 그 징표로 도교문화가 깊이 투영된 칠지도와 칠자경 등을 보냈을 것이다. 그리고 이런 물건이 백제에서 제작될 수 있었던 배경에는 당시 백제의

---

54) 白石太一郎, 『古墳とヤマト政權』, 文藝春秋, 1999, 106~107쪽.

55) 『抱朴子內篇』 卷17 登涉, "又萬物之老者, 其精悉能假託人形, 以眩惑人目而常試人, 唯不能於鏡中易其眞形耳. 是以古之入山道士, 皆以明鏡徑九寸已上, 懸於背後, 則老魅不敢近人, 或有來試人者, 則當顧視鏡中, 其是仙人及山中好神者, 顧鏡中故如人形. 若是鳥獸邪魅, 則其形貌皆見鏡中矣."

56) 호케노야마에서 출토된 화문대신수경의 명문은 4자구로 되어 있는데, 그 전체의 내용은 다음과 같다.
"吾作明竟, 幽熔三剛, 配像世京, 統德序道, 敬奉臣(賢)良, 彫刻無祀, 百身擧樂, 衆事主陽, 世德光明, 富吉安樂, 子孫繁昌, 土(位)至高升, 生如金石, 其師命長."
樋口隆康, 「ホケノ山古墳出土鏡を解く」, 『ホケノ山古墳調查概報』, 學生社, 2001, 53쪽.

57) 辰巳和弘은 「古墳のシンボリズム」, 『古墳の思想』, 白水社, 2002에서 전방후원분이 신선사상의 영향을 받았음을 논하면서 전방후원분의 형태가 호(壺)의 형태를 모방했음을 그 예로 들고 있다. 호는 고대중국인들에게는 신선세계를 상징하고 있는데, 이것을 전방후원분의 형태로 받아들였다고 보았다.

고도한 기술력 보유와 상당 정도로 도교문화에 대한 이해와 활용이 있었기에 가능했을 것이다.

제2장 웅진도읍시기의 도교문화

백제는 웅진도읍시기에 고구려의 침공으로 한성이 함락되고 개로왕이 살해당하는 참화를 극복하고 중흥의 기반을 다졌다. 문주왕은 국가 멸망의 비상시국에 적극적으로 대처하기 위해 웅진으로 천도했다. 그러나 그의 권력기반은 공고하지 못해 문주왕 4년(477)에 병관좌평 해구에게 살해당했고, 그의 아들 삼근왕도 3년(479)에 사망하는 극도의 혼란이 계속되었다. 이런 와중에 왜에서 오래 머물렀던 곤지의 아들인 동성왕(479~500)이 즉위하여 재위 22년 동안 백제의 위상을 회복하고자 진력하였다. 이러한 노력의 결과 동성왕의 뒤를 이은 무령왕(501~522)은 양나라에 사신을 보내 백제가 "여러 차례 고구려를 격파하고 비로소 양나라와 우호를 통하며 다시 강국이 되었다"[58]고 전했다. 이러한 국제적 위상과 국력을 바탕으로 백제는 새로운 웅비를 기약하며 사비로 천도할 수 있었다.

백제 중흥의 기반을 다진 무령왕의 왕릉 발굴은 백제사 연구의 기폭제가 되었다. 무령왕릉의 발굴로 무령왕대의 정치, 경제, 사회, 국제 관계 등에 관심이 집중되어 많은 연구가 진행되었을 뿐만 아니라 그 열기가 백제사 전반으로 확대되었기 때문이다. 무령왕릉은 문화사 연구에 새로운 자료를 많이 제공하였다. 무령왕릉의 출토 유물은 백제의 상장의례와 사후 세계관 등을 살피는 데 아주 중요하다. 이러한 무령왕릉의 유물에 웅진도읍시기의

58) 『三國史記』 卷26 百濟本紀 第4 武寧王 21年, "遣使入梁朝貢. ... ... 至是上表稱, 累破高句麗, 始與通好, 而更爲强國."

도교문화가 잘 투영되어 있다. 매지권, 동경 그리고 진묘수는 그 대표적인 유물이다. 이들 유물을 검토하여 웅진도읍시기 도교문화를 살펴보자.

제1절 무령왕릉과 도교문화

1. 매지권

무령왕릉의 내부는 크게 묘의 입구에서 묘실까지 연결하는 연도와 묘실로 나눌 수 있다. 입구에서 묘실 쪽으로 78cm 들어간 지점의 서쪽에 왕비, 동쪽에 왕의 묘지석이 놓여 있었다. 왕비의 묘지석 위에는 철제 오수전 90여 개를 엮은 꾸러미가 놓여 있었다. 묘지석은 묘실 쪽에서 읽을 수 있도록 되어 있다.[59] 왕비의 묘지석 뒤쪽 면에는 왕의 매지권이 적혀 있었다.

〈도판 8〉 무령왕릉 출토 매지권

59) 국립공주박물관, 『무령왕릉1 신보고서』, 2009, 78~79쪽.

무령왕의 매지권은 섬록암제의 장방형 평판암석으로 가로 41.5cm, 세로 35.2cm, 두께 4.7cm이다.

매지권에 새겨진 명문을 보면 다음과 같다.

> 錢一萬文 右一件 乙巳年八月十二日 寧東大將軍百濟斯麻王以前件錢詣土王土伯土父母上下衆官二千石買申地爲墓故立券爲明不從律令.
>
> 전 일만 문 우일건 을사년 8월 12일에 영동대장군 백제사마왕이 앞의 돈을 가지고 토왕 · 토백 · 토부모 · 상하중관 · 이천석에게 가서 신지(申地)를 사서 묘를 조성했다. 그러므로 계약을 맺어 밝히는데 율령을 따르지 않는다.

매지권에 서술된 내용을 순서대로 보면 아래와 같다.

(1) 일만 문이라는 묘지 매매대금
(2) 지하세계의 신들에게 땅을 사서 묘를 조성한 날짜
(3) 묘 주인의 신분
(4) 토왕 · 토백 · 토부모과 지하세계의 여러 관리
(5) 묘지의 방향
(6) 매지권의 계약은 맺으나 율령은 따르지 않는다.

이 매지권은 한국 고대 매지권으로서는 현재 유일한 것이어서 그 구체적인 의미를 파악하는 데 어려움이 따른다. 하지만 무령왕릉이 남조의 묘제를 수용해서 축조했다는 점을[60] 감안해 볼 때 중국에서 출토된 위진남북조시

---

60) 무령왕릉과 남조의 묘제의 밀접한 관련성에 관한 논고는 매우 많다. 그 가운데 저서로는 권오영, 『고대 동아시아 문명교류사의 빛 무령왕릉』, 돌베개, 2005. 韋正, 『六朝墓葬的考古學硏究』, 北京大學出版社, 2011 등을 들 수 있고, 周裕興의 관련 논문도 크게 참고가 된다.
周裕興, 「백제문화와 중국의 남조문화-무령왕릉을 중심으로」, 『백제문화』 40, 2009; 「東晋高崧 家族墓與百濟武寧王陵的比較硏究」, 『백제문화』 46, 2012.

대의 매지권과 비교를 통해서 난제를 풀 수 있는 실마리를 찾을 수 있다.

중국에서 매지권은 한대에 출현한다. 이때 매지권에는 일반적으로 매매 당사자 쌍방의 이름·토지의 내력·구획·사방의 경계(四至)·면적·가격·매매과정·증인과 수수료 등이 적혀 있었다. 이러한 매지권의 기술 방식은 현실 세계에서 토지를 실제로 매매한 방식을 취한 것이다. 매지권이 한대에 유행하게 된 까닭은 사후세계에 지하주(地下主)·토주(土主) 등과 같이 지하세계를 관장하는 신들이 있었다고 믿었기 때문이다. 후한대의 진묘문(鎭墓文)을 보면 구승묘백(丘丞墓伯)·지하이천석(地下二千石)·동총후(東塚侯)·서총백(西塚伯) 등과 같은 구체적인 지하세계의 신들이 많이 등장한다. 지하세계의 신들이 많이 등장하는 이유는 중국인들이 토지신을 특히 중시했기 때문이다. 건물을 짓거나 우물을 파고 묘지를 축조하는 것은 토지신을 노하게 하는 행위이기 때문에 토지신에게 사죄하지 않으면 재앙이 내린다고 생각했다. 그러므로 토지신을 노하게 하는 행위를 하기 전에 무당이나 방사에게 부탁하여 재앙을 면하게 해달라는 해적(解謫)이란 의식을 거행했다. 후일 도교에서는 이러한 해적의식을 종교의식으로 받아들였다.[61] 따라서 무덤의 부장품으로 넣는 매지권의 내용은 점차 종교적 색채가 강화되었다.[62] 위진남북조시대에 출토된 매지권에는 도교적인 내용이 풍부하게 들어가 있다.

2011년까지 밝혀진 위진남북조시대의 매지권은 40개에 달한다.[63] 중국 사천대학 고고학과 바이빈(白彬) 교수가 2005년까지 발견된 38개의 매지권

무령왕릉 매지권이 중국 상장문화의 영향을 받았음은 장수남, 「무령왕릉 매지권의 기원과 수용배경」, 『백제연구』 54집, 84~111쪽을 참고하기 바란다.

61) 박영철, 「출토자료를 통해 본 중세 중국의 사후세계와 죄의 관념」, 『동양사학연구』 70집, 2000, 1~32쪽.

62) 吳天穎, 「漢代買地券考」, 『考古學報』 第1期, 1982, 15~35쪽.

63) 劉安志, 「六朝買地券研究二題」, 『魏晉南北朝における貴族制の形成と三教·文學』, 渡邊義浩 編, 汲古書院, 2011, 147쪽.

을 상세히 분석한 논문을 발표하여 이 방면 연구에 큰 도움을 주고 있다.[64) 38개의 매지권은 대부분 오 · 서진 · 동진 · 송 · 제 · 양 · 진의 묘지에서 출토되었다. 서진을 제외하면 모두 양자강 유역인 오늘날의 남경(南京)을 수도로 삼았던 왕조에서 출토되었다. 반면 위진남북조시기 북조지역에서는 매지권이 거의 출토되지 않았다. 한대의 매지권이 주로 황하 유역인 북방 지역에서 출토되었다는 점과 크게 대비가 된다. 이런 점으로 볼 때 매지권을 부장하는 풍습은 시대의 추이에 따라 북방지역에서 남방지역으로 옮겨갔음을 알 수 있다. 남조 양나라 후반기와 진나라에서는 매지권이 별로 출토되지 않았는데 그 이유로는 양무제가 도교를 버리고 불교를 숭배했기 때문일 것이다. 따라서 매지권의 부장 여부는 왕조의 종교정책에 큰 영향을 받았음을 알 수 있다.

무령왕릉 매지권의 특징을 파악하기 위해서 먼저 남조 매지권의 특징을 살펴보자. 중국 남조시대 매지권은 도교의 장례 용품인데, 실제 매지권이 부장된 묘의 행태, 부장품 등은 도교를 믿지 않는 일반인들의 묘와 별다른 차이점을 발견할 수 없다. 심지어는 매지권이 부장된 묘에서 불상이 발견되는 사례도 있다. 1956년 호북성(湖北省) 무창(武昌) 연계사(連溪寺) 475호묘에서는 납으로 된 매지권(鉛券)이 발견되었다. 이 매지권의 내용을 보면 동오(東吳) 영안(永安) 5년(262)에 팽로(彭盧)라는 사람이 동릉(東陵) · 서릉(西陵) · 묘백(墓伯) · 구승(丘丞) · 지하이천석(地下二千石) 등에게서 땅을 샀는데, 이에 대한 보증인이 동왕공 · 서왕모이다. 이 묘지에서는 순도 높은 금으로 도금한 유금불상(鎏金佛像) 1점도 발견되었다.[65) 이는 묘주인이 도교와 불교를 모두 신

64) 白彬, 「吳晉南朝買地券 · 名刺和衣物疏的道教考古研究」, 『中國道教考古』, 線裝書局, 2006, 805~1001쪽.

65) 白彬, 앞의 논문, 2006, 829쪽. 이 유금불상은 중국에서 발견된 유금불상 가운데 가장 이른 것이라 한다.

앙하고 있었다는 점을 드러낸다.

1956년 호북성 무창에서 발굴된 남제 무제 영명 3년(485) 유기(劉覬)의 매지권은 판독할 수 있는 글자가 410자에 이른다. 이 매지권의 내용을 보면 토지신으로부터 묘지를 샀고, 보증인은 일월성수(日月星宿)이며, 그 외 태상노군을 비롯한 도교의 각종 신이 등장한다. 이처럼 매지권에 도교의 신들이 등장하는 점으로 보아 묘 주인은 도교를 숭배했음이 틀림없다. 그러나 이 묘의 부장품에도 불교용품인 연화존(蓮花尊)이 출토된 점으로 보아 유기는 도교와 불교를 모두 믿었다고 볼 수밖에 없다.[66] 이와 같이 위진남북조시대 묘지의 부장품에는 도교와 불교 용품이 혼재되었음을 알 수 있다.

다음으로 무령왕 축조 시기와 같은 시대인 양나라의 매지권을 살펴보자. 현재까지 확인된 양나라의 매지권은 4개가 있다. 호남성박물관이 1978년부터 1980년까지 호남성 자흥시(資興市)에서 발굴한 묘에서 제조 연대가 확인된 매지권이 하나 발굴되었다. 양 보통 원년(520)이란 명문이 있는 이 매지권은 묘실의 앞쪽에 놓여 있었는데, 연도에서 가까운 곳이다. 매지권은 가로 36.5cm, 세로 17.5cm, 두께 7.2cm로 명문 중에 253자만이 남아 있고, 명문의 끝 부분에 부주(符呪)가 있었지만 대부분 마모되어 정확하게 확인할 수 없다. 매지권 원문을 보면 다음과 같다.

> 양 보통 원년 태세 경자년 11월 1일이 신미 일이며 15일이 을유인 날에 태상노군부로서 칙령을 내리니 천일 · 지이 · 맹중사계 · 황신 · 후토 · 토황 · 토조 · □□□□ · 토문 · 토무 · 토묘상 · 묘좌 · 묘우 · 묘중앙오묘주자 · 구승 · 묘백 · 총중이천석, ... 영토장군 · 토중 ... ... 도상유라장군 · 도좌장군 · 도우장군삼도장군 · 호리부모. ... ... 천괴 · 천강 · 태일 · 등명 · 공조 · 전송수두십이신 등. 계양군진녕현도향의양리. ... ... 태상제군장인도법을 받들어 모셔서 감히 날짜와 시간을 가리지 않고 천하금기도 피하지 않아 도행이 올바

66) 白彬, 앞의 논문, 2006, 861~862쪽과 1000~1001쪽.

르고 진실합니다. 묘의 영역 동서남북은 각기 장척이 있습니다. 구묘의 신, … … 구묘. 여러 신들은 모두 봉판을 받들어 망인의 도지를 열어 보이고 그 시체를 편안하게 하고 망자를 목욕관대하게 하여 도리에 통하도록 하라 … … 생인. 삼회길일에 구승 여러 신을 위해 공을 말하고 천거(天擧)되도록 하겠다. … … 마치 천조에서 등급을 정하는 것 같이 하겠다. 만약 금가가 있어 천법을 행하지 않으면 현도귀율에 따라 치죄하겠다. … … 분명히 받들어 봉행하라. … … 삼천무극대도 · 태상지하녀청조서율령(같이 하라).[67]

이 매지권의 주요 내용을 살펴보면 다음과 같다.

(1) (묘주는 알 수 없으나) 매지권의 제작 연대는 양 보통 원년(520)

(2) 태상노군부칙(太上老君符敕) 즉 남북조시대에 도교에서 받드는 최고의 신인 태상노군의 신부(神符)로 칙령을 내렸다고 하였다.

(3) 태상노군의 칙령을 받들어 묘주와 묘를 보호하는 천일 · 지이 · 맹중사계 … 등명 · 공조 · 전송수두십이신 등 신명들이 길게 나열되어 있다. 이들은 도교경전에 매장과 관련되어 등장하는 존재이다.

(4) 현도귀율에 따라 죄를 다스린다(依玄都鬼律治罪)고 하였다. 『현도귀율(玄都鬼律)』은 도교의 계율과 관련된 문헌으로 보이는데 대부분의 내용이 산실되어 정확히는 알 수 없지만, 『정통도장(正統道藏)』에 『현도율문(玄都律文)』 1권

67) 湖南省博物館, 「湖南資興晉南朝墓」, 『考古學報』 1984年 3期, “梁普通元年, 太歲庚子, 十一月辛未朔, 十五日乙酉. … … 太上老君符敕天一 · 地二 · 孟仲四季 · 黃神 · 后土 · 土皇 · 土祖, □□□□, 土文 · 土武 · 土墓上 · 土墓下 · 墓左 · 墓右 · 墓中央五墓主者 · 丘丞 · 墓伯 · 冢中二千石, … … 營土將軍, 土中… … 道上游羅將軍 · 道左將軍 · 道右將軍 三道將軍 · 蒿里父老, … … 天魁 · 天剛 · 太一 · 登明 · 功曹 · 傳送隨斗十二神等, 桂陽郡晉寧縣都鄉宜陽里, … … 尊奉太上諸君丈人道法, 不敢選日問時, 不避天下禁忌, 道行正眞. 丘墓營域, 東西南北, 各有丈尺. 丘墓之神, … … 丘墓. 諸神咸當奉板, 開示亡人道地, 安其尸刑(形), 沐浴冠帶亡者, 開通道理, … … 生人. 三會吉日, 當爲丘丞諸神言功擧天, … … 如天曹科比. 若有禁呵, 不行天法, 依玄都鬼律治罪, … … 明承奉行, … … 三天無極大道 · 太上地下女靑詔書律令.”

이 전해 오는 것으로 보아서 특정 도파의 경전이었다고 추정된다.[68)]

(5) 삼천무극대도(三天無極大道)는 태청현원상삼천무극대도(太淸玄元上三天無極大道)의 약칭이다. 오두미도의 창시인인 장도릉이 자칭 태청현원(太淸玄元)이라고 했고, 삼천은 도교의 청미천(淸微天) · 우여천(禹余天) · 대적천(大赤天)이다. 오두미도는 태청현원상삼천무극대도를 숭봉(崇奉)했으니 삼천무극대도는 곧 오두미도(천사도)를 가리킨다.[69)]

(6) 매지권의 주문은 태상지하여청조서율령(太上地下女靑詔書律令)으로 끝을 맺고 있다. 확인된 양나라의 다른 2개의 매지권도 각각 끝부분을 "급급여태청삼천무극대도 · 태상지하여청율령(急急如泰淸三天無極大道·太上地下女靑律令)", "급급여태청삼천무극대도 · 태상지하여청조서율령(急急如泰淸三天無極大道·太上地下女靑詔書律令)"으로 맺고 있다. 따라서 이 매지권의 일부 확인할 수 없는 끝부분 역시 "급급여태청삼천무극대도 · 태상지하여청조서율령(急急如泰淸三天無極大道·太上地下女靑詔書律令)"이었을 것이다. 또 하나의 양나라 매지권의 끝부분은 "여태상노귀율령(如太上老鬼律令)"으로 되어 있다.[70)]

이와 같이 양나라 매지권의 내용에는 도교적 특징이 잘 나타난다. 후한대 매지권에서 명계(冥界) 율령의 주체는 최고신인 천제(天帝)였다. 그러므로 "여율령(如律令)"은 "여천제율령(如天帝律令)"과 같은 뜻으로 이해된다. 그런데 양나라 매지권은 "여율령(如律令)", 또는 "급급여율령(急急如律令)"으로 끝을 맺는 주문 형식과는 다르게 "태상지하여청조서율령(太上地下女靑詔書律令)"과 "여태상노귀율령(如太上老鬼律令)"으로 끝난다. 따라서 양나라에서는 명계 율령의 주체가 당시 도교의 최고 신격이었던 태상노군이었고, 여청(女靑)은 태상

68) 白彬, 앞의 논문, 2006, 910~911쪽.

69) 白彬, 앞의 논문, 2006, 916쪽.

70) 白彬, 앞의 논문, 2006, 869~874쪽.

노군이 파견하는 귀리(鬼吏)라고 생각된다.[71] 여청(女青)과 관련되어 전해 오는 도교경전으로 『여청귀율(女青鬼律)』이 있다. 도교의 계율에 관한 이 경전은 지옥의 사법체계에 관해 아주 상세히 서술하고 있다.[72] 이 경전에서 귀신의 명칭이 다수 등장하는데 아마도 이런 귀신을 불러서 원치 않는 귀신을 쫓고자 한 목적이 있었던 것으로 보인다. 발굴된 지하 고고유물 특히 묘지에서 여청과 관련된 명문이 적지 않게 발견되었다. 발견된 양나라 매지권들에 언급된 "여청조서율령(女青詔書律令)"과 『여청귀율(女青鬼律)』의 연관성에 대해서는 학자 간에 이견이 있지만, 이 명문이 나온 매지권들의 출토와 분포로 볼 때 『여청귀율(女青鬼律)』은 동진시대 성립되어 남천사도(南天師道)로 계승되었던 경전으로 보인다.[73] 또 『여청귀율(女青鬼律)』에 보면 범해서는 안 되는 귀신의 영서(靈書)인 『여청현도귀율(女青玄道鬼律)』의 귀율령(鬼律令)의 금기(禁忌)를 상세히 전하고 있는 것으로 보아서[74] 앞서 (4)에서 언급한 "현도규율(玄都鬼律)"과 『여청귀율(女青鬼律)』도 서로 연관성이 있을 것으로 추정된다.

무령왕릉의 매지권은 이와 같이 도교적 색채가 농후한 남조 양나라의 매지권의 양식의 영향을 받았을 것이다. 그런데 중국의 매지권은 "여율령" 또는 "급급여율령"으로 끝을 맺는 것과는 달리 무령왕릉 매지권은 "부종율령(不從律令)"으로 끝을 맺고 있다. 전술한 바와 같이 여율령에는 율령의 주체를 밝히지 않았지만 율령을 내리는 주체가 있다. 그런데 무령왕릉 매지권은 중국 매지권과는 다르게 "부종율령" 즉 율령은 따르지 않는다고 했으니 도

71) 坂出祥伸, 「冥界の道教的神格」, 『道家·道教の思想とその方術の研究』, 汲古書院, 2009, 245~270쪽.

72) 『道藏』 第18冊, 文物出版社, 239~252쪽.

73) 白彬, 「試從考古材料看『女青鬼律』的成書年代和流行地域」, (成都)『宗教學硏究』 2007年 1期, 6~17쪽.

74) 『女青鬼律』 卷3 道律禁忌, "天師曰 ... 令以示天民, 令知禁忌, 不犯鬼神靈書 『女青玄都鬼律』."

대체 누구의 율령을 따르지 않는다는 것일까? 그 의미에 대해서 학계의 해석이 분분하다.

필자는 "부종율령"이 중국 양나라 매지권에 나오는 명계 율령의 주체인 도교의 신격이 내리는 율령을 따르지 않는다는 뜻으로 이해한다. 이는 두 가지로 그 의미를 해석할 수 있다. 하나는 무령왕릉의 매지권이 양나라에서 성행했던 도교적 매장문화의 영향을 받아서 제작되었지만, 당시 도교 명계의 최고 신격이었던 태상노군을 인정하지 않는다는 의미로 볼 수 있다. 또 하나는 무령왕은 백제왕의 권위로 태상노군의 율령 또는 여청율령을 따르지 않는다는 뜻으로도 해석할 수 있다. 이러한 점을 감안해서 볼 때 무령왕릉 매지권 작성 당시 백제인들은 양나라 매지권의 내용과 형식에 담겨진 도교적 요소를 깊이 이해했던 것으로 보인다. 하지만 중국과는 다른 백제적인 명계관(冥界觀)을 갖고 있었기에 "부종율령(不從律令)"이란 주문을 넣어 백제인의 독자성을 표현하고자 했던 것은 아니었을까?

2. 진묘수

무령왕릉의 입구에서 묘실까지 연결하는 연도에 묘지석과 매지권이 놓여 있고, 그 뒤쪽에는 높이 30cm, 길이 47cm, 너비 22cm의 진묘수(鎭墓獸)가 묘의 입구를 향해 놓여 있었다. 응회암으로 만들어진 진묘수는 뭉툭한 코에 벌린 입, 돌출된 눈과 짧은 목, 짧은 다리에 이마에는 철제 뿔이 달려 있다. 앞다리 위쪽 몸체의 좌우에는 날개를 형상화한 것 같은 돌출된 문양이 있고, 뒷다리 위쪽 몸체의 좌우와 등 쪽에는 갈기를 형상화한 것 같은 돌출문양이 있다. 진묘수의 입술부분에 붉은 색 안료가 채색되었고 몸통에도 붉은 색칠을 했던 흔적이 있었던 것으로 보아서 귀신을 쫓는 벽사(辟邪)의 기능을 했을 것이다. 이러한 형태의 진묘수 출현을 이해하기 위해 중국 진묘수를 먼저 살펴보자. 중국에서 진묘수는 한대에 출현하는데 그 변화추이를 보면 다음과 같다.

〈도판 9〉 무령왕릉 출토 진묘수

중국에서 진묘수는 일반적으로 묘주인이 귀매(鬼魅)의 침해를 받지 않도록 보호하는 기능을 하는 상상의 동물인 신수였다. 머리에 뿔이 달린 진묘수는 무덤을 지킬 뿐 아니라 죽은 자를 서왕모(西王母)가 사는 신선의 세계로의 승선(昇仙)을 도와주는 역할을 하기도 한다.[75] 중국의 진묘수는 동물의 자세에 따라서 네 다리로 보행하는 형태(四足步行形), 엉덩이 부분을 바닥에 대고 상반신은 세우고 앉아 있는 형태(蹲踞形), 엎드린 형태(伏臥形)로 구분할 수 있다. 진묘(鎭墓)의 기능을 했던 동물 모양의 진묘수 외에도 반수반인형과 사람 모습을 한 진묘용(鎭墓踊)도 있다. 삼국시대까지는 묘실에서 수(獸)와 용(踊)이 진묘의 역할을 병행하였는데, 서진시대 중국 남방 지역에서는 진묘용은 사라지고 사족보행형 진묘수 하나만을 부장하는 형태로 변했고 이러한 풍습은 남조로 이어진다. 또 북방에서는 2개의 뿔을 지닌 진묘수가 출현하는데 비해, 남방에서는 한대 이후 한 개의 뿔을 가진 독각형(獨角形)의 진묘수 형태를 계승하고 있다.[76] 그러므로 사족보행형에 하나

75) 권오영, 앞의 책, 2005, 198~201쪽.
김영심, 「무령왕릉에 구현된 도교적 세계관」, 『한국사상사학』 제40집, 2012, 232~235쪽.

76) 張成, 「中國古代墓葬出土的鎭墓神像」, 『考古與文物』 2014年 第1期, 38~40쪽. 사족보행형 진묘수에 대해 좀 더 상세한 내용은 張成, 「中國古代鎭墓獸の基礎的研究(1)」, 『和

의 뿔을 달고 있는 무령왕릉의 진묘수는 바로 남조 진묘수 형식에 영향을 받은 것이다. 이와 같은 귀신을 쫓는 벽사(辟邪)의 기능과 신선의 세계로 이끌어주는 하나의 뿔이 달린 독각형의 진묘수는 바로 도교의 세계관을 반영하고 있다.

3. 방격규구신수문경

무령왕릉에서는 3점의 동경이 출토되었다. 2014년까지 백제 지역에서 발견된 동경이 모두 18점이다. 18점의 동경 가운데 명문을 확인할 수 있는 동경은 겨우 5점뿐이다. 무령왕릉출토 동경은 3점 가운데 2점에 명문이 있어 매우 귀중한 자료이다.[77] 무령왕릉의 명문동경의 하나는 왕의 머리 쪽에 놓여 있던 '의자손(宜子孫)'이란 글자가 있는 의자손수대경(宜子孫獸帶鏡)이고 또 하나는 왕의 발쪽에 놓여있던 방격규구신수문경(方格規矩神獸文鏡)이다. 이 방격규구신수문경의 주위에 나무상자의 흔적이 있었던 점으

〈도판 10〉 무령왕릉 출토 방격규구신수문경

田晴吾先生退職記念論集』, 立命館大學 考古學論集刊行會, 2013을 참고하였다.

77) 문동석, 「백제의 도교 사상과 대왜 교류, 청동거울에 새겨진 명문」, 『금석문으로 백제를 읽다』, 노중국 외 지음, 학연문화사, 2014, 137~138쪽.

로 보아서 나무상자에 넣어 부장된 것으로 추정된다. 왕비의 몸 쪽에서도 명문이 없는 수대경(獸帶經) 1점이 놓여 있었다.[78] 이 세 점의 동경 가운데 방격규구신수문경에 구체적으로 도교문화를 확인할 수 있는 명문이 있다. 그 명문을 보면

> 尙方作鏡眞大好上有仙人不知老渴飮玉泉飢食棗壽如金石兮.
>
> 상방에서 거울을 만드니 참으로 좋구나. 위에 있는 선인은 나이 들어 감을 모르고 목이 마르면 옥천을 마시고 배고프면 대추를 먹으니 쇠나 돌 같이 긴 생명을 누리네.

라고 하였다. 상방(尙方)은 중국 한 황실의 공방이다. 그러므로 상방에서 거울을 만들었다는 것은 최상품의 동경임을 강조하는 말이다. 또 명문은 선인이 옥천을 마시고 대추를 먹으니 쇠나 돌 같이 오래 산다는 장수를 기원하는 내용으로 되어 있다. 모두가 도교의 신선과 관련된 용어이다.

『신농본초경(神農本草經)』에 보면 365개의 약재를 상약(上藥) 120종, 중약(中藥) 120종, 하약(下藥) 125종으로 나누었는데, 옥천과 대추는 모두 가장 좋은 약재인 상약(上藥)에 속한다. 독이 없어 오래도록 많이 복용해도 사람을 상하게 하지 않는 상약은 몸을 가볍게 하고, 기를 더하며, 늙지 않고, 장수하게 한다고 하였다.[79] 상약에 속한 옥천은 상약 가운데서도 가장 먼저 나온다. 옥천의 효능을 보면 다음과 같다.

> 옥천은 맛이 달고 (기는) 평하다. 오장의 온갖 병을 주관한다. 근육을 부드럽게 하고 뼈를 강하게 하며 혼백을 편안하게 하고 살갗을 자라게 하고 기를 돋운다. 오래 복용하면

78) 국립공주박물관, 『무령왕릉1 신보고서』, 2009, 86~92쪽.

79) 王筠默·王恒芬 輯著, 『神農本草經校證』, 吉林科學技術出版社, 1988, 卷1 序錄, "上藥一百二十種爲君, 主養命以應天, 無毒, 多服久服不傷人, 欲輕身益氣不老延年者, 本上經."

춥고 더움을 이겨 낼 수 있으며 배고프거나 목마르지 않고 늙지 않아 신선이 된다. 사람 죽을 때 다섯 근을 복용하면 죽어서 삼 년이 지나도 색이 변치 않는다. 옥찰이라고도 한다. 산골짜기에서 난다.[80]

이처럼 옥천은 오래 복용하면 배고프거나 목마르지 않고 늙지 않으며 신선이 되는 약 중의 약임을 알 수 있다. 또 『신농본초경』에는 대조(大棗)와 산조(酸棗) 두 종류의 대추(棗)가 나온다. 두 종류의 대추는 모두 "오래 복용하면 몸을 가볍게 하고 오래 살게 하는 효능이 있다"[81]고 하고 있다. 두 종류 가운데 신선과 더욱 밀접한 관련이 있는 대추는 대조(大棗) 즉 큰 대추이다. 대조에 관한 고사는 한 무제 때의 방사 이소군(李少君)의 이야기에 나온다. 이소군이 어려서부터 도(道)를 좋아했고 태산에 들어가 약을 채취했다고 한 것으로 보아서 약재에 대해 해박했던 것 같다. 한 무제는 이소군이 불로장생술을 터득했다고 생각해서 그를 총애했다. 이소군이 무제에게 신선에 대한 얘기를 할 때 대추에 대해 다음과 같이 언급을 했다. 일찍이 해상에서 노닐 때 신선 안기생(安期生)을 만났는데 안기생이 크기가 오이만 한 큰 대추를 먹고 있었다고 하였다.[82] 이소군이 무제에게 신선인 안기생이 오이만큼 큰 대추를 먹었다고 한 것으로 보아서 큰 대추는 신선들이 애용하는 중요한 약재의 하나였음을 알 수 있다. (동진)갈홍의 『신선전(神仙傳)』에도 신선과 대추에 관한 내용이 있다. 도사였던 심희(沈羲)가 신선이 되어 승천할 때

80) 王筠默·王恒芬 輯著, 앞의 책, 1988, 106쪽, "玉泉, 味甘平, 主五臟百病, 柔筋强骨, 安魂魄, 長肌肉, 益氣. 久服耐寒暑, 不飢渴, 不老神仙, 人臨死服五斤, 死三年色不變, 一名玉札, 生山谷."

81) 王筠默·王恒芬 輯著, 앞의 책, 229쪽, "酸棗, 味酸平, 主心腹寒熱邪結氣, 四支酸疼濕痺, 久服安五藏, 輕身延年, 生川澤.", 263쪽, "大棗, ... 久服輕身長年."

82) 『史記』 卷12 孝武帝記; 『史記』 卷28 封禪書 第6, "臣嘗游海上, 見安期生, 安期生食巨棗, 大如瓜. 安期生僊者."

의 상황이 다음과 같이 묘사되어 있다. 구름이 자욱하고 형용할 수 없이 오색이 찬란한 궁전에 머리카락을 자연스럽게 풀어 헤친 모습의 (태상)노군이 동쪽을 향해 앉아 있었고, 온갖 꽃들이 무성하며 용호벽사(龍虎辟邪)가 그 사이에서 노닐고 있었는데, 옥녀가 금쟁반에 옥배를 들고 심희에게 신단(神丹)이란 약을 하사하며 불사약이라고 했다. 심희가 약을 먹자 그에게 또 크기가 계란만 한 대추를 2개 하사하며 인간세상으로 다시 돌아가 백성을 질병으로부터 구제하라고 하였다고 한다.[83]

이와 같이 신선들이 먹었던 선약 종류인 옥천과 대추를 무령왕릉의 방격규구신수경에 명문으로 새겨 넣었다는 것은 백제인들이 도교적 신선세계를 강하게 희구했다는 물증이라고 볼 수 있다. 또 옥천이나 대추 같은 선약재(仙藥材)에 대한 깊은 이해는 물론 당시 백제인들이 신선세계를 구현하는 방법을 구체적으로 모색했을 가능성을 시사하고 있다.

제2절 동성왕의 원지 축조

동성왕은 동성왕 22년(500)에 원지를 축조했다. 동성왕이 왕경인 웅진 동쪽에 임류각을 세우고 못을 파고 진기한 새를 기르자 간언하는 신하가 항의하는 상소를 올렸는데 동성왕은 이에 답을 하지 않고 다시 간언하는 자가 있을까 두려워 궁문을 닫았다고 한다.[84] 동성왕은 왜 신하들의 만류에도 불구하고 이처럼 원지 축조를 강행하였을까? 동성왕의 원지 축조에 관한 기록은 매우 소략하여 그 답을 찾기 쉽지 않다. 다음 장에서 논하겠지만

---

83) 葛洪, 『神仙傳』 卷3 沈羲, "羲因話初上天時, 不得見天尊, 但見老君東向坐 ... 見宮殿郁郁, 有如雲氣, 五色玄黃 ... 庭中有珠玉之樹, 蒙茸叢生, 龍虎辟邪, 遊戲其間 ... 老君形體略高一丈, 披發垂衣, 頂項有光 ... 有玉女持金盤玉杯, 盛藥賜羲曰, 此是神丹, 服之者不死矣 ... 服藥後, 賜棗二枚, 大如雞子, 脯五寸, 遣羲去曰, 汝還人間, 救治百姓之疾病者."

84) 『三國史記』 卷26 百濟本紀 第4 東城王 22年, "春 起臨流閣於宮東 高五丈 又穿池養奇禽 諫臣抗疏不報 恐有復諫者 閉宮門."

원지 축조에 관해 비교적 구체적인 자료가 남겨진 사비시대와 중국의 원지 조성을 통해 그 이유를 모색할 수 있다. 원지 축조에는 도교적 신선세계 구현과 왕권 과시라는 두 개의 키워드를 찾을 수 있다. 이 두 개의 키워드를 찾기 위해 먼저 동성왕이 즉위한 시기의 국내외 상황을 살펴보자.

고구려의 침공으로 개로왕과 대부분의 왕족이 살해당한 뒤 왕위에 오른 문주왕은 국가 멸망의 비상시국에 적극적으로 대처하기 위해 웅진으로 천도했으나 그의 권력 기반은 공고하지 못했다. 문주왕 3년(477)에 왜국에 있던 곤지를 입국시켜 내신좌평에 임명하고 왕권을 강화하려 했으나 곤지는 입국한 지 4개월 만에 죽고 말았으며 이어서 문주왕도 병관좌평인 해구에게 살해당하고 말았다. 해구는 문주왕의 장자인 13세의 삼근왕을 즉위시키고 국정을 장악하였으나 이듬해에 덕솔 진로에게 죽임을 당하였다. 삼근왕도 재위 2년 만에 죽었다. 이처럼 극도로 혼란스런 와중에 곤지의 아들인 동성왕이 즉위했다.

곤지의 적자로 왜에서 태어나 성장한 동성왕은 문주왕과 삼근왕의 사망 후 혈연적으로 백제의 왕통을 잇는 데 가장 적합한 인물이었다. 부친인 곤지가 왜에서 쌓은 두터운 인맥을 배경으로[85] 동성왕은 왜의 쓰쿠시국(筑紫國) 군사 500명의 호위를 받으면서 귀국하였다.[86] 기록에 의하면 동성왕은 총명하고[87] 담력이 뛰어났으며 백발백중의 뛰어난 활솜씨를 가졌다고 한

85) 연민수, 「5세기 후반 백제와 왜국 -곤지의 행적과 동성왕의 즉위 사정을 중심으로」, 『일본학』 13, 1994.
김기섭, 「백제 동성왕의 즉위와 정국 변화」, 『한국상고사학보』 50, 2005.
홍성화, 「웅진시대 백제의 왕위계승과 대왜관계」, 『백제문화』 45, 2011.
정재윤, 「동성왕대 왜계 세력의 동향」, 『역사학연구』 49, 2013.

86) 『日本書紀』 卷14 雄略天皇 23年 4月, "幷遣筑紫國軍士五百人, 衛送於國, 是爲東城王."

87) 『日本書紀』 卷14 雄略天皇 23年 4月, "末多王 幼年聰明."

다.[88] 이는 정치현안을 재빨리 파악하고 그것을 해결하는 데 뛰어났던 동성왕의 돌파력을 상징적으로 표현한 것으로 보인다. 동성왕은 재위 초기 3년 동안 정국의 혼란을 수습한 후 동성왕 4년(482) 정월에 덕솔 진로를 병관좌평에 임명하고 내외병마사를 맡겼다. 동성왕이 덕솔이었던 진로를 4년 만에 병관좌평에 임명하고 내외병마사를 맡겼다는 것은 진로의 세력과 함께 정권을 장악했던 해구의 세력을 일소하고 집권 초기 정국의 난맥상을 정리했다는 것을 의미한다.

동성왕의 탁월한 정치력은 예의를 관장하는 내법좌평 사약사의 활약을 통해서도 확인할 수 있다. 『삼국사기』 백제본기 동성왕 6년(484) 7월조를 보면, 동성왕은 중국 남제에 내법좌평 사약사를 사신으로 파견하였으나 사약사가 서해에서 고구려 군사를 만나 남제에 가지 못하고 돌아왔다고 한다. 『삼국사기』 백제본기를 보면 동성왕은 재위 기간에 남제에 사신을 세 번 파견하였다. 그런데 사약사를 제외한 나머지 기록에는 다만 사신을 남제에 파견하였다라고 적고 있지 사신의 이름이 보이지 않는다. 이런 점으로 볼 때 내법좌평 사약사가 남제에 사신으로 파견된 점이 매우 중요했음을 알 수 있다. 특히 그의 관직이 예의를 관장한 내법좌평이기 때문에 주목을 끈다.

동성왕이 내법좌평 사약사를 남제에 파견한 이유로는 남제와의 관계를 돈독히 하고자 했기 때문이다.[89] 남제(479~502)는 동성왕이 즉위하던 해인 479년에 송의 권신인 소도성(蕭道成)이 송의 순제(順帝)로부터 선양을 받아 세운 나라이다. 남제 고제(高帝) 소도성은 건원 2년(480) 4월 고구려 장수왕을 표기대장군(驃騎大將軍)으로 높여서 봉하였다. 4년이 지난 후에 이 소식을 들은 동성왕은 이에 대한 대응 조치로 6년(484) 2월에 남제에 사신을 파견하

88) 『三國史記』 卷26 百濟本紀 第4 東城王 1年, "東城王, ... 膽力過人, 善射百發百中."

89) 박진숙, 「백제 동성왕대 대외정책의 변화」, 『백제연구』 32, 2000, 82쪽.
정재윤, 「5~6세기 백제의 남조 중심 외교정책과 그 의미」, 『백제문화』 41집, 2009.

여 내속(內屬)을 요구하고 허락을 받았다. 내속은 남제에 의존하여 외교적인 고립에서 벗어나겠다는 의도로 보인다. 같은 해 7월에 다시 내법좌평 사약사를 남제에 파견한 조치는 내속 관계를 확인하고 남제와의 관계를 더욱 공고히 하기 위한 조치였다.[90] 사약사가 내법좌평으로 백제의 예의를 관장하고 있다는 점을 감안하면 사약사의 남제행은 다른 각도에서 해석해 볼 필요가 있다.

사약사가 남제에 사신으로 파견된 484년에 남제에서는 새로운 예의인 신례(新禮)를 제정하였다. 남제 무제는 영명 2년(484)에 상서령(尙書令) 왕검(王儉)에게 남제의 신례를 제정하도록 명령했고, 왕검이 전대의 예를 모아서 길(吉), 흉(凶), 빈(賓), 군(軍), 가(嘉)의 오례(五禮)를 찬술하였다. 같은 해인 동성왕 6년(484) 초에 남제에 파견되었던 사신이 돌아와 이러한 남제의 상황을 동성왕에게 알렸고, 이에 동성왕은 다시 내법좌평 사약사를 파견하여 백제에서도 새로운 예의를 제정하는 데 필요한 정보를 파악하고자 하였던 것으로 보인다. 비록 사약사의 남제 파견이 고구려의 방해로 실패로 돌아갔으나, 동성왕은 8년(486) 3월에 다시 남제에 사신을 파견하여 조공하였는데 이때 파견된 사신을 통해 동성왕은 남제의 신례를 이해하게 되었을 것이고 남제의 신례를 참고하여 새롭게 국가제사를 수립하고자 했던 것으로 보인다. 그 구체적인 조치가 바로 천지에 대한 제사이다.

웅진도읍시기 동성왕이 치른 천지제사는 면면히 내려온 전통을 계승하면서도 새로운 면모를 보이고 있다. 『삼국사기』 백제본기 동성왕 11년(489)의 기록을 보면

> (동성왕) 11년(489) 가을에 크게 풍년이 들었다. 국남의 해촌인이 합영화를 바쳤다. 겨울 10월에 왕이 단을 설치하고 천지에 제사했다. 11월에 남당에서 군신에게 연회를 베

90) 노중국, 『백제의 대외 교섭과 교류』, 지식산업사, 2012, 267~269쪽.

풀었다.[91]

고 한다. 동성왕의 천지제사 거행에서 그해 가을에 풍년이 들고 국남의 해촌인이 합영화(合穎禾)를 바친 후에 이루어졌다는 점을 주목해 볼 필요가 있다.

합영화는 상서로운 벼이다. 이처럼 천지제사에 상서가 등장하는 것은 동성왕 이전 시대에는 보이지 않는다. 다만 온조왕 20년에 천지에 제사하니 다섯 마리의 진기한 새가 날았다는 기록은 상서(祥瑞)와 천지제사의 관련성을 보여 준다. 온조왕의 경우는 천지세사를 지낸 후 상서가 나타났다고 하는데 동성왕의 경우는 상서가 나타난 후에 제사를 지냈다는 차이가 있다.

합영화는 벼에서 여러 줄기의 이삭이 생긴 가화(嘉禾)로 대표적인 상서로움의 상징이다. 『남제서』 상서지를 보면 한줄기 벼에서 5개에서 9개의 이삭, 심지어 23개의 이삭을 가진 가화(嘉禾)가 나타났다는 상서의 기록이 있다.[92] 이처럼 한줄기 벼에서 많은 이삭을 가진 가화를 상서로 여겼고 합영화도 이런 가화이자 상서였던 것이다.

유교에서는 상서를 매우 중시했다. 전한 무제시대의 동중서가 유교의 국교화를 제창하면서 상서(祥瑞)와 재이(災異)를 중시했기 때문이다. 동중서는 중앙집권적 전제군주의 권력을 정당화하면서도 전제군주의 무한한 권력을 제약하고자 하였다. 그는 음양오행설에 입각한 천인상관설(천인감응설)을 주요 내용으로 하는 유교를 제창했다. 천(天)이 만물을 주재하는 인격신이라고 여긴 동중서는 천명(天命)을 받아 통치를 하는 군주는 천명을 따라야 한다고 주장하였다. 천명을 따르지 않는 군주에게는 재이를 일으켜 잘못된

91) 『三國史記』 卷26 百濟本紀 第4 東城王 11年, “秋 大有年, 國南海村人 獻合穎禾, 冬十月 王設壇祭天地. 十一月, 宴羣臣於南堂.”

92) 『南齊書』 卷18 祥瑞志, “永明元年正月, 新蔡郡固始縣獲嘉禾, 一莖五穗. ... ... 十一月 固始縣獲嘉禾, 一莖九穗. 二年 八月 梁郡睢陽縣界野田中獲嘉禾, 一莖二十三穗.”

점을 개선할 것을 요구하는데, 그것을 끝까지 개선하지 않으면 천은 그 명을 바꾸어 새로운 군주를 세운다고 하였다. 하지만 군주가 천의 뜻을 잘 이행하여 정치를 잘하면 천은 그에 대한 상으로 상서를 내린다고 하였다. 이와 같은 사상은 군주의 주체적인 역할을 강조한 면이 있다. 천의 뜻이 상서로 나타날지 재이로 나타날지는 군주에게 달렸기 때문이다. 군주의 능동성을 강조했던 동중서 사상은[93] 중앙집권적 전제군주를 지향했던 전한시대 이후에도 영향력이 점점 확대되었다. 왕망 이후 중국 역대 군주는 상서를 나타내는 부서(符瑞)를 왕권의 권위를 강화하거나 왕조교체의 정당성에 이용했다. 이런 점으로 보면 역사상에 나타나는 상서와 재이는 정치 상징의 조작이라는 측면이 강하다.[94]

그렇다면 동성왕 11년에 상서인 합영화가 등장한 이유는 무엇일까? 동성왕은 8년(486) 7월에 '중수궁실(重修宮室)'하고 10월에 궁의 남쪽에서 크게 열병을 하여 그의 권력을 한껏 과시했고, 10년(488)에는 위군(魏軍)의 침입을 격퇴하는 전과를 거두었다. 이것은 웅진천도 이후 처음으로 외국 군대의 침입을 격퇴한 성과인데, 대외적으로 남제 및 신라와의 외교 관계를 돈독히 하고 대내적으로 진로(眞老), 사약사(沙若思), 백가(苩加) 등을 중용하여 얻은 결실이었다. 국가권력을 높이고 유지하는 데 가장 중요한 요체가 군사력과 의례(제사)라는 점을[95] 간파하고 그것을 정치의 최우선 과제로 삼고 매진했던 동성왕의 정치적 승리라고도 볼 수 있다. 이런 승리를 바탕으로 동성왕은 상서를 통해 천명을 받았음을 천지에 고하는 제사를 거행했던 것이다. 이를 통해 동성왕은 이전과는 다른 천지제사를 지내며 백제를 중흥시킨 군

93) 미조구치 유조·이케다 도모히사·고지마 쓰요시 지음, 조영렬 옮김, 『중국 제국을 움직인 네 가지 힘』, 글항아리, 2012, 38~39쪽.

94) 상서가 조작이라는 점은 『隋書』 禮儀志 1, "初帝(隋文帝)旣受周禪, 恐黎元未愜, 多說符瑞以耀之. 其或造作而進者, 不可勝計."를 통해서도 알 수 있다.

95) 『春秋左傳』 成公 13年 3月, "國之大事, 在祀與戎."

주로서의 자부심을 표출했던 것으로 보인다.

동성왕은 천지제사를 거행한 지 한 달 후인 11년(489) 11월에 남당에서 여러 신하들에게 연회를 베풀었다. 성대하게 연회를 베풀 정도로 여유가 생긴 동성왕은 연회를 주관하면서 그의 권위를 높이고 군신 간의 화합과 단결을 다졌다. 그리고 이듬해(490) 동성왕은 남제에 사신을 파견하여 저근(姐瑾)을 관군장군 도장군 도한왕(冠軍將軍都將軍都漢王)으로, 여고(餘古)는 영삭장군 아착왕(寧朔將軍阿錯王)으로, 여력(餘歷)은 용양장군 매로왕(龍驤將軍邁盧王)으로, 여고(餘固)는 건위장군 불사후(建威將軍弗斯侯)로 봉해줄 것을 요청하였다.[96] 이러한 조치로 동성왕은 대내외에 중흥의 군주로서의 그의 위상을 보여 주었다.

백제를 중흥시킨 군주로서의 자부심을 지닌 동성왕은 그 여세를 몰아서 군주의 위상을 높일 원지 축조를 시작했을 것이다. 그런데 동성왕 재위기간 말기의 기록을 보면 동성왕은 백성들을 돌보지 않는 패덕한 군주가 되어 가고 있었다. 그 내용을 보면 동성왕 21년(499) 여름에 크게 가뭄이 들어 백성들이 기아에 허덕였고, 각지에서 도적이 많이 일어나서 신료들이 창고를 열어 진휼하자고 하였으나 동성왕은 받아들이지 않았다. 그 결과 한산인(漢山人) 가운데 고구려로 망명한 자가 2천명이 넘었으며 겨울에는 역병이 창궐하였다.[97] 국가가 극심한 어려움에 봉착하였음에도 불구하고 동성왕은 백성은 돌보지 않고 이듬해인 동성왕 22년 봄에 임류각을 세우고 원지를 축조했으며 간언하는 신하가 항의하는 상소를 올렸는데도 답을 하지 않고 다시 간언할 자가 있을까 두려워 궁문을 닫아버렸다. 이에 대해 『삼국사기』 편자는 다음과 같이 논하고 있다.

---

96) 『南齊書』 卷58 列傳 第39 東南夷列傳.

97) 『三國史記』 卷26 百濟本紀 第4 東城王 21年, “夏大旱 民饑相食, 盜賊多起, 臣寮請發倉賑救, 王不聽, 漢山人亡入高句麗者二千. 冬十月, 大役.”

좋은 약은 입에 쓰나 병에는 이로우며, 바른 말은 귀에 거슬리나 품행에는 이롭다. 그러므로 옛날의 현명한 임금은 자기를 겸허하게 하여 정사를 물었고, 얼굴을 부드럽게 하여 간언을 받아들이면서도 오히려 사람들이 말을 하지 않을까 염려하여 감히 간언할 수 있는 북을 달고, 비방하는 나무를 세우기를 마다하지 않았다. 지금 모대왕은 간언하는 글이 올라와도 살펴보지 않고 또 궁문을 닫고 이를 막았다. 장자가 "허물을 보고도 고치지 않고 간언을 듣고도 더욱 심해지는 것은 사납다"고 하였는데, 모대왕을 이르는 말이 아닌가?[98)]

이러한 논단은 물론 『삼국사기』 편자인 김부식의 역사관을 반영하고 있다.[99)] 동성왕 22년(500) 봄에 왕이 임류각과 원지를 만들고 그해 여름 5월에 가뭄이 들었는데도 신하들과 더불어 임류각에서 연회를 열고 밤새도록 즐겼다고 한 기록은[100)] 백성들의 신음에는 귀를 기울이지 않고 왕권 과시와 권력의 향유에만 몰두하는 동성왕의 모습이다. 이러한 왕권은 그리 오래가지 못했다. 이듬해인 동성왕 23년(501) 웅진에서는 괴이한 재이가 발생한 기록이 빈번하게 출현하면서 동성왕은 그해 겨울 죽음을 맞게 된다. 『삼국사기』의 기록을 보면 정월에 왕도(王都)에서 할머니가 여우가 되어 사라지고, 두 마리의 호랑이가 남산에서 싸웠는데 잡으려 했으나 잡지 못한 일이 일어났으며, 3월에는 서리가 내려 보리를 해쳤고, 5월부터 가을까지 가뭄이 계속되었다. 11월에 사비 서쪽 벌판에서 사냥하였던 동성왕은 마포촌에 묵었는데 가림성을 지키던 백가(苩加)가 사람을 시켜 왕을 칼로 찔렀고, 동

98) 『三國史記』 卷26 百濟本紀 第4 東城王 22年, "良藥苦口, 利於病. 忠言逆耳, 利於行. 是以古之明君, 虛己問政, 和顔受諫, 猶恐人之不言, 懸敢諫之鼓, 立誹謗之木而不已. 今牟大王諫書上而不省, 復閉門以拒之. 莊子曰 見過不更, 聞諫愈甚 謂之狠, 其牟大王之謂乎."

99) 나의 논문, 「고대 동아시아 역사상의 백제 원지」, 『백제문화』 56, 2017.

100) 『三國史記』 卷26 百濟本紀 第4 東城王 22年, "五月 旱, 王與左右宴臨流閣終夜極歡."

성왕은 결국 그해 12월에 사망하고 말았다.[101)]

동성왕대 출현한 상서와 재이를 보면 동전의 양면과 같다. 합영화가 동성왕의 천지제사에 정당성을 제공했던 상서라면 말기에 일어난 종종의 재이는 동성왕의 몰락을 예견한 것이기 때문이다. 백성의 안녕을 고려하지 않고 왕권만을 과시하는 조치로 보인 임류각과 원지의 축조에 비난이 쏟아졌을 것이다. 원지 축조를 통해 왕권 과시를 시도한 것은 이미 한성도읍시기 백제에서는 진사왕대에도 보인다. 그 내용을 보면 다음과 같다.

> 진사왕 7년(391) 봄 정월에 궁실을 중수하고 못을 파고 산을 만들어 진기한 새와 특이한 꽃을 길렀다.[102)]

그런데 진사왕이 축조한 이 원지는 궁의 남쪽에 있었고 그 규모가 상당했을 것으로 추정된다. 왜냐하면

> 비유왕 21년(447) 여름 오월에 궁남지 가운데서 불이 났는데 차바퀴 같은 불꽃이 일어 밤이 새고야 꺼졌다.[103)]

고 한다. 궁남지 가운데서 불이 났는데 그 불이 밤을 지새우고야 꺼졌다는 것은 못 안에 상당한 규모의 건축물이 있었다고 추정할 수 있다. 이러한 점을 감안하면 진사왕의 원지 축조는 많은 인력과 재력을 동원해야만 가능했을 것이다. 진사왕은 근구수왕(375~383)의 둘째 아들로 그의 형인 침류왕

---

101) 『三國史記』 卷26 百濟本紀 第4 東城王 23年.

102) 『三國史記』 卷25 百濟本紀 第3 辰斯王 7年 春正月, "重修宮室 穿池造山 以養奇禽異卉."

103) 『三國史記』 卷25 百濟本紀 第3 毗有王 21年, "夏五月 宮南池中有火, 焰如車輪, 終夜而滅."

(384)의 뒤를 이어 385년에 왕위에 올랐다. 그는 고구려가 강경하게 남진정책을 펴는 과정에서 비정상적인 방법으로 왕위에 올랐다. 『삼국사기』 백제본기 진사왕 즉위년 조를 보면,

> 진사왕은 근구수왕의 둘째 아들로 침류의 동생이다. 사람됨이 강하고 용기가 있으며 총명하고 지혜로워 지략이 많았다. 침류왕이 죽자 태자가 어려 숙부인 진사가 즉위하였다.[104]

라고 했다. 이 내용을 보면 진사왕은 침류왕의 동생이며 태자인 아신왕의 숙부임을 알 수 있다. 침류왕이 재위 2년 만에 사망하자 태자인 아신왕이 즉위해야 하나 숙부인 진사왕이 즉위하였다. 백제의 왕위 계승은 부계의 아들이 직접 계승하는 부계직자계승(父系直子繼承)과 형제계승으로 이루어졌다. 형제계승은 왕의 나이가 어려 정사를 돌볼 수 없거나 왕통이 단절될 위기에 있을 때 시행되는 비상수단이었다. 진사왕이 왕으로 즉위할 수 있었던 이유로는 사람됨이 강하고 용기가 있으며 총명하고 지혜로워 지략이 탁월했던 그의 자질을 들 수 있다. 이러한 자질을 가진 진사왕은 침류왕이 사망하자 태자 아신이 어리다는 구실을 내세워 왕위에 오른 것이다.[105] 이런 상황에 대해 『일본서기』에서는 "백제 침류왕이 죽었다. 왕자 아화가 나이가 어려 숙부 진사가 찬탈하여 왕이 되었다"[106]고 했다. 진사왕이 왕위를 찬탈한 과정에 대한 구체적인 기록이 없어 그 경위를 상세하게 알 수 없으나 지배세력의 암묵과 합의에 의해 추진된 것으로 보인다. 후일 태자인 아신왕이 왕

---

104) 『三國史記』 卷25 百濟本紀 第3 辰斯王 1年, "辰斯王 近仇首王之仲子, 枕流之弟. 爲人强勇聰惠, 多智略, 枕流王之薨也, 太子少, 故叔父辰斯卽位."

105) 양기석, 「한성시대 후기 정치사의 전개」, 『백제 정치사의 전개과정』, 서경문화사, 2013, 34~37쪽.

106) 『日本書紀』 卷9 神功皇后 65年, "百濟枕流王薨, 王子阿花年少, 叔父辰斯奪立爲王."

위에 즉위한 점과 진사왕 즉위 후 지배세력에 큰 변동이 없었기 때문이다.

진사왕은 즉위 후에 고구려의 남진 정책의 위협에 대처해야만 했다. 백제는 근초고왕대에 고구려의 고국원왕을 패사시킬 정도로 국력을 과시하였으나 고구려의 지속적인 남진정책으로 점차 위기에 몰리고 있었다. 이러한 난국에서 진사왕은 즉위 초에 고구려에 대해 강공책을 펼쳤다. 그는 즉위한 다음해인 진사왕 2년(386) 15세 이상의 백성을 동원하여 청목령(青木嶺, 개성 청석령)에서 북쪽 변경지역인 팔곤성(八坤城)을 지나 서해에 이르는 지역에 관방(關防)을 설치하였다. 진사왕 5년(389)에 고구려의 남쪽 변경지역을 공략한 진사왕은 이듬해(390)에 달솔 진가모(眞嘉謨)에게 명령하여 고구려를 정벌하고 도곤성(都坤城)을 빼앗았으며 200명의 고구려인을 포로로 획득하였다. 이에 대한 상으로 진사왕은 진가모를 병관좌평에 임명하였다. 이런 여세를 몰아 진사왕은 391년(진사왕 7)에 궁실을 중수하고 못을 파서 산을 만들어 진기한 새와 특이한 꽃을 길렀던 것이다. 그러나 이러한 영광된 순간도 잠시였다. 이듬해인 진사왕 8년(392) 7월 고구려 광개토왕이 4만의 병력을 이끌고 침입하여 석현(石峴) 등 10여 개의 성을 빼앗겼고 마침내 백제의 한수 이북의 여러 부락이 함락되고 말았다. 이때 진사왕은 광개토왕이 전술과 전략에 뛰어나다는 것을 알고 항거하지 못했다고 한다. 결국 진사왕 8년(392) 10월에는 전략의 요충지인 관미성(關彌城)마저 빼앗기고 말았다. 고구려 광개토왕의 파상적인 공세에 제대로 항거하지도 못한 진사왕은 관미성이 빼앗기는 와중에 구원(狗原)에서 사냥을 했고 그곳에 머물다가 11월 구원의 행궁(行宮)에서 서거하였다.[107] 『일본서기』에 "백제국이 진사왕을 죽이고 사죄하였다"[108]라는 기록이 있다. 이 기록으로 미루어 볼 때 진사왕은 살해당한 것으로 보인다. 고구려와의 전쟁에서 패배한 후에 백제 지배층 내부에서 전쟁

---

107) 이상 『三國史記』 卷25 百濟本紀 第3 辰斯王 2年, 5年, 6年, 7年, 8年 기사 참고.
108) 『日本書紀』 卷10 應神天皇 3年, "百濟國殺辰斯王以謝之."

패배에 대한 책임문제로 공방을 벌이는 와중에 진사왕이 죽임을 당한 것으로 보인다. 고구려와의 전쟁에서 승승장구하던 때인 진사왕 7년(391)에 궁실을 중수하고 원지를 축조하였는데, 그 다음해에 광개토왕의 침략으로 대패하고 그 결과 왕위를 아신왕에게 빼앗기고 말았다. 이와 같은 정황으로 볼 때 진사왕의 원지 축조는 왕권을 과시하려는 조치였지만 결국 그의 실정으로 귀결되었다. 원지 축조는 왕권 과시와 실정이라는 두 가지 측면을 내포하고 있는 것이다.[109)]

진사왕의 경우에서 확인할 수 있는 것처럼 동성왕의 원지 축조도 많은 인력과 재력을 동원해야 가능했을 것이다. 그리고 동성왕 원지에는 기이한 짐승을 길렀다고 간략히 설명하고 있지만 '산을 만들어 진기한 새와 특이한 꽃을 키웠다'는 진사왕의 원지 형태를 반영했거나 반영하고자 했을 것으로 추정된다. 이러한 원지의 형태가 바로 도교의 신선세계를 구현한 것임을 우리는 사비시대 무왕이 축조한 원지에서 확인할 수 있다.

제3장 사비도읍시기의 도교문화

사비시대 대표적인 도교문화로는 신선세계를 구현한 무왕의 원지 축조와 삼산(三山)을 들 수 있다. 도성은 국가의 모든 역량이 응집되고 구현된 국가의 중심이다. 사전에 계획하고 조성한 도성은 미래의 이상이 담겨 있다. 백제는 세 번 도성을 이전하였다. 마지막 도성인 사비도성은 백제의 중흥을 꿈꾸며 준비한 도성으로 주목된다. 백제의 전통과 미래상이 함께 구현

109) 양기석, 앞의 논문, 2013, 40~41쪽에서 진사왕의 원지 축조를 "정변으로 왕위에 오른 진사왕의 정통성과 권위를 확립하려는 의도에서 비롯된 조치로 이해되지만, 이에 따른 인적·물적 손실을 초래하여 결국 그의 정치적 기반을 붕괴시키는 역기능을 가져왔다"고 하였다.

된 도성이 바로 사비도성이다. 사비도성으로 천도한 사실에 관한 기록은 매우 간략하다. 『삼국사기』 백제본기에는 성왕 18년(538) 도성을 사비로 옮기고 국호를 남부여라고 하였다고 기록되어 있다. 이러한 기록만으로는 사비도성의 준비, 설계, 건설 과정을 도저히 알 수 없다. 더구나 어떤 이유로 천도를 준비하고 실행했는지에 대해서는 실마리조차 찾을 수 없다. 문헌자료의 한계를 극복하고 새로운 전망을 제시하기 위해서는 유적과 유물 등 물질자료를 더욱 깊이 연구할 수밖에 없다. 이러한 고고학 발굴 성과를 체계적으로 연구하여 백제의 도성의 다양한 면모를 밝힌 연구가 출간되어 주목된다.[110] 백제의 도성과 중국과 일본의 도성제를 비교 연구한 성과와 사비도성을 집중적으로 연구한 성과도 있다.[111] 이러한 연구를 바탕으로 사비도성의 원지 축조의 의미와 원지 구조 그리고 출토된 유물과 유적에 나타난 도교문화의 관계를 살펴보자.

제1절 사비도성의 원지

백제 무왕은 재위기간 말기인 무왕 35년(634)에 궁남지를 축조하였다. 왕궁의 남쪽에 궁남지를 조성했다는 점으로 보아 궁남지는 사비도성 안에 있었음이 확실하다. 『삼국사기』 백제본기를 보면,

> 3월 궁의 남쪽에 못을 파고 20여 리에서 물을 끌어 들였으며 네 기슭에는 버들을 심었

110) 서정석, 『백제의 성곽 -웅진·사비시대를 중심으로』, 학연문화사, 2002.
국립부여문화재연구소 편, 『백제도성의 변천과 연구상의 문제점』, 서경, 2003.
박순발, 『백제의 도성』, 충남대학교출판부, 2010.

111) 국립부여문화재연구소 편, 『사비도성과 백제의 성곽』, 서경문화사, 2000.
백제역사유적지구 세계유산등재추진단·충청남도역사문화연구원, 『백제도성제와 주변국 도성제의 비교연구』, 충청남도역사문화연구원, 2013.

고 물 가운데 언덕에는 방장선산을 본뜬 섬을 축조하였다.[112]

라고 하였다. 주목할 만한 것은 궁남지에 중국 삼신산(三神山)의 하나인 방장선산을 본뜬 섬을 축조하였다는 것이다. 중국의 삼신산과 관련된 것으로는 궁남지의 방장선산 이외에도 사비도성과 연계된 삼산(三山)이 있다. 『삼국유사』에 의하면 백제의 사비에는 일산(日山)·부산(浮山)·오산(吳山)으로 불리는 삼산이 있었다. 백제가 전성기를 구가할 때 삼산 위에 신인(神人)이 거주하며 아침저녁으로 서로 왕래하였다고 한다.[113] 이러한 형태의 삼산은 신라와 일본에도 있었는데, 삼산에 대한 관념은 중국의 삼신산에서 유래했을 것으로 본다. 이처럼 고대 동아시아 많은 국가에서 삼(신)산이 공통으로 나타난다. 궁남지에서 방장선산을 모방해서 축조한 섬과 삼산의 의미를 이해하기 위해 먼저 중국의 삼신산의 유래와 전개를 살펴보자

중국 고대의 삼산 곧 삼신산은 신선이 사는 공간인 선계를 형상화한 것이다. 그러므로 삼산신앙은 신선사상과 밀접한 관계가 있다. 중국 고대 신선사상은 전국시대(기원전 475~기원전 221) 중기에 발해만 연안의 제나라와 연나라에서 성행하였다. 삼신산에 관한 가장 오래된 기록으로는 『사기』 봉선서(封禪書)가 참고 된다. 그 내용을 보면

제나라 위왕(기원전 356~기원전 320)·선왕(기원전 319~기원전 301)·연의 소왕(기원전 311~기원전 279) 때부터 발해 가운데에 있는 삼신산인 봉래·방장·영주를 찾기 위해 사람을 바다에 보냈으나 끝내 다다르지 못했다. 배가 그곳에 다다르면 바람이 배를 이끌고 가 버리기 때문이다. 여러 선인과 불사약이 있는 삼신산에는 물건과 금수가 모두 하얗고

112) 『三國史記』 卷27 百濟本紀 第5 武王 35年 3月, "穿池於宮南 引水二十餘里 四岸植以楊柳 水中築島嶼擬方丈仙山."

113) 『三國遺事』 第2 紀異 下, 南扶餘·前百濟·北扶餘, "又郡中有三山, 曰日山·吳山·浮山, 國家全盛之時, 各有神人居其上, 飛相往來, 朝夕不絶."

궁궐은 황금으로 되어 있다. 진시황이 천하를 통일한 후에 발해에 다다르니 삼신산을 말하는 방사가 셀 수 없이 많았다. 진시황은 삼신산을 찾지 못할까 걱정하고 동남동녀를 배에 태우고 바다에 가서 찾도록 시켰으나 멀리서 보기만 했을 뿐 다다르지는 못했다.114)

고 한다. 『사기』 진시황 본기에 의하면 배에 동남과 동녀를 태우고 바다로 나가 삼신산을 찾은 인물은 제나라 사람인 서시(徐市. 또는 徐福)로 그가 진시황에게 삼신산에 관한 내용을 알렸다고 한다.115)

고대 중국에서는 불사의 세계인 삼산이 서쪽의 곤륜산에도 있다는 믿음도 있었다. 전한 무제시대에 회남왕(淮南王) 유안(劉安. 기원전 180~기원전 123)이 빈객을 모아 지은 『회남자』에 보면 곤륜의 삼산인 현포(縣圃)·량풍(涼風)·번동(樊桐)을 불사(不死) 하는 곳으로 여기고 있다.116) 후한시대에는 곤륜산이 서왕모와 연결되어 각종 신선이 사는 곳으로 여겨졌다. 또한 도교에서는 서왕모가 다스리는 곤륜산을 크게 숭배하였다. 도교에서는 동방삭(東方朔)에 가탁한 십주삼도설(十洲三島說)도 전해진다. 북송 진종시대(998~1021)에 장군방(張君房)이 찬집한 방대한 도교 유서(類書)인 『운급칠첨(雲笈七簽)』 권26 십주삼도부(十洲三島部)에는 조주(祖洲)·영주(瀛洲)·현주(玄洲)·염주(炎洲)·장주(長洲)·원주(元洲)·유주(流洲)·생주(生洲)·봉린주(鳳麟洲)·취굴주(聚窟洲)의 10주

114) 『史記』 封禪書, "自威·宣·燕昭使人入海求蓬萊·方丈·瀛洲. 此三神山者, 其傅在勃海中, 去人不遠, 患且至, 則船風引而去. 蓋嘗有至者, 諸僊人及不死之藥皆在焉. 其物禽獸盡白, 而黃金銀爲宮闕. 未至, 望之如雲;及到, 三神山反居水下. 臨之, 風輒引去, 終莫能至云. 世主莫不甘心焉. 及至秦始皇幷天下, 至海上, 則方士言之不可勝數. 始皇自以爲至海上而恐不及矣, 使人乃齎童男女入海求之. 船交海中, 皆以風爲解, 曰未能至, 望見之焉."

115) 『史記』 秦始皇本紀 28年, "齊人徐市等上書, 言海中有三神山, 名曰蓬萊·方丈·瀛洲, 僊人居之. 請得齋戒, 與童男女求之. 於是遣徐市等發童男女數千人, 入海求僊人."

116) 『淮南子』 卷4 地形訓, "縣圃·涼風·樊桐在昆侖閶闔之中, … …, 昆侖之丘, 或上倍之, 是謂涼風之山, 登之而不死. 或上倍之, 是謂縣圃, 登之乃靈, 能使風雨. 或上倍之, 乃維上天, 登之乃神, 是謂太帝之居."

와 곤륜(昆侖) · 방장(方丈) · 봉구(蓬丘)의 3도를 열거하고 있다. 10주와 3도는 절해에 있는 섬과 바다에 있는 삼신산을 지칭한다. 10주 3도는 모두 큰 바다에 있고 선경(仙境)이라는 특징이 있다. 중국 송대에 편찬된 백과사전류인 『태평어람』을 보면 발해만의 삼신산, 곤륜산, 10주 3도 등은 서왕모와 같은 도교의 각종 신이 거주하며 다스리는 곳이라고 했다.[117]

중국에서 진시황 이후 삼신산신앙은 주로 신선을 동경하는 황제들의 원유(苑囿)에 반영되었다. 신선을 추구했던 중국 역대의 황제들은 원유에 발해의 삼신산을 모방한 섬을 두어 신선세계를 구현하고자 했다. 그 꿈을 최초로 실현한 황제는 진시황이었다. 기원전 221년 천하를 통일한 진시황은 2년 후인 기원전 219년에 서시를 통해 삼신산에 관한 이야기를 들었다. 신선추구에 몰두하였던 진시황에게 방사인 노생(盧生)이 불사약을 구하지 못한 이유가 진시황의 거처를 다른 사람이 알고 있기 때문이라고 하였다. 노생은 자신이 갖고 있는 비방에 따르면 군주가 남이 모르게 미행(微行)을 하여 악귀를 피하면 장생불사하는 진인(眞人)이 온다고 하고 또 어떤 신하라도 진시황의 거처를 모르게 하면 불사약을 구할 수 있다고 하였다. 진시황은 이 말을 듣고 스스로를 짐(朕) 대신 진인(眞人)이라 칭하고 함양의 궁에 복도를 놓아 연결시켜 외부에서 누구도 자신을 볼 수 없게 하고, 거처하고 있는 곳을 아무도 알 수 없게 했으며 혹 황제의 거처를 발설한 자는 사형에 처하였다.[118] 이와 같이 신선추구에 골몰하였던 진시황은 그가 사는 궁전을 신선이 사는 곳처럼 만들려고 하였다. 이러한 조치의 일환으로 함양의 궁전에 위수(渭水)의 물을 끌어들여 난지(蘭池)를 조성하고 그곳에 봉래산과 영주산을 축조하였으며 200장(丈)에 달하는 돌로 만든 고래 형상의 조각을 두었

117) 『太平御覽』 卷674 道部 16 理所.

118) 『史記』 秦始皇本紀 35年.

다고 한다.[119] 이러한 원유(苑囿)의 조영은 삼신산을 도성 안으로 끌어들인 조치였다. 이와 같은 원유의 설계는 후대에 큰 영향을 미쳤다. 한대의 건장궁, 당대의 대명궁, 원대의 대도 황성에 축조된 태액지(혹은 봉래지) 등은 진시황이 조영한 난지에서 연유하였기 때문이다.[120)]

전한시대에 신선을 추구했던 대표적인 황제는 한 무제이다. 그는 진시황제가 조영한 상림원을 확충하여 같은 이름의 상림원을 축조하였는데, 그 안에는 남산(南山)·곤명지(昆明池)가 있었고, 그 외에도 수많은 건물과 기이한 화초와 특이한 동물들이 있었다. 상림원에 속했던 건장궁(建章宮)의 태액지(太液池) 안에는 봉래·방장·영주 등 신선이 거주한다는 삼신산이 있었고, 금속과 돌로 만든 물고기·용·기이한 새와 특이한 짐승 모양의 조각이 놓여 있었다.[121] 태액지(太液池)란 명칭은 대지(大池)에서 나왔는데 큰 바다를 상징한다. 태액지 안의 삼신산 위에는 20여 장 높이의 대(臺)를 축조하였다.[122] 이와 같이 못·산·기이한 화초와 특이한 동물 그리고 누각 등으로 구성된 왕실 궁원의 기본 구도는 신선사상에 유래한 것으로 궁원의 예술성과 상징성을 한껏 드높였다.[123] 신선에 대한 열망에 사로잡혔던 한 무제는

---

119) 『史記』 秦始皇本紀 31年 正義에서 括地志의 내용을 인용하였다. "蘭池陂卽古之蘭池, 在咸陽縣界. 秦記云 始皇都長安, 引渭水爲池, 築爲蓬瀛, 刻石爲鯨, 長二百丈."

120) 中國社會科學院考古硏究所 編著, 『中國考古學, 秦漢卷』, 中國社會科學出版社, 2010, 54쪽.

121) 『三輔黃圖』 卷4, "太液池 在長安故城西, ... 中起三山, 以象瀛州. 蓬萊, 方丈, 刻金石爲魚龍奇禽異獸之屬."

122) 『漢書』 郊祀志 下, "於是作建章宮. ... ... 其北治大池, 漸臺高二十餘丈, 名曰泰液, 池中有蓬萊·方丈·瀛州·壺梁, 象海中神山龜漁之屬."

123) 王毅, 『園林與中國文化』, 上海人民出版社, 1990, 50~68쪽.
漢寶德, 「神仙與中國園林」, 『物象與心境-中國的園林』, 臺北, 幼獅文化, 1996, 15~31쪽.

신선이 사는 소우주를 바로 상림원의 태액지로 구체화시켰던 것이다.[124]

장대하고 화려한 원지의 조성은 국가재정에 큰 부담이 되었다. (남조)송 왕조의 전성기를 구가하면서 원가 22년(445)에 현무호(玄武湖)를 만든 문제(文帝)는 그 안에 방장 · 봉래 · 영주의 삼신산을 세우려고 하였으나 상서우복야(尙書右僕射)인 하상지(河尙之)의 간언으로 중지하였다. 간언의 구체적인 내용은 알 수 없지만 대체로 백성들의 노고와 국가 재정의 절약을 호소하였을 것이다. 수도를 평성에서 낙양으로 옮긴 북위 효문제의 뒤를 이은 선무제는 조위(曹魏) 시대부터 있던 낙양의 천지연(天地淵) 가운데 봉래산을 만들고 그 산 위에 선인관(仙人館)을 세웠다.[125] 봉래산을 축조하고 그 위에 선인관을 세웠다는 것은 곧 신선사상을 추구했음을 명확히 보여 주는 증거이다.

수당시대 궁원은 통일제국에 걸맞게 규모도 거대하였다. 수양제는 낙양에 주위가 2백 리가 되는 서원(西苑)을 만들었는데, 그 안에는 10여 리에 달하는 바다 같이 큰 못과 100여 척의 높이에 달하는 봉래 · 방장 · 영주의 삼신산을 조영하였고, 그 주위에 누각도 즐비하게 이어져 있었다고 한다.[126] 당대의 궁원도 규모 면에서 거대하였다. 당은 수 문제 때 건설된 장안을 새 왕조의 도성으로 정하고 더욱 장대하게 장안을 꾸몄다. 당 태종 정관 7년(634)부터 조성하기 시작한 대명궁은 당나라의 기상을 잘 드러내고 있다. 대명궁의 북쪽 저지대에 태액지를 파고 그 안에 봉래산을 만들었으며 태액지 주변에 회랑(回廊)과 누각정대(樓閣亭臺)를 축조하여 대명궁의 원유로 삼았다. 이와 같이 진나라에서 당나라에 이르기까지 역대 황제가 조성한 원유에는

124) 원지와 신선사상의 관계에 대해서는 나의 논문, 「무왕대의 도교」, 『백제의 종교와 사회』, 서경, 2001, 55~80쪽; 「백제금동대향로의 도교문화적 배경」, 앞의 책, 2003, 83~95쪽을 참고하였다.

125) 『洛陽伽藍記』 卷1 城內 建春門, "華林園中有大海, 卽漢(魏)天淵池. ... ..., 世宗(宣武帝)在海內作蓬萊山, 山上有仙人館."

126) 『資治通鑑』 煬帝 大業元年.

신선을 동경하고 추구하는 신선사상을 반영한 삼산을 세웠다. 삼산은 신선이 거주하는 신비롭고 경이로운 선경(仙境)이라고 여겼기 때문에 더욱 동경의 대상이 되었을 것이다.

백제 무왕이 궁남지를 축조한 것은 재위기간 말기인 무왕 35년(634)이다. 『삼국사기』에는 무왕은 법왕의 아들로 법왕이 서거하자 즉위한 것으로 나온다. 무왕 이전의 왕위계승을 보면 위덕왕이 장기간 집권한 후 사망하자 그의 아들인 혜왕이 즉위하여 재위 2년 만에 사망했고, 혜왕의 뒤를 이은 법왕도 재위 2년 만에 사망하였다. 혜왕만이 아니라 법왕도 재위 2년 만에 사망한 것은 당시 정치가 불안정했음을 보여 준다. 정치 불안의 요인으로는 성왕이 관산성에서 패사한 이후 형성된 귀족중심의 정치체제를 들 수 있다. 왕권의 신장을 도모한 법왕은 귀족과의 충돌로 단명한 것으로 보인다. 따라서 무왕의 즉위과정도 순조롭지는 않았을 것이다.[127]

이와 같이 왕권이 약화된 상황에서 즉위했지만 무왕은 풍채와 거동이 빼어났고 기개가 호방하고 걸출한 인걸로서 어려운 정세를 유리하게 이끄는 능력이 탁월했던 것 같다. 『삼국사기』 백제본기 무왕 조를 보면 무왕 3년(602)부터 무왕 30년(629)까지 주요 기사는 신라와의 전쟁과 중국과의 외교로 채워져 있다. 신라와의 전쟁과 중국과의 외교가 무왕이 시급히 해결해야할 과제였던 것이다. 당시 백제는 한반도 서남부에 고립되어 있어 신라에 완전히 포위된 형국이었으므로 무왕은 신라의 포위망으로부터 벗어나기 위해 진력하였다. 따라서 무왕시대 고구려와의 전쟁기록은 딱 한 번 고구려가 백제의 석두성을 습격했다는 것뿐인데,[128] 백제와 신라의 교전은 14번

127) 노중국, 『백제정치사연구』, 일조각, 1988, 196쪽.
김주성, 「무왕의 즉위와 서동설화」, 『사비도읍기의 백제』, 충청남도역사문화연구원, 2007, 265~269쪽.

128) 나의 논문, 「무왕대의 도교」, 앞의 책, 2001, 70~71쪽.

에 이른다. 이 중에 백제가 먼저 공격한 것이 11번이었고 신라가 먼저 공격한 것은 3번뿐이었다. 그 결과 백제는 낙동강지역으로 영토를 확장할 수 있었다.[129] 무왕은 신라에 대한 공세를 강화하면서도 외교전도 적극적으로 펼쳤다. 무왕 28년(627)에 무왕이 신라에게 빼앗긴 땅을 회복하려고 군대를 일으켜 친히 웅진에 주둔하자 신라 진평왕이 사신을 당나라에 보내 위급함을 고하였고, 이에 무왕은 신라에 대한 공격을 멈추었다. 이 사건이 있은 후 무왕은 바로 왕의 조카인 복신을 당나라에 파견하여 조공하고 대당외교를 더욱 강화하였다.[130]

『삼국사기』를 보면 무왕 31년(630)에 이르러서야 비로소 사비의 궁궐을 수리하는 기사가 등장한다. 그리고 무왕 42년(641)까지 국내 정치에 관한 기록이 비교적 많이 보인다. 무왕은 33년(632)에 의자를 태자로 세웠다. 무왕이 생전에 그의 장남을 태자로 세웠다는 점은 왕권이 강화되었음을 시사한다. 그 후 일련의 활동에서 무왕이 왕권을 과시하였음을 엿볼 수 있다. 무왕은 35년(634)에 왕흥사가 완성되자 매번 배를 타고 가서 분향하였고, 궁남지도 조성하였다. 이후 무왕은 42년(641) 죽기 전까지 기암괴석과 진기한 화초가 있는 사비하(泗沘河)의 북쪽 포구와 망해루에서 좌우 신료들을 위해 연회를 베풀거나, 빈(嬪)과 더불어 큰 못(大池)에서 배를 띄우고 즐겼다는 기록이 있다. 이러한 무왕의 행보는 국력을 낭비하면서 왕권을 과시한 측면이 두드러진다.

제2절 원지의 구조

백제 왕실에서 원지의 축조와 관련된 사료의 성격을 앞의 장에서 살펴보았다. 사료의 내용은 원지 축조의 부정적인 측면을 서술하고 있지만 이 기록

129) 김주성, 앞의 논문, 2007, 275~278쪽.

130) 『三國史記』 卷27 百濟本紀 第5 武王 28年.

들은 백제 원지의 구조를 구명하는 데 매우 중요할 뿐만 아니라 원지 관련 고고학 발굴 성과를 이해하는 데도 크게 기여하고 있다. 따라서 원지의 구조를 이해하기 위해 원지 축조를 기록한 사료를 다시 면밀하게 검토해 보자.

(1) 진사왕 7년(391) 봄 정월에 궁실을 중수하고 못을 파고 산을 만들어 진기한 새와 특이한 꽃을 길렀다.[131]

(2) 비유왕 21년(447) 여름 오월에 궁남지 가운데서 불이 났는데 화염이 차바퀴 같이 일어났고 밤을 새고 나서야 꺼졌다.[132]

(3) 동성왕 22년(500) 봄 임류각을 궁의 동쪽에 세웠는데 높이가 5장이었다. 또 못을 파고 진기한 새를 길렀다. 간언하는 신하가 항의하는 상소를 올렸는데 이에 답을 하지 않고 다시 간언할 자가 있을까 두려워 궁문을 닫았다.[133]

(4) 무왕 35년(634) 3월 궁의 남쪽에 못을 파고 20여 리에서 물을 끌어 들였으며 네 기슭에는 버드나무를 심었고 물 가운데 언덕에는 방장선산을 본뜬 섬을 축조하였다.[134]

위의 사료를 검토해 보면 백제 원지의 구성요소를 추출할 수 있다.

첫째, 원지의 중심이 못이었음을 확인할 수 있다. 이 사료에 보면 원지의

131) 『三國史記』 卷25 百濟本紀 第3 辰斯王 7年, "春正月, 重修宮室, 穿池造山 以養奇禽異卉."

132) 『三國史記』 卷25 百濟本紀 第3 毗有王 21年, "夏五月 宮南池中有火, 焰如車輪, 終夜而滅."

133) 『三國史記』 卷26 百濟本紀 第4 東城王 22年, "春 起臨流閣於宮東 高五丈 又穿池養奇禽 諫臣抗疏不報 恐有復諫者 閉宮門."

134) 『三國史記』 卷27 百濟本紀 第5 武王 35年 3月, "穿池於宮南 引水二十餘里 四岸植以楊柳 水中築島嶼擬方丈仙山."

축조가 '못을 파고'로 시작된다. 그러므로 원지의 축조는 못을 파는 것에서 출발하고 있음을 알 수 있다.

둘째, 못 가운데 산을 만들었다는 점이 눈에 띈다. 진사왕은 산을 만들었다고 하였고, 무왕은 궁남지에 방장선산을 본뜬 섬을 축조하였다고 하였다.

셋째, 못 주위에 진기한 새와 특이한 꽃을 길렀거나 버드나무를 심었다.

넷째, 못 가운데 또는 주변에는 건물이 있었다.

정리해 보면 못, 못 안의 산모양의 섬, 진기한 새와 특이한 꽃의 배치, 그리고 건물 4가지 요소가 백제 원지의 구성요소임을 알 수 있다.

고고학 발굴 성과 가운데 백제 원지로 주목을 받고 있는 한성도읍시기 유적지부터 살펴보자.[135] 한성도읍시기 백제 도성의 위치에 대해서는 여러 설이 있으나 고고학 발굴조사 결과를 근거로 볼 때 현재의 몽촌토성을 하남 위례성으로 보고 있다.[136] 한성도읍시기 후기의 문헌 기록에 하남 위례성이 북성(北城)과 남성(南城)의 두 개의 성으로 이루어졌다고 한 것으로 보면 몽촌토성을 남성으로 풍납토성을 북성으로 간주할 수 있다.[137]

몽촌토성은 1984년부터 1989년까지 발굴되었는데 그 규모를 보면 남북 최장 730m, 동서 최장 570m의 마름모꼴 형태로 이루어졌다. 성벽의 길이는 성벽 정상부를 기준으로 서북방향의 벽이 617m, 동북방향의 벽이 650m, 서남방향의 벽이 418m, 동남방향의 벽이 600m로 총 연장 2,285m에 달하는데, 성 내부의 면적은 216,000㎡ 가량이다. 부대시설로 성문과

135) 한성도읍시기 백제의 원지와 도교문화에 대해서는 나의 논문, 「한성백제시대의 도교문화」, 『향토서울』 제65호, 2005, 89~108쪽을 참고하였다.

136) 成周鐸, 「百濟 河南慰禮城」, 『百濟城址硏究』, 서경, 2002, 15~43쪽.

137) 朴淳發, 『漢城百濟의 誕生』, 서경문화사, 2001, 171~186쪽.
이도학, 「백제 한성도읍기 도성제에 관한 몇가지 검토」, 『백제도성의 변천과 연구상의 문제점』, 국립부여문화재연구소 편, 서경문화사, 2003, 75~95쪽.

망대지(望臺地)가 있고 성내의 시설물로는 지상 건물지, 수혈주거지, 못 등이 있다. 서남 구획에서 두 개의 못 유지가 확인되었는데, 그 중 하나는 적심(積心) 건물지 · 판축 대지 등과 더불어 고지대에 위치하고 있다. 이 못은 긴 곳이 지름 약 30m, 짧은 곳이 지름 약 15m 가량 되는 타원형으로 되어 있으며, 깊이는 일정치 않으나 가장 깊은 곳은 2m 가량 된다. 이 못 유지의 일대가 표고 약 30m의 고지대인 점으로 보아 인공적으로 땅을 파서 만든 것임을 알 수 있다. 발굴조사 때에 못 유지의 퇴적토에서 수습한 토기의 연대가 대체로 4세기 후반인 것으로 보아 이 못은 백제 진사왕 시대에 조성된 원지(苑池)로 추정된다.[138] 그러나 아쉽게도 호안 석축은 발견되지 않았다.

최근에는 풍납토성에서 원지와 관련된 유구가 출토되고 있어 주목된다. 풍납토성의 남서쪽에 못으로 추정할 만한 개흙층이 확인되었다. 시굴조사에서 발굴된 관계로 개흙층의 정확한 범위를 파악할 수는 없으나 주변 유물포함층보다 4~5m 낮게 퍼져 있는 개흙층에는 유물이 출토되지 않고, 개흙층 바로 아래는 생토층인 점으로 보아 자연스럽게 물이 고이는 못이었음을 알 수 있다. 이 못이 진사왕 때 축조된 원지일 가능성이 제기되기도 했으나[139] 그렇게 확정하기 위해서는 더욱 많은 발굴성과를 기다려야 할 것 같다.

웅진도읍시기의 백제 원지와 함께 임류각을 주목해 보아야 한다. 동성왕이 22년(500) 봄에 높이가 5장인 임류각을 궁의 동쪽에 세우고 또 못을 파서 기금을 길렀다는 기록으로 보아 임류각과 못은 동시에 조성된 것으로 보인다. 왕궁을 화려하고 장엄하게 꾸미기 위해 임류각과 못을 조성했다면 임류각과 못은 하나의 세트로 보아야 한다. 임류각의 위치를 추정하는데 '류(流)'자 명문이 있는 기와편이 중요한 실마리를 제공하고 있다. 이러한

138) 박순발, 앞의 책, 2001, 187~202쪽.

139) 김낙중, 「백제 궁성의 원지와 후원」, 『백제연구』 제53집, 2011, 24쪽.

추정은 '류(流)'자 명문의 기와가 임류각에 사용되었던 기와였다는 점을 전제로 한다. 지금까지 '류(流)'자 명문의 기와는 공산성 안에서 출토되거나 밖에서 수습되었다. 이 기와는 임류각지로 추정되는 공산성 안 동남부지역의 만아루지와 장대지에서 출토되었다. 일제강점기에는 '임류각(臨流閣)'이라는 명문이 있는 기와가 공산성의 동벽 밖에서 수습되기도 하였다. 그러므로 이러한 기와만으로 임류각의 위치를 추정하는 것은 아직 조심스럽다. 그러나 지금까지 출토된 '류(流)'자 명문의 기와가 공산성 안에서 주로 출토된 점으로 볼 때 임류각은 공산성 안에 있었을 가능성이 매우 높다.[140] 공산성의 동문지와 남부지의 중간 지점에서 발굴된 임류각지는 평면적 109㎡에 달하는 5×6칸의 적심석 주초로 되어 있다.[141] 임류각지의 건물은 10.4×10.4m의 정방형을 이루고 있다. 임류각지에서 백제시대의 단판연화문와당(單瓣蓮花文瓦當)을 비롯하여 암키와와 토기편 등이 출토되었는데 특히 '류(流)'자 명문이 있는 기와편이 출토되어 이곳이 임류각지라고 추정된다.[142]

사비도읍시기 백제 무왕이 축조한 궁남지 유적지는 현재까지 확인되지 않았다. 원래 궁남지 유적지라고 추정되어 1964년 사적 135호로 지정된 약 3만 평의 부여군 부여읍 동남리와 군수리 일대는 1965~1967년에 현재의 13,722평 규모로 축소 복원되었다. 궁남지 유적에 대한 조사는 1990년부터 연차적으로 실시되었으나 무왕이 축조하였다는 궁남지에 부합하는 유구는

140) 박순발, 앞의 책, 2010, 208~209쪽.

141) 박순발은 백제의 건물지에서는 적심석 주초가 발견된 예가 없기 때문에 임류각지가 백제시대의 건축물이 아니라고 주장하였다. 박순발, 앞의 책, 2010, 209~210쪽.

142) 서정석, 앞의 책, 2002, 48쪽.
권오영과 박순발은 임류각의 명칭에서 '류'는 단순한 물의 흐름을 뜻한다고 보기 보다는 중국에서 유행했던 유상곡수(流觴曲水)에 필요한 유배거를 의미한다고 보고 있다. 앞으로 계속 탐구해야 할 과제라고 생각한다.
박순발, 앞의 책, 2010, 217~219쪽.

아직까지 확인되지 않았다.[143] 그러므로 궁남지 유적지가 부여읍 동남리 화지산 부근이나 현재 부여버스터미널 부근에 위치할 것이라는 추정이 제기되고 있다.[144]

최근에는 백제의 원지로 왕궁성인 익산 왕궁리 유적이 주목을 받고 있다. 나지막한 구릉을 깎고 메우는 토목공사를 통해 대지를 조성한 익산 왕궁리 유적은 내부 공간이 후원(後苑), 전각구역(殿閣區域), 공방구역(工房區域)으로 크게 나뉘어 있다. 전각구역과 구릉의 경계지점에서 중심시설과 주변시설이 체계적으로 구성된 원지가 발굴되었다. 원지의 중앙에는 화려한 괴석과 자갈돌로 장식된 네모난 형태의 못, 물이 들어오고 나가게 하는 시설이 있고 물을 공급하고 수량을 조절하기 위한 수조시설(水槽施設), 'ㄱ'형의 암거시설 등으로 구성되어 있다. 원지 유구에서는 원지를 관람하기 위한 출입시설과 누각 건물터도 확인되었다. 남북 294cm, 동서 264cm의 방형 못은 장대석으로 동 · 서 · 남쪽의 삼면을 둘렀다. 못의 물을 받는 공간인 북쪽에는 괴석과 다양한 모양의 조경석이 세워져 있는데, 이것은 물가와 가산(假山)을 표현한 것으로 보인다. 이 못에서 1m 떨어진 곳에서 건물지가 확인되었다. 직경 58~60cm인 원형 초석 3개가 동서 방향으로 배치되어 있는데, 못의 우측에 바로 위치한 점으로 보아 못을 관람할 수 있는 누각 형태의 건물지로 추정된다. 수조시설의 남쪽에는 동서 방향의 긴 회랑형 건물지가 확인되었다. 이 회랑형 건물지는 원지를 관람하면서 연회를 베푼 공간으로 추정된다. 일본 나라현의 석신(石神) 유적에 원지 관련 시설로 긴 회랑형태의 건물이 배치되어 있는 점으로 보아서 수조시설의 회랑형 건물도 넓은 의미에서 원지의 구성 요소로 볼 수 있다.[145] 수조시설의 벽면이 조경석과 둥근

---

143) 국립부여문화재연구소, 『궁남지 3』, 2007.

144) 김낙중, 앞의 논문, 2011, 26~27쪽.

145) 김낙중, 앞의 논문, 2011, 27~32쪽.

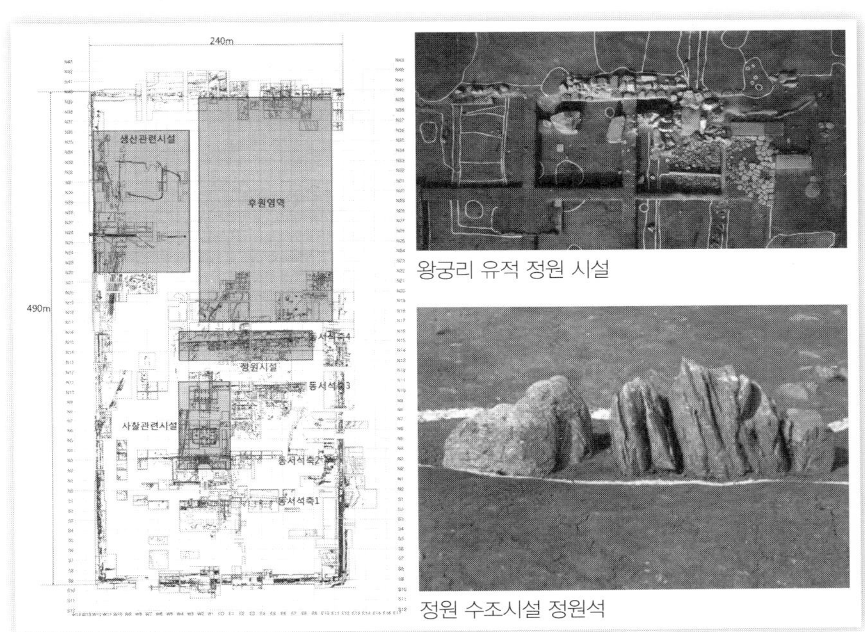

왕궁리 유적 정원 시설

정원 수조시설 정원석

〈도판 11〉 왕궁리 유적 공간 구분 배치도[146)]

자갈돌 또는 대형 괴석 등으로 장식되어 있는 점으로 보아 이 시설은 물을 공급하는 기능뿐만 아니라 조경의 역할도 하였음을 알 수 있다. 익산 왕궁리 원지에는 못, 가산, 건물지 등 원지의 구성요소를 대부분 갖추고 있다. 현재까지의 고고학 발굴 성과로 보면 백제 원지 유적지로 추정되는 것 가운데 익산 왕궁리 원지 유적이 문헌상의 원지 유적과 가장 유사하다. 이러한 백제의 원지 문화는 신라의 월지(안압지) 축조에도 영향을 주었다.

146) 최문정, 「일산 왕궁리유적의 후원에 관한 검토」, 『고대 정원 비교 연구』, 국립부여문화재연구소, 2012, 39·41·43쪽.

제3절 사비도성의 삼산

백제의 도성인 사비에 삼산이 있었다. 백제의 삼산은 일산(日山), 오산(吳山), 부산(浮山)이다. 오늘날 삼산의 위치를 모두 정확하게 단정하기가 어렵지만 그 중에 부산의 위치는 비교적 쉽게 확인할 수 있다. 현존하고 있는 부여 관련 각종 지리지에 부산(浮山)이라고 쓰인 산명이 명확히 기재되어 있기 때문이다.[147] 『신증동국여지승람』에 보면 부산은 고성진(古省津)의 북쪽 언덕에 있고, 고성진은 바로 사비하(泗沘河)인데 부소산 아래에 있다고 하였다.[148] 사비하는 백마강의 옛 명칭으로 부산은 백마강의 북쪽 즉 백마강의 건너편 강변인 부여군 규암면 진변리에 위치한 높이 106.8m의 야트막한 산이다. 옛날 청주고을에 있던 이 산이 몇 달 간 계속된 호우로 둥둥 떠내려 오다가 사비성 부근에 멈추게 되었다고 한다. 그 모습이 마치 물 위에 떠있는 것 같아서 부산(浮山)이란 이름이 붙었다는 전설이 전해 온다. 부산은 낮은 산이지만 은산천 하류인 진변리 들판에 우뚝 솟아 있어 높아 보인다.[149]

『신증동국여지승람』 등 각종 지리지를 살펴보면 오산(吳山)에 대한 기록은 없고 오산(烏山)이란 명칭이 나온다. 부여 관련 지도에도 오산(吳山)이란 명칭은 없고 오산(烏山)이란 명칭만 보이는 것으로 보아 오산(吳山)이 후일 오산(烏山)으로 바뀌었다고 추정된다. 1750년대에 작성된 것으로 추정되는 『해동지도(海東地圖)』 부여현에 보면 오산(烏山)은 부여현에서 석성현(石城縣)으로 나가는 길목 옆에 위치하고 있다. 오산은 현재 염창리 뒤에 있는 180m 높이의

---

147) 부여 관련 지리지와 읍지는 부여문화원에서 출간한 『부여의 지리지·읍지』에 대부분 수록되어 참고하기에 매우 편리하다.
부여문화원, 『부여의 지리지·읍지(1)』, 1999; 『부여의 지리지·읍지(2)』, 2000.

148) 『신증동국여지승람』 제18권 충청도 부여현 산천 조.

149) 부여군지편찬위원회, 『부여군지 제1권, 부여의 지리』, 2003, 36~37쪽.

산으로 여겨진다.

삼산 가운데 일산(日山)에 관한 자료는 전무하다. 고종 8년(1871)에 작성된 『호서읍지(湖西邑誌)』 부여현 산천 조에는 부소산, 부산, 망월산, 취령산, 오산(烏山), 금성산(金城山), 청성산(靑城山)이 등장한다. 『한국지명총람』 부여군 산천 조에서는 "금성산(일산), 부여읍 구아리 · 쌍북리 · 가탑리 · 동남리에 걸쳐 있는 산. 높이 120m. 백제 때 삼령산(三靈山)의 하나. 백제 때 신령한 사람이 살아서 날마다 오산과 부산에 있는 신령한 사람과 조석으로 날아다니면서 놀았다 함"[150]이라고 하여 금성산이 일산임을 밝히고 있다. 금성산이 일산으로 비정되는 이유를 설명하지 않아 아쉬움이 있으나 학계에서는 금성산을 일산으로 간주한다.[151] 현재의 부여국립박물관 뒤에 있는 금성산은 사비 나성의 중간 지점에 위치하며 부소산과 마주하고 있는데, 규모나 위치로 보아 부여읍의 가장 대표적인 산이다.

이들 삼산의 위치를 보면 사비도성의 중앙에 있는 금성산을 중심으로 동쪽과 서쪽으로 각각 2km 떨어진 곳에 나란히 오산과 부산이 위치하고 있다. 삼산의 정상에 오르면 사비도성 내부는 물론 멀리 논산, 장항, 익산, 서천까지도 한눈에 조망할 수 있어 사비로 도성을 옮기고 삼산을 중요시한 이유를 확인할 수 있다.

사비 왕궁의 위치에 대해서는 의견이 분분하지만[152] 필자는 사비 왕궁을

150) 한글학회, 『한국지명총람』 4 (충남편 · 상), 2001, 438쪽.

151) 이도학, 「사비시대 백제의 4방계산 호국사찰의 성립」, 『백제연구』 20, 1989, 216쪽. 유원재, 「사비시대의 삼산숭배」, 『백제의 종교와 사회』, 현대사회문제연구소, 1994, 82~83쪽.

152) 왕궁의 위치에 대한 견해는 매우 다양하다. 왕궁의 위치를 부소산성으로 추정하는 견해로는 서정석, 앞의 책, 2002가 있고, 부여 구아리 유적을 왕궁지로 추정하는 견해로는 이병호, 「사비도성의 구조와 축조과정」, 『백제의 건축과 토목』, 충청남도역사문화연구원, 2007을 참고할 수 있으며, 부여 관북리 유적을 왕궁지로 추정하는 견해로는 박순발, 앞의 책, 2010이 참고가 된다.

부여 관북리 구아리 유적지로 추정한다. 이 왕궁의 위치에서 삼산을 바라보면 왕궁의 뒤쪽에 부여의 진산(鎭山)인 부소산이 있고[153] 서쪽에 부산, 동쪽에 오산 그리고 동남쪽에는 일산이 위치하여 사비의 왕궁을 감싸 안고 있는 형국이다. 그리고 사비 나성에서 보면 사비 나성의 중간에 우뚝 솟아있는 금성산 즉 일산을 중심으로 서쪽에 백마강 건너편의 부산과 백제의 왕릉 구역인 능산리 고분군을 내려다보는 오산이 위치하고 있음을 알 수 있다. 오산은 동라성, 나성 동문, 능산리 절터 그리고 능산리의 왕릉들과 가까운 곳에 위치하고 있다. 이와 같이 매우 의도적이고 계획적인 배치는 사비도성 계획 단계부터 준비했던 것으로 보인다.[154]

또 오산의 위치로 볼 때 오산은 사비시대 백제 왕도의 중요한 의례 공간이었을 것이다.[155] 의례 공간으로서의 왕도를 생각할 때 부산의 위치도 매우 중요하다. 2007년 사리장엄이 출토된 왕흥사지는 부산에서 약 1.5km 떨어져 있다. 부산, 왕흥사지, 호암사지 등은 부소산에서 백마강 반대쪽에 위치하고 있으나 넓은 의미로 볼 때 왕도에 속한다.[156] 이러한 점을 감안하면 의례 공간으로서의 왕도를 설정하는 데 삼산이 매우 중요했다. 신들이 거주하고 서로 왕래한다는 삼산은 왕궁과 사비도성을 신성하고 신비한 공간으로 변모시켰을 것이다.

백제 삼산은 신라에도 영향을 주었다. 『삼국사기』 제사지를 보면 신라는 삼산 오악 이하의 명산대천을 대 · 중 · 소 삼사(三祀)로 분류하였는데 삼산

---

153) 『신증동국여지승람』 이래 부여관련 지리지 또는 읍지에서는 부소산을 부여의 진산(鎭山)으로 보고 있다.

154) 이병호, 「부여 능산리사지 가람중심부의 변천과정」, 『한국사연구』 43, 2008, 62~63쪽.

155) 이병호, 「백제 사비시기 도성의 의례 공간과 왕권」, 『한국고대사연구』 71, 2013, 126~127쪽.

156) 김영심, 「사비도성의 행정구역 편제」, 『사비도성과 백제의 성곽』, 국립부여문화재연구소편, 2000, 109~127쪽.

은 대사(大祀)였다. 삼산은 ① 나력(奈歷), ② 골화(骨火), ③ 혈례(穴禮)로 그 위치에 대해 나력은 습비부(習比部), 골화는 절야화군(切也火郡), 혈례는 대성군(大城郡)이란 주를 달아 명기하였다.[157] 적극적으로 각종 지리지를 이용해 이들 지명을 추정한 연구가 많은 성과를 보이고 있다. 그 성과를 보면 나력은 경주지역의 중심에 위치한 명활산(明活山)으로 보인다. 명활산에는 산성이 있는데, 이것은 왜적의 침략으로부터 왕도를 지키기 위해 만든 경주지역 최대의 산성이었다. 현재 골화와 관련된 구체적인 산 이름을 찾기는 어렵다. 『삼국유사』에 나오는 김유신 설화에서 그 위치를 추정할 수 있는 내용이 보인다. 그 내용을 보면 18세에 국선이 된 김유신이 고구려 첩자 백석의 속임수에 빠져 적국인 고구려를 염탐하러 갈 때 두 여인이 그를 따라 왔다. 골화천에 이르러 유숙할 때 또 한 여인이 나타나서 3명의 여인이 김유신에게 과일을 대접하며 즐겁게 담소하다가 말하기를 자신들이 각각 나력, 혈례, 골화의 수호신이라고 하였다. 나력, 혈례, 골화의 삼신(三神)인 세 여인은 김유신에게 백석이 고구려의 첩자임을 알려 주었다. 김유신은 백석을 죽이고 위기에서 벗어난 후에 감사의 표시로 삼신에게 온갖 음식을 갖추어 제사를 지냈다고 한다.[158] 골화가 있다는 절야화군을 구체적으로 알 수는 없지만 『삼국유사』의 내용으로 볼 때 골화는 경주에서 고구려로 가는 길에 위치한 지금의 영천지역이며 골화산은 경주에서 영천으로 가는 길목에 위치한 영천시 완산동의 금강산이라고 추정한다. 이 산은 경주에서 대구로 나아가는 교통로이자 경주로 들어오는 적을 방어하는 데 적합하기 때문이다. 혈례는 대성군에 있다고 하였는데, 대성군은 지금의 경주와 영일에 걸친 동해안에 가까운 지역에 설치되어 있었다. 1989년 영일군 신광면 냉수리에서 '영일냉수리신라비'가 발견되었다. 이 비가 발견된 뒷산이 어래산인데, 이

157) 『三國史記』 卷32 雜志 1.

158) 『三國遺事』 卷1 紀異 上 金庾信.

어래산이 바로 혈례라고 추정한다. 혈례산이 음전하여 열례산→얼레산→어래산으로 변했다고 본다. 어래산에는 흥해로부터 안강으로 넘어가는 고대의 교통로가 있었다고 한다. 경주 서북쪽에 위치한 혈례는 경주를 방어하는 역할을 한 것으로 보인다.[159] 이러한 삼산은 모두 왕경인 경주를 중심으로 외부와의 경계지역에 있었다.[160]

고대 일본에서도 삼산은 도성의 구성요소로서 매우 중요했다. 등원경에서 평성경으로 천도를 결정한 원명천황은 화동 원년(708)에 "지금 평성의 땅은 사금(四禽)이 도(圖)에 합하고 삼산이 진(鎭)을 하며 귀서(龜筮)가 모두 좋으니 도읍으로 세우기에 적당하다"[161]는 조서를 내렸다. 사금(四禽)은 동서남북에 해당하는 청룡 · 백호 · 주작 · 현무의 수호신인 사신수(四神獸)이고, 도(圖)는 음양도위(陰陽圖緯)를 뜻한다. 이에 부합하는 지리는 북쪽으로 높은 산이 있고, 남쪽으로 넓은 평야가 펼쳐지며, 동쪽으로는 물이 흐르고, 서쪽으로는 큰 도로가 있는 형상을 말한다.[162] 원명천황의 조서를 보면 원명이 평성을 도읍지로 선정할 때 삼산을 매우 중시했음을 알 수 있다. 평성경의 삼산은 춘일산(春日山) · 생구산(生駒山) · 평성산(平城山)을 지칭한다. 후일 평안경에도 신락강(神樂岡) · 쌍게강(双ケ岡) · 선강산(船岡山)의 삼산이 있었다.[163] 평

159) 최광식, 「국가제사의 제장」, 『고대 한국의 국가와 제사』, 한길사, 1994, 300~303쪽. 홍순창은 최광식과 다르게 삼산의 지명을 추정하였다. 홍순창, 「신라의 삼산·오악에 대하여」, 『신라 민속의 신연구』, 신라문화선양회, 1983, 37~63쪽.

160) 구효선, 「신라의 경계와 제사」, 『선사와 고대』 28, 2008, 327~328쪽.

161) 『續日本紀』 元明天皇 和銅 元年 2月, "方今, 平城之地, 四禽叶圖, 三山作鎭, 龜筮並從, 宜建都邑."

162) 青木和夫 等 校注, 『續日本紀』 1, 岩波書店, 1989, 131쪽, 주14.

163) 上野誠, 『大和三山の古代』, 講談社, 2008, 89쪽. 평성경의 삼산에 대해서는 다른 견해가 있다. 青木和夫 等 校注, 『續日本紀』 1, 岩波書店, 1989, 131쪽, 주15에서는 春日山·奈良山·生駒山을 평성경의 삼산으로 하고, 金子裕之, 「古代都城と道教思想」, 『古文化談叢』 53집, 2005, 138쪽에서는 평성경의 삼산으로 平城天皇陵·御蓋山·垂

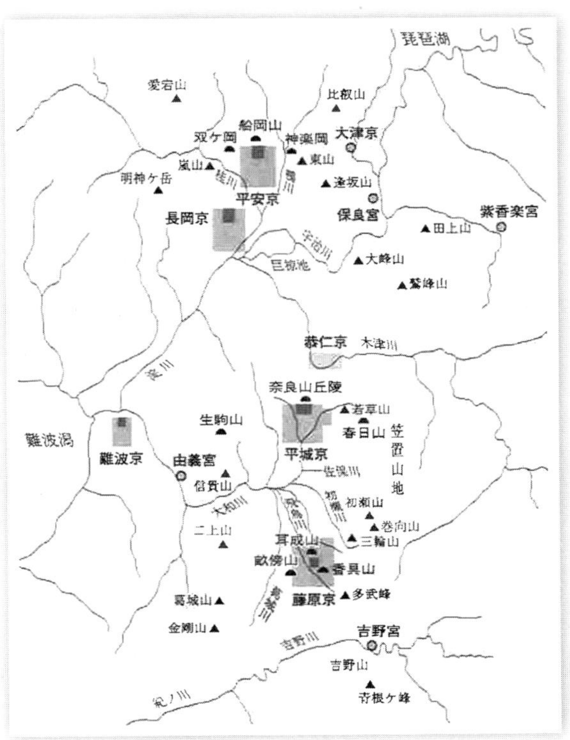

〈도판 12〉 일본 고대 궁도와 삼산[164)]

성경과 평안경의 삼산은 그 유래가 등원경(藤原京)으로 거슬러 올라간다. 등원경의 삼산 즉 대화(大和) 삼산(三山)은 현재 나라현 중부 가시하라(橿原) 시에 있는 세 개의 산을 말한다. 동쪽에 있는 해발 152m의 향구산(香具山), 서쪽에 있는 해발 199m의 무방산(畝傍山) 그리고 북쪽에 있는 해발 140m의 이성

仁陵을 들고 있다.

164) 上野誠, 앞의 책, 2008, 89쪽.

산(耳成山) 이 세 개의 산은 마치 정삼각형을 이루고 있는 것처럼 보인다. 이 삼산의 중간 지점에 등원궁(藤原宮)이 위치하고 있다. 이런 점은 대화 삼산이 등원궁과 밀접한 관련이 있음을 시사하고 있다. 대화 삼산은 가집(歌集)인 『만엽집(萬葉集)』에 수록된 노래의 소재로 등장하기도 한다. 『만엽집』에 향구산을 방래산(芳莱山)으로 표기하고 있는 구절이 나온다. 방래산은 중국 삼신산의 하나인 봉래산을 가리킨다. 이는 대화 삼산은 중국의 삼신산을 모방한 것으로 신선사상이 깃들어 있다는 것을 알 수 있다. 이처럼 일본에서도 천황의 궁전뿐만이 아니라 도성에도 불노불사의 영원한 이상향을 투영하였다.[165)]

등원궁을 중심으로 한 등원경은 오랜 기간에 걸쳐 준비된 계획 도성이다. 동서 928m, 남북 907m의 정사각형의 등원궁에는 내리(内裏), 대극전(大極殿), 조당(朝堂) 그리고 다수의 관아가 배치되었다. 등원궁 주위에는 광대한 경역(京域)이 있어 등원경은 일본 최초의 도성으로 자리매김하게 되었다. 정사각형의 등원경에는 9개의 대로(大路)가 종횡으로 통하고 있다. 등원경의 조영은 천무(天武)시대에 준비되었다. 천무는 5년(676)에 신성(新城)으로 천도를 계획했으나 결국 무산되었다. 신성은 등원경을 말한다. 그 후 천무 11년(682)에는 고위 관료들을 신성에 파견하여 지형을 살피게 하고 그 스스로도 신성에 행행하기도 하였다. 2년 후인 684년 천무가 경사(京師)에 순행하고 궁실을 지을 곳을 정했다고 한 점으로 보아 이때에 등원궁과 등원경의 조영 계획은 마무리되었다고 할 수 있다. 등원경으로의 천도는 천무의 서거(686)와 초벽(草壁) 황태자의 죽음(689)으로 일시 중지되었으나 지통(持統)의 즉위(690) 이후에 재개되어 694년에 천도하게 되었다. 천도 후에도 등원경의 조영은 계속 진행되었다. 676년부터 준비한 등원경은 여러 차례 중단되었다가 704년에 이르러서야 완성되었다. 등원경의 조영은 설계단계부터 『주례

165) 金子裕之, 앞의 논문, 2005, 137쪽.

(周禮)』 고공기를 참고한 것으로 보인다. 정사각형 모양의 등원경 중앙에 등원궁이 자리한 점은 『주례』 고공기의 장인영국조(匠人營國條)의 내용과 일치하는 점이 많기 때문이다. 『주례』 고공기의 장인영국조에서는 중앙에 궁을 설치한 도성에 한 변에 3개씩의 문을 두며 정치를 운영하는 곳은 도성의 앞에 두고 시(市)는 뒤에 두는데 남북과 동서로 교차하는 9개의 도로를 두는 도성의 모습을 제시하고 있다. 실제 발굴조사 결과 등원궁의 북쪽에 시(市)가 있었음이 밝혀졌는데, 이러한 시의 배치는 일본의 다른 도성에서는 찾을 수 없다. 이런 점으로 보아 등원경이 『주례』에서 언급한 도성을 모델로 조영되었음을 알 수 있다.[166)]

이처럼 등원경이 실재하는 중국 도성을 참고로 한 것이 아닌 경서인 『주례』를 참고한 이유는 중국 도성에 대한 정보가 부족했기 때문이었을 것이다. 백제부흥군과 왜의 연합군이 백강구 전투에서 663년에 신라와 당의 연합군에 대패한 후 702년까지 일본과 당의 관계가 단절되었다. 국교 단절로 인해 중국의 도성에 대한 정보가 거의 없는 상황에서 등원경이 조영된 것이다. 그러므로 등원경의 설계와 조영에 『주례』의 이상적인 도시가 모델이 되었던 것이다. 그러나 천무와 지통의 시대에 대외관계가 완전히 단절된 것은 아니었다. 당시 일본은 통일신라에 견신라사를 파견하여 서로의 정보를 교환하고 국제정세를 파악할 수 있었다. 따라서 일본은 신라를 통해 신라 왕경의 삼산을 이해했을 것이다. 등원경의 삼산 즉 대화(大和) 삼산(三山)의 구체적인 조영은 신라 왕경에서 영향을 받은 것으로 보인다.[167)]

이와 같은 신라와 일본의 삼산 자료를 참고하여 백제 사비도성에서 삼산

166) 등원궁과 등원경에 대해서는 小澤毅, 「都城の誕生 藤原京」, 『倭國から日本へ』, 森公章 편, 吉川弘文館, 2002, 235~257쪽; 「飛鳥の都と古墳の終末」, 『岩波講座 日本歷史 第2巻 古代2』, 岩波書店, 2014, 155~161쪽을 참고하였다.

167) 金子裕之, 앞의 논문, 2005, 139쪽.

이 어떤 의미를 갖는지 고찰해 보자. 제1부 고구려의 도교에서 언급한 바와 같이 한국 고대에 명산대천에 대한 제사는 매우 중요했다. 특히 명산에 대한 제사는 그 지역을 진호하는 산신(山神)에 대한 제사라고 할 수 있다. 그 까닭은 명산 제사의 대상이 산악의 주재자로 여겨지는 산신이기 때문이다. 산신에 대한 제사는 지역 세력과 밀접한 관련이 있다.[168] 통일신라시기에 이르러 오악을 비롯한 명산대천의 제사가 국가제사로 확립되었다. 이것은 신라왕실이 명산대천제사를 매개로 각 지역 세력을 신라에 편입시켜 그들을 효과적으로 통제할 수 있었기 때문이다.[169]

백제의 산천제사에 관한 기록은 매우 드물고 남겨진 기록은 한성도읍시기의 제사 기록뿐이다. 『삼국사기』 백제본기 고이왕 10년(243)조를 보면 춘정월에 대단(大壇)을 설치하여 천지산천에 제사하였다는 기록과 『삼국사기』 백제본기 아신왕 11년(402)조에 가뭄이 들자 횡악(橫岳)에 친히 제사를 지내니 비가 내렸다는 기록이 보인다. 웅진과 사비도읍시기의 산천제사에 관한 기록은 전무하다. 따라서 『삼국유사』의 사비 삼산에 관한 기록은 매우 소중하다. 이 기록을 통해 백제의 국가제사의 일면을 유추할 수 있기 때문이다. 전술한 바와 같이 백제 사비의 삼산에는 각기 신인(神人)이 살면서 아침저녁으로 서로 왕래했다고 한다. 백제 삼산을 이해하는 데 신인의 성격을 파악하는 것은 매우 중요하다. 도교사상의 핵심이 된 『장자』에서는 득도하여 영원한 생명을 얻은 인간을 신인이라고 부르고 그들의 모습을 신비롭게 형용하였다. 『장자』 소요유편에 보면

> 먼 고야산에 신인이 살고 있는데 피부는 빙설과 같고 나긋나긋하기는 처녀와 같으며

168) 이기백, 「신라 오악의 성립과 그 의의」, 『신라정치사회사연구』, 일조각, 1997년 중판본, 194~215쪽.

169) 채미하, 「명산대천제사와 청해진」, 『신라 국가제사와 왕권』, 혜안, 2008, 303~330쪽.

오곡을 먹지 않고 바람을 호흡하고 이슬을 마시며 구름과 대기를 타고 나는 용을 몰고 다니며 세상 밖에서 노닌다.[170]

고 묘사하고 있다. 이처럼 신인이란 도가의 독특한 수양방법에 의해 이룰 수 있는 존재이자 바로 도가의 이상적인 존재를 의미한다. 중국의 사서에서 신인은 대부분 신선(神仙) 혹은 선인(仙人)을 가리킨다.[171]

한국 고대에서는 신인(神人) 즉 선인(仙人)을 산신(山神)으로 이해하기도 했다. 『삼국사기』 고구려본기 동천왕 21년(247)조를 보면 동천왕이 위의 침략으로 환도성을 다시 도읍으로 삼을 수 없다고 여겨 평양성을 쌓고 백성과 종묘사직을 옮겼다는 기사가 있다. 이 기사에서 "평양은 본래 선인(仙人) 왕검(王儉)이 살던 곳이다"[172]라고 하였다. 왕검은 단군왕검을 말하는데, 『삼국유사』 권1 기이편 고조선 조를 보면 단군왕검이 평양성에 도읍하였다가 후일 아사달(阿斯達)에 숨어서 산신(山神)이 되었다고 하였다. 이 두 기록을 보면 단군왕검이 선인(仙人)이자 산신(山神)임을 알 수 있다.

백제 삼산에서도 신인이 날아다녔다는 기록으로 보아 도교적인 신선의 성격을 띤 신인은 곧 산신이라고 유추할 수 있다. 이러한 유추를 방증하는 자료는 전술한 『삼국유사』에 나오는 삼산의 수호신이 김유신을 위기에서 도왔다는 설화이다. 삼산의 수호신은 바로 신라의 호국신이었다. 김유신은 이에 대한 감사의 표시로 삼산의 수호신에게 제사를 드렸다고 하였다. 이러한 제사는 바로 신라 국가제사로 편제되었다. 신라의 국가제사를 보면 대사 · 중사 · 소사의 등급으로 나누었는데 이런 방식은 수 · 당대에 정비된 것

---

170) 『莊子』 內篇 逍遙遊, "藐姑射之, 有神人居焉, 肌膚冰雪, 淖約若處子, 不食五穀, 吸風飮露. 乘雲氣, 御飛龍, 而遊乎四海之外."

171) 『漢書』 卷25 郊祀志, "方士有言黃帝時爲五城十二樓, 以候神人於執期."를 應劭는 "昆侖玄圃五城十二樓, 仙人之所常居."라 하고 있어 신인이 선인임을 밝히고 있다.

172) 『三國史記』 卷17 高句麗本紀 第5 東川王 21年, "平壤者本仙人王儉之宅也."

으로 신라에서 수용하였다.[173] 『삼국사기』 제사지를 보면 신라는 삼산 · 오악이하 명산대천에 지내는 제사를 대사 · 중사 · 소사로 나누었다. 신라에서는 삼산을 대사로 지냈고, 오악을 비롯해서 사진(四鎭) · 사해(四海) · 사독(四瀆)과 그 밖의 6개의 산(山) · 성(城) · 진(鎭)을 중사로 지냈으며 그리고 24개의 산(山)과 성(城)을 소사(小祀)로 지냈다. 하지만 당나라의 경우 각종 국가제사가 대 · 중 · 소사로 편제되었지만 그 내용은 신라와 차이가 있다. 『구당서(舊唐書)』 권21, 예의지1의 길례를 보면 대사로 호천상제(昊天上帝) · 오방제(五方帝) · 황지기(皇地祇) · 신주(神州) · 종묘(宗廟)가 있고, 중사로는 사직(社稷) · 일월성신(日月星辰) · 선대제왕(先代帝王) · 악진해독(岳鎭海瀆) · 제사(帝社) · 선잠(先蠶) · 석전(釋奠)이 있으며, 소사에는 사중(司中) · 사명(司命) · 풍백(風伯) · 우사(雨師) · 제성(諸星) · 산림천택(山林川澤)이 있다. 반면 『신당서(新唐書)』 권11, 예악지에서는 대사로 천(天) · 지(地) · 종묘(宗廟) · 오제(五帝) · 추존지제(追尊之帝) · 후(后)를 들고 있다. 이 기록을 비교해 보면 『구당서』에서 황지기와 신주 제사를 『신당서』에서는 지(地)의 제사 범주에 포함시키고 있음을 알 수 있다. 당의 제도를 참조한 신라가 대사로 삼산을 정한 것은 신라에서 삼산에 대한 제사가 그만큼 중요했기 때문이었을 것이다.

그런데 일본에서 삼산이 도성의 구성요소로서 매우 중요했음에도 불구하고 국가제사에 삼산 제사는 보이지 않는다. 『율령(律令)』, 신기령(神祇令)을 보면 일본에서는 대 · 중 · 소사를 재(齋)의 기간으로 나누었다. 대사는 1월재(一月齋), 중사는 3일재(三日齋), 소사는 1일재(一日齋)라고 하였다.[174] 이 중에 삼산 제사는 어디에도 속하지 않은 것으로 보아 고대 일본에서 삼산은 제사

173) 井上秀雄, 『古代東アジアの文化交流』, 溪水社, 1993, 78~89쪽.
나희라, 「7~8세기 당, 신라, 일본의 국가제사체계 비교」, 『한국고대사연구』 33, 2004, 291~324쪽.

174) 『律令』, 神祇令 12, "凡一月齋爲大祀, 三日齋爲中祀, 一日齋爲小祀."

의 대상이 아니었음을 알 수 있다.

이와 같이 신라와 일본은 당나라의 제도를 모방하여 국가제사를 대·중·소사로 편제했지만 제사의 대상이나 내용은 각국의 상황에 따라서 달랐다. 신라에서 산천제사만을 대·중·소사로 편제하고, 다른 제사는 편입시키지 않았던 데에는 정치적인 이유가 있었다. 신라가 통일 이후 지배체제를 재편하면서 중앙 권력과 지방 세력의 관계를 재설정하고 그들을 새롭게 지배체제에 편입하는 과정에서 대·중·소사의 제사체계를 이용한 것으로 보인다. 지방에서 자체적으로 거행하던 산천제사를 국가제사 체계 안에 편입함으로써 이념적으로나 실질적으로 지역 세력을 효과적으로 국가권력에 편입시켰을 것으로 본다.[175)]

신라의 경우로 미루어 볼 때 백제 삼산의 신인도 호국신의 성격을 띠었을 것이라고 생각할 수 있다. 또 신인이 거주하고 왕래한다는 도교적 이상향이 투영된 백제의 삼산은 왕경을 상징하고 진호하는 산으로서 사비도성을 신비한 공간이자 의례 공간으로 설정하는 데 중요한 요소였다고 보인다. 따라서 사비도성과 왕궁을 신성화하고 진호하는 백제 삼산 기능은 신라보다 더 중요했다고 보이며, 백제에서도 삼산 제사가 국가제사에서 가장 중요한 대사로 분류되었을 개연성이 충분히 있다. 이러한 백제의 삼산신앙은 신라는 물론 고대 일본의 왕경 조영에도 영향을 미쳤을 것이다.

제4절 유물로 본 도교문화

1. 백제금동대향로

1993년 12월 12일 부여 능산리 유적에서 백제금동대향로가 발견되었다.

---

175) 나희라, 『신라의 국가제사』, 지식산업사, 2003, 45~46쪽.

〈도판 13〉 백제금동대향로

무령왕릉 발굴 이후 20여 년 만에 또 다시 세인의 관심과 주목을 크게 받은 백제 고고 발굴이다. 높이 62.5cm, 무게가 11.8kg인 백제금동대향로는 정교하고 아름다운 형태와 뛰어난 예술적 가치로 바로 국보 287호로 지정되었다. 백제금동대향로의 발굴을 계기로 능산리 유적은 주목을 받게 되었고, 유적의 성격을 밝히기 위해 향로를 발견했던 주변을 지속적으로 발굴하게 되었다. 결국 그 지역이 불교 사원이 세워졌던 곳이라는 것이 밝혀졌다. 더욱이 사원의 목탑지 심초석에서 백제 창왕명석조사리감이 출토되어 사원의 축조연대가 567년 전후의 위덕왕대이고, 이 사원은 비명에 간 성왕을 기리기 위한 왕실 원찰(願刹)의 성격을 띤 것으로 보고 있다.[176]

백제금동대향로의 제작지와 시기에 대한 궁금증은 금속기술의 연구를 통

176) 국립부여박물관, 『陵寺』, 2000에 그간의 발굴조사 진전 상황이 자세히 기술되어 있다. 사원의 성격에 대해서는 金相鉉, 「百濟 威德王의 父王을 위한 追福과 夢殿觀音」, 『한국고대사연구』 15, 한국고대사학회편, 1999, 47~65쪽과 김수태, 「백제 위덕왕대 부여 능산리 사원의 창건」, 『백제문화』 27집, 1998, 37~52쪽 등이 있다. 김수태는 능산리 사원이 위덕왕대의 성왕계 왕족들이 창건한 것으로 보고 능산리 사원의 창건과 당시의 정치·사회적 상황을 결부시켜 고찰하고 있다.

해 어느 정도 해소되었다. 백제에서 보유했던 정밀한 주조기술의 전통에 중국 북제와의 교류를 통해 새로운 기술을 이전받아서 백제에서 제작되었다고 보고 있다. 백제금동대향로의 납동위원소비를 분석한 결과 백제금동대향로의 원료는 한국 남부지역에서 입수한 것이란 연구결과도 나왔다.[177] 북제와의 교류나 출토된 창왕명석조사리감의 명문으로 볼 때 백제금동대향로는 6세기 후반경에 제조되었다고 추정한다.[178] 정교하고 아름다운 형태의 백제금동대향로는 실제 능산리 사원의 의식에서 장엄함과 신비감을 더해주었을 것이다.

능산리의 사원에서 사용되었을 백제금동대향로는 그 형태와 도상의 특성으로 보아 중국 한대의 박산향로(博山香爐)를 모델로 한 것임을 알 수 있다. 중국에서 향로의 역사는 전국시대로 거슬러 올라간다. 비교적 완성도가 높은 박산로는 전한 무제시기(기원전 140~기원전 87)에 이르러 출현하게 된다. 이러한 박산로의 형태는 신선사상의 세계관을 반영하며 그 영향을 짙게 받은 것이다.[179] 1968년 하북성 만성(滿城)의 전한시대 무덤에서 박산로가 출토되었다. 이 무덤은 전한 무제의 형제이며 중산국왕(中山國王)인 유승(劉勝)의 묘로, 출토된 박산로는 금은이 상감된 청동제로 최상의 수준이었다. 시카고대학 교수인 우홍(巫鴻)은 일찍이 박산로의 모티브가 상림원과 밀접한 관계가 있다고 했다. 즉 향로 위 부분에 몇 겹으로 솟아오른 산봉우리는 원추

177) 강형태·고민정·김연미, 「능산리사지 백제금동대향로와 금동광배의 합금조성 및 도금층 특성」, 『하늘에 올리는 염원: 백제금동대향로』(2013년 백제금동대향로 발굴 20주년 기념 특별전 도록), 국립부여박물관, 2013, 254~263쪽.

178) 鈴木勉, 「백제의 금속공예와 고대 일본」, 『백제금동대향로, 고대문화의 향을 피우다』(제59회 백제문화제 국제학술대회 백제금동대향로 발굴 20주년 기념논문집), 충청남도역사문화연구원, 2013, 129~147쪽.

179) Susan N. Erickson, Bosanlu-mountain Censers of the Western han period : A typological and iconological analysis, Archives of Asian Art XLV/1992, pp.6~27.

형 산의 윤곽을 만들어 내고 있으며, 쟁반 모양의 받침대에는 물결치는 파도 무늬가 상감되어 있는데, 이러한 문양은 이 산이 바로 바다에서 솟아오른 것을 말해 주고 있다. 산봉우리 사이에 보이는 작은 사람과 동물 모습들 중에는 천상의 동물과 동물들을 쫓는 궁수가 포함되어 있다. 이 모티브는 상림원(上林苑)에서 이루어졌던 활동과 연관되어 있다고 여겨진다.[180] 전술한 바와 같이(제1절 사비도성의 원지) 상림원은 신선이 사는 세계를 구체화한 것이다. 그리고 상림원과 같이 신선이 사는 소우주를 구상화한 것이 박산로이다. 중국에서 박산로는 위진남북조시대까지 지속적으로 사용되었다.[181]

백제금동대향로는 크게 세 부분으로 구성되어 있다. 산악 위에 봉황이 우뚝 서 있는 뚜껑, 위를 향해서 핀 연꽃에 각종 물고기와 새가 표현된 몸통, 그리고 용이 똬리를 틀고 몸통을 바치고 있는 받침대이다. 백제금동대향로의 도상을 살펴보면 뚜껑에는 능선형태의 산악이 아래에서 위로 3단 내지 4단으로 중층으로 쌓여 있다. 가장 위의 5개의 산봉우리에는 5마리의 새가 앉아 있고 그 사이에는 악기를 연주하는 인물이 배치되어 있다. 뚜껑에는 호랑이 등의 맹수류와 여러 종류의 조류, 인면수신(人面獸身) 또는 인면조신(人面鳥身) 등 상상 속의 동물도 등장하며, 인물로는 기마수렵인과 악기를 연주하는 인물 그리고 지팡이에 의지하여 산보하는 인물 등이 있다. 몸통에는 연꽃잎이 8잎씩 3단으로 둘려져 있는데 연꽃잎 사이와 연꽃잎에는 새 · 물고기 · 악어 · 날개 달린 4발 짐승(有翼獸) · 날개 달린 물고기(飛魚) 그리고 높은 관을 쓰고 신수(神獸)를 타고 있는 선인(仙人)형의 인물이 표현되어 있다. 받침대의 용과 뚜껑 위의 봉황은 백제금동대향로의 드높은 위상과

---

180) 우홍(巫鴻) 저, 김병준 역, 『순간과 영원 -중국고대의 미술과 건축』, 아카넷, 2001, 726쪽의 제3장 주 187.

181) 권오영, 「또 하나의 걸작 금동대향로」, 『고대 동아시아 문명교류사의 빛 무령왕릉』, 돌베개, 2005, 289~294쪽.

이상적인 세계를 드러내고 있다.[182)]

이런 다양한 도상으로 볼 때 백제금동대향로의 세계는 중국의 서왕모와 같은 영원불사의 신선이 산다는 상상속의 곤륜산이나 삼신산을 형상화한 것으로 보인다. 뚜껑의 봉황과 용은 선계로 인도하는 안내자의 역할을 하는 동물로 여겨진다. 백제금동대향로 도상에 표현된 도교적 이상적인 세계는 백제가 각 도성마다 축조했던 원지와 삼산신앙에도 투영되었다. 백제의 원지와 삼산신앙의 구체적인 모습은 앞 절(제1절 사비도성의 원지와 제3절 사비도성의 삼산)에서 이미 다루었기 때문에 이곳에서는 봉황의 상징적 의미만을 검토하고자 한다.[183)]

봉황과 다섯 마리의 진기한 새는 백제금동대향로의 중요한 모티브 중 하나이다. 백제금동대향로의 정상에는 봉황이 위용을 자랑하고 있고, 그 밑에는 5마리의 새가 비상하고 있는 몸짓을 하고 있다. 봉황은 상서로운 새 가운데 으뜸인 새이자 새 중의 왕을 상징한다. 백제는 봉황의 상징적 의미를 잘 이해했고 봉황 문양을 다양하게 사용했다. 그 예로 용봉문환두대도(龍鳳文環頭大刀)를 들 수 있다. 무령왕릉에서 출토된 단용문환두대도(單龍文環頭大刀)를 비롯하여 현재까지 우리나라에서 출토된 용봉문환두대도는 약 30여 점이 넘는다.[184)] 이 대도의 사용 시기는 5세기 중반부터 6세기 전반까지이고 출토 지역은 주로 백제와 가야지역이다. 이 시기에 백제는 고구려에 대항하

182) 이난영, 「백제금동대향로 발굴의 의의」, 『백제의 미술』, 충청남도역사문화원, 2007, 501~525쪽.
박경은, 「백제금동대향로의 도상 연구 시론」, 『하늘에 올리는 염원 백제금동대향로』(2013년 백제금동대향로 발굴 20주년 기념 특별전 도록), 국립부여박물관, 2013, 238~247쪽.

183) 나의 논문, 「백제금동대향로의 도교문화적 배경」, 『백제금동대향로 발굴 10주년 기념 국제학술심포지움 -백제금동대향로와 고대동아세아』, 국립부여박물관, 2003, 83~95쪽.

184) 穴澤和光·馬目順一, 「龍鳳文環頭大刀試論」, 『백제연구』 제7집, 1976, 229~263쪽.

기 위해 가야, 왜, 신라 등과 정치 외교적 동맹관계를 맺고 그 중심적인 역할을 하였다. 그러므로 이들 국가에서 출토된 용봉문환두대도는 대개가 백제계대도로 볼 수 있다.[185)]

중국의 기록을 보면 봉황의 출현은 신화시대까지 소급해 올라간다. 고대 중국인들은 상상 속의 새인 봉황이 새의 세계를 지배한다고 생각했다.[186)] 상상 속의 새인 봉황은 큰기러기 머리에, 물고기의 꼬리 등 여러 동물의 모양을 한 몸에 지닌 신비한 새로 형상화되었다.[187)] 또 봉황은 각 부분에 인·의·예·지·신의 덕목을 모두 갖춘 천상의 새로 인식되기도 했다.[188)] 이러한 덕목과 여러 동물의 모습을 두루 갖춘 봉황은 성스러운 새이자 모든 새들의 왕으로 여겨졌다.[189)] 따라서 봉황은 점차 도덕적 가치체계를 구현하는 살아있는 이미지로 발전하게 되었다.[190)]

봉황의 출현은 성왕(聖王)의 출현, 질서의 확립, 그리고 태평성세의 도래

---

185) 김성태, 「삼국시대 龍鳳文環頭大刀에 대하여」, 『용, 그 신화와 문화』, 서영대·송화섭 엮음, 민속원, 2002, 31~69쪽.

186) 봉황으로 여겨지는 새로는 예조(鷖鳥), 숙상(鷫鷞), 초명(焦明), 곤계(昆鷄), 원거(爰居), 준의(鵔鸃) 등을 들 수 있다.
ジャン-ピエール ディエニィ, 「鳳凰とフェニックス」, 『中國文學報』 第39冊, 中國文學會, 1988, 5~6쪽.

187) 許愼, 『說文解字』, "鳳神鳥也, 天老曰, 鳳之像也, 麐前鹿後, 蛇頸魚尾, 龍文龜背, 燕頷鷄喙, 五色備擧."

188) 『산해경·남산경』에 다음과 같이 봉황을 설명하고 있다. "어떤 새는 생김새가 닭 같고 오색 무늬가 있는데 봉황이라고 부른다. 머리의 무늬는 덕(德)을, 날개의 무늬는 의(義)를, 등의 무늬는 예(禮)를, 가슴의 무늬는 인(仁)을, 배의 무늬는 신(信)을 나타낸다. 이 새는 먹고 마심이 자연의 절도에 맞으며, 스스로 노래하고 스스로 춤을 추는데, 나타나면 천하가 평안해진다." 鄭在書譯註, 『山海經』, 民音社, 1993, 65쪽.

189) 『大戴禮』 易本命의 "有羽之蟲三百六十, 而鳳凰爲之長"과 『論衡』 講瑞篇의 "夫鳳凰, 鳥之聖者也."

190) ジャン-ピエール ディエニィ, 앞의 논문, 1988, 8쪽.

를 예고하는 것이었다. 때로는 봉황이 다른 새와 같이 천의 사자, 상제의 부하로서의 종교적인 역할도 하였으나, 기본적인 성격은 정치적인 의미를 갖고 있었다. 그러므로 성스러운 새인 봉황은 일찍부터 상서로운 존재로 여겨졌다. 일찍이 공자는 "봉황이 날아오지 아니하고, 황하에서도 도화(圖畵)가 나타나지 않으니 나의 일생은 이것으로 끝나는구나!"[191]라고 한탄한 적이 있다. 이 부분에 대해 북송대 사람인 형병(邢昺)은 성인이 천명을 받으면 봉황이 날아오고 황하에서 도(圖)가 출현하게 되므로, 봉황의 출현은 곧 성왕(聖王)이 도래했음을 만천하에 알려주는 상서라고 해석했다.[192] 상서설의 구체적인 내용을 보면 군주가 정통을 이어받아 음양이 조화를 이루고, 만물의 질서가 잡히면 상서로운 징조가 나타나게 되는데 그 징조로 봉황이 비상하고 난조(鸞鳥)가 춤을 추게 된다는 것이다.[193] 상서란 천명을 미리 보여 주는 경사스런 전조라고 생각했던 것이다. 이러한 상서설에 관한 기록이 『위서(緯書)』에 많이 수록되어 있다. 『위서』는 음양오행설로 유교의 경전을 신비롭게 해석한 책으로 한대에 유행했다.[194] 후한 말기에 출현한 도교는 『위서』의 내용을 상당부분 수용하였다. 그러므로 도교경전에도 천명을 상징하는 상서에 관한 기록이 자주 보인다.

남조 송대 도사가 저술한 『삼천내해경(三天內解經)』[195]에는 후한 광무제가 감로 · 봉황 · 삼족오 · 구미호 등 상서로운 징조가 나타나 천하를 얻었고, 남조의 송나라도 구미호 · 감로 · 삼각우(三角牛) 등의 상서가 있어 천명을 얻었다고 하였다. 남조 양 무제 역시 건강현에 봉황이 나타났다는 보고를 받

191) 『論語』 子罕篇, "子曰, 鳳鳥不至, 河不出圖, 吾已矣夫."

192) 邢昺, 『論語正義』, 13經注疏本.

193) 陳立撰, 『白虎通疏證』 卷6 封禪의 符瑞之應, 中華書局, 1994, 283~288쪽.

194) 安居香山, 『緯書と中國 神秘思想』, 平河出版社, 1988, 10~16쪽.

195) 任繼愈 主編, 『道藏提要』, 中國社會科學出版社, 1991, 950~951쪽.

고, 이어서 감로·모귀(毛龜) 등의 상서가 보였다는 소식을 듣고 즉위하였다.[196] 봉황 같은 상서는 바로 왕권을 신성시하고 정당화하는 데 필요한 것이었다. 양 무제에게 영향을 크게 미친 인물은 바로 도사 도홍경이다. 양 무제는 국가에 길흉이나 전쟁 등 큰 일이 있을 때마다 도홍경에게 자문을 구했으므로 당시 사람들은 그를 산중재상이라고 불렀을 만큼 양 무제에게 영향력을 미쳤다.[197]

이처럼 중국에서 봉황은 선계로 인도하는 안내자의 역할을 하는 동물이자, 상서의 상징으로 성왕(聖王)이 출현할 천명의 전조라고 보았다. 비록 한국 고대의 문헌기록에 봉황이 등장하지 않지만[198] 백제의 유물에는 봉황문양이 자주 등장한다. 백제금동대향로의 뚜껑 정상에서 웅비의 날갯짓을 하고 있는 봉황은 성왕(聖王)의 출현과 태평성대를 꿈꾸었던 백제인의 정신은 물론 도교적 이상세계를 상징적으로 표현한 것으로 보인다.

2. 산경문전(山景文塼)

백제금동대향로에 나타난 신선사상의 모티브는 백제 와전(瓦塼) 예술의 최고 걸작인 부여 외리 출토 산경문전에도 보인다. 일제강점기인 1937년에 출토된 부여 외리 문양전은 연화문전(蓮花文塼), 와운문전(渦雲文塼), 봉황문전(鳳凰文塼), 반룡문전(蟠龍文塼), 봉황산경문전(鳳凰山景文塼), 인물산경문전(人物山景文塼), 연좌귀형문전(蓮座鬼形文塼), 암좌귀형문전(岩座鬼形文塼) 8개가 있다. 문양전은 두께가 4cm, 각 변의 길이가 28~29.8cm의 방형인데, 각 변의 길이는 당척(唐尺)의 1자에 상당하는 크기이다. 당척은 7세기 전반경에 수용되었으므로 문양전도 7세기 전반기인 무왕대(600~640)에 만들어졌을 것으로

---

196) 『梁書』 卷1, 武帝 上.

197) 『南史』 卷76 隱逸列傳下.

198) 李熙德, 「삼국시대의 瑞祥說」, 『韓國古代自然觀과 王道政治』, 혜안, 1999, 199~227쪽.

〈도판 14〉 봉황산경문전(좌), 인물산경문전(우)

보인다.

1982년 부여의 부소산 자락에 위치한 쌍북리 가마터에서도 외리에서 나왔던 와운문전의 파편 한 점이 출토되었다. 따라서 외리 문양전은 부여 쌍북리 가마터에서 제작하였을 것으로 보인다. 부여 쌍북리 가마터에서 제작된 문양전은 왕흥사 건축에도 사용되었을 것으로 추정된다. 백제가 멸망한 후 왕흥사가 폐허가 되자 왕흥사의 문양전은 부여 외리로 옮겨져 다른 건축물에 사용된 것으로 추정된다.[199] 문양전을 보면 네 모서리에 사각형의 홈이 파져 있다. 이 사각형의 홈은 문양전을 상하좌우로 서로 연결하도록 하는 데 사용되었을 것이다. 이런 점을 감안하면 이 문양전들은 바닥에 까는 데 사용하는 부전(敷塼)이 아니라 벽면을 장식하는 벽전(壁塼)이었을 가능성이 높다.[200]

199) 이내옥, 「백제 문양전 연구 -부여외리 출토품을 중심으로」, 『백제미의 발견』, 열화당, 2015, 144쪽.

200) 김성구, 「백제의 와전」, 『백제의 조각과 미술』, 공주대학교 박물관·충청남도, 1991,

문양전의 도상을 보면 크게 두 가지 양식으로 나눌 수 있는데 하나는 사각형에 원형의 연주(聯珠) 무늬 테두리를 두르고 그 안에 연꽃 · 구름 · 봉황 · 용을 표현한 것과 또 하나는 원형의 연주무늬 테두리가 없이 사각형에 도상을 표현한 봉황산경문전, 인물산경문전, 연좌귀형문전, 암좌귀형문전이다. 이러한 표현은 천상세계는 원형으로 상징하고 지상세계는 사각형으로 상징하는 천원지방(天圓地方)의 사상체계를 나타낸 것으로 보기도 한다.[201] 이 중에 봉황산경문전에는 상하 이등분하여 위쪽에는 봉황과 구름이, 아래쪽에는 산이 배치되어 있는데, 중앙의 산 위에 봉황이 자리하고 있다. 인물산경문전은 중첩된 산들 사이에 누각과 인물이 표현되어 있다.[202] 이와 같은 풍경은 신선세계를 묘사한 것으로 이해된다. 봉황산경문전은 신선세계와 거기에 서식하고 있는 봉황을 배치하여 더욱 신비감을 강조하고 있다.[203]

3. 사신도(四神圖)

무령왕릉 바로 옆에 위치한 공주 송산리 6호분은 전축분인데, 그 벽에는 진흙을 발라서 만든 바탕 위에 흰색의 물감을 사용해서 그린 단색의 사신도가 그려져 있다. 중국 고대 고분 벽화의 사신도(四神圖)를 살펴보면 대개 승선(昇仙)과 관련된 그림이 있다. 송산리 6호분의 벽화에는 사신도 이외에 다른 그림은 보이지 않는데, 이 사신도는 중국 남조 제나라의 왕릉에서 발

337~338쪽.

201) 이내옥, 앞의 논문, 2015, 156~162쪽.

202) 이 인물을 승려로 보는 연구는 김성구, 「백제의 기와와 전돌」, 『백제의 미술』, 충청남도역사문화연구원, 2007, 401쪽을 들 수 있고, 도인으로 보는 연구는 이내옥, 앞의 논문, 2015, 161쪽을 들 수 있다.

203) 尹武炳, 「百濟美術에 나타난 道敎的 要素」, 『百濟의 宗敎와 思想』, 現代社會問題硏究所, 1994, 243~245쪽.

견된 승선도(昇仙圖)의 영향을 받은 것으로 보인다. 그리고 부여 능산리 왕릉 묘역에 있는 1호분(동하총)에서도 사신도가 그려져 있는데 이 사신도는 고구려 벽화의 영향을 받은 것으로 여겨진다.[204] 이와 같은 사신도에 그려진 승선도(昇仙圖)는 바로 도교문화의 핵심인 신선사상을 투영한 것으로 보인다.

제4장 백제 의약과 도교문화

2010년에 부여 쌍북리 사비 119안전센터 신축 부지를 발굴하면서 수습한 목간 가운데 '오(옥)□십근(五(玉)口十斤)이 묵서된 목간이 공개되면서 선약(仙藥)의 일종인 오석산(五石散)이 크게 주목을 받았다. 1999년부터 2000년까지 한신대학교 박물관에서 발굴한 풍납토성 경당지구 9호 제사유구에서는 본초학과 관련된 약물로 다량의 운모(雲母)와 5개 이상의 매실이 출토되었다. 운모는 본초학에서 상약으로 취급된 선약이기도 하다. 그러므로 이 장에서는 백제의 의약과 도교문화의 밀접한 관련성을 고찰하고자 한다. 먼저 백제의 의료 기구를 살펴보고, 다음으로 백제의 본초학을 통해 백제 도교문화를 확인해 보고자 한다.

제1절 백제의 의료기관-약부(藥部)

백제의 관사조직은 내관 12부 · 외관 10부의 22부사로 되어 있다. 이들 가운데 의약과 관련된 관사조직으로는 내관 12부 가운데 무령왕대 후반이나 성왕대 초반에 설치되었을 것으로 추정되는 약부가 있다.[205] 약부에 소

204) 尹武炳, 앞의 논문, 1994, 225~230쪽.

205) 정동준, 「백제 22부사체제의 성립과정과 그 기반」, 『한국고대사연구』 54, 2009, 279~280쪽. 그동안 백제 의약에 관한 연구는 문헌에 기록된 백제의 약부, 약부에 소속된 의박사와 채약사의 활동 그리고 『의심방』에 기재되어 있는 「백제신집방」의 소개

속된 관료로는 의박사(醫博士)·채약사(採藥師)가 있었다는 사실은 『일본서기』의 기록을 통해 알 수 있다. 『일본서기』를 보면 백제 성왕 31년(553) 6월 왜에서 사신을 백제에 파견하여 여러 종류의 약재를 구하자, 이듬해인 554년 2월에 백제에서 의박사 나솔(奈率) 왕유능타(王有凌陀)와 채약사 시덕(施德) 반량풍(潘量豊)·고덕(固德) 정유타(丁有陀)를 파견했다고 하였다.[206] 의박사와 채약사의 역할은 중국의 제도에서 확인할 수 있다. 수당대의 의박사는 태의서 소속으로 학생들에게 의술을 가르치고 본초(本草)와 갑을맥경(甲乙脈經)을 익히게 하였다.[207] 수당의 제도를 보면 중앙에는 약원사(藥園師)가 있고, 채약사는 약을 중앙에 바치도록 부과된 주(州)에 설치되었다.[208] 계절에 맞게 약초를 심고 거두어들이는 역할을 하였던 약원사는 기본적으로 본초학을 공부하여 약물의 성질과 형태에 해박한 지식이 있었다.[209] 약원사가 본초학에 밝았던 점으로 보아 채약사도 역시 본초학에 밝았을 것이다. 이러한 수당대의 의약 관련 제도로 보아 백제의 의박사는 의학지식을 전수하고, 채약

가 주된 내용이었다.
三木榮, 『朝鮮醫學史及疾病史』, 自家出版, 1963.
金斗鍾, 『韓國醫學史』, 探求堂, 1993.
나의 논문, 「고대인의 질병관과 의료」, 『백제의 종교와 사회』, 서경, 2001, 101~138쪽.
이현숙, 「백제의학과 복서」, 『백제의 사회경제와 과학기술』, 충청남도역사문화연구원, 2007, 434~455쪽.
그러나 노중국, 「의·약 기술의 발전과 의료활동」, 『백제사회사상사』, 지식산업사, 2010, 321~351쪽은 사찰의 구제활동에 주목하였다.

206) 『日本書紀』 卷19 欽明天皇 15年 2月, "百濟 ... ... 貢醫博士奈率王有凌陀·採藥師施德潘量豐·固德丁有陀."

207) 陳仲夫 點校, 『唐六典』, 中華書局, 2005, 410쪽, 太醫署條.

208) 『新唐書』 百官志 太醫署.

209) 陳仲夫 點校, 『唐六典』, 中華書局, 2005, 409쪽, 太醫署.
程錦, 「唐醫疾令復原研究」, 『天一閣藏明.本天聖令交證 附 唐令復原研究』, 天一閣博物館·中國社會科學院歷史研究所天聖令整理課題組 校證, 中華書局, 2006, 579쪽.

사는 약재를 심고 거두어들이는 역할을 하였을 것으로 보인다. 백제 약부에는 의박사 · 채약사 외에 주금박사(呪禁博士)도 있었을 것이다. 이는 백제 멸망 후 일본에 망명한 백제 유민 중에 주금술(呪禁術)에 능통했던 주금박사가 일본의 관료조직에 흡수되었다는 점으로 확인할 수 있다. 이들 백제계 주금박사들은 일본 고대의 의학 발전에 크게 기여했다. 이 부분은 제5장 일본에 전파된 백제의 도교문화에서 상론하고자 한다.

백제 의약과 관련된 구체적인 기록을 확인할 수 있는 목간 1점이 2002년 부여 능산리 절터 8차 발굴조사에서 발굴되었다. 지약아식미기(支藥兒食米記)로 시작하는 이 목간의 내용으로 보아 약부에는 약아(藥兒)도 소속되었을 것이다.[210] 발굴된 지약아식미기(支藥兒食米記) 목간은 백제의 의약과 관련된 것으로 주목을 받았다. 이 목간의 발굴지점은 능사 서쪽에 있는 수로 내부의 퇴적층이었는데, 이 수로는 능산리 절터보다 선행하는 유구임이 확인되었다.[211] 서쪽 수로 퇴적층의 토층을 보면 지약아식미기 목간이 있었던 퇴적층은 서쪽의 수로를 메우는 과정에서 형성된 것이다. 목간이 발굴된 퇴적층의 아래에는 사찰의 가람 중심부인 금당지의 기와들이 쌓여 있었다. 이러한 점으로 보면 지약아식미기 목간은 능산리 사찰의 가람 중심부인 금당지의 완공이나 보수 시점과 관련이

〈도판 15〉 지약아식미기 목간[212]

---

210) 이용현, 「목간」, 『백제의 생활과 문화』, 충청남도역사문화연구원, 2007, 287쪽.

211) 국립부여박물관, 『陵寺-2007 부여 능산리사지 6~8차 발굴조사보고서』, 2007, 269 · 325쪽.

212) 「지약아식미기 목간」, 백제능산리 사지 길이 44cm, 국립부여박물관. 『한국의 도교문화』, 국립중앙박물관, 2013, 101쪽.

있고, 목간이 폐기된 시기는 6세기 후반 이후라고 추정할 수 있다.[213] 서쪽 수로에 대한 더욱 상세한 연구가 필요하지만 지금까지의 지약아식미기 목간의 고고학적 발굴 맥락으로 보면 이 목간은 능산리 사찰과 밀접한 관련이 있다.

지약아식미기 목간의 4면의 기록을 면밀히 검토해 보자. '지약아식미기(支藥兒食米記)'라는 기록이 있는 부분을 제1면으로 보고 나머지 3면의 기록을 차례대로 보면 다음과 같다.

> (1면) 支藥兒食米記 初日食四斗 二日食米四斗小升一 三日食米四
> (2면) 五日食米三斗大升一 六日食三斗大二 七日食三斗大升二 八日食米四斗大
> (3면) 食道使ㅁㅁ次如逢 猪耳其身者如黑也道使後 彈耶方牟氏 牟祋 祋耶
> (4면) 又十二石又十二石又十二石十二石又十二石又十二石又十二石[214]

이 목간의 제3면을 자세히 살피면 3면의 식(食)자 다음 도사(道使)에 관한 부분은 기존의 목간을 깎아 내고 적은 내용이다. 그러므로 제3면은 지약아식미기와는 내용이 다른 장부였을 것이다.[215] 4면은 동일한 글자를 반복 연습한 것이다. 그러므로 지약아식미기 목간에서 1면과 2면이 서로 연결되는 내용으로 보인다.

지약아식미기의 내용에 대해서는 다양한 견해가 제기되었다.

첫째, 고대 일본의 『연희식(延喜式)』에 보이는 상약소아(嘗藥小兒)의 예를 들어 해석한 것이다. 고대 일본에서 접미어로 아(兒)가 붙는 경우 국가의 여러 잡무를 수행했던 최말단의 사역인(使役人)을 지칭했으므로 지약아(支藥兒)가

---

213) 이병호, 「부여 능산리 출토 목간의 성격」, 『목간과 문자』 창간호, 2008, 69~76쪽.

214) 국립부여박물관, 『陵寺-2007 부여 능산리사지 6~8차 발굴조사보고서』, 2007, 321쪽. 이병호, 앞의 논문, 2008, 78쪽.

215) 이병호, 앞의 논문, 2008, 78~79쪽.

‘약재를 지급하는 일을 담당했던 사역인’이라고 추정하였다.[216]

둘째, 지약아(支藥兒)를 건물이나 시설 명칭으로 보는 견해이다. 지약아식미기를 ‘지약아(支藥兒)(에서)의 식미(食米) 관련 기록부’로 보고 능산리 사지의 약(藥)과 관련된 어떤 건물이나 시설을 가리킨다고 본 것이다. 이 견해는 지약아식미기 목간과 능산리 사지의 관련성을 중시한 점이 특징이다.[217]

셋째, 지약아식미기를 ‘약아의 식미를 지급한 기(記)’ 혹은 ‘약아를 부지(扶支)하는 식미의 기(記)’로 풀이한 것이다. 약아를 ‘약의 조제와 처방 및 약재 등 약 관련 업무 종사 실무자’로 본 견해이다. 그리고 이를 방증하기 위해 당나라의 상약국(尙藥局)의 약동(藥童)이 주약 혹은 전약의 보좌역으로 의약의 조제와 처방, 약재관리를 담당하였던 실무자였음을 예로 들었다. 또 한국 고대에서는 아(兒)가 선호되었는데 아(兒)는 동(童)과 통한다고 보았다.[218]

고대 동북아 각국의 의약관련 관료기구의 구성원들을 살펴볼 때 필자는 세 번째 견해가 비교적 타당하다고 생각한다. 고대 한국에는 직접적으로 약아와 관련된 사료가 없으므로 중국과 일본의 사료에서 그 용례를 찾아보자. 수당대 의약 관련 관료조직으로는 전중성(殿中省)에 소속된 상약국(尙藥局)과 태상시(太常寺)에 소속된 태의서(太醫署)가 있다. 상약국의 관리로 약동(藥童) 30인이 있었는데 그들은 약의 조제를 맡았다.[219] 중국의 율령을 수

---

216) 윤선태, 『목간이 들려주는 백제 이야기』, 주류성, 2007, 136쪽.

217) 이병호, 앞의 논문, 2008, 80~81쪽.

218) 이용현, 「목간」, 『백제의 생활과 문화』, 충청남도역사문화연구원, 2007, 276~277쪽. 노중국도 이용현의 견해에 찬동하며 지약아식미기가 문장으로 해석되는 경우 동사인 支가 필요한데 이때의 지는 ‘지급하다, 지출하다, 유지하다’로 해석되므로 지약아식미기를 ‘약아에게 식미를 지급한 내용을 기록한 장부’의 성격을 가진 것으로 파악하였다. 노중국, 앞의 논문, 2010, 343~344쪽.

219) 陳仲夫 點校, 『唐六典』卷11 殿中省, 尙藥局, 324~325쪽과 卷14 太常寺 太醫署. 408~411쪽. 『舊唐書』와 『新唐書』 百官志 太醫署를 보면 태의 소속에도 藥童이 있으나 일본의 전약료에는 藥童에 관한 기록이 보이지 않는다.

용하여 관료체제를 정비한 고대 일본에서도 의약 관련 관료조직이 중무성(中務省) 소속의 내약사(內藥司)와 궁내성(宮內省) 소속의 전약료(典藥寮)로 나뉘어 있었다. 내약사 소속의 약생(藥生)은 약을 찧거나 체질하는 임무를 맡았다.[220] 약생이 담당했던 일을 보면 수당의 약동과 같은 역할을 했음을 알 수 있다. 이런 점에서 보면 백제의 약아도 수당의 약동이나 고대 일본의 약생과 같은 역할을 하였을 것으로 보인다.

그렇다면 능산리 절터의 유적에서 왜 약아에 관한 목간이 발굴되었을까? 이 문제는 약아에게 식미를 지급한 주체가 누구냐는 문제와 연결된다. 지약아식미기 목간이 능사(陵寺)와 관련된 목간이므로 능사와 연결시켜 생각하는 것이 보다 타당하다. 능사는 위덕왕이 관산성에서 비명횡사한 부왕인 성왕의 명복을 빌기 위해 세운 사찰로 사찰의 운영과 관리는 국가의 어떤 기관이 담당했을 것이고,[221] 약부소속인 약아는 그곳에서 식미를 지급받았을 것이다. 그렇다면 약부소속의 약아는 왜 능사에 있었을까? 당 의질령에 보면 병이 있는 곳에 의사를 파견하도록 되어 있다. 특히 5백 명 이상이 행군하거나 노역을 하는 곳에는 태상이 의사 1명을 공급하고, 5천 명 이상에는 2명을 공급한다는 규정이 있다.[222] 중국이나 일본의 경우로 미루어 보아 약의 성질을 잘 알고 있는 약아가 능사에 파견되어 능사에서 사역하는 사람들의 치료를 담당했을 것으로 보인다.

제2절 백제 본초학의 특징

1999년부터 2000년까지 한신대학교 박물관에서 발굴한 풍납토성 경당

220) 井上光貞 外 校註, 『律令』, 岩波書店, 1978, 內藥司, 165쪽, 『律令』 典藥寮, 180쪽.

221) 노중국, 앞의 논문, 2010, 344~346쪽.

222) 程錦, 「唐醫疾令復原研究」, 『天一閣藏明.本天聖令交證 附 唐令復原研究』, 天一閣博物館·中國社會科學院歷史研究所天聖令整理課題組 校證, 中華書局, 2006, 578~579쪽.

지구 9호 제사유구에서 여러 개의 운모 조각과 매실이 출토되었다.[223] 운모와 매실은 본초학의 고전인 『신농본초경』에 수록된 약재이다. 본초학을 통해 매실과 운모의 효능에 대해 자세히 살펴보면 풍납토성에서 발굴된 이 유물들의 의미를 파악할 수 있다.[224] 중국 본초학의 고전인 『신농본초경』을 보면 365종의 약을 약효에 따라서 하약(下藥) 125종 · 중약(中藥) 120종 · 상약(上藥) 120종으로 구분하였다. 하약(下藥)은 독이 많아 오래 복용할 수 없으나 한열(寒熱)과 사기(邪氣)를 제거하여 병을 치유하는 효능이 있는 약이다. 중약(中藥)은 독이 있는 것도 있고 독이 없는 것도 있는데 적당하게 참작해서 복용하면 병을 막고 허(虛)한 것을 보(補)하는 효과가 있는 약이다. 상약(上藥)은 독이 없어 오래도록 많이 복용해도 사람에게 해가 없고 몸을 가볍게 하며 기를 돋우어 늙지 않고 수명을 연장시키는 약이라고 하였다.[225] 약효에 따른 『신농본초경』의 3가지 분류는 치료 → 양생(養生) → 신선에 이르는 단계이다. 이 과정은 도교에서 신선을 추구하는 3단계와 일치한다. 구체적인 실행의 첫 번째 단계인 치료에서는 몸에 있는 기의 손실을 보충하고 지나침을 조화롭게 하여 건강상태를 유지한다. 두 번째 단계인 양생에서는 각종 도인(導引)과 호흡법, 그리고 특별한 식사법으로 인간이 본래 타고난 원기(元氣)를 강하게 한다. 세 번째 단계는 몸을 우주의 순수한 원기로 바꾸어서 궁극적으로 영원한 생명을 얻는 것 즉 신선이 되는 것이다.[226]

---

223) 권오영 외, 『풍납토성 Ⅳ -경당지구 9호 유구에 대한 발굴보고』, 한신대학교 박물관, 2004, 271 · 321쪽.
金昌錫, 「한성기 백제의 국가제사 체계와 변화양상 -풍납토성 경당지구 44호, 9호 유구의 성격 검토를 중심으로」, 『서울학연구』 22, 2004, 12~13쪽.

224) 나의 논문, 「한성 백제시대의 도교문화」, 『향토서울』 제65호, 2005, 89~108쪽.

225) 曹元宇 輯注, 『本草經』, 上海科學技術出版社, 서록, 1987.

226) Kohn, Livia, Daoism and Chinese Culture, Three Pines Press, Magdalena, New Mexico, 2001, p.53.

『신농본초경』에서 보면 매실은 열을 없애고 마음을 편안하게 하는 약효가 있는 중약에 속한다.[227] 그리고 운모는 오래 복용하면 몸을 가볍게 하여 생명을 연장시킬 수 있는 상약에 속한다.[228] 갈홍(28~363)은 『포박자내편』에서 선약(仙藥)의 으뜸으로 단사를 들었고 이어서 황금 · 백은 · 제지(諸芝) · 오옥(五玉) · 운모 · 명주(明珠) · 웅황(雄黃) 등을 열거하였다. 갈홍은 운모의 효능을 구체적으로 다음과 같이 언급하였다. 1년을 복용하면 백 가지 병을 없애고, 3년 동안 장복하면 노인이 어린아이로 변하며, 5년 동안 끊지 않고 복용하면 귀신을 부리고 불에 들어가도 타지 않고 물에 들어가도 젖지 않으며, 가시를 밟아도 피부에 상처가 없으며 선인과 만나게 된다고 하였다.[229] 운모는 불에 넣어도 타지 않고 땅에 묻어도 부패하지 않는 성질을 지녔기 때문에 운모를 복용하면 장생할 수 있다고 믿었던 것이다. 운모와 관련된 대표적인 신선으로 팽조(彭祖)를 들 수 있다. 갈홍의 『신선전』에 보면 팽조는 은(殷)의 말기에 이미 767세였지만 조금도 노쇠하지 않았는데 그 까닭은 양생을 생활로 하면서 운모분(雲母粉)을 복용하였기 때문이라고 했다.[230] 팽조의 이야기는 신선술의 하나인 복이(服餌)에서 운모의 중요성을 상징적으로 보여 주는 예이다. 이와 같은 운모가 풍납토성 경당지구 제9호 제사유구에서 다량으로 출토되었다는 점은 한성시대 백제인들이 운모의 효능을 이미 알았고 애용하였음을 의미한다. 즉 한성시대 백제인들은 도교문화와 밀접한 관련이 있는 본초학에도 상당한 지식을 갖고 있었던 것이다.

이처럼 본초학의 내용 중에는 신선추구와 밀접한 연관이 있고, 또 본초

---

227) 曹元宇 輯注, 앞의 책, 1987, 327쪽.

228) 曹元宇 輯注, 앞의 책, 1987, 29쪽, "雲母, 味甘平, …… 輕身延年."

229) 王明, 『抱朴子內篇校釋』(中華書局, 1996), 卷11 仙藥, "服之一年, 則百病除, 三年久服, 老公反成童子, 五年不闕, 可役使鬼神, 入火不燒, 入水不濡, 踐棘而不傷膚, 與仙人相見."

230) 坂出祥伸, 「彭祖傳說と彭祖經」, 『道教と養生思想』, ぺりかん社, 1992, 23~44쪽.

학에 조예가 깊었던 인물 중에는 도사(道士)들이 많다. 중국 남조의 유명한 도사 도홍경(456~536)은 『신농본초경』에 새로운 약을 추가하여 『본초경집주(本草經集注)』를 편찬하였다. 도홍경은 이 책에서 백제 인삼의 모양과 약효에 대해 비교적 자세히 언급하였다. 인삼은 『신농본초경』에서 상약으로 분류된 약재이다. 도홍경은 고구려에서 고구려산과 백제산 2종류의 인삼을 조공하는데 백제산이 고구려산 인삼보다 더 우수하며 고구려에서 백제산 인삼을 조공한 것은 백제가 고구려에 신속(臣屬)하고 있기 때문이라고 하였다.[231) 백제가 고구려에 신속하고 있다고 한 것으로 보아 도홍경이 백제의 인삼을 본 시점은 고구려의 남하로 백제가 수도인 한성을 빼앗기고 웅진으로 천도한 5세기 후반일 것이다. 백제는 근초고왕 27년(372)에 동진에 사신을 보내면서 이미 중국과 외교관계를 맺었고, 그 후 중국 남조 여러 나라와도 외교관계를 맺었는데, 인삼은 남조 여러 나라에 바친 백제의 주요 조공품 중 하나였던 것으로 보인다. 풍납토성에서 출토된 운모와 매실 그리고 남조의 도사 도홍경이 백제 인삼에 대해 평한 기록으로 볼 때 백제는 늦어도 6세기 이전에 이미 본초학에 대한 상당한 지식을 가지고 있었다고 생각한다.

백제에 자체적인 의약서나 의약처방집이 있었던 것은 일본에서 10세기 후반에 편찬된 의서인 『의심방(醫心方)』에서 확인할 수 있다. 이 책에는 방대한 양의 중국 의약서 처방전 물론 백제 의약서의 처방전도 실려 있다. 그 내용을 보면 다음과 같다.

(1) 『백제신집방』 치폐옹방, 황기 한 냥을 3승의 물로 달여 1승의 약물이 되면 두 번에 나누어 복용한다. 갈씨방과 같다.[232)]

231) 陶弘景 編, 尙志鈞·尙元勝 輯校, 『本草經集注』, 人民衛生出版社, 1994, 207쪽, "(人參)乃重百濟者, 形細而見白, 氣味薄於上黨, 次用高麗, 高麗卽是遼東, 形大而虛軟, 不及百濟, 百濟今臣屬高麗, 高麗所獻, 兼有兩種."

232) 丹波康賴, 『醫心方』, 人民衛生出版社, 1993, 351쪽, 卷15 治肺癰方 第13, "百濟新

(2)『백제신집방』치정종독기이입심욕곤사방(치정종방), 국화 잎과 줄기를 찧은 후에 3승의 즙을 취하여 한 번에 복용한다.233)

『백제신집방』은 백제에서 새롭게 집성된 의약처방집이란 의미이다.『백제신집방』가운데도 치폐옹방(治肺癰方)은 갈씨방과 같다고 했는데 갈씨방은 갈홍의『주후방』의 약자이다.『경사증류본초(經史證類本草)』의 국화(菊花)조에 보면『주후방』을 인용하여 "종기를 치료할 때 국화잎 한 줌을 찧어서 짜낸 즙을 내어 한 되를 마시면 즉시 낫는다"고 한 것을 보면 치정종방(治丁腫方)도『주후방』에 의거하였을 것으로 보인다.234) 백제의 의약전문가들이 갈홍의『주후방』을 참고하여 백제에 적합한 새로운 처방전을 지은 것으로 보인다. 따라서 백제의 의약전문가들은 갈홍의『주후방』의 내용을 숙지하고 있었을 것이다. 갈홍의『주후방(肘後方)』은『주후비급방(肘後備急方)』,『주후구졸방(肘後救卒方)』또는『갈선옹주후비급방(葛仙翁肘後備急方)』으로도 불린다. 갈홍이『주후방』의 서문에서 이 책을 지은 목적은 위급한 질병으로부터 벗어날 수 있는 간편한 방법을 제공하는 데 있음을 밝히고 있다. 그러므로 책 내용에는 쉽게 구할 수 있는 약재를 활용한 처방이 많고, 뜸을 사용하는 방법은 나와 있으나 침을 이용한 치료법에 대한 소개는 없다.235)

또 하나 백제 의약과 관련하여 주목할 만한 것은 부여 쌍북리에서 출토

集方 治肺癰方, 黃耆一兩 以水三升 煮取一升 分二服. 葛氏方同之."

233) 丹波康賴, 앞의 책, 1993, 355쪽, 卷16, 治丁創方 第1, "百濟新集方 治丁腫毒氣已入心欲困死方, 取菊葉合莖搗絞取 汁三升頓服之."

234) 金斗鍾, 앞의 책, 1993, 48~49쪽.

235) 葛洪,『肘後備急方』(道光瓶花書屋叢書本), "丹陽葛稚川, 夷考古今醫家之說, 驗其方簡要易得, 針灸分寸易曉, 必可以救人於死者, 爲肘後備急方... 餘今採其要約以爲 肘後救卒 三卷, 率多易得之藥, 其不獲已須買之者, 亦皆賤價, 草石所在皆有, 兼之以灸, 灸但言其分寸, 不名孔穴. 凡人覽之, 可了其所用, 或不出乎垣籬之內, 顧眄可具."

된 목간이다. 동방문화재연구원에서는 부여 쌍북리 사비 119안전센터 신축 부지를 발굴하면서 수습한 목간 가운데 '五(玉)石□十斤'이 묵서된 목간을 2010년 4월 9일에 공개하였다.[236] 이 목간의 글씨가 오석(五石)인지 옥석(玉石)인지 분명하지 않으나 오석으로 판독한 서예전공자도 있다. 오석이라고 해도 오석 다음의 글씨가 박리되어서 오석의 의미가 분명치 않다. 그러나 뒤에 근이란 무게를 재는 단위가 있는 점으로 보아 무게와 관련이 있는 물질을 적은 것은 분명하다. 각종 언론매체에서는 선약의 일종인 오석산(五石散)이라고 크게 보도하였다.[237] 그 후 동방문화재연구원에서는 『부여 사비119 안전센터 신축부지내 쌍북리 173-8번지 유적』 발굴보고서를 간행하였는데, 五石□十斤(오석□10근)의 묵서명의 오석은 오석산이라고 해독하고, 이 목간은 오석□10근에 달린 꼬리표라고 하였다. 이런 점으로 볼 때 사비도성에서 오석산이 사용되었음을 알 수 있다.[238]

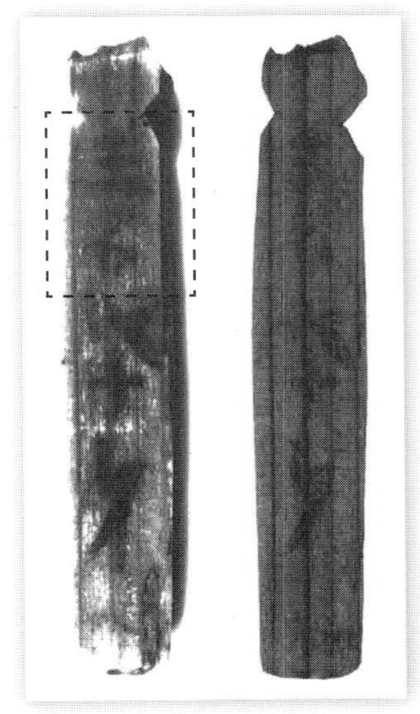
〈도판 16〉 오석명목간[239]

236) 동방문화재연구원, 『부여 사비 119안전센터 신축부지 내 유적발굴조사 지도위원회 자료집』, 2010.4.

237) 연합뉴스 2010년 4월 13일 김태식 기자, 「백제시대 마약조달문서 발견」; 대전일보 2010년 4월 14일 김효숙 기자, 「백제시대에도 마약을」.

238) 동방문화재연구원, 『부여 사비119 안전센터 신축부지내 쌍북리 173-8번지 유적』, 2013, 70쪽.

239) 「오석명목간」, 백제 부여 쌍북리, 길이 9.9cm, 국립부여박물관.
『한국의 도교문화』, 국립중앙박물관, 2013, 101쪽.

오석산은 다섯 가지의 광물질로 만들어졌기 때문에 오석산, 석약(石藥) 또는 한식산(寒食散)이라고도 불렸다. 그러나 오석산과 한식산을 굳이 구별하고자 한다면 한식산이 오석산보다 먼저 사용되었던 명칭이라거나, 또는 오석산은 한식산의 일종이고 한식산은 석약 종류를 총칭하는 것이라고 한다.[240] 갈홍의 『포박자내편』을 보면 오석은 단사(丹砂)·웅황(雄黃)·백반(白礬)·증청(曾靑)·자석(慈石)인데,[241] 이를 오석산이라고도 한다.[242] 수 양제 때 태의박사였던 소원방(巢元方)이 의료경험을 집대성한 의서 『제병원후론(諸病源候論)』에는 한식산의 주요 약재로 종유(鍾乳)·유황(硫黃)·백석영(白石英)·자석영(紫石英)·적석지(赤石脂)를 들고 있다.[243] 후한시대에 만들어지기 시작한 오석산이 위진남북조시대부터 수당시대까지 크게 유행했는데 그 까닭은 신선술의 추구에서 찾을 수 있다.[244] 위진남북조와 수당시대인들처럼 백제인들도 오석산을 복용해서 불로장생을 꾀했을 가능성은 다분히 있다. 오석산을 장기 복용하면 심각한 부작용이 발생했다. 『주후방』에 오석산(五石散)·종유산(鐘乳散)·한식산(寒食散)을 복용하여 양생 혹은 장생불사를 꾀하다가 부작용으로 온몸에 갑자기 통증이 발생할 때 복용하는 각종 해독약 처방이 적혀져 있다.[245] 갈홍의 『주후방』의 내용을 숙지했을 것으로 보이는 백제의

240) 김인숙, 「약물복용」, 『중국 중세 사대부와 술·약 그리고 여자』, 서경문화사, 1998, 41~43쪽.

241) 王明, 『抱朴子內篇校釋』, 中華書局, 1996, 卷4 金丹, "五石者, 丹砂·雄黃·白礬·曾靑·慈石也."

242) 김인숙, 앞의 논문, 1998, 42쪽.

243) 丁光迪 主編, 『諸病源候論校注(上)』, 人民衛生出版社, 1992, 卷6 解散病諸候, 1.寒食散發候, 167~169쪽.

244) 김인숙, 앞의 논문, 1998, 41~68쪽.
廖芮茵, 『唐代服食養生研究』, 臺灣 學生書局, 2004.

245) 葛洪, 『肘後備急方』 卷3 治服散卒發動困篤方 第22, "凡服五石護命更生及鐘乳寒食之散, 失將和節度, 皆致發動其病, 無所不爲. 若發起倉卒, 不以漸而至者, 皆是散勢也,

의약전문가들은 오석산과 같은 약을 복용하여 부작용이 발생할 때 처치하는 방법도 알고 있었음에 틀림없다.

이상과 같이 백제 의약 기구와 의약의 내용을 볼 때 백제 의약은 도교의학과 밀접한 관련이 있고 도교문화를 깊이 이해하고 활용했음을 알 수 있다. 선약과 밀접한 관련이 있는 백제 본초학의 특징은 일본에서 활약한 백제계 의약전문가들의 활동에서 더욱 구체적으로 보인다. 백제 의약의 전통을 계승한 백제계 의약전문가들이 일본 조정에서 크게 환영을 받았는데 그 이유가 선약 제조와 관련이 있음을 다음 장에서 살펴보자.

제5장 일본에 전파된 백제의 도교문화

백제계 도왜인은 바다를 건너 일본열도에 이주했거나 백제와 왜 두 나라 사이를 왕래하면서 다양한 교류활동을 펼쳤던 백제인을 말한다. 백제계 도왜인은 특히 6세기와 7세기 대에 유교, 불교 등 각종 선진 문물을 일본에 전해주는 역할을 하여 일본 고대사회 발전에 크게 기여하였다. 백제계 도왜인들이 일본에 전파한 선진 문물 가운데는 도교문화도 물론 포함되어 있었다. 백제 멸망 후 일본으로 이주한 백제 유민들은 일본의 율령국가 성립에 크게 기여하였는데, 그들 가운데는 의술과 주금(呪禁) 등 도교문화로 활약했던 인물들이 많았다. 이들의 활약상에 관한 기록이 『일본서기』와 『속일본기』에 풍부하게 실려 있다. 그러므로 이 기록에 남겨진 백제계 도왜인의 활동을 면밀히 검토해 보면 백제의 도교문화의 구체적인 내용을 복원할 수 있을 뿐만 아니라 일본 고대 도교문화의 특징도 파악할 수 있다.

宜及時救解之."

제1절 백제계 도왜인과 도교문화

도왜인은 바다를 건너 일본열도에 이주한 이주민이란 의미로 사용된 용어이다. 최근에는 한반도에서 기술, 문화, 지식을 갖고 일본열도에 건너갔다가 다시 한반도로 귀환한 사람들과 한반도와 일본열도를 넘나들며 다양하게 교류활동을 펼쳤던 사람들까지도 포괄하고 있다.[246] 고대 일본의 도왜인의 주류는 백제계였다. 9세기 초에 편찬된 기록이지만 『신찬성씨록(新撰姓氏錄)』을 보면 일본 고대 지배층에서 도왜인이 차지하는 비중과 도왜인 중에 백제계가 차지하는 비중을 잘 알 수 있다. 이 기록에 의하면 당시 일본의 중앙지역에 살고 있던 1,059개의 지배층의 씨(氏, うじ)를 수록하고 있는데, 도왜인 계통이 324씨로 전체의 약 30%를 차지한다.[247] 그 가운데 한반도에서 건너간 백제, 고구려, 신라, 임나계를 합하면 모두 162씨인데, 백제계가 103씨로 한반도계 도왜인 가운데 약 64%를 차지한다.

백제와 왜의 외교관계는 4세기 중반에 성립되었다. 한반도 패권을 둘러싸고 고구려와 치열한 접전을 벌이던 백제는 주변국인 신라나 왜와 외교관계를 맺어 고구려에 대한 공동전선을 펼치고자 하였다. 고구려와 전쟁 중인 369년에 백제에서 제조되어 왜에 보내졌던 칠지도는 백제와 왜 양국의 화친을 의미한다. 양국의 화친은 서로 간의 이해관계가 일치한 결과였다. 백제는 왜의 군사적 지원을 원하고 왜는 백제의 선진 문물의 공급을 원했던 것이다.[248] 백제와 왜의 외교관계는 백제가 멸망할 때까지 비교적 장기간

---

246) 김기섭, 「5세기 무렵 백제 도왜인의 활동과 문화전파」, 『왜5왕문제와 한일관계』, 한일관계사연구논집편찬위원회 편, 경인문화사, 2005, 221~223쪽.
田中史生, 『倭國と渡來人-交錯する內と外』, 吉川弘文館, 2005, 13~26쪽.

247) 關晃, 『古代の歸化人』 關晃著作集 第3卷, 吉川弘文館, 1996, 6~7쪽.

248) 吉田 晶, 『七支刀の謎を解く-四世紀後半の百濟と倭』, 新日本出版社, 2001.
Jonathan W. Best, A History of the Early Korean Kingdom of Paekche, Harvard University Asia Center, 2006, pp.64~71.

지속되었다. 특히 6세기부터 백제가 멸망하기 직전인 7세기 중반까지 일본열도에서 백제계 도왜인들의 활약이 더욱 활발해진다. 그중에 우선 주목해 볼 것은 왜에 파견되었던 백제의 의약전문가인 의박사와 채약사의 역할과 이들이 왜에 전해 준 약물이다. 이들의 역할과 이들이 왜에 전달해 준 약물은 백제 도교문화를 이해하는 중요한 실마리가 되기 때문이다.

『일본서기』를 보면 흠명천황 14년(553, 백제 성왕 31년)에 왜에서 백제에 사신을 파견하여 이전에 있던 의박사를 교대하고 각종 약물을 보내 달라고 요청하였다. 이에 백제는 이듬해 2월에 의박사 내솔 왕유릉타와 채약사 시덕 반량풍 · 고덕 정유타를 파견하였다.[249] 흠명천황이 이전의 의박사를 교체하여 새로운 사람을 보내달라고 요청한 것을 보면 흠명천황 이전에 백제의 의박사가 이미 왜에 파견되어 있었음을 알 수 있다. 이때 백제에서 파견된 의박사나 채약사는 약부 소속이었을 것으로 추정된다. 백제에서 중앙의 최고 의료 기구를 약부라고 칭한 것을 보면 본초학을 가장 중시했다는 의미이고 채약사는 본초학의 전문가라고 말할 수 있다.[250] 앞 장에서 살펴보았듯이 풍납토성에서 출토된 운모와 매실 그리고 백제 인삼에 대해 평한 중국 남조 도사 도홍경의 기록으로 보아 백제는 늦어도 6세기 이전에 이미 본초학에 대한 상당한 지식을 가지고 있었다고 생각한다. 백제인은 의약에 통달했다는 『주서』 백제전의 기록으로 볼 때[251] 백제의 의약 수준이 상당히 높았음을 알 수 있다

660년 백제가 멸망하고 백제의 부흥운동도 실패로 끝나자 백제의 왕족과 귀족을 비롯한 대규모 유민이 일본열도로 건너갔다. 일본열도로 건너

249) 『日本書紀』 卷19, 欽明天皇 15年 2月, "貢 … … 醫博士奈率王有凌陀 · 採藥師施德潘量豊 · 固德丁有陀."

250) 나의 논문, 「고대인의 질병관과 의료」, 『백제의 종교와 사회』, 서경, 2001, 103~138쪽.

251) 『周書』 卷49 列傳 第41 異域上 百濟, "亦解醫藥卜筮占相之術."

간 백제 유민의 정확한 숫자는 알 수 없지만 그 규모를 대략 짐작할 수 있다. 『일본서기』를 보면 천지천황 4년(665)에 400여 명, 천지천황 5년(666)에 2,000여 명, 천지천황 8년(669)에 700여 명의 백제 유민을 지방에 안치했다는 기록이 있다.[252] 이 시기 이주한 백제 유민의 숫자만 3,100여 명에 이른다. 천지천황 10년(671)에 왜 정부는 백제 유민들에게 백제에서의 관직을 감안하고 학식과 재능에 따라 왜의 관위를 제수하였다. 백제 달솔(2품) 중에는 병법(4명), 해약(4명), 오경(1명), 음양(1명) 등 그 재능에 따라서 대산하(大山下)나 소산하(小山下)의 관위를 제수받은 백제 귀족도 있다. 이 가운데 2품(달솔) 이상의 백제 고위 관료들이 50여 명이나 포함되어 있다.[253] 당시 왜국에서는 병법 · 해약(解藥) · 오경 · 음양 등의 전문지식에 정통한 인물을 필요로 했던 것이다. 그 중에서도 의약 전문지식인 해약으로 왜의 조정에서 중용된 인물들의 면면을 살펴보자.

해약(解藥)으로 대산하에 제수된 백제 달솔 본일비자찬파라금라금수(炑日比子贊波羅金羅金須) · 귀실집신(鬼室集信)과 소산하에 제수된 백제 달솔 덕정상(德頂上) · 길대상(吉大尙)이 있다.[254] 왜에서는 이들을 중용하면서 외약료(外藥寮)라는 기구가 등장하기 시작하였다. 천무천황 4년(675) 정월에 대학료(大學寮)와 음양료(陰陽寮) 그리고 외약료에서 약과 진이한 물건들을 바쳤다는 기록이 보인다.[255] 이 기록으로 미루어 볼 때 일본 조정에서는 외약료라는 새로운 기구를 창설하여 백제 유민 출신의 의약분야 전문가들을 이곳에 소속시켰던 것 같다. 흥미로운 점은 천무천황 4년 외약료의 성립과 동시에 각지에서

252) 『日本書紀』 卷27 天智天皇 4年 2月, 5年 10月, 8年 12月.

253) 『日本書紀』 卷27 天智天皇 10年 正月.

254) 『日本書紀』 卷27 天智天皇 10年 正月.

255) 『日本書紀』 卷29 天武天皇 下 4年 正月.

일본의 조정에 선약(仙藥)을 바쳤다는 기록이 나타나기 시작한다. 그 내용을 자세히 살펴보면 다음과 같다.

천무천황 8년(679)에 기이국이도군(紀伊國伊刀郡)에서 형상이 균(菌)과 같고 잎줄기 길이가 1척인 지초(芝草)를 바쳤다고 한다.[256] 『본초경집주』에 의하면 지초는 경신(輕身) · 불노(不老) · 연년(延年)의 약효가 있으며 이 약을 복용하면 신선이 될 수 있는 상품의 선약(仙藥)이다.[257] 천무천황 14년(685) 10월에는 천황이 중병에 들자 백제승(百濟僧) 법장(法藏)과 우파새(優婆塞) 익전직금종(益田直金鍾)을 미농(美濃)에 파견하여 백출(白朮)로 약을 제조하도록 하였다. 이들은 11월에 약을 제조하여 천황에게 바치고 천황을 위해 초혼(招魂)을 하였다.[258] 백출은 음양의 정기(精氣)가 합해진 것으로 이것을 복용하면 곡기를 끊고도 장생할 수 있고 신선이 될 수 있다는 선약의 하나이다.[259] 천무천황은 백제 출신 시의(侍醫)였던 억인(億仁)이 병이 들어 위독해지자 그에게 근대일위(勤大壹位)를 제수하고 100호를 봉하였다.[260] 천왕이 죽음에 임박한 억인에게 이처럼 큰 포상을 내린 것은 그만큼 중요한 역할과 공헌을 했기 때문일 것이다.

『속일본기』의 기록을 보면 7세기 말에서 8세기 초에 일본 각 지역에서 진상하는 품목에 다양한 약재가 포함되어 있다. 일본 각지에서 진상한 약재 품목을 정리하면 다음 표와 같다.[261]

256) 『日本書紀』 卷29 天武天皇 下 8年 12月.

257) 陶弘景 編, 尙志鈞·尙元勝 輯校, 『本草經集注』, 人民衛生出版社, 1994, 184~186쪽.

258) 『日本書紀』 卷29 天武天皇 下 14年 10月, 11月.

259) 『藝文類聚』 81 藥香草部上 朮條.

260) 『日本書紀』 卷29 天武天皇 下 朱鳥 元年(686) 5月.

261) 靑木和夫 外 校注, 『續日本紀』, 岩波書店, 1989.

• 일본 각지에서 진상한 약재품목

문무천황 2년(698)	정월	土左國	우황(牛黃)
	6월	近江國	백반석(白礬石)
	11월	下總國	우황(牛黃)
문무천황 3년(699)	3월	下野國	자황(雌黃)
원명천황 화동 6년(713)	5월	大倭國	운모(雲母)
		參河國	운모(雲母)
		伊勢國	수은(水銀)
		相模國	석류황(石硫黃), 백반석(白礬石), 황반석(黃礬石)
		近江國	자석(慈石)
		美濃國	청반석(青礬石)
		飛驒國	반석(礬石)
		若狹國	반석(礬石)
		信濃國	석류황(石硫黃)
		上野國	금청(金青)
		陸奧國	백석영(白石英), 운모(雲母), 석류황(石硫黃)
		出雲國	황반석(黃礬石)
		岐讚國	백반석(白礬石)

도홍경의 『본초경집주』에 의하면 위의 표에 열거된 운모 · 수은 · 석류황 · 반석 · 백반석 · 황반석 · 청반석 · 백석영 · 금청 · 우황 등 대부분의 약재는 경신(輕身)과 증년(增年)의 효능이 있는 상약으로 분류된 선약이다. 석류황 · 자석 · 자황은 비록 상약은 아니지만 역시 불로장생의 효능이 있다고 분류된 선약이다.[262] 일본 각지에서 조정에 헌상한 이러한 약재들은 최고

262) 陶弘景 編, 尙志鈞 · 尙元勝 輯校, 『本草經集注』, 人民衛生出版社, 1994.
『續日本記』 卷1 文武天皇 二年 九月 乙酉에는 각 지방에게 金青 · 朱沙 · 雄黃 · 綠青 · 眞朱 등을 헌상하게 하였다는 기사가 있는데 이 기사의 의미를 선약과 연결시켜 연구한 논문으로는 和田萃, 「藥獵と本草集注-日本古代における道教的信仰の實態」, 『日本古代の儀禮と祭祀 · 信仰』 中, 塙書房, 1995가 있다. 和田萃은 『倭名抄』와 『本草和名』을 인용하여 金青이 『본초경집주』의 上藥인 空青의 최상품임을 밝혔고, 문무천황이 각 지방

의료기구인 궁내성 전약료에 보내졌다.[263] 조정에 바쳐진 이런 선약재는 대부분은 백제 유민 의약전문가들과 그들의 후손들에 의해 다루어졌다.

제2절 백제 유민 출신의 의약전문가와 신선술

일본에서 활약한 백제 유민 출신의 의약전문가의 활약상에서 백제 의약의 특징을 구체적으로 확인할 수 있다. 『일본서기』에 보면 천지천황 10년(671)에 백제 유민 출신 귀족 4명이 해약(解藥) 즉 의약 전문지식을 인정받아서 왜의 관위에 보임되었다. 백제 달솔 본일비자찬파라금라금수(炑日比子贊波羅金羅金須)와 귀실집신(鬼室集信)은 대산하에 제수되었고, 백제 달솔 덕정상과 길대상은 소산하에 제수되었다.[264] 이들은 모두 원래 백제 약부 소속 관원이었을 것이다. 일본에서 활약한 백제계 의약전문가는 약부 소속의 관원만이 아니었다. 승려 가운데도 의약에 조예가 깊어 일본에서 중용된 사례가 있다. 『일본서기』 추고기 10년 조에 왜에서 승정(僧正)을 지낸 백제승 관륵에 관한 기록이 있다. 그 내용을 보면 다음과 같다.

> 백제의 승려 관륵이 와서 역본과 천문지리서, 그리고 둔갑방술서를 바쳤다. 이때 서너 명의 서생(書生)을 선발하여 관륵에게서 배우게 하였다. 양호사조 옥진은 역법을 배웠고, 대추촌주고총은 천문둔갑을 배웠으며, 산배신일립은 방술을 배웠는데 모두 학업을 달성하였다.[265]

에게 헌상하게 한 품목이 모두 선약임을 밝히고 있다(134쪽). 또 正倉院에 天平年間(729~749)의 약물로 보관되어 있는 정창원 약물에는 선약의 효능이 있는 玉石上品이 많음을 지적하였다(136~137쪽).

263) 和田萃, 앞의 논문, 1995, 134~135쪽.

264) 『日本書紀』 卷27 天智天皇 10年 正月, "以大山下授, ... 本日比子贊波羅金羅金須 解藥·鬼室集信 解藥·以小山上授達率德頂上 解藥·吉大尙 解藥."

265) 『日本書紀』 卷22 推古天皇 10年 10月, "百濟僧觀勒來之. 仍貢曆本及天文地理書, 幷

이 기록은 백제승 관륵이 역법·천문·둔갑·방술 등을 서너 명의 서생에게 전수하였다는 내용인데, 그 가운데 방술이 주목된다. 관륵이 가르친 방술의 내용을 구체적으로 알 수는 없다. 일반적으로 방술의 내용 가운데 의술이 포함되었던 점으로 미루어 보아 관륵이 가르친 방술에는 의술도 포함되었을 것이다.[266)]

8세기 나라시대 초기에 백제 유민 출신인 길의(吉宜)가 의사로서 크게 활약하였는데, 그도 승려출신이다. 『속일본기』 문무천황 4년(700) 8월조를 보면 승려 혜준(惠俊)의 의술을 활용하기 위해 환속시켜서 무광사(務廣肆)란 관위를 제수하고 길의라는 성명을 하사했다. 문무천황에 이어 원정천황도 길의의 탁월한 의술을 인정하여 관직을 제수하였다.[267)] 후일 일본 조정에서는 길의에게 제자를 양성하도록 하는 특별한 조치를 내렸는데 이러한 조치는 아마도 길의의 의술을 일본에 널리 전파하기 위해서였을 것이다. 길의는 일본 의원으로서는 최고직인 궁내성 전약료 전약두를 역임하였고, 그의 의술은 대대로 가업으로 전승되었다. 길의 역시 가업으로 내려온 의술을 전승받았을 것이다. 바로 앞에서 언급했던 의약전문지식으로 소산하에 제수되었던 백제 달솔 길대상이 길의의 부친이다.

일본 조정에서는 길의의 탁월한 의술을 활용하기 위해 승려였던 그를 특별히 환속시키는 조치를 내렸던 것이다. 흥미로운 점은 길의를 비롯한 백제계 의약전문가가 일본 조정에서 활약하고 있을 때 운모·수은·석류황 등 선약으로 분류된 각종 약재를 일본 각지에서 조정에 바치게 하였다는 점이

遁甲方術之書也. 是時, 選書生三四人, 以俾學習於觀勒矣. 陽胡史祖玉陳習曆法, 大友村主高聰學天文遁甲, 山背臣日立學方術, 皆學以成業."

266) 노중국, 「의·약 기술의 발전과 의료활동」, 앞의 책, 2010, 348~351쪽.

267) 青木和夫 外 校注, 『續日本記』 卷1 文武天皇 4年 8月, "乙丑, 勅僧通德·惠俊並還俗, 代度各一人, 賜通德姓陽侯史, 名久尒曾, 授勤廣肆. 惠俊姓吉, 名宜, 授務廣肆, 爲用其藝也."

다. 일본 조정에서 선약을 조정에 바치게 했던 이유는 8세기 초 성무천황 때에 우대신을 역임했던 등원무지마려(藤原武智麻呂, 680~737)의 전기인 『등씨가전(藤氏家傳)』「무지마려전(武智麻呂傳)」을 보면 알 수 있다.

등원무지마려가 성무천황 신귀 6년(729)에 조정에서 크게 활약할 때 그를 도와 중요한 역할을 했던 인물로 4명의 방사(方士)가 거론되었다. 이 4명은 길전련의(吉田連宜), 어립련오명(御立連吳明), 성상련진립(城上連眞立), 장복자(張福子)이다.[268] 이보다 조금 이른 시기의 기록인 『속일본기』 원정천황 양로 5년(721)조를 보면 당시 의술에 탁월한 인물들로 길의(吉宜), 오숙호명(吳肅胡明), 진조원(秦朝元), 태양갑허모(太羊甲許母)가 있다.[269] 이 두 기록은 시간상 약간의 차이는 있지만 거론된 인물 중에 2명의 동일인이 있다. 바로 길전련의와 오숙호명이다. 두 사람은 모두 백제계 유민 출신이란 공통점이 있다. 『속일본기』의 길의와 오숙호명은 「무지마려전(武智麻呂傳)」에 방사로 지칭된 길전련의(吉田連宜)와 어립련오명(御立連吳明)과 동일 인물이다. 성무천황 신귀원년(724)에 천황으로부터 길의는 길전련(吉田連)이라는 성을 하사받았고, 오숙호명도 어립련(御立連)이란 성을 하사받았다.[270] 오숙호명도 백제계 유민 출신으로 백제 덕솔 오기측(吳伎側)의 후예이다.[271] 이 두 사람이 연(連)이란 성을 받았다는 것은 일본 조정에서 공을 인정받았기 때문이다. 후일 일본 조정에서는 이 두 사람의 의술을 전승하기 위해 특별히 제자를 양성하도록 조치를 내렸다.[272]

---

268) 沖森卓也 外, 『藤氏家傳 鎌足·貞慧·武智麻呂傳 注釋と研究』, 吉川弘文館, 1999, 363쪽; 『藤氏家傳』「武智麻呂傳」元正天皇 養老 5年(721).

269) 青木和夫 外 校注, 『續日本紀』 2, 岩波書店, 1990, 86쪽, "醫術從五位上吉宜, 從五位下吳肅胡明, 從六位下秦朝元·太羊甲許母."

270) 『續日本紀』, 聖武天皇, 神龜元年 5月.

271) 『校訂新撰姓氏錄』 未定雜姓 右京條.

272) 『續日本紀』, 聖武天皇 天平 2年 3月.

「무지마려전」을 보면 백제계 의약전문가들을 방사라고도 불렀다. 「무지마려전」의 보주본에서 '방사는 신선의 술을 행하는 사람'[273]이라고 한 것으로 볼 때 당시의 백제 유민 출신 의사들이 보유한 의학지식은 신선술과 밀접한 관련이 있음을 알 수 있다.

등원무지마려의 전기를 보면 당시 일본의 의술과 신선술이 밀접한 관련을 맺고 있었음을 구체적으로 확인할 수 있다. 어려서 병약했던 등원무지마려는 청장년시절에 제자백가와 『노자』·『장자』·『주역』의 삼현(三玄)을 익혔고 불교를 중시하면서 동시에 복이(服餌)를 좋아했다고 한다.[274] 복이란 장생과 불사의 선약을 복용하는 신선술이다. 성무천황(724~748) 전반기는 당시 세도가였던 등원가의 4형제가 정권을 좌우하여 소위 등원사자정권(藤原四子政權)의 시대[275]라고도 불린다. 등원무지마려는 등원가의 첫째 아들로 그가 복이를 좋아했다는 점으로 보아 당시 일본의 귀족사회에서 복이 즉 신선술이 유행했던 것으로 보인다. 그렇기 때문에 백제계 의약전문가가 일본 조정에서 활약하고 있을 때 선약으로 분류된 각종 약재를 일본 각지에서 조정에 바치도록 한 것이다.[276] 일본의 귀족이 불로장생을 추구하는 선약 복용을 선호했기 때문이다.

복이와 신선술의 관계를 살펴보기 위해 중국 의학과 도교의 관계를 이해할 수 있는 대표적인 관방의 학문 체계를 보면 다음의 표와 같다.

---

273) 僧延慶 著, 吉田常吉 等編, 「武智麻呂傳」, 『古代政治社會思想』(日本思想大系8), 岩波書店, 1979, 349쪽.

274) 沖森卓也 外, 『藤氏家傳 鎌足·貞慧·武智麻呂傳 注釋と研究』, 吉川弘文館, 1999, 296쪽.

275) 渡辺晃宏, 『平城京と木簡の世紀』, 講談社, 2001, 178~189쪽.

276) 나의 논문, 「고대 일본에 전파된 백제 도교」, 『한국고대사연구』 55, 2009, 319~322쪽.

『漢書』 藝文志	方技略	醫經, 經方, 房中, 神仙
『隋書』 經籍志	醫方	醫經, 經方, 房中, 神仙, 本草
	道經	經戒, 房中, 服餌, 符籙

위 분류 내용을 보면 『수서(隋書)』 경적지(經籍志) 의방(醫方)에는 한대(漢代)의 분류체계에 본초(本草) 항목이 하나 더 추가되었다. 그리고 『수서』 경적지 도경(道經)에서는 복이(服餌)라고 했지만 그 내용은 『한서(漢書)』 예문지(藝文志) 방기략(方技略)의 신선(神仙)과 『수서』 경적지 의방의 신선과 유사하다.[277] 중국의 관방에서 질병을 치료하고 생명을 증진시키는 의학에 복이와 신선술을 같은 계통으로 분류한 것은 이들이 직접적인 연관성이 있었기 때문이다. 복이(服餌)는 중국 의학과 도교가 만나는 공통분모로서 중국 의학의 특징 중 하나이다. 위진남북조시대에 유명한 도사이자 의사인 갈홍과 도홍경 등은 선약의 제조방법과 복용법을 구체적으로 제시하였다. 당시 도사들은 유능한 의사이기도 해서 후대에 전하는 유명한 의서가 그들에 의해 저술되었다. 당시 사람들 사이에서는 스스로 약을 제조하여 복용하면 신선이 될 수 있다는 믿음이 성행했는데 이러한 믿음이 성행하게 된 까닭은 약물의 명칭·성질·효능·산지 등을 조사하고 분류하여 연구하는 본초학의 발전과 밀접한 관련이 있다. 본초학에 선약과 관련된 약물 기록이 풍부한 것으로 볼 때 당시 의사들이 선약 제조에도 관여했음을 알 수 있다.

그러므로 「무지마려전」에 기록된 백제 유민 출신의 의약전문가들을 방사라고 호칭했던 이유는 이들이 본초학에 통달하여 선약의 제조와 복용법에 관여했기 때문일 것이다. 또한 불로장생을 추구하는 선약의 제조는 당시 일본에서는 신비한 첨단의 의술로 각광받았고, 이에 능통했던 백제계 의사들

277) 林克, 「醫書と道教」, 『道教の生命観と身體論』, 三浦國雄 等編, 雄山閣出版, 2000, 45~52쪽.

이 일본의 조정에 중용되어 크게 활약하면서 고대 일본 의술의 발전에 상당한 기여를 했음은 자명한 일이다. 고대 일본의 의료체계에 또 하나 주목해야 할 것이 도교적 방술인 주금법(呪禁法)을 사용하여 의료행위를 펼쳤던 백제계 주금사(呪禁師)의 역할이다.

제3절 주금사의 도왜와 역할

1. 주금사의 도왜

백제의 주금사에 관한 최초 기록은 『일본서기』에서 찾을 수 있다. 『일본서기』 민달천황 6년(577, 백제 위덕왕 24년) 조에 보면 왜의 사신 대별왕(大別王)이 백제에 왔다가 귀국할 때 백제의 율사(律師)·선사(禪師)·비구니(比丘尼)·주금사(呪禁師)·조불공(造佛工)·조사공(造寺工) 6인을 대동하고 가서 이들을 난파(難破) 대별왕사(大別王寺)에 안주시켰다고 한다.[278] 이들 6인 중에 주금사를 제외하면 모두 승려와 사원 건립에 필요한 공인들로 불교와 직접적으로 관련된 인물이다. 여기에 주금사가 왜 포함되었을까?

이 질문에 답하기 전에 먼저 주금(呪禁)의 의미와 내용을 살펴보기로 하자. 주(呪)에는 신에게 기도하여 이루고자 하는 바를 비는 도축(禱祝)의 의미와 누군가를 상해하고자 하는 저주(詛呪)의 의미가 모두 있다. 금(禁)은 주술(呪術)로써 대상을 제어하는 압승(壓勝)을 의미한다. 주금과 같은 의미로는 금술(禁術), 금법(禁法), 금계(禁戒), 금주(禁呪) 등의 용어가 있다. 중국에서 주금을 행하는 사람은 무술(巫術)에도 능통했기 때문에 주금과 샤머니즘은 밀접한 관련성이 있으며, 중국에서는 주금이 한대에 크게 성행하였다.[279] 『후한

---

278) 『日本書紀』 卷20 敏達天皇 6年 11月, "百濟國王付還使大別王等, 獻經論若干卷, 幷律師·禪師·比丘尼·呪禁師·造佛工·造寺工 六人, 遂安置難波大別王寺."

279) 澤田瑞穗, 「禁術考」, 『中國の呪法』, 平河出版社, 1990, 56~60쪽.

서』 방술(方術) 열전에 보면 주금술을 사용하여 질병을 치료한 인물들에 관한 기록이 있다. 이들은 기(氣)를 사용하여 사람과 사물은 물론 귀신까지 조종할 수 있다고 했다.[280] 이 당시 주금술로 사람의 병을 치료했다는 것은 대부분 환자의 병의 원인이라고 여겼던 귀신을 처리했다는 의미였다.[281] 한대에 주금으로 질병을 치료하는 방사들을 믿고 추종하는 사람들이 늘어나자 주금을 행한 자들에게 '혹중(惑衆)' 즉 사람들을 미혹시켰다는 죄명을 씌워 사형에 처하기도 하였다.[282] 하지만 주금술이 실제 질병을 치료하는 효능이 있다고 믿었던 중국인들은 주금을 축유과(祝由科)로 분류하여 중국 전통의학의 체계 내로 편입시켰다. 기(氣)에 입각한 경맥체계가 성립한 후에는 샤머니즘적 치유법인 축유을 기의 변화로 설명하였다.[283]

중국 의학이 크게 발전했던 수당대에는 주금술도 매우 다양해지고 주금술에 의한 질병 치료항목도 많아진다.[284] 당나라 때 저명한 의사이자 도사인 손사막(孫思邈)의 종합의학 서적인 『천금익방(千金翼方)』의 권29 금경상(禁經上)과 권30 금경하(禁經下)에 다양한 주금술과 주금치료법이 실려 있어 그 내용을 확인할 수 있다. 주금술의 성행은 의학의 발전만이 아니라 도교와 불교의 성행과도 관련이 있다.

『당육전(唐六典)』 태의서(太醫署)에서 주금사의 직무는 "주금으로 사악한 요괴에 의한 악질(惡疾)을 뽑아 버리는 것"[285]이라고 하였다. 이에 대한 주석

---

280) 李建民, 「中國古代禁方考論」, 『中央研究院歷史語言研究所集刊』 68-1, 1997, 148~149쪽.

281) 廖育群, 「呪禁療法」, 『醫者意也-認識中國傳統醫學』, 東大圖書公司, 2003, 78~79쪽.

282) 나의 논문, 「古代東亞世界的呪禁師」, 앞의 책, 林富士 編, 2011, 69~91쪽.

283) 杜正勝, 「從醫療史看道家對日本古代文化的影響」, 『從眉壽到長生-醫療文化與中國古代生命觀』, 三民書局, 2005, 350쪽.

284) 廖育群, 「呪禁療法」, 『醫者意也-認識中國傳統醫學』, 東大圖書公司, 2003, 73쪽.

285) 陳仲夫 點校, 『唐六典』, 中華書局, 1992, 太常寺 卷14 太醫署, "以呪禁祓除邪魅之爲

을 보면 주금술은 "산에서 사는 방사로부터 유래한 도금(道禁)이 있고, 불교에서 유래한 금주(禁呪)가 있다"[286]고 했다. 이러한 설명을 보면 수당시대에 시행된 주금술은 도교는 물론 불교에서 유래한 것이 있었음을 알 수 있다. 따라서 민달천황 6년(577)에 왜로 건너간 백제의 주금사는 불교식의 주금술을 보유했을 것이다. 그러나 백제 멸망 후 일본에 망명한 백제 유민 중에 주금술에 능통했던 주금사는 후술하는 바와 같이 도교식의 주금술을 사용했던 것으로 보인다.

백제 유민 출신 주금사가 일본의 율령제도의 관료조직에 흡수되면서 백제의 주금술은 일본에서 새롭게 전개되었다. 『일본서기』에 보면 지통천황 5년(691)에 의박사 무대삼 덕자진(德自珍), 주금박사 목소정무(木素丁武)와 사택만수(沙宅萬首)에게 각기 은 20량을 하사했다는 기록이 있다.[287] 의박사 덕자진은 백제 유민이었고, 사택(沙宅)은 백제 귀족의 씨(氏)였기 때문에 주금박사 사택만수도 백제 유민임에 틀림없으며, 목소정무 역시 백제 유민으로 보인다.[288] 지통천황 3년(689)에 이미 체계적인 법전인 『비조정어원령(飛鳥淨御原令)』 의질령(醫疾令)이 실행되었기 때문에 백제계 유민의 의박사와 주금박사의 출현과 그들의 명확한 관위가 기록되어 남겨질 수 있었다.[289]

주금사가 일본에서 중시되었음은 의질령을 통해 확인할 수 있다. 당의

厲者."

286) 陳仲夫 點校, 앞의 책, 太常寺 卷14 太醫署, "有道禁, 出於山居方術之士, 有禁呪, 出於釋氏."

287) 『日本書紀』 卷30 持統天皇 5年 12月, "賜醫博士務大參德自珍·呪禁博士木素丁武·沙宅萬首, 銀人卄兩."

288) 『日本書紀』 天智天皇 10년 정월조를 보면 백제 유민가운데 병법에 능통한 백제 달솔 木素貴子를 大山下에 제수했다. 이로 보아 '木素'는 백제계의 성일 것이다.

289) 丸山裕美子, 「日唐醫疾令の復原と比較」, 『日本古代の醫療制度』, 東京, 名著刊行會, 1998, 219쪽.

『大唐六典』	醫博士	正八品上
	針博士	從八品上
	按摩博士 · 呪禁博士	從九品下
日本『律令』 「官位令」	醫博士	正七位下
	呪禁博士	從七位上
	針博士	從七位下
	按摩博士	正八位下

의질령을 계승한 고대 일본의 의질령은 의약 기구 및 의약과 관련된 규정을 담고 있는데, 의약전문분야를 의(醫) · 침(針) · 안마(按摩) · 주금(呪禁) · 약원(藥園) 5분야로 구분하였다.[290] 의질령 이외에 당나라와 일본의 율령에서 직원령(職員令)과 관위령(官位令)을 비교해 보면 일본 고대 의료제도의 특징이 분명하게 드러난다. 약원을 제외한 각 분야에 종사하는 관원들의 관위(官位)를 보면 약간의 차이점을 확인할 수 있다. 위의 표를 보면 당의 관위의 서열이 의→침→안마→주금 순인데 비해 일본에서는 의→주금→침→안마 순이다. 일본에서 주금박사가 침박사보다 더 높은 직위에 봉해진 것을 보면 일본에서는 주금술을 침술보다 더 중시했다는 것을 알 수 있다.

일본에서 백제계 유민들과 그 후손이 주금박사로 활약할 수 있었던 이유는 의업이 가업으로 세습되었기 때문에 가능했을 것이다. 당의 의질령을 보면 의생 · 침생 · 안마생 · 주금생을 선발할 때 의술을 가업으로 받은 자를 먼저 선발하고, 다음으로 서인(庶人) 가운데 의술을 공부한 자를 뽑도록 하는 규정을 두었다.[291] 일본에서도 당과 같이 세습하는 가문의 자제를 우선

290) 丸山裕美子, 앞의 논문, 1998, 219쪽.

291) 程錦, 「唐醫疾令復原研究」, 『天一閣藏明.本天聖令交證 附 唐令復原研究』, 天一閣博物館 · 中國社會科學院歷史研究所天聖令整理課題組 校證, 中華書局, 2006, 577쪽.

적으로 선발하였다.[292] 그러므로 주금술에 능통하여 주금박사로 일본의 관료조직에 흡수되었던 백제 유민의 의술은 가업으로 세습되었을 것이다. 구체적인 예가 주금박사 목소정무, 사택만수와 함께 출현한 의박사 덕자진이다. 덕자진은 천지천황 10년(671)에 의약에 정통하여 소산하(小山下)에 제수되었던 백제 달솔 덕정상(德頂上)의 후손이었다.[293] 따라서 백제 후손들은 그들의 선조들이 백제에서 행했던 주금술을 가업으로 세습하여 일본에서 활약했다고 추론을 할 수 있다.

일본에서 주금박사를 중시한 경향은 8세기 초에도 계속되었다. 『등원가전』의 「무지마려전」을 보면 원정천황 양노 5년(721)에 등원무지마려를 도와 조정에서 중요한 역할을 했던 여러 인물 가운데 여인군(余仁軍)과 한국련광족(韓國連廣足) 등 주금사가 있다. 여인군의 성으로 볼 때 그는 백제 유민출신임에 틀림없다. 여씨는 백제의 왕족출신이었기 때문이다. 천지천황 10년(671)에 백제 귀족들에게 왜의 관직을 제수할 때 백제 좌평 여자신(余自信)은 백제 귀족 가운데 가장 높은 관직인 대금하(大錦下)를 받았다. 여인군은 여자신과 동족 출신일 가능성이 높다. 여인군의 관위는 원정천황 양노 7년(723)에 정6위상에서 종5위하로 높아졌다.[294] 『양로율령(養老律令)』 「관위령」에 의하면 전약료의 장관인 전약두의 관위가 종5위하이다.[295] 여인군이 양노 7년에 관위가 종5위하로 높아진 것을 보면 그는 주금사로서 전약료(典藥寮)의 장관인 전약두에 임명되었을 것이다. 여인군의 경우로 볼 때 전약료 내에서 주금사의 높은 위상과 역할을 확인할 수 있다.

---

292) 井上光貞 等 校註, 『律令』, 東京, 岩波書店, 1978, 421쪽, 醫疾令.

293) 關晃, 「歸化人」, 앞의 책, 1996, 102쪽.

294) 青木和夫 等 校注, 『續日本紀』 1, 東京, 岩波書店, 1989, 卷8 元正天皇 養老 7年 正月 丙子.

295) 井上光貞 等 校注, 『律令』, 日本思想大系3, 東京, 岩波書店, 1976, 「官位令」 從五位條. 이 책에서 『율령』은 양로율령을 말한다.

여인군에 이어서 한국련광족도 성무천황 천평 3년(731) 정월에 정6위상에서 외종5위하로 위계가 높아졌고, 다음 해 10월에 전약두에 임명되었다. 한국련광족의 성은 그의 조상이 일찍이 한국에 파견되었던 적이 있어 한국련이란 성을 하사 받은 데에서 유래한 것으로[296) 한국련광족도 한반도의 선진문물을 접촉하였을 것이다. 『속일본기』 문무천황기 3년(699) 5월조에는 한국련광족의 사승관계를 알 수 있는 자료가 있다. 한국련광족이 갈목산(葛木山)에 살고 있던 역군소각(役君小角)을 찾아가서 주술을 배웠다고 한다. 천문역수(天文曆數)를 관장하던 고하무조신(高賀茂朝臣) 계통인 역군소각은 주술로써 일본 재래의 신인 일언주대신(一言主大神)을 꼼짝 못하게 하였다는 내용이 있는데, 이는 그가 외부세계에서 유래한 주술을 썼다는 의미로 해석된다.[297) 후일 조정에서는 역군소각을 이두도(伊豆嶋)로 유배를 보냈는데, 그 이유는 역군소각이 요사스런 술수로 사람들을 현혹시킨다(妖惑)는 한국련광족의 참언 때문이었다고 한다. 당시 세상에 떠도는 얘기에 의하면 역군소각은 귀신에게 물을 길어 오게 하거나 나무를 해 오게 하였는데 귀신이 말을 듣지 않으면 주술로 귀신을 결박하였다고 전한다.[298) 한국련광족과 역군소각의 이야기를 보면 전약료의 주금사만이 아니라 민간에서도 주금사가 활동했다는 것을 알 수 있다. 민간에서 활동하던 주금사 역군소각이 그가 행한 주금술로 인해 사람들을 현혹시켰다는 죄명으로 유배되었다는 사실을 주목해 볼 필요가 있다. 『양로율령』「승니령」에 의하면 요혹(妖惑)의 죄는 일반 백성을 요사스런 술수로 현혹시키는 것이라고 명기하고 있다.[299) 따라

296) 青木和夫 等 校注, 『續日本紀』 1, 東京 岩波書店, 1989, 281쪽, 補注1-114.

297) 新川登龜男, 「日本古代における佛教と道教」, 『道教と日本-第二巻 古代文化の展開と道教』, 野口鐵郎責任編輯, 東京, 雄山閣, 1997, 55~56쪽.

298) 青木和夫 等 校注, 『續日本紀』 1, 東京 岩波書店, 1989, 巻1 文武天皇 3年 5月.

299) 『律令』 巻3 僧尼令 第7 觀玄象.

서 역군소각와 같이 민간에서 활동하던 주금사가 주술로 사회적 영향력을 확대해 나아갈 경우 정치권력에 의해 탄압을 받았던 것으로 보인다. 그러므로 민간에서 활동하던 주금사가 탄압받았던 것은 주금사가 행한 주술의 내용과 주금사의 역할이 민간에 미친 영향 때문이므로 이에 대해 고찰해 볼 필요가 있다.

2. 주금사의 역할

주금사의 역할은 전약료의 주금생(呪禁生)들이 배웠던 내용에서 유추할 수 있다. 『양로율령』「의질령」에 보면 주금생들은 "주금으로 해오(解忤)와 지금(持禁)을 배운다"[300]고 하였다. 9세기에 나온 일본 율령 해설서 『영의해(令義解)』「의질령」을 보면 해오와 지금의 구체적인 내용을 알 수 있다. 소위 해오란 주금술로 사악함과 놀람, 그리고 잘못된 것을 풀어 주는 것이다. 지금이란 몽둥이나 칼을 들고 주문을 읽으면서 맹수 · 호랑이와 승냥이 · 독충 · 정매(精魅), 도적, 오병(五兵, 다섯 가지의 무기)의 침해를 막고, 또 신체를 견고하게 하여 뜨거운 물이나 불과 칼날에도 상하지 않게 하는 것이다.[301] 이러한 내용으로 볼 때 전약료 주금생들이 배우는 주금은 위해(危害)한 것으로부터 자신을 지키고, 잘못된 것을 풀어 내는 고대 의료행위의 일종이다. 이런 의료행위는 전형적인 도교적 술법이었다. 중국 동진의 유명한 도사인 갈홍이 쓴 『포박자내편』「등섭편」에도 지금(持禁)과 같은 내용이 나온다. 예를 들어 산중에서 구도하다가 호랑이를 만났을 때 위험에서 벗어나는 방법으로 호흡을 멈추고 왼손으로 칼을 잡고 땅에 줄을 그으며 주문을 외우라고 하였

300) 『律令』 卷9 醫疾令 第24, "呪禁生, 學呪禁解忤持禁之法."

301) 『令義解』, 東京, 吉川弘文館, 1992, 卷8 醫疾令 第24 조, "謂持禁者, 持杖刀讀呪文, 作法禁忌, 爲猛獸, 虎狼, 毒蟲, 精魅, 賊盜, 五兵, 不被侵害. 又以呪禁固身體, 不傷湯火刀刃, 故曰持禁也. 解忤者, 以呪禁法解衆邪驚忤, 故曰解忤也."

다.[302) 『영의해』「의질령」에서 맹수를 피하는 방법이 『포박자내편』「등섭편」과 같은 것으로 볼 때 일본 고대의 주금법은 도교에서 유래한 것이 분명하다. 흥미로운 점은 수당대 중국 주금사들은 도교는 물론 불교의 주금법을 사용한 데 비하여 일본 고대 주금사들은 주로 도교의 주금법을 썼다는 점이다.

일본의 주금사들이 주로 도교의 주금법을 사용하게 된 이유는 고대 일본 정부의 종교정책과 관련이 있다.[303) 일본은 불교를 수용한 후 중앙집권적인 국가불교화를 추진하였다. 또 천황의 종교권위를 강화하기 위해 승니를 이용하면서 승니의 신분을 우대하였지만 한편으로는 승니의 활동을 통제하였다.[304) 예를 들어 『양로율령』「승니령」에 보면 국가의 길흉을 점치거나 소도(小道)와 무술(巫術)로써 질병을 치료하는 승니는 환속하도록 하고 있다.[305) 승니가 금해야 하는 소도와 무술의 구체적인 내용은 『양로율령』 주석서인 『영집해(令集解)』에 기록되어 있는데, 소도란 염부(厭符) · 주금(呪禁) · 해제(解除) · 좌도(左道)를 행하는 것으로 도술부금(道術符禁)이라고 하며 도사법(道士法)이라고도 하였다.[306) 이러한 해석으로 볼 때 고대 일본인들은 소도를 도교의 주금술로 이해했음을 알 수 있다.[307) 승려가 소도로서 질병을 치료하는 것을 금하는 법령을 제정한 것을 보면 『양로율령』이 시행되기 전까지는 승려가 이러한 방법으로 질병을 치료했다는 의미이기도 하다.[308) 그

302) 王明, 『抱朴子內篇校釋』「登涉篇」, 中華書局, 1996, 313쪽.

303) 나의 논문, 「古代東亞世界的呪禁師」, 앞의 책, 林富士 編, 2011, 69~91쪽.

304) 速水侑, 『日本佛教史-古代』, 吉川弘文館, 1986, 93~97쪽.

305) 『律令』 卷3 僧尼令 第7 卜相吉凶.

306) 『令集解』 卷7 僧尼令, 國史大系本23, 吉川弘文館, 1933, 215쪽.

307) 下出積與, 「呪禁師」, 『日本古代の神祇と道教』, 吉川弘文館, 1972, 272~273쪽.

308) 新川登龜男, 「日本古代における佛教と道教」, 『道教と日本-第二卷 古代文化の展開と道教』, 野口鐵郞責任編輯, 東京, 雄山閣, 1997, 51~83쪽.

렇다면 승려가 소도로서 질병을 치료하는 것을 금하는 법령은 왜 제정되었을까?

일본 고대사회에서 유행했던 도교 술법을 금지하는 칙령이 발포된 것은 성무천황 천평 원년(729) 2월에 일어난 정치 사건과 관련이 있다. 성무천황은 천평 원년(729) 2월에 좌대신(左大臣) 장옥왕(長屋王)이 몰래 좌도(左道)를 배워 국가를 위태롭게 하고 있다는 밀고를 받자, 군대를 파견하여 장옥왕의 집을 에워싸고 여러 대신에게 그의 죄를 추궁하게 하였다. 이 사건은 장옥왕이 자결함으로써 종결되었다. 장옥왕을 죽음으로 내몬 좌도는 염부(厭符)나 요서(妖書)를 만들어서 저주하거나 귀신을 부리는 등의 특수한 기능을 말한다.[309] 성무천황은 정적이었던 장옥왕을 좌도를 배워 국가를 위태롭게 했다는 죄목으로 제거한 후에 바로 이단을 배우거나 염매(厭魅)와 주저(呪詛)를 사용하여 백물(百物)을 상해하는 자는 처형한다는 칙령을 문무백관과 백성에게 내렸다.[310] 물론 이러한 칙령이 내려진 배경이 정치적 사건과 관련이 있지만 당시 일본사회에 도교의 술법이 상당히 성행했다는 것을 의미한다. 그리고 주금이 질병을 치료하기 위한 용도만이 아니라 인간을 상해하는 용도로도 쓰였음을 알 수 있다. 이러한 도교 술법의 사용은 심각한 범죄행위로 간주되었고 그 처벌에 대한 규정이 율령제도에 반영되었던 것이다.

『양로율령』「적도율」 염매(厭魅)를 보면 염매와 부서주저(符書呪詛)를 하여 살인하고자 하는 행위를 엄벌에 처하는 내용이 있다. 이것은 바로 당시 일본인들이 살인의 방편으로 염매와 부서주저를 사용하였고, 실제로 염매와 부서주저로 살인이 가능하다고 믿었기 때문이다. 염매 조에 기록된 구체적

양로율령은 원정천황 양로 2년(718)에 제정되었으나 孝謙天皇 천평승보 9년(757) 5월에 시행된 것으로 보인다.

井上光貞, 「日本律令の成立とその注釋書」, 『律令』, 岩波書店, 1976, 768~769쪽.

309) 新川登龜男, 『道教をめぐる攻防』, 大修館書店, 1999, 172~173쪽.

310) 『續日本紀』 卷10 聖武天皇 天平 元年 4月.

인 염매 행위에 대한 설명을 보면 더욱 분명해진다. 염매의 종류는 헤아릴 수 없이 많은데, 인형을 만들어서 손과 발을 묶고 그것을 상해하는 방법과 귀신을 부르거나 좌도를 행하고 저주를 하는 것이라고 하였다.[311] 일반적으로 염매는 인형을 만들거나 사람의 형상을 그려서 그것을 상해하는 행위이고, 부서주저는 부(符)에다 글을 써서 저주하는 행위이다. 일본 고고 발굴 성과에서 우리는 이러한 인형과 부가 광범위하게 사용되었음을 확인할 수 있다. 발굴된 일본 고대 인형은 재질에 따라 석기류·목재류 그리고 금·은·철로 제작된 금속류로 분류할 수 있는데 현재 가장 많이 발굴되는 것은 목제품이다. 목제인형의 용도는 질병 치료용으로 주금사가 사용한 것과 다른 사람을 상해하기 위해 저주용으로 사용한 것 그리고 제사나 불제용(祓祭用)으로 사용한 것으로 나눌 수 있다.[312]

주금사와 관련된 다양한 인형이 계속 발굴되고 있다. 고대 일본의 수도 중에 하나인 등원경에서 문무천황 대보 3년(703) 전약료에서 사용하였던 목간과 함께 목제인형이 출토되었는데,[313] 이 목제인형 가운데는 눈 부위를 붓으로 검게 칠한 것이 있다. 이처럼 눈 부위에 칠을 한 것은 주금사가 이 목제인형을 사용하여 주금술로써 안질을 치료하고자 한 것으로 보인다.[314] 1984년에 평성경에서도 유사한 목제인형을 발굴하였다. 크기가 11cm인 목제인형에 "좌목병작금일(左目病作今日)"이란 붓글씨가 남아 있었다. "오늘 왼쪽 눈에 안질이 생겼다"는 뜻으로 이 목제인형도 주금사가 안질치료용으로 사용했던 것으로 보인다.[315] 이보다 앞서 1961년 평성경에서 저주용 목제

311) 『律令』「賊盜律」第7 厭魅, 97쪽.

312) 和田萃, 「呪符木簡の系譜」, 『日本古代の儀禮と祭祀·信仰』中, 塙書房, 1995, 181~186쪽.

313) 泉武, 「律令祭祀論の一視點」, 『道教と東アジア』, 人文書院, 1989, 65~66쪽.

314) 和田萃, 앞의 논문, 1995, 183~184쪽.

315) 金子裕之, 「日本における人形の起源」, 『道教と東アジア』, 福永光司編, 人文書院, 1989,

인형들이 발굴되었다. 발굴 당시 인형의 두 개의 눈과 가슴에 각기 나무못이 박혀있었고 '판부추□(坂部秋□)'란 이름이 써져 있었다. 어떤 목제인형에는 쇠못이 박혀있기도 했다. 이러한 인형은 누군가를 저주하는 데 사용되었을 것이다.[316]

액운을 막기 위해 도교의식이 포함된 제사인 대불(大祓)을 행한 기록은 천무천황 5년(676)에 처음으로 보인다.[317] 이 제사에는 축사(祝詞)를 독송하고, 은제인형을 바치면서 해제(解除)를 하며, 횡도(橫刀)를 바치면서 천황의 장생을 기원하는 주문을 독송하는 의식이 있다.[318] 이때 독송하는 주문의 내용에 동왕공 · 서왕모 등 도교신이 등장하는 것으로 보아 대불은 도교적 세계관과 밀접한 관련이 있음을 알 수 있다.[319]

도교의 방술과 관련된 고고학 발굴성과물로 또 다른 중요한 자료는 주부(呪符)목간이다. 일본 오사카시 구와츠(桑津)유적에서 출토된 목간 1점은 일본에서 가장 오래된 주부목간으로 주목을 받았다. 구와츠유적 부근은 오래전에 백제군(百濟郡)으로 불렸고, 도왜계 씨족인 전변씨(田辺氏)의 본거지로 알려져 있다. 구와츠유적에서 목간과 더불어 발굴된 벽주건물(壁柱建物)이 백제에서 발전하여 왜로 전래된 점 등을 고려하면 구와츠유적의 목간은 7세기 초에 백제계 사람들이 작성한 것으로 보인다.[320] 구와츠유적의 목간은 길

38~39쪽.

316) 金子裕之, 앞의 논문, 1989, 37~54쪽.

317) 『日本書紀』 卷29 天武天皇 下 5年 8月 辛亥.

318) 金子裕之, 「佛敎 · 道敎の渡來と蕃神信仰」, 『古代史の論點5-神と祭り』, 金關恕 · 佐原眞 編, 小學館, 1999, 183~184쪽.

319) 福永光司, 「道敎における醮と章」, 『道敎と東アジア』, 福永光司編, 人文書院, 1989, 23~29쪽.

320) 김창석, 「대판 상진 유적출토 백제계 목간의 내용과 용도」, 『목간과 문자』 창간호, 2008, 233~250쪽.

이 21.6cm, 너비 3.9cm, 두께 0.4cm로 목간 앞면 상단에 별자리 부(符)가 그려져 있고, 앞면 하단에는 묵서가 있는데 묵서는 앞면 하단에서 시작하여 뒷면까지 이어지도록 하였다. 이 목간은 “앞면: 별자리 그림 口安(晏?) 欠田里 寡之年 道章白加之 뒷면: 各家客等之.”로 판독된다. 이 판독문은 “앞면: 별자리 그림(符) 평안의 별, 흠전리는 (수확이)부족한 해이다. 도(道)의 문장(文章)을 아뢰오니, 더하여 각 가(家)와 객(客)이 고루 (거둘 수 있)기를 (빕니다)”로 해석된다. 해석된 내용의 구조는 ① 제사 대상에 대한 칭송, ② 현실 상황, ③ 기원 사항으로 구성된 도교의 청사(靑詞)와 유사하다. 따라서 이 목간은 북두칠성에게 풍요를 기원하는 도교문화와 밀접한 관계가 있는 것으로 보인다. 이런 점에서 보면 이 목간은 7세기 초에 이미 백제에서 왜로 도교문화가 전파되었다는 실증 자료이다.

1996년에 등원경 서쪽에 있는 관아지구에서 출토된 40cm 길이의 주부목간은 7세기 말에서 8세기 초의 것으로 추정되는데, 이 목간에도 부(符)가 그려져 있다.[321] 1988년 평성경 부근의 이조대로(二條大路)에서 7만 4천 점의 목간이 출토되었는데, 주부목간은 유구 SD5100에서 출

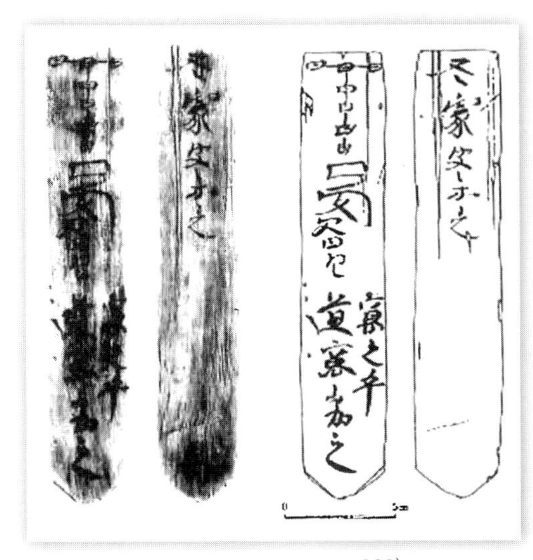
〈도판 17〉 쿠와츠유적의 목간 사진[322]

321) 奈良文化財研究所, 『飛鳥·藤原宮發掘調査概報26』, 1996, 27쪽.

322) 김창석, 앞의 논문, 2008, 235쪽.

토되었다. 유구 SD5100에서 출토된 목간은 성무천황 신귀연간(724~728)에서 천평 11년(739) 사이에 만들어진 것인데 그 중에 다수가 성무천황 천평 8년(736)과 9년(737)에 작성된 것들이다. 이 주부목간은 크게 천황가와 관련이 있는 내용과 천평 8년(736)에 병부경이었던 등원마려의 가정(家政) 기관과 관련된 내용으로 나눌 수 있는데, 천황가와 관련된 내용이 더 많다.[323] 그러므로 주부목간은 천황가에서 사용한 목간일 개연성이 높다. 평성경 이조대로에서 출토된 주부목간의 내용이 당나라의 저명한 의사이자 도사인 손사막(孫思邈, 581~682)이 지은 의서 『천금익방(千金翼方)』「금경(禁經)」에 나오는 학질(瘧疾)을 치료하는 주학귀법(呪瘧鬼法)과 유사하다.[324] 『천금익방』「금경」의 주학귀법과 평성경 이조대로 주부목간의 내용을 비교하면 아래 표와 같다.

평성경 이조대로 주부목간	『천금익방』「금경」 주학귀법
南山之下不流水 其中有一大蛇九頭一尾 不食餘物但(앞면) 食唐鬼朝食三千 暮食八百 急急如律令(뒷면)	登高山望海水 水中有一龍三頭九尾 不食諸物 唯食瘧鬼朝食三千 暮食八百 … 중략 … 急急如律令

323) 寺崎保廣, 「平城京二條大路木簡の年代」, 『長屋王家 · 二條大路木簡を讀む』, 奈良國立文化財硏究所, 2001, 249~258쪽.
和田萃, 「南山の九頭龍」, 『長屋王家 · 二條大路木簡を讀む』, 奈良國立文化財硏究所, 2001, 304쪽.

324) 大形徹, 「二條大路木簡の呪文」, 『木簡硏究』 18, 1996, 246쪽.
(唐)孫思邈撰, 朱邦賢·陳文國等 校注, 『千金翼方校注』, 上海古籍出版社, 1999, 「禁經上」 呪瘧鬼法, 834쪽. "登高山望海水, 水中有一龍三頭九尾, 不食諸物, 唯食瘧鬼, 朝食三千, 暮食八百, 食之不足, 差使來索, ... 急急如律令."

평성경 이조대로 출토 주부목간의 내용이 『천금익방』「금경」의 주학귀법과 매우 유사한 것으로 보아서 주부목간의 주문은 중국에서 유행했던 주금법의 영향을 받아 작성된 것으로 보인다. 주부목간의 주문에 보면 물리치고자 하는 대상이 '학귀(瘧鬼)'가 아니라 '당귀(唐鬼)'이다. 일본은 일찍이 한반도의 가야를 통해 중국 대륙의 문화를 수용하였다. 일본 고대인들은 가야를 카라(カラ)라고도 칭했다. 후일 한(韓)도 카라(カラ)라 칭했고, 중국의 당(唐)도 카라(カラ)로 칭해졌다. 카라(カラ)는 외국에 대한 범칭이 되었다.[325] 평성경 이조대로 출토 주부목간에서 '당귀'라고 한 것은 당나라에서 들어온 역귀(疫鬼), 즉 외국에서 들어온 역귀라는 뜻이다. 이 당귀는 바로 성무천황 천평 9년(737)에 일본열도 전역을 휩쓸면서 일본 고대인들을 공포에 몰아넣었던 전염병으로 바로 급성전염병인 천연두를 가리킨다.[326] 이 전염병은 신라를 통해 전파되었을 것으로 추정된다.[327] 이 전염병은 천평 7년(735) 8월 일본 서부의 대재부(大宰府) 지역에서 유행하기 시작하여, 그해 겨울에 마침내 수도인 평성경까지 전파되었다. 이 병으로 수많은 문무 관료와 백성이 죽었고 사람들은 속수무책으로 당하며 죽음의 공포에서 떨어야만 했다. 천평 9년(737)에는 당시 정권을 좌우하던 등원무지마려를 포함한 등원씨의 4형제 모두가 이 전염병에 희생되었다. 전염력이 강하고 치사율이 높았던 이 병을 역귀 때문이라고 믿었던 일본인들은 주문을 외우는 주금법으로 이 역귀를 퇴치하고자 했을 것이다. 이조대로 출토 주부목간은 바로 창궐하는 전염병을 물리치는 용도로 주금사가 사용했던 것이다.

그런데 주금사의 직책과 활약이 8세기 중반 이후에 사서의 기록에서 점차 사라져 갔다. 칭덕천황(764~769) 때 공신으로 포상을 받아 외종5위하를

325) 熊谷公男, 『大王から天皇へ』, 東京, 講談社, 2001, 20쪽.

326) 大形徹, 앞의 논문, 1996, 246쪽.

327) 渡辺晃宏, 『平城京と木簡の世紀』, 講談社, 2001, 146~190쪽.

제수받았던 말사주망형(末使主望兄)은 주금사로 활약한 인물이다.[328] 『신찬성씨록(新撰姓氏錄)』에 의하면 말사주씨는 백제유민의 후예이다.[329] 그런데 말사주망형을 끝으로 일본 역사에서 주금사에 관한 기록은 찾을 수 없다. 이것은 전약료에서 주금사의 관직이 사라지기 때문이다. 평안(平安)시대에 저술된 『연희식(延喜式)』에 보면 전약료에 주금사의 직책이 전혀 안 보인다. 그렇다면 일본 역사 무대에서 주금사가 사라지게 된 이유는 무엇일까?

앞에서 언급한 것처럼 성무천황 때부터 정치적 사건과 연루되어 국가적 차원에서 도교적 방술을 금지하기 시작하였다. 광인천황 보귀 11년(780) 12월에 이르러 다시 무지한 백성들이 무격(巫覡)과 결탁하여 부서(符書)를 만들거나 염매를 하는 것을 엄단한다는 칙령을 내린다.[330] 이어서 환무천황 대동 2년(807) 9월에도 무격들이 화복을 말하면 대중들이 그들의 요언(妖言)을 믿게 되고, 염주(厭呪)가 유행하므로 그것을 엄단한다는 칙령을 내린다.[331] 이처럼 계속해서 일본 조정에서 민간에 도교적 방술을 시행하지 못하게 내린 엄금조치는 일본 역사에서 주금사의 퇴장으로 이어진다. 주금사가 사용하였던 목제인형이나 주부 등 도교적 방술을 무격들이 민간에서 사용하면서 백성들을 미혹시키고 사회적 영향력을 확대해 나아가자 일본 조정에서는 국가질서를 문란하게 하는 것이라고 여기고 그러한 도교적 방술을 못하도록 엄금조치했던 것이다. 따라서 도교적 방술을 사용했던 주금사들은 점차 그 사회적 기능을 상실했고, 주금사의 기능은 음양사(陰陽師) 등에게 흡수되면서 9세기 이후 일본에서 주금사에 관한 기록은 찾을 수가 없게

---

328) 『續日本記』 卷28 称德天皇 神護景雲 元年 8月.

329) 佐伯有淸, 『新撰姓氏錄の研究 本文篇』, 吉川弘文館, 1963, 309쪽.

330) 『續日本紀』 卷36 光仁天皇 宝龜 11年 12月 甲辰.

331) 『類聚三代格』 卷19 禁祭祀 應禁斷兩京巫覡事, 吉川弘文館, 2000, 590~591쪽.

된다.[332)]

이와 같이 고대 일본의 의료 활동에서 도교적 요소를 많이 찾을 수 있는데, 그것은 고대 일본에서 활약했던 백제계가 전파한 의약지식과 관련성이 깊다. 6세기 초에 이미 백제에서 의박사나 채약사 같은 의약전문가를 왜에 파견하기 시작하였다. 그 후 백제가 멸망한 7세기 후반부터는 백제 유민 가운데 의약전문가들이 왜의 의료관련 관료조직에 들어가 왕성하게 활약하였다. 일본 조정에서 활약했던 백제계 의약전문가들은 '방사'라고도 칭해졌는데, 그 이유는 백제에서 일찍부터 수용한 본초학의 지식, 그 중에서도 선약과 관련된 약물지식을 습득하고 있었기 때문이다. 그들이 활약했던 7세기 후반부터 8세기 초에 선약에 속하는 다양한 약재들이 일본의 각지에서 수집되어 조정에 헌상되었는데, 그 까닭은 백제계 의약전문가의 영향을 받은 일본지배층이 도교적인 신선술을 추구했기 때문이다. 그것은 등원무지마려와 같이 당대 최고의 귀족이 장생과 불사를 추구하는 선약을 복용하는 복이를 좋아했던 점으로 입증된다. 그리고 고대 일본 문헌에 보이는 주금사는 대부분 백제 유민 출신인데, 그들은 일본 조정에서 전약료의 장관인 전약두로 중용되기도 하였다. 이것은 고대 일본에서 주금사와 주금술이 중시되었음을 의미한다. 따라서 고대 일본에서 의약전문가와 주금사로서 활약했던 백제 유민 출신의 행적을 토대로 우리는 백제의 도교 방술의 구체적인 내용은 물론 사라진 백제 도교문화의 면모를 찾을 수 있었다.

---

332) 下出積與,「呪禁師」,『日本古代の神祇と道教』, 吉川弘文館, 1972, 274~281쪽.

제3부
신라의 도교문화

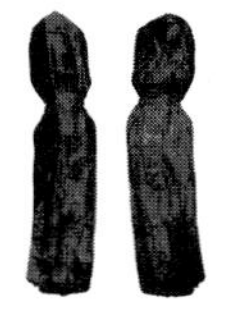

제3부
신라의 도교문화

신라는 1천 년의 유구한 역사를 자랑한다. 하지만 신라의 도교문화 관련 자료는 고구려, 백제에 비해 비교적 적은 편이다. 고구려는 영류왕 때 도교를 수용했다는 문헌기록이 있고, 백제는 도교문화를 반영하는 많은 유물을 남긴 데 비해, 신라는 도교문화를 고찰할 수 있는 문헌자료와 유물 모두 상대적으로 빈약하다.

신라 도교문화 관련 자료는 진평왕대(579~631)에 집중적으로 분포되어 있다. 법흥왕, 진흥왕대의 기반을 바탕으로 진평왕은 왕권을 강화하고 관제를 정비하였으며 사회적으로 화랑도가 크게 활약했던 시대였다. 진평왕대는 중국에서 수학한 승려 등이 크게 활약하여 문화적으로도 활력이 넘치는 시대였다. 이 시기에 도교문화 관련 자료도 급증한다.

『삼국유사』를 보면, 선덕왕과 김경신에게 시해된 혜공왕이 어려서부터 부녀가 하는 짓만 좋아하고 도사(道士)들과 함께 희롱했다는 기록이 있다.[1] 이

1) 『三國遺事』 第2卷 第2 紀異篇下 景德王 忠談師 表訓大德.

것은 도사의 역할을 부정적으로 본 대표적인 사례이다. 이와 같이 도교를 부정적으로 보는 사회에서 당에 유학한 김가기와 최치원은 귀국해서 도교 활동을 펼칠 수 없었다. 결국 김가기는 당으로 돌아가 그곳에서 도교 활동에 전념하였고, 당에서 귀국한 최치원은 도교에 대해 비판적인 태도를 보이게 되었다. 최치원은 유·불·도 삼교의 회통을 논하면서 도교를 언급했다. 최치원은 유·불·도 삼교의 회통을 통해 통일신라 말기 사회의 분열상을 극복하고 통합이란 이상을 꿈꾸었던 것이다.

신라 도교문화의 내용을 이해하기 위해 먼저 도교문화의 중요한 주제인 신선사상을 알아보고, 다음에 신라인이 활용한 방술을 검토하며, 마지막으로 김가기와 최치원의 활약상을 통해 그들이 추구했던 도교를 알아보도록 하겠다.

제1장 신선사상

도교에서 『노자』와 『장자』는 매우 중요하다. 이 책들에는 도교의 핵심 이론이 담겨있기 때문이다. 신라에서는 진평왕대에 『노자』가 처음 등장한다. 『노자』와 『장자』를 잘 이해했던 신라 통치계층에서는 장생불사의 신선사상에 관심을 갖게 되었다. 신선을 배우기 위해 중국으로 간 사람도 있었고, 승려도 신선 가운데 하나인 시해선의 행적을 보여주기도 했다. 그리고 신라 의학 가운데는 신선사상과 관련된 모습도 찾아볼 수 있다. 신라인들의 신선 추구는 원지 조영에도 반영되었다. 월지와 구황동 원지에 삼신산을 본뜬 섬을 축조하였던 것이다. 그러면 도교의 가장 중요한 이론을 제공한 『노자』를 검토해 보자.

제1절 『노자』와 『장자』의 이해

진평왕 2년(580) 이찬으로 병부령을 맡았던 김후직이 진평왕에게 『노자』와 『서경』을 인용하여 간언했던 사실은 매우 유명하다. 그가 『노자』를 인용해 진평왕에게 간언을 한 배경을 알아보기 위해 진평왕대의 시대적 상황을 먼저 살펴보자. 진평왕(579~631)은 진흥왕의 태자인 동륜의 아들로 진지왕의 뒤를 이어 왕위에 올랐다. 진평왕이 즉위하기까지 어려움이 있었다. 진흥왕 33년(572)에 아버지 태자 동륜이 사망하자 진평왕의 정치적 위상은 크게 위축되었을 것이다. 태자 동륜이 사망한 이후 진흥왕의 대내적인 조치는 불교관련 활동이 위주였다. 진흥왕은 태자 동륜이 사망한 해에 전사한 사졸들을 위해 외사에서 팔관회를 열었고, 2년 후인 35년(574)에는 황룡사 장육상을 주성하였다. 이런 일련의 불교행사는 진흥왕이 신라가 불국토라는 점을 대내외에 알리는 의미가 있다.[2)] 그리고 진흥왕이 사망한 해의 『삼국사기』 기사에서 왕은 어릴 때 즉위하여 일심으로 부처를 받들었고, 말년에는 머리를 깎고 승복을 입고 스스로 법운(法雲)이라고 호칭하며 일생을 마쳤다고[3)] 한 것으로 보아서 진흥왕은 말년에 완전히 불교에 귀의하였음을 보여 준다. 이때에 태자 동륜의 동생 사륜이 국정을 담당하며 정국을 주도하였을 것으로 생각된다. 사륜인 진지왕은 개인적으로 탁월한 능력과 이찬 거칠부의 지지가 있었기 때문에 진흥왕의 뒤를 이어 왕으로 즉위할 수 있었다.[4)] 그러나 진지왕은 4년(579)에 사망하였다. 『삼국사기』에는 진지왕의 죽

---

2) 이정숙, 「진평왕의 즉위 배경과 정국추이」, 『신라 중고기 정치사회 연구』, 혜안, 2012, 60~68쪽.

3) 『三國史記』 卷4 新羅本紀 第4 眞興王 37年조, "王幼年卽位, 一心奉佛, 至末年祝髮被僧衣, 自號法雲, 以終其身."

4) 김덕원, 「사륜계의 등장과 진지왕대의 정국운영」, 『신라 중고 정치사 연구』, 경인문화사, 2007, 32~33쪽.

음에 대해 "왕이 죽었다"[5]라고만 기술하고 있어 왕의 사망과 관련한 특이한 사항을 알 수 없다. 그러나 『삼국유사』에는 그의 죽음이 정변에 의한 것임이 드러나 있다. 진지왕이 재위한 지 4년 만에 정치는 어지러워졌고 주색에 빠졌으므로 국인(國人)이 그를 폐위시켰다는 것이다.[6] 진지왕대에 정치가 어지러워진 것은 진지왕의 지지 기반이었던 거칠부의 죽음과 관련이 있을 것이다. 거칠부의 죽음으로 지지 기반이 약화되자 진지왕의 반대세력이 득세하면서 정치가 혼란스러워졌다는 것을 의미한다.[7] 진지왕의 황음은 사량부 민가의 여인인 도화녀의 이야기에서 유추할 수 있다. 진지왕은 재위기간 중에 도화녀를 궁으로 불러들여 관계를 맺고자 했으나 도화녀가 일부종사하겠다는 확고한 의지를 보여 뜻을 이루지 못했는데, 후일 진지왕이 죽은 후 2년이 지나서 도화녀의 남편도 죽자 진지왕이 나타나서 도화녀와 관계를 맺고 비형랑을 낳았다고 한다.[8] 진지왕은 개인의 윤리 문제와 정치력의 미흡으로 인해 폐위되었던 것이다.

진평왕은 진지왕의 뒤를 이어 54년 동안 장기간 신라를 통치하였다. 그가 재위하던 시대는 왕권이 크게 신장된 시기였다. 수당 통일제국의 등장으로 고구려의 공세가 약화된 국제정세의 변화도 있었다. 새로운 관제를 설치하고 관제의 분업화도 꾀함으로써 왕권을 강화할 수 있는 기반을 마련하였다. 이런 바탕 위에서 보통 왕족의 신분인 진골과는 확연히 구별되는 성골이라는 혈족의식이 싹트게 되었다.

진평왕 초기에는 관제 개혁이 주로 많이 이루어졌다. 『삼국사기』 진평왕

---

5) 『三國史記』 卷4 新羅本紀 第4 眞智王 4年, "秋七月七日 王薨."

6) 『三國遺事』 第1卷 第2 紀異篇上 桃花女 鼻荊郎 조, "第二十五 舍輪王 諡眞智大王 …… 御國四年 政亂荒婬, 國人廢之."

7) 김덕원, 앞의 논문, 2007, 87~94쪽.

8) 『三國遺事』 第1卷 第2 紀異篇上 桃花女 鼻荊郎.

본기를 보면, 3년(581)에 위화부를 설치했고, 5년(583)에 선부서를 두었으며, 6년(584)에는 공부를 관장하는 조부령 1인과 거승을 관장하는 승부령 1인도 두었다. 8년(586)에는 예부령 2인을 두기도 하였다. 이런 관제 개혁은 진평왕 원년에 상대등으로 임명된 이찬 노리부(弩里夫)와 2년에 병부령으로 임용된 이찬 김후직의 지지가 있었기 때문에 가능하였을 것이다.[9] 김후직은 지증왕의 증손으로 진평왕 2년(580)에 이찬으로 병부령을 맡았다. 그는 전렵을 아주 좋아하는 진평왕에게 다음과 같이 간언하였다고 한다.

> 옛날의 임금은 반드시 하루에도 만 가지 정사를 보살피되 깊고 멀리 생각하고 좌우에 있는 바른 선비들의 직간을 받아들이면서 부지런하여 감히 편안하게 놀기를 즐겨하지 않았습니다. 그런 후에야 덕스러운 정치가 깨끗하고 아름다워져 국가를 보전할 수 있었습니다. 지금 전하께서는 날마다 미친 사냥꾼과 더불어 매와 개를 풀어 꿩과 토끼들을 좇아 산과 들을 달리어 스스로 그치시지 못합니다. 노자는 '말달리며 사냥하는 것은 사람의 마음을 미치게 한다'고 하였고, 서경에서는 '안으로 여색에 빠지고 밖으로 사냥을 일삼으면 그 중의 하나가 있어도 혹 망하지 아니함이 없다'고 하였습니다. 이로써 보면 안으로 마음을 방탕히 하면 밖으로 나라를 망하게 하는 것이니 반성하지 않을 수 없습니다. 전하께서는 유념하십시오.[10]

이 내용을 보면 간언을 할 때 김후직은 『노자』 12장을 인용했다. 김후직이 인용한 『노자』의 내용을 보면

---

9) 『三國史記』 卷4 新羅本紀 第4 眞平王 元年, "八月 以伊湌弩里夫爲上大等." 2年, "以伊湌后稷爲兵部令."

10) 『三國史記』 卷45 金后稷傳, "古之王者, 必一日萬機, 深思遠慮, 左右正士, 容受直諫, 孳孳矻矻, 不敢逸豫, 然後 德政醇美, 國家可保. 今殿下日與狂夫獵士放鷹犬, 逐雉兎, 奔馳山野, 不能自止. 老子曰 馳騁田獵 令人心狂. 書曰 內作色荒 外作禽荒, 有一於此, 未或不亡. 由是觀之 內則蕩心, 外則亡國, 不可不省也, 殿下其念之."

오색은 사람의 눈을 멀게 하고, 오음은 사람의 귀를 먹게 하며, 오미는 사람의 입맛을 잃게 한다. 말을 달리고 전렵을 하면 사람의 마음이 발광하게 되며, 얻기 어려운 재화는 사람의 행동을 타락하게 한다. 이런 까닭에 성인은 배부른 데 만족하고 향락을 좇지 않는다. 그러므로 호화롭고 사치함을 버리고 질박하고 안정됨을 취한다.11)

라고 했다. 김후직이 인용한 『노자』 12장의 구절과 현행 『노자』 12장의 구절을 비교하면 약간의 차이가 있다. 김후직이 인용한 『노자』의 구절은 "영인심광(令人心狂)"이라고 되어 있으나, 『노자』 12장의 구절은 "영인심발광(令人心發狂)"이라고 되어있다. 그러나 이 둘의 의미는 같다. 이 내용은 『장자』에서도 중요하게 여기는 부분이다. 『장자』에는

본성을 잃는 데는 다섯 가지가 있다. 첫째는 오색이 눈을 어지럽혀 눈을 흐리게 하는 것이고, 두 번째는 오성이 귀를 어지럽혀 귀를 듣지 못하게 하고, 세 번째는 오취가 코를 먹먹하게 하여 코가 막히고 머리를 아프게 하며, 넷째는 오미가 입을 흐리게 하여 맛을 알 수 없게 하며, 다섯째는 취사선택하는 것이 마음을 어지럽혀 본성을 흩어지게 하는 것이다. 이 다섯 가지는 생명을 해롭게 하는 것이다.12)

라는 내용이 있다. 인간이 감각의 쾌락만 좇고 절제하지 못하면 인간의 본성만이 아니라 생명까지도 잃게 된다고 엄중히 경고하고 있다. 『노자』의 이런 주장을 잘 이해하고 있던 김후직은 진평왕에게 전렵을 지나치게 해서는 안 된다고 『노자』 제12장을 들어 간언했던 것이다. 이런 점에서 보면 김후직

---

11) 『老子』 第12章, "五色令人目盲, 五音令人耳聾, 五味令人口爽, 馳騁畋獵, 令人心發狂, 難得之貨, 令人行妨. 是以聖人爲腹不爲目, 故去彼取此."

12) 『莊子』 外篇 天地 第12, "且夫失性有五, 一曰五色亂目, 使目不明. 二曰五聲亂耳, 使耳不聽. 三曰五臭薰鼻, 困惾中顙. 四曰五味濁口, 使口厲爽, 五曰趣舍滑心, 使性飛揚. 此五者, 皆生之害也."

은『노자』를 숙지했고, 도교문화를 잘 이해했기에 할 수 있는 간언이었다.

또 신라시대 도교문화를 이해했던 인물로 김인문을 들 수 있다.

태종 무열왕의 둘째 아들인 김인문은 23세에 당에 들어가 22년 동안 숙위를 하며 신라와 당의 외교를 원활히 하여 삼국통일전쟁을 완수하는 데 크게 기여하였다. 그는 어릴 때부터 유가의 책을 많이 읽고 아울러『장자』, 『노자』, 그리고 불교 관련 책도 섭렵하였다.[13] 다재다능했던 그는 예서와 활쏘기, 말타기, 향악(鄕樂)도 잘하고 식견과 도량이 넓어 당시 사람들이 추앙하였다고 한다. 신라 왕족인 김인문이 어릴 때부터『장자』와『노자』를 읽었다는 점으로 보아 당시 신라의 지배층은 노장사상에 대해서 잘 이해하고 있었음을 알 수 있다.

이어서 성덕왕(702~736) 때 집사시랑을 지낸 김지성(金志誠)도 노장사상에 심취했던 인물이다. 김지성은 성덕왕 18년(719)에 돌아가신 부모님을 위해 감산사에 석조미륵보살상과 아미타상을 조성하였다.[14] 미륵보살상과 아미타상 조상기를 보면 김지성의 사상이 잘 나타난다. 조상기를 찬술한 사람은 당대 최고의 문장가인 설총으로 추정되며, 글씨는 승려인 경융(京融)과 대사(大舍)인 김취원(金驟源)의 것으로 보인다. 미륵보살 조상기의 내용을 요약해 보면 다음과 같다. 김지성은 성품이 산수를 좋아하여 장자와 노자의 유유자적(逍遙)한 삶을 사모하면서, 뜻은 불교에 두고 무저(無著)의 그윽하고 적적함을 희구하였다. 나이 67세에 벼슬을 그만두고 은퇴하여 한적한 전원에 돌아가 오천언(五千言)의『(노자)도덕경』을 읽은 후에 명예와 지위를 버리고 현묘한 진리의 세계로 들어갔다고 한다.[15] 또 아미타상 조상기에 보면 김

---

13)『三國史記』卷44 金仁問傳, "幼而就學多讀儒家之書, 兼涉莊老浮屠之說."

14) 金南允 譯註, 「甘山寺 彌勒阿彌陀像 造像記」, 『譯註 韓國古代金石文』 제3권, 韓國古代社會硏究所편, 1992, 293~302쪽.

15) 金南允 譯註, 앞의 글, 1992, 296쪽, "性諧山水, 慕莊老之逍遙, 志重眞宗, 希無著之玄寂, 年六十有七, 致王事於淸朝, 遂歸田於閑野, 披閱五千言之道德, 棄名位而入玄. 窮硏

지성은 무저의 불교를 앙모하여 때때로 유가론을 읽고 아울러 장자의 심오한 도에 심취하여 날마다 『장자』의 소요유편을 읽었다고 한다.[16]

김지성이 도교의 근본적 원리를 제공한 『(노자)도덕경』과 『장자』를 매일 읽고 현묘한 진리를 추구했다는 사실이 기록된 것으로 볼 때 당시 신라 상층부에서는 노장사상에 대해 잘 알고 있었음이 틀림없다. 신라인의 노장사상에 대한 깊은 이해나 심취는 자연스럽게 신선사상으로 이어졌을 것이다.

제2절 신선의 추구

『삼국사기』 신라본기 진평왕 9년(587)조에는 신라인이 신선을 추구했던 구체적 사례가 흥미롭게 기록되어 있다. 내용이 비교적 길지만 매우 중요하고 진귀하므로 전문을 모두 소개하고 구체적으로 분석하고자 한다.

> 7월에 대세(大世)와 구칠(仇柒) 두 사람이 바다에 갔다. 대세는 내물왕의 7대손으로 이찬 동대(冬臺)의 아들이다. (대세는) 자질이 뛰어났는데, 어려서 세속을 초탈하고자 하는 뜻이 있었다. (그는) 교유하던 승려 담수(淡水)에게 (다음과 같은) 제안을 하였다. "이 신라 산골에서 살다가 한 평생을 마친다면 연못의 물고기가 호한하고 거대한 푸른 바다를 모르고 새장에 갇힌 새가 드넓은 산림을 모르는 것과 무엇이 다르겠는가? 나는 장차 뗏목을 타고 바다를 건너 중국의 오월 땅에 이르러 차차로 스승을 찾아 명산에서 도를 물으려고 한다. 만약 보통사람의 뼈를 바꿀 수 있고, 신선을 배울 수 있다면 바람을 타고 텅 비고 고요한 하늘에서 떠돌아다니게 될 것이다. 이것은 천하에서 기이하게 유람하는 장관일 것이니 그대는 나를 따를 수 있겠는가?" 담수는 이러한 제안을 받아들이지 않았다. 대세는 물러나서 (중국에 같이 갈) 친구를 찾았다. 그때 마침 절조와 기개가 있는 구칠이란 사람을 만나 함께 남산의 절에 가서 유람하였다. 그때 갑자기 바람이 불고 비가 내리자 나뭇

十七地之法門, 壞色空而俱滅."

16) 金南允 譯註, 앞의 글, 1992, 299쪽, "仰慕無著眞宗, 時時讀瑜伽之論, 兼愛莊周玄道, 日日覽逍遙之篇."

잎이 떨어져 뜰에 고인 물에 떠 있었다. 대세가 구칠에게 말하였다. "나는 그대와 함께 서쪽으로 유람할 생각이 있는데 지금 각자 나뭇잎 하나씩을 집어 그것을 배로 삼아 누구의 것이 먼저 가고 뒤에 가는지를 보자." 조금 후에 대세의 것이 앞에 있으므로 대세가 웃으면서 "내가 갈 것이다"라고 말하니 구칠이 화를 발끈 내면서 "나 또한 남자인데 어찌 홀로 못하겠는가?"라고 말하였다. 대세는 그가 함께 할 수 있음을 알고 자신의 뜻을 은밀히 말하였다. 구칠은 이것이 내가 바라던 바라고 말하자 마침내 서로 친구가 되어 남해에서 배를 타고 갔는데 후에 그들이 간 곳을 알 수 없었다.[17]

긴 내용을 요약하면 진평왕 9년(587)에 내물왕 7대손인 대세가 승려인 담수에게 신선술을 배우기 위해 중국의 오월지역으로 가자고 제안했다. 담수가 그의 제안을 받아들이지 않자 남산의 절에서 구칠이란 사람을 만나 중국의 오월로 가자는 뜻을 같이 하고 남해에서 배를 타고 갔는데 그들이 간 곳을 모른다는 이야기이다. 이 이야기에서 진평왕대라는 시대적 배경과 대세가 내물왕 7대손이란 신분적 배경, 대세가 알고 있는 신선술의 내용, 승려 담수, 구칠과 남산의 절 등이 주목된다. 이런 점들을 하나씩 하나씩 검토해 보자.

대세와 구칠이 신선술을 배우기 위해 남해에서 중국으로 향했던 시기는 진평왕 9년(587)이었다. 대세의 신분은 진골임에 틀림없다. 그는 내물왕의 7세손이기 때문이다. 사다함이 내물왕의 7세손으로서 진골이었음이 이를

17) 『三國史記』 卷4 新羅本紀 第4 眞平王 9年 7月, "大世·仇柒二人適海. 大世奈勿王七世孫, 伊湌冬臺之子也, 資俊逸, 少有方外志, 與交遊僧淡水曰 在此新羅山谷之間 以終一生, 則何異池漁籠鳥不知滄海之浩大 山林之寬閑乎. 吾將乘桴泛海 以至吳越 侵尋追師 訪道於名山. 若凡骨可換, 神仙可學 則飄然乘風於泬寥之表, 此天下之奇遊壯觀也. 子能從我乎? 淡水不肯, 大世退而求友, 適遇仇柒者. 耿介有節, 遂與之遊南山之寺, 忽風雨落葉, 泛於庭潦, 大世與仇柒言曰, 吾有與君西遊之志, 今各取一葉爲之舟, 以觀其行之先後, 俄而大世之葉在前, 大世笑曰 吾其行乎 仇柒勃然曰 予亦男兒也 豈獨不能乎 大世知其可與, 密言其志. 仇柒曰, 此吾願也. 遂相與爲友, 自南海乘舟而去, 後不知其所往."

입증해 준다.[18] 그리고 그의 아버지 동대는 이찬이었다. 이찬은 진골만이 오를 수 있는 관등이었다. 김씨족 중 내물왕을 시조로 하는 혈족 후손들이 왕족으로서 진골의식을 갖고 있었기 때문에 그가 내물왕 7세손임을 내세웠던 것이다.

왕족으로서 진골신분인 대세는 당시 최고 수준의 교육을 받았을 것으로 보인다. 그는 중국 도교에 대해서도 배우거나 익히 알고 있었을 것이다. 대세가 신선이 되는 방법과 형상을 구체적으로 묘사한 점에서 알 수 있다. 그는 신선은 바람을 타고 하늘에서 마음대로 돌아다닐 수 있는 세상을 초탈한 자유로운 존재라고 하였다. 신선이 되기 위해서는 보통 사람의 신체를 바꾸어야만 한다는 점을 명확히 인식하고 있었다. 그리고 신선이 되기 위해 중국의 오월 땅에 가서 스승을 찾아 명산에서 도를 배워야한다고 말하였다. 신선은 타고난 존재가 아니라 배우고 노력해서 도달할 수 있다고 여긴 것이다. 신선이 되고자 하는 염원을 가졌던 대세는 도교가 무엇인지 알았음이 틀림없다. 그가 말하는 신선이 되는 방법은 갈홍의 『포박자』에서 설명하고 있는 신선이 되는 방법과 거의 일치하고 있기 때문이다.[19]

그러나 대세는 불교가 강하게 세력을 떨치던 시대에 살고 있었다. 진평왕은 자신을 석가불로 비기었고, 모든 왕족의 이름은 불교에서 취하였다. 진평왕은 불교의 권위를 빌어 왕권 강화를 도모했던 것이다. 이러한 사회 분위기에서 그가 도교를 적극적으로 신봉하는 것은 불가능하였을 것이다. 그러므로 중국으로 가는 배편도 사적으로 마련했던 것으로 보인다. 대세가 처음에 신선술을 배우러 중국에 가고자 하는 의지를 친구인 승려 담수에게 밝혔다. 담수란 이름은 『삼국사기』 악지에도 등장하는데, 진평왕대에 날현

---

18) 『三國史記』 卷44 斯多含傳, "系出眞骨, 奈密王七世孫也."

19) 胡孚琛, 『魏晉神仙道教-抱朴子內篇研究』, 人民出版社, 1989.

인(捺絃引)을 지었다고 한다.[20] 『삼국사기』 악지에는 여러 악곡들을 소개하고 있는데 날현인이 화랑도의 가곡들인 도령가(徒領歌)와 사내기물악(思內奇物樂) 사이에 기재되어 있어 날현인이 화랑도와 관련이 있을 것으로 추측된다. 따라서 담수는 화랑도에 소속되어 있던 승려낭도로 생각되며 그와 밀접하게 교유했던 대세는 화랑출신이었을 가능성이 크다.[21] 비록 중국으로 함께 가자는 제안을 받아들이지는 않았지만, 승려인 담수도 신선술을 잘 알았고 평시에 공감했기 때문에 대세가 그런 제안을 했을 것이다. 후일 대세와 뜻을 함께한 구칠이란 인물과 유람한 곳이 남산의 절이다. 이 두 사람이 절을 함께 유람했고 그곳에서 비를 만나 고인 빗물 위에 떨어진 나뭇잎을 배로 삼아 서쪽으로 떠나자고 은근히 제안한 점은 바로 불교와 신선사상이 혼재하고 있음을 알 수 있다. 즉 신라의 불교도들은 신선사상에 대해 상당 정도의 지식을 갖고 있었다고 보인다.

승려와 신선사상의 밀접한 관계는 『삼국유사』의 두 명의 유명한 고승인 혜숙과 혜공에 대한 기록에서 찾을 수 있다. 혜숙과 혜공은 신라에서 정토신앙을 처음 열고 불교의 대중화에 앞장 섰던 고승들이다.[22] 이들은 후대에 흥륜사(興輪寺)에 십성(十聖)으로 봉안되었다. 이들이 신라 불교에서 이룬 커다란 공덕을 기리기 위한 것이다.[23] 이들은 불교를 대중화하기 위해 여자의 침상에서 누워 자거나 저잣거리에서 술에 취해 노래를 부르고 춤을 추

---

20) 『三國史記』 卷32 雜志 第1 樂, "捺絃引, 眞平王時人淡水作也."

21) 이기동, 「골품제사회 완충제로서의 화랑도」, 『신라골품제 사회와 화랑도』, 일조각, 1984, 358쪽.

22) 이기백, 「신라 정토신앙의 기원」, 『신라사상사연구』, 일조각, 1986, 124~140쪽.

23) 곽승훈, 「하대 전기 흥륜사 금당 십성의 봉안과 미륵하생신앙」, 『통일신라시대의 정치변동과 불교』, 국학자료원, 2002, 177~219쪽.
신선혜, 「삼국유사 이혜동진조와 신라 중고기 불교계」, 『신라문화제학술발표회논문집』 제33집, 2012, 223~224쪽.

기도 하였다. 또한 그들은 각종 이적으로 주위 사람들을 놀라게 하곤 하였다. 그 가운데는 죽음으로 이적을 행하기도 하였다. 이들의 죽음은 도교의 신선사상과 밀접한 관련이 있다.

진평왕대(579~631)에 살았던 승려 혜숙이 죽자 마을 사람들은 이현이란 고개의 동쪽에 그를 묻고 있었다. 그런데 그때 고개 서쪽에서 마을 사람 한 명이 혜숙을 만났고 그에게 어디를 가는가 물었다. 혜숙은 이곳에서 오랫동안 살았으니 다른 곳으로 유람하고자 한다고 하였다. 혜숙은 반 리쯤 가다가 구름을 타고 가 버렸다고 한다. 혜숙과 헤어진 마을 사람이 고개 동쪽에 이르렀을 때 방금 혜숙을 장사지낸 마을 사람들과 만났다. 그가 고개를 넘어오면서 혜숙과 만났던 이야기를 자세히 하자 이를 이상하게 여긴 마을 사람들이 무덤을 파헤쳤다. 무덤 속에서는 달랑 짚신 한 짝만이 덩그러니 놓여 있었다고 한다.[24] 이처럼 무덤 속에 혜숙의 시신은 없고 짚신 한 짝만 놓여 있었으며 구름을 타고 가 버렸다는 승려 혜숙의 이야기는 도교의 시해선(尸解仙)을 그대로 반영한 내용이다.

시해선은 신선의 일종이다. 도교에서는 신선을 천선(天仙) · 지선(地仙) · 시해선(尸解仙) 세 종류로 구분한다. 천선(天仙)은 살아 있는 채로 하늘로 올라가는 신선이다. 지선(地仙)은 오악(五嶽) 같은 명산에 살고 있는 신선이다. 시해선(尸解仙)은 보통 사람과 똑같이 죽음이란 형식을 겪고 난 후에 신선이 되는 것을 말한다.[25] 중국에는 시해선에 관한 기록이 많다. 대개는 시신을 무덤에 묻고 며칠 후 무덤을 파서 시신을 확인해 보면 시신은 사라지고 무덤 속에 그를 상징하는 의관, 검 또는 대나무 지팡이 등만이 남아 있다는 내용

---

24) 『三國遺事』 第4卷 第5 義解篇 二惠同塵, “未幾宿忽死, 村人轝葬於耳峴, 一作硎峴 東, 其村人有自峴西來者, 逢宿於途中, 問其何往, 曰, 久居此地, 欲遊他方爾, 相揖而別, 行半許里, 躡雲而逝, 其人至峴東, 見葬者未散, 具說其由, 開塚視之, 有芒鞋一隻而已.”

25) 『抱朴子內篇』 論仙篇 第2, “上士擧形昇虛, 謂之天仙. 中士遊於名山, 謂之地仙. 下士先死後蛻, 謂之尸解仙.”

이다.[26] 그 가운데는 혜숙의 예처럼 무덤을 파헤쳐 살펴보니 신발만 남아 있었다는 이야기도 있다. 영수광(靈壽光)은 후한 건안 원년(196)에 이미 220세였다고 한다. 그가 강릉에 있는 호망의 집에서 죽어서 염을 해서 무덤에 묻혔는데 100일이 지나 사람들이 소황이란 곳에 있는 그를 보고 호망에게 편지를 써서 그 사실을 알렸다. 호망이 편지를 읽고 그 사실을 확인하기 위해 무덤을 파서 보니 관 안에는 아무 것도 없고 관의 못도 그대로 있는데 다만 영수광의 헌 신발만 있었다는 것이다.[27]

이적을 행한 고승은 혜숙만이 아니었다. 혜숙과 동시대에 살았던 혜공은 천진공(天眞公)의 집에서 고용살이하던 노파의 아들이었는데, 후일 승려가 되어 혜공으로 부르게 되었다. 원효대사가 불경의 주소를 찬술할 때 자주 혜공에게 질의하였다는 기록으로 보아 혜공은 당시 신라의 고승이었다. 그는 이적을 많이 펼쳤다. 그는 도교의 시해선과 관련된 이적을 펼치기도 하였다. 구감공이 언젠가 산에 올랐다가 산길에서 죽어 넘어져 있는 혜공을 발견했다. 부풀어 올라 썩은 그의 시신에서는 구더기가 생겨 있었다. 이러한 처참한 지경에 이른 시체를 본 구감공은 오랫동안 비탄에 빠져 있다가 고삐를 돌려 성안으로 들어갔다. 그때 그는 시중에서 술을 마시고 크게 취해 노래를 부르며 춤을 추는 혜공을 보았다고 한다.[28] 혜공의 죽은 시체에서 구더기가 생긴 것을 보았던 구감공은 저잣거리에서 노래를 부르며 춤을 추는 혜공의 모습에 크게 충격을 받았을 것이다. 이와 같이 구더기가 생

---

26) 『雲笈七籤』 卷86 尸解部에는 송대 이전의 각종 시해선과 시해선을 이루는 방법을 소개하고 있다.

27) 『雲笈七籤』 卷86 尸解部, 靈壽光 ... ... 建安元年, 已年二百二十歲, 後死於江陵胡罔家. 殯埋百餘日, 人見之在小黃, 寄書與罔, 罔得書, 掘視之, 棺中空無所有, 釘亦不脫, 唯故履存焉.

28) 『三國遺事』 第4卷 第5 義解篇 二惠同塵, 瞿鑒昆公嘗遊山, 見公(惠空)死僵於山路中, 其屍月膖脹, 爛生虫蛆, 悲嘆久之. 及迴轡入城, 見公大醉歌舞於市中.

긴 시체를 보고 죽었다고 여겼는데, 그 후 멀쩡히 살아서 생활하는 모습에 관한 이야기도 시해선에 해당한다. 『운급칠첨(雲笈七籤)』을 보면, 동중군이란 사람은 어려서부터 행기(行氣)와 연형(熔形)으로 단련하여 나이가 100여 세가 되어도 늙지 않았는데, 무고를 당해 옥에 갇히곤 했다. 옥중에서 거짓으로 죽은 척하여 썩어 문드러진 그의 몸에서 악취가 나고 구더기가 생겨 그를 옥 밖으로 내보내면 항상 다시 살아나서 시체를 벗고 갔다고 한다.[29] 혜공이 펼친 신이한 행적은 도교의 시해선의 예와 일치하는 현상이다.

이적을 많이 보인 혜숙과 혜공이란 승려를 성스럽고 신비로운 존재로 부각시키는 데 도교의 시해선과 결부시켰다는 점은 불교도나 승려가 신선사상을 깊이 이해했다는 사실을 반영한다. 승려 혜숙과 혜공의 이야기 외에 불교와 시해선의 밀접한 관계를 알 수 있는 국내 자료는 별로 없지만 『일본서기』에서 흥미로운 기록을 찾을 수 있다. 성덕(聖德; 쇼토쿠)태자는 백제 승려로부터 불교를 받아들여 일본의 불교를 크게 발전시킨 인물이다. 『일본서기』에는 성덕태자를 성인(聖人)으로 추앙하기 위해 만들어진 이야기가 있다. 성덕태자가 어떤 곳에 놀러 갔는데 굶주린 사람이 있는 것을 보고 그에게 음식을 주었다. 다음날 사람을 시켜 굶주린 자를 살펴보게 하니 그는 이미 죽었다고 하였다. 성덕태자는 굶주려 죽은 자를 위해 무덤을 만들고 매장하게 하였다. 며칠 후 성덕태자는 시중드는 사람에게 굶주려 죽은 자가 보통사람이 아닌 진인(眞人), 즉 선인(仙人)이라 말하고 무덤을 살펴보게 하였다. 시중드는 사람이 돌아와서 무덤을 파서 보니 시체는 없고 옷은 잘 접어져 관 위에 놓여 있다고 전했다. 성덕태자는 그 옷을 가져오게 하여 평상시와 같이 입었다. 당시 사람들이 괴이하게 여기며 성인(聖人)이 성인(聖人)을 안다는 말이 사실이라고 하면서 성덕태자 앞에서 더욱 몸가짐과 언행을 조

---

29) 『雲笈七籤』 卷85 尸解部, "董仲君 …… 少行氣熔形, 年百餘歲不老. 常見誣系獄, 佯死, 臭爛生蟲. 獄家舉出, 而後復生, 尸解而去."

심했다고 한다.[30] 이것은 성덕태자의 성스러움을 드러내기 위해 성덕태자가 시해선을 만났고 시해선의 옷을 입었다는 신비스러운 이야기를 만들어 낸 것이다.

6세기 말 7세기 초인 진평왕대에 대세가 신선을 추구할 수 있는 구체적 방법을 알고 있었고, 승려 혜숙과 혜공이 시해선의 방법으로 이적을 행했던 이야기가 전해진 것은 그만큼 신라에서는 신선사상을 잘 알고 있었다는 예증이다. 진평왕대에는 신라만이 아니라 고구려와 백제도 도교에 관심을 갖고 상당한 노력을 경주하던 시대였다. 고구려는 624년(영류왕 7)에 당 고조가 파견한 도사를 받아들여 노자를 강의하게 하였다. 이때 고구려는 당과 비교적 안정적인 관계를 유지하고 있었다. 642년 연개소문은 정변으로 권력을 장악한 후 바로 당의 도교를 받아들였다. 이러한 조치에는 정치·외교적 의미가 숨어 있었다. 국내적으로 정치권력을 장악하고 대외적으로 당과의 관계를 안정시키고자 하는 바람이 있었던 것이다. 백제에서는 627년(무왕 35)에 궁남지를 조영하였다. 궁남지 안에 섬을 쌓고 방장선산에 비기었다는 기록으로 보아 궁남지는 신선사상을 반영하는 원지였다. 6세기 후반과 7세기 전반은 도교를 중시했던 수당 제국이 발흥하여 주변 여러 나라에 영향력을 확대하던 시기였다. 그러므로 도교도 주변국에 전파되어 영향을 미쳤던 것이다.

진평왕대의 신선사상 성행은 단순히 외부 세계의 영향에 의해서 이루어진 것만은 아니다. 신라인들은 5세기 초에 이미 신선사상을 알고 있었던 듯하다. 신라에서 신선사상과 관련된 기록은 5세기 초로 거슬러 올라간다. 『삼국사기』 실성이사금 12년(413)조를 보면,

8월에 구름이 낭산에서 일어났는데 바라보니 누각과 같았고 향기가 가득 퍼져 오랫동

30) 『日本書紀』 卷22, 推古天皇 21年 12月.

안 없어지지 않았다. 왕이 말하기를 이는 틀림없이 선령(仙靈)이 내려와 노는 곳이니 마땅히 복지(福地)라고 하였다. 이후부터 사람들이 그곳에서 나무를 베는 것을 금했다.[31]

는 기록이 있다. 낭산은 지금의 경북 경주시 구황동, 보문동, 배반동에 걸쳐 있는 산으로 경주를 지켜 주는 진산(鎭山)으로 여겨졌다. 현재 이 산의 남쪽 기슭에는 선덕왕릉과 사천왕사지가 있다. 누각이나 선령(仙靈)이 노는 곳인 복지는 바로 신선사상에서 중요한 의미로 등장하는 요소이다. 누각은 주위를 조망할 수 있는 높은 건물을 가리킨다. 중국에서 누각은 신선사상과 밀접한 관련이 있다. 신선을 추구하는 열정에 사로잡힌 한 무제(서기전 141~서기전 89)는 대대적으로 누각을 만들었다. 신선, 즉 선인은 누각에 머무는 것을 좋아한다는 말을 들었기 때문이다.[32] 누각은 인간과 신이 교통하는 매개이기도 했고, 크고 높게 지어진 누각은 군주의 권위를 과시하는 수단이기도 했다.[33] 이러한 점을 감안한다면 실성이사금이 낭산에서 일어난 구름이 누각과 같다고 말한 것은 신선사상과 관련이 있는 발언임을 알 수 있다.

실성이사금은 낭산을 선령이 내려와 노는 복지(福地)라고 표현하였다. 복지는 바로 신선이 거주하는 곳을 가리킨 것이다. 복지에 관한 내용은 갈홍(283~343)의 『포박자내편』에 처음 나온다. 그는 신선이 되기 위한 방법에서 선약의 복용을 매우 중시했다. 선약을 제조할 수 있는 장소로 명산을 열거했는데, 그 가운데는 화산, 태산 등 27개의 산이 들어 있다. 이러한 산에는 정신(正神)이나 지선(地仙)이 있으며 산위에는 지초(芝草)가 있고 더구나 큰 전

31) 『三國史記』 卷3 新羅本紀 第3 實聖尼師今 12年, "秋八月 雲起狼山, 望之如樓閣, 香氣郁然, 久而不歇. 王謂, 是必仙靈降遊, 應是福地. 從此後, 禁人斬伐樹木."

32) 『漢書』 卷25下 郊祀志下, "僊人好樓居."

33) 王毅, 『園林與中國文化』, 上海人民出版社, 1990, 64~65쪽.

쟁이나 난리를 피할 수 있는 곳이라고 하여 이러한 산이 별천지였음을 드러냈다. 수도하는 사람이 이러한 산에 올라 약을 만들면 산의 정신이나 지선이 반드시 도와서 복을 주므로 약도 반드시 만들어진다고 하였다.[34] 갈홍은 복지라는 말을 분명히 사용하지 않았으나 위에 열거한 산에는 지선도 있다고 한 점으로 보아 이들 산에는 신선이 산다는 점도 드러내고 있다. 남조 양의 도사 도홍경(456~536)은 복지는 신선이 사는 곳임을 분명히 하고 있다. 당에 이르러서 도교에서는 산에 신선이 사는 동굴인 동천(洞天)과 복지를 합쳐서 신선이 거주하는 명산을 동천복지(洞天福地)라고 불렀다. 중국에서는 큰 동천 10개, 소동천 36개, 그리고 72개의 복지가 있다고 한다.[35] 이 동천복지들에는 중국의 유명한 산이 대부분 포함되어 있다. 실성이사금이 선령과 복지를 연결시켜 말한 점으로 보아 이 시대의 신라인들은 이미 도교의 신선사상에 대한 지식을 일정한 정도 알고 있었다고 여겨진다.

신선과 신선이 사는 곳에 대한 명확한 인식이 있었다면 신라인들은 신선이 되기 위한 어떤 방법을 실행했을까? 이에 대한 답으로 강원도 명주군 강동면 하시동리에 있는 신라의 돌절구를 들고 싶다. 길이가 81.8cm, 폭 57.6cm, 높이 90.1cm인 이 절구에는 예서체로 "신라선인영랑연단석구(新羅僊人永郎鍊丹石臼)"라는 글자가 새겨져 있다. 즉 신라의 선인인 영랑이 연단한 돌절구이다.[36] 영랑은 신라 효소왕(692~701)때의 화랑이었다.[37] 그의 이름은 1970년에 발견된 울산군에 있는 울주 천전리 서석에도 등장하는데, "영

34) 『抱朴子內篇』 金丹篇 第4, "此皆是正神在其山中, 其中或有地仙之人. 上皆生芝草, 可以避大兵大難, ... 若有道者登之, 則此山神必助之爲福, 藥必成."

35) 小林正美, 『中國の道敎』, 創文社, 1998, 195~199쪽.

36) 김정숙 역주, 「永郎銘石臼」, 『역주 한국고대금석문』 제2권, 한국고대사회연구소편, 1992, 215~216쪽.

37) 『三國遺事』 第3卷 第4 塔像篇, 栢栗寺, "永郎徒, 唯眞才繁完等之名, 皆亦不測人也."

랑이 성업(成業)하였다"[38]라는 내용이다. 이로 보아 신라선인영랑연단석구는 7세기 후기에서 8세기 초기에 활약했던 영랑이 연단했음을 입증하는 물증이다. 그러므로 화랑인 영랑의 연단 돌절구에서 본바와 같이 선약(仙藥)인 단약의 제조를 통해 신선을 추구했을 것이다. 화랑도 도교문화와 밀접한 관련이 있음을 보여 준다.

연단은 단약을 만드는 것을 말한다. 단약은 불로장생을 추구하기 위해 변치 않는 광물질을 제련하여 얻은 약물이다. 그중에도 특히 세월이 지나도 영원히 변치 않는 황금을 복용하면 황금과 같이 불로장생, 즉 신선이 될 수 있다고 믿었다. 황금은 얻기 어려웠다. 때문에 황금을 만들기 위해 납과 수은과 다른 금석을 녹여 합금하는 방법이 사용되었다. 이때 사용되는 주요 원료가 단사(丹砂)이다. 단사를 제련하여 불로장생의 약인 단약을 만들므로 연단술이라도 한다. 연단 돌절구는 불로장생을 추구하는 신선사상의 풍조가 있었기 때문에 출현한 것이다.

연단은 의약의 발전과도 밀접한 관계가 있으므로 신라의 의학을 살펴보자. 통일신라시대의 높은 의료 수준을 알려주는 예화가 『삼국사기』 녹진열전에 보인다. 헌덕왕 14년(822)에 각간 충공이 상대등이 되어 정사당에서 관원을 전형하고 선발한 후에 퇴근하여 병에 걸렸다. 국의(國醫)를 불러 진맥하게 하였는데 국의는 "심장에 병이 있으므로 용치탕을 복용해야 한다"고 하였다. 충공이 21일간의 휴가를 얻어 쉬고 있다는 사실을 안 집사시랑 녹진은 충공을 뵙고 "병이 난 까닭이 아침 일찍 출근하고 저녁 늦게 퇴근하면서 이슬과 찬바람을 맞아 영위(榮衛)의 조화를 상하고 지체의 편안함을 잃어버렸기 때문이 아니겠습니까?"라고 물었다. 이에 대해 충공은 "그런 정도는 아니고 다만 어릿어릿하여 정신이 개운치 않을 뿐이다"라고 말했다. 그러자

---

38) 이문기 역주, 「蔚州川前里書石」, 『역주 한국고대금석문』 제2권, 한국고대사회연구소 편, 1992, 172쪽, "戌年六月二日 永郎成業."

녹진은 “공의 병환은 약석(藥石)이나 침폄(針砭)이 필요치 않습니다”라고 답하고 정치의 핵심을 충공에게 말하며 “어찌 이것저것 약을 먹느라고 부질없이 시간을 소비하며 사무를 폐할 필요가 있겠습니까”라고 하니 충공은 마음의 근심거리를 말끔히 해소하여 병이 나아 왕이 보내준 의관을 사절해 돌려보냈다고 한다.[39]

이들 통치계층의 대화 내용은 중국 의학의 핵심 내용을 많이 반영하고 있다. 질병을 진단하는 방법인 진맥, 심장을 비롯한 오장개념, 영과 위라는 경락과 기에 대한 이해 그리고 이에 대한 치료방법으로 든 침폄의 사용 등이다. 중국 의학은 기의 생명관을 기초로 하고 있다. 질병의 원인을 기와 연결시키는데, 풍(風) · 한(寒) · 서(暑) · 습(濕) · 조(燥)의 사기(邪氣)도 인간의 정기가 부족할 때 몸에 들어와 병을 일으킨다고 생각했다. 그러므로 녹진이 충공의 질병원인에 대해 진단하고 있는 내용은 중국 의학의 병인론에 의한 것이다. 중국 의학에서 질병을 진단하는 방법은 문진 · 망진 · 진맥 등이 있다. 그 가운데 중국 의학 체계와 가장 밀접한 관계가 있는 것은 진맥이다. 진맥을 통해 오장육부의 기가 서로 원활히 소통하고 있는지를 확인할 수 있기 때문이다. 오장육부의 기가 서로 연결되어 소통하는 길로 경락을 든다. 인체의 기 가운데 하나인 영기(榮氣)는 맥을 타고 흐르면서 영양을 공급한다. 이에 비해 위기(衛氣)는 맥 밖에서 운행하는 기로서 신체의 표면을 보호하는 작용을 한다. 이러한 중국 의학의 전문용어인 영위기를 녹진이 언급한 점으로 보아 당시 신라의 통치계층은 중국 의학에 대해 상당한 정도의

39) 『三國史記』 卷45 祿眞傳, “時忠恭角干爲上大等, 坐政事堂, 注擬內外官, 退公感疾, 召國醫診脈, 曰, 病在心臟, 須服龍齒湯. 遂告假三七日, 杜門不見賓客. …… 祿眞進曰, 伏聞寶體不調, 得非早朝晚罷, 蒙犯風露, 以傷榮衛之和, 失支體之安乎. 曰, 未至是也, 但昏昏嘿嘿, 精神不快耳. 祿眞曰, 然則公之病 不須藥石, 不須針砭, 可以至言高論, 一攻而破之也. 公將聞之乎. 曰, 吾子不我遐遺, 惠然光臨, 願聽玉音, 洗我胸臆 …… 何必區區於服餌之間, 徒自費日廢事爲哉.”

지식을 가지고 있었다고 생각된다.[40]

녹진이 충공에게 한 진언 중에 "어찌 이것저것 약을 먹느라고 부질없이 시간을 보내느냐"는 내용의 원문을 보면 '복이(服餌)'라고 표기하였다. 복이는 도교에서 장생과 불사를 추구하는 선약을 복용한다는 의미이다. 한국 고대 역사서에서 복이란 용어는 녹진 열전에만 보이므로 복이의 유행여부는 자세히 알 수 없다. 복이는 중국 위진남북조 수당시대에 성행했을 뿐만 아니라 사회전반에 영향을 미쳐 복이를 추구하는 승려조차도 많았다고 한다.[41] 일본의 지배층도 복이를 중시했다. 8세기 전반에 세도가였던 등원가(藤原家) 첫째 아들인 등원무지마려(藤原武智麻呂)가 청장년시절에 제자백가와 『노자』·『장자』·『주역』의 삼현을 익혔고 불교를 중시하면서도 동시에 복이를 좋아했다고 한다.[42] 이런 점에서 보면 복이의 풍조는 당시 동아시아 각국에서 유행했음을 알 수 있고 녹진의 말과 "신라선인영랑연단석구"를 감안하면 신라에서도 유행했을 것으로 생각된다. 복이의 풍조로도 신라의 신선사상의 한 측면을 이해할 수 있다.

신라인이 신선사상을 추구한 구체적 내용은 봉림사 진경대사탑비를 통해 확인할 수 있다. 진경대사탑비의 찬자는 경명왕이다. 진경대사탑비는 경명왕 7년(923)에 진경대사가 입적하자 그의 덕을 추모하기 위해 경명왕이 친히 찬했다. 진경대사의 부친은 김유신의 후손인데 국사의 지위에 올랐던 진경대사와는 전혀 다른 길을 걸었다. 진경대사탑비를 보면 그의 아버지 배상(盃相)은 노자와 장자의 도가 높다고 추앙하고, 송교(松喬)에 뜻을 두었다고 한다. 배상이 한가롭고 여유로운 생활을 만끽하며 벼슬하지 않으려 하

40) 나의 논문, 「고대인의 질병관과 의료」, 『백제의 종교와 사회』, 서경, 2001, 126~136쪽.

41) 廖芮茵, 『唐代服食養生研究』, 臺灣學生書局, 2004.

42) 나의 논문, 「고대 일본에 전파된 백제 도교」, 『한국고대사연구』 55, 2009, 320~321쪽.

자 조야에서는 매우 안타까워했다고 한다.[43] 송교는 신선인 적송자(赤松子)와 왕지교(王之喬)를 지칭한다. 배상이 신선을 추구하며 신선사상에 뜻을 두었음을 알 수 있다.

제3절 원지

신선의 추구는 신라에서 조성한 원지를 통해서도 확인할 수 있다. 1975년 안압지 즉 월지 발굴이후 현재까지 발굴된 신라 원지 유적은 5개에 이르나 발굴을 끝내 그 전모가 밝혀진 원지 유적은 월지와 구황동 원지뿐이다. 경주 황룡사지 북쪽에 위치한 구황동 원지는 1999년부터 2004년까지 국립경주문화재연구소에서 발굴을 하였다. 이 원지는 1차 원지와 2차 원지로 구분된다. 7세기 전반에 축조된 1차 원지가 8세기 초에 발생한 북천의 범람으로 폐기되었다가 8세기 전반에 2차 원지가 다시 조성되었다. 따라서 1차 원지의 자세한 모습은 찾기가 매우 어렵다. 구황동 2차 원지는 남북 최대 길이 46.3m, 동서 최대 너비 26.1m의 장방형의 형태를 띠고 있는데, 원지의 총 연장 길이는 192m이고 전체 평면적은 1,049㎡(약 317평)이다. 호안을 돌로 쌓은 원지의 내부에는 원지의 남과 북쪽에 각기 한 개씩 두 개의 인공섬이 배치되어 있다. 남쪽의 섬이 소도이고 북쪽의 섬이 대도인데, 소도에는 정자와 같은 건물이 설치되었으나 대도에는 그런 흔적이 없다. 이 원지 옆에는 궁전의 전각들이 들어서 있고, 원지에 가까운 곳에는 누정이 세워져 있다. 이 누정에서 원지를 바라보면 원지와 북쪽에 있는 경주의 소금강산이 멋지게 어울려져 선계를 연상하도록 원지가 조성되어 있다. 원지 안에 2개의 인공 섬을 갖고 있는 구황동 원지는 월지의 영향을 받아 조성된 것으로

---

43) 남동신 역주, 「봉림사 진경대사탑비」, 『역주 한국고대금석문』 제3권, 한국고대사회연구소편, 1992, 215쪽, "考盃相, 道高莊老, 志慕松喬, 水雲雖縱其閑居, 朝野恨其無貴仕."

보인다.[44)]

월지(月池)는 안압지로 널리 알려졌으나 발굴 성과에 의해 신라시대의 월지임이 판명되어 지금은 월지로 불린다. 안압지란 이름은 조선시대의 『동국여지승람(東國輿地勝覽)』과 『동경잡기(東京雜記)』에 처음 등장하는데, 신라시대의 못과 건물은 이미 사라져 없어지고 못 위로 기러기와 오리가 날아다는 모습에 안압지로 불리었을 것이다.[45)] 1975년부터 2년 여에 걸친 월지 발굴조사에서 월지라는 명문이 있는 유물이 있는 것으로 보아 이곳이 신라시대의 월지임을 알 수 있었다. 이때의 발굴에서 동서 200m, 남북 180m에 이르는 대형 못과 대형 건물군이 확인되었다. 못의 전체 면적은 15,678㎡(4,738평)인데, 그 안에는 대, 중, 소의 세 개의 섬이 배치되어 있다. 대도, 중도, 그리고 소도의 면적은 각기 1,094㎡(330평), 596㎡(150평), 62㎡(20평)이다.[46)] 월지의 유물에는 동궁(東宮)명 유물, '의봉사년개토(儀鳳四年皆土)' 명문 기와, '조로이년(調露二年)' 명문 보상화문전이 출토되었다. 의봉은 당 고종의 연호로서 의봉 4년은 679년에 해당되고, 조로도 당 고종의 연호이다. 조로 2년은 680년에 해당된다. 따라서 이들 유물로 보아 월지 서편에 위치한 건물군은 동궁으로 문무왕 19년(679)에 공사를 시작하여 문무왕 20년(680)에 완공된 것으로 보인다. 이것은 『삼국사기』 기록으로 확인된다.[47)] 후일 군신이나 사절에게 연회를 베풀었던 임해전은 동궁에 속한 것으로 보인다.[48)]

---

44) 오승연, 「신라의 궁원지-구황동 원지의 성격을 중심으로」, 『백제연구』 53집, 2011, 52~85쪽; 「신라 궁원지의 변천-구황동 원지를 중심으로」, 『동아시아 고대 정원 및 사지의 연구현황과 과제』, 국립부여문화재연구소 학술세미나 발표문, 2011, 17~37쪽.

45) 고경희, 『안압지』, 대원사, 1989.

46) 박경자, 『안압지조영계획 연구』, 학연문화사, 2001, 119~132쪽.

47) 『三國史記』 卷7 新羅本紀 第7 文武王 下 19年 8月, "創造東宮."

48) 국립경주문화재연구소, 『경주 동궁과 월지 1 발굴조사보고서』, 2012, 28~30쪽.

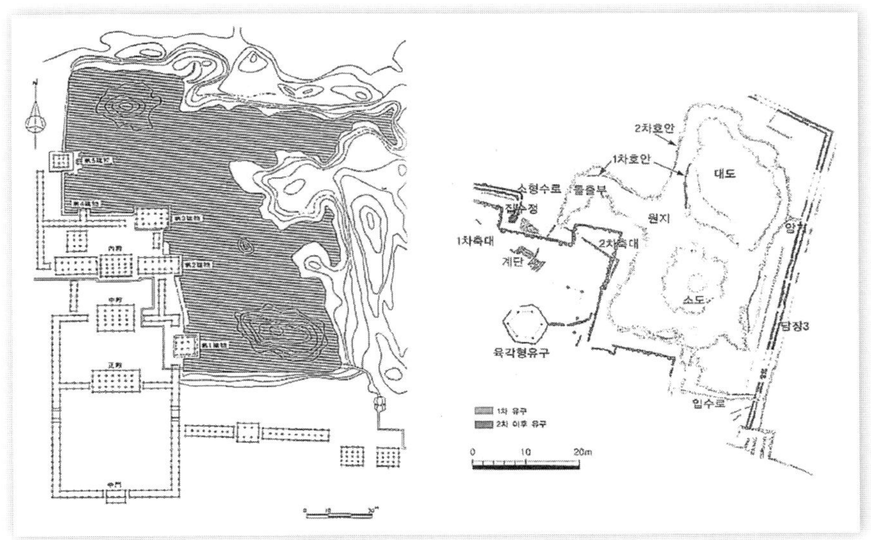

〈도판 18〉 월지(좌), 구황동원지(우)[49]

먼저 문무왕이 월지를 조성한 이유를 알아보자. 문무왕은 삼국통일의 대업을 이룬 위대한 왕이다. 문무왕은 663년에 백제 부흥군을 괴멸시켜 백제 부흥의 씨앗을 완전히 잘라 버리고, 이어 668년에는 고구려도 멸망시켰다. 676년에는 당이 세운 안동도독부를 축출함으로써 명실상부한 통일국가를 이룩하였다. 삼국통일 과정은 매우 어려웠다. 그런데 그 과정에서 문무왕은 14년(674) 월지를 조영하였다. 궁 안에 못을 파고 산을 조성한 다음 그곳에 각종 화초를 기르고 진기한 새와 짐승을 키웠으며 동궁을 축조하였던 것이다.[50] 월지의 각종 화초와 진기한 새와 짐승은 발굴조사에서 조금은 확인

49) 오승연, 「신라 궁원지의 변천 -구황동 원지를 중심으로」, 앞의 책, 2011, 32쪽.

50) 『三國史記』 卷7 新羅本紀 第7 文武王 下 14年 2月, “宮內穿池造山, 種花草, 養珍禽奇獸.”; 19年 8月, “創造東宮.”

할 수 있었다. 월지의 화분분석 결과로 보면, 월지의 주변에는 소나무속, 참나무속, 버드나무속, 밤나무속, 오리나무속, 느릅나무속, 서나무속, 자작나무속, 개암나무속, 물푸레나무속, 쥐똥나무속, 단풍나무속, 팽나무속, 전나무속, 굴피나무속, 인동나무속, 피나무속, 옻나무속 등의 수종이 심어져 있었던 것으로 보인다. 월지 발굴조사에서 거위, 오리, 산양, 사슴, 말, 개, 돼지 뼈 등이 못 속에서 출토된 점으로 보아 월지 주변에서 이러한 새와 짐승 종류를 길렀음을 알 수 있다.[51)]

문무왕이 험난한 삼국통일 과정에서 이미 고갈된 국력을 또 다시 소모하는 월지와 임해전을 축조한 목적은 월지에서 각종 화초를 기르고 진기한 새와 짐승을 길렀다는 데서 그 해답을 찾을 수 있다. 월지에 있는 화초, 새 그리고 짐승에는 신라만이 아니라 새롭게 편입된 백제와 고구려 영토의 각종 화초와 진기한 새와 짐승도 포함되었음에 틀림없다. 그러므로 각종 화초와 진기한 새와 짐승은 신라의 통치영역의 확대와 통치의 공고함을 상징한다 하겠다. 게다가 고대인들은 진기한 새가 거주하고 있는 나라가 국력이 융성한다는 믿음을 가지고 있었기 때문에 더욱 그러하다. 이와 같이 못을 파고 그 안에 산을 조영하며, 못 주위에 누각을 세우고 각종 화초, 진기한 새 그리고 짐승을 기르는 문화는 백제에서 매우 성행하였다. 백제는 한성도읍 시기부터 못을 만들고 그 안에 산을 만들었으며, 못 주위에 누각을 세우고 각종 기이한 화초와 진기한 새와 짐승을 길렀다. 백제 무왕도 그러한 전통을 이어 634년 부여에 있는 사비궁 남쪽에 못을 파고 20여 리 떨어진 곳에서 물을 끌어들여 궁남지를 조성하였다. 그리고 무왕은 궁남지 네 언덕에 버드나무를 심고 못 속에는 섬을 만들어 그 섬을 방장선산(方丈仙山)에 비기었으며 망해정도 세웠다. 방장선산은 삼신산의 하나이다. 그러므로 못 가운데 방장선산을 조성한다는 것은 신선을 추구한다는 점을 잘 드러내는 확

51) 박경자, 앞의 책, 2001, 181~182쪽.

실한 증거이다. 더구나 못 주위에 누각을 조영하는 점도 그렇다. 신선이 누각에 머무르기를 좋아한다는 믿음이 있었기 때문이다.

문무왕은 백제의 궁남지와 망해정을 모방하여 월지와 동궁의 임해전을 축조하였다. 문무왕은 부왕인 태종 무열왕을 따라 백제를 멸망시키는 전쟁에 직접 참여하였는데, 그때 부여에 가서 궁남지와 망해정을 직접 보고 원지 조형에 참고했을 것으로 보인다.[52] 그리고 그는 월지에 세 개의 산을 조영하였다. 세 개의 산은 바로 삼신산을 말한다. 문무왕도 못의 삼신산을 조영하여 신선사상을 표현하였던 것이다. 동궁의 임해전도 신선이 거주하는 누각을 상징한다. 월지와 동궁의 임해전은 신라인이 신선사상을 추구했다는 점을 잘 보여 주고 있다.

제2장 방술

삼국통일의 명장 김유신이 어려서 방술을 배웠다는 기록은 의외이다. 중국 진한(秦漢)시대 이후 방사(方士)가 추구했던 다양한 술법(術法)을 방술(方術)이라고 한다. 진한시대 방술은 크게 인간의 생명과 관련된 방기(方技)와 천문·우주와 관련된 술수(術數), 그리고 주술적 요소를 갖고 있는 기타 잡술(雜術)로 나눌 수 있다.[53] 시간이 흐르면서 방술, 방기, 술수라는 용어를 구분 없이 뒤섞어 사용하였다. 이러한 방술은 대부분 도교에 흡수되어 도교문화의 중요한 부분을 차지하게 되었다. 도교에서는 주문과 부록 등으로 귀신을 부리는 방법인 방술을 중요시한다. 방술을 활용하여 수행하는 사람이 그 자신과 주위 환경을 청정하게 할 수 있다고 믿었기 때문이다. 그렇다면

52) 이기백, 「망해정과 임해전」, 『신라사상사연구』, 일조각, 1986, 287~292쪽.

53) 陳永正 主編, 『中國方術大辭典』, 中文大學出版社, 1991, 7~9쪽.

김유신이 어려서부터 어떤 연유로 방술을 배웠으며, 그가 배운 방술의 내용이 구체적으로 어떤 것이지 살펴보고자 한다. 다음으로 최근에 발굴된 방술 관련 유물을 통해 도교문화의 구체적 면모를 검토할 것이다.

제1절 김유신 가문과 방술

신라인 가운데 방술을 체득한 사람으로는 단연 김유신(595~673)과 그의 후손 김암을 꼽을 수 있다. 한국 고대 사서에서 신라의 방술에 관한 기록은 매우 소략하다. 김유신이 중악에서 난승에게 방술을 배웠다는 내용과 김유신의 후손인 김암이 어려서부터 방술 배우기를 좋아했다는 기록만이 있을 뿐이다. 그렇다면 김유신은 언제, 어디서, 어떤 방술을 체득한 것일까?

김유신은 삼국통일의 주역이다. 한국 고대사에서 차지하는 김유신의 중요성은 『삼국사기』 김유신 열전을 통해 알 수 있다. 전체 50권으로 이루어진 『삼국사기』 가운데 김유신 열전은 3권이나 차지하고 있으며, 10권의 열전 가운데 김유신 열전이 가장 먼저 등장하여 3권을 차지하고 있다. 『삼국사기』 열전 10권에는 모두 69명의 개인기록이 수록되어 있는데 그 가운데 김유신이 홀로 3권을 차지하고 있다는 점은 그의 무게감을 대변하고 있는 것이다. 그리고 김유신은 생존 당시에 이미 그의 이름이 중국과 일본에 알려져 있었다. 648년 김춘추가 입당하였을 때 당 태종이 김유신의 이름을 알고서 그의 사람됨을 물었다는 기록과 668년 신라 사신 김동암(金東巖)이 일본에 갔다가 귀국할 때 일본에서 김유신에게 배 1척을 선물하고자 한 사실은 7세기에 김유신의 위상이 대단하였음을 웅변하는 실례이다.[54)]

위대한 업적을 달성한 사람은 그 일을 감당하고 성취해 낼 수 있는 준비

54) 이기동, 「김유신-지성으로 이룩한 삼국통일의 위업」, 『한국사시민강좌』 30, 2002, 10~22쪽.
주보돈, 「김유신의 정치지향」, 『흥무대왕 김유신 연구』, 신라사학회편, 2011, 6~7쪽.

과정이 있기 마련이다. 김유신도 그러했다. 15세에 화랑이 되어 용화향도를 거느리던 김유신은 17세가 되자 신라를 침략하는 고구려, 백제, 말갈을 평정할 큰 뜻을 품게 되었다. 그는 큰 뜻을 펼 수 있는 능력을 갖추기 위해 홀로 신라의 신성한 산인 중악(中嶽)을 찾았다. 천신만고 끝에 중악의 석굴에 들어가 정성을 다해 목욕재계를 하고 하늘에 기도하였다. 시도 때도 없이 신라를 침범하는 무도한 적국을 평정할 수 있는 힘을 달라고 간구하였다. 적국을 평정할 수 있는 방법을 얻지 못하면 돌아가지 않겠다고 맹세하며 그곳에서 머물고 있었다. 나흘째가 되는 날 홀연히 어떤 노인이 그의 앞에 나타났다. 그는 어린 김유신이 독충과 맹수가 많은 위험한 산중에 홀로 있는 것을 안타까워하였다. 김유신이 노인의 존함을 묻자 그 노인은 자신의 이름이 난승(難勝)이라고 하며 일정한 곳에 머물지 않고 인연에 따라 떠돌아다니는 사람임을 밝혔다.[55] 예사롭지 않은 대답에 감동한 김유신은 그에게 두 번 절하고 다음과 같이 말하였다.

> 저는 신라 사람입니다. 나라의 원수를 보니 마음이 아프고 근심이 되어 여기 와서 만나는 바가 있기를 바라고 있었습니다. 엎드려 비오니 어른께서는 저의 정성을 애달피 여기시어 방술을 가르쳐 주십시오.[56]

원수를 갚을 수 있는 방술을 가르쳐 달라고 애원하는 김유신에게 난승은 쉽게 응하지 않았다. 난승은 김유신이 얼마나 간절하게 방술을 원하는지 또 그가 과연 방술을 깨쳐 잘 사용할 수 있는지 신중하게 살펴본 것 같다. 김유신이 눈물을 흘리며 6~7번이나 애원하자 난승은 결국 김유신에게

55) 용화향도와 난승의 불교적 의미에 대해서는 김영태, 「김유신의 통일의지와 미륵신앙-용화향도와 난승노인을 중심으로」, 『한국불교학』 14, 1989, 11~26쪽을 참고하기 바란다.

56) 『三國史記』 卷41 金庾信傳 上, "僕新羅人也. 見國之讐, 痛心疾首, 故來此, 冀有所遇耳, 伏乞長者憫我精誠, 授之方術."

삼국을 병합할 비법을 소상히 가르쳐 주었다고 한다. 방술을 습득한 김유신은 다음해 홀로 보검을 차고 열박산(咽薄山) 깊은 골짜기에 들어갔다. 그는 향을 피우고 천관(天官)께서 빛을 드리워 보검에 신령을 내려 주기를 하늘에 간절히 기도하였다. 3일째 되는 날 밤에 허성(虛星)과 각성(角星) 두 별의 빛이 내려와 보검이 흔들리는 것 같았다고 한다. 인간의 운명을 맡고 있는 허성과 인간의 형벌과 군사를 맡고 있는 각성의 별빛이 김유신의 보검에 내려왔다는 것은 김유신의 운명과 군사적 승리를 하늘에서 보우한다는 뜻이 있음을 의미한다.[57)]

김유신은 신라에서 방술을 체현하여 가장 잘 활용한 인물로 그의 일생 자체가 방술적 요소와 밀접한 관계가 있다.[58)] 일설에는 김유신이 전생(前生)에 고구려에서 억울하게 죽은 점치는 사람인 복서지사(卜筮之士) 추남(楸南)이었다고 한다. 김유신의 어머니는 하늘에서 별이 내려오는 태몽을 꾸었고, 김유신이 태어나자 그의 등에 칠성의 무늬가 있었다고 한다. 김유신이 칠성의 무늬를 갖고 태어난 것은 해와 달, 그리고 화, 수, 목, 금, 토 5개의 별을 함께 일컫는 칠요(七曜)의 정기를 받았기 때문이라고 한다. 탄생의 신비만큼 김유신의 죽음에도 유사하게 신이한 현상이 나타난다. 김유신은 자신을 보호하던 음병(陰兵)이 떠나갔다는 소식을 듣고 곧이어 죽었다고 한다.[59)] 김유신의 탄생과 죽음에 이처럼 신이한 방술적 요소가 잘 나타난다.

김유신이 얻었다는 삼국을 병합할 수 있는 비법이란 방술의 구체적 내용은 그의 후손인 김암(金巖)이 익혔던 방술에서 찾아볼 수 있다. 『삼국사기』

---

57) 『三國史記』 卷41 金庾信傳 上.

58) 도교의 시각에서 김유신의 행적을 탐구한 글로는 김태식, 「월경과 폭무, 두 키워드로 본 모략가 김유신」, 『백산학보』 70, 2004; 「방사로서의 김유신-도교교단으로서의 화랑 탐구를 겸하여」, 『신라사학보』 11, 2007; 「김유신의 입산수도와 그의 용화향도」, 『한국고대사탐구』 13, 2013이 있다.

59) 『三國史記』 卷41 金庾信傳 上.

김유신 열전 하를 보면 그의 적손으로 김윤중(金允中)이 나온다. 김암은 김윤중의 서손으로서 어려서부터 총명하고 방술 배우기를 좋아하였다고 한다.[60] 그는 당나라에 들어가 숙위하는 한편 그곳에서 스승을 섬기며 음양가법(陰陽家法)을 배웠다. 스스로 둔갑입성지법(遁甲立成之法)을 지어 스승에게 드렸다 한다. 그것을 읽은 그의 스승은 놀라움을 금치 못하고 그를 제자로서 대하기 어려울 정도였다고 한다. 『수서』 경적지에 보면, 둔갑에 관한 수많은 책을 수록하고 있는데 그 가운데는 둔갑입성(遁甲立成)과 관련된 책으로 『둔갑입성육권(遁甲立成六卷)』, 『둔갑입성일권(遁甲立成一卷)』, 『둔갑입성법일권(遁甲立成法一卷)』이 보인다. 이러한 각종 둔갑법에 관한 서적은 오행(五行)에 속해 있다.[61] 이런 점으로 본다면 둔갑입성지법은 오행의 변화를 이용하여 좋은 것을 얻고 나쁜 것을 피하는 방술을 빨리 익히는 방법으로 생각된다.

대력연간(766~779)에 귀국한 후 김암은 사천대박사(司天大博士)와 여러 지역의 태수를 역임하였다. 김암은 부임지에서 농사철에 여가가 있으면 백성들을 모아 육진병법(六陣兵法)을 가르쳤는데 놀랄 만한 성과를 거두자 사람들이 매우 유용하다고 여겼다. 또 패강진(浿江鎭)의 들판에 황충(蝗蟲)이 우글거려 백성이 근심하자 김암이 산꼭대기에 올라 향을 피우고 기도하자 갑자기 풍우가 크게 일어 황충이 몰살되는 이적이 일어났다고 한다.

김암이 습득한 방술의 내용은 백제 승려 관륵이 왜에 전수한 방술과 유사하다. 602년에 관륵은 역본(曆本) · 천문지리서(天文地理書) · 둔갑방술서(遁甲方術書)를 가지고 왜로 건너갔다. 왜왕은 뛰어난 사람 세 명을 선발하여 관륵의 역법 · 천문둔갑 · 방술을 배우도록 하였다.[62] 관륵이 왜에 가지고 갔던 책과 지식은 당대 최고의 첨단 지식이었다. 그러므로 왜에서는 그 지식

60) 『三國史記』 卷43 金庾信傳 下, "允中庶孫巖, 性聰敏, 好習方術."

61) 『隋書』 卷34 經籍 3.

62) 『日本書紀』 卷22 推古天皇 10年 10月.

을 습득하기 위해 뛰어난 사람을 선발하여 배우도록 했던 것이다. 천무(天武)천황은 관륵의 천문둔갑과 방술을 잘 활용한 인물이다. 천무는 672년 임신의 난이란 정변을 통해 즉위한 사람이다. 임신의 난을 일으킨 지 1달여 만에 정적인 대우(大友)황자를 제거하고 정권을 탈취하였다. 탁월한 군사전략으로 신속하게 정권을 탈취하여 일본 최초로 천황으로 칭해진 인물이다. 천무는 내란 초기에는 어려움에 봉착하였다. 그 때에 천무가 친히 식(式)을 잡고 점을 쳤다. 그리고 천하가 둘로 나누어지나 결국은 자신이 천하를 차지할 것이라고 말했다 한다.[63] 천무가 친 점은 바로 식점(式占)이다. 식점에는 육임(六壬)·태을(太乙)·둔갑(遁甲) 3가지가 있다. 모두 식을 사용해서 점을 친다는 공통점이 있다. 이 가운데서도 둔갑은 군사적 목적으로 활용되기도 하였다.

김암의 방술은 내용면에서 관륵의 방술과 대동소이하다. 김암이 펼친 방술에는 음양가법, 둔갑입성지법, 천문관련 기술, 육진병법, 날씨를 변화시키는 신이한 주술 등이 포함되어 있다. 김암이 행한 방술은 음양오행에 기반을 둔 첨단 지식의 종합체로서 병법으로도 활용되었다는 특징이 있다. 김암의 이러한 방술은 가학(家學)으로 김유신 집안에서 대대로 전해져 내려왔던 것으로 보인다.

김유신은 삼국통일 전쟁에서 방술을 응용하였다. 김유신은 천지자연과 인간사회가 서로 상관관계에 있으며 인간세계는 귀신 등 초자연세계의 영향을 크게 받고 있다는 시대에 살았다. 이런 점을 이지적으로 이해하고 활용하는 데 방술은 매우 효과적이었을 것이다. 당시 최첨단 지식이었던 방술은 자연과 귀신 세계를 나름대로 체계적으로 이해하고 그것을 활용하려는 분야였기 때문이다. 김유신은 방술을 이용해 당시대인의 정신세계를 깊이

---

63) 『日本書紀』 卷28 天武天皇 上 元年 6月, "時 天皇異之, 則擧燭親秉式占曰, 天下兩分之祥也. 然朕遂得天下歟."

이해하고 그것을 이성적으로 활용하고자 했다.

먼저 선덕여왕의 정치적 위기에 대처한 김유신의 활약을 보자. 선덕여왕 16년(647) 대신 비담과 염종이 선덕여왕을 폐위시키고자 반란을 일으켰다. 왕의 군대는 월성에 주둔하고 비담 등은 명활성에 주둔하며 서로 대치하며 공방을 벌였으나 10일이 지나도 지루한 공방만을 전개하고 있었다. 이때 한밤중에 큰 별이 월성에 떨어졌다. 이런 광경을 본 비담은 별이 떨어진 곳에는 피를 흘리게 된다 하니 여왕이 패할 징조라고 그를 따르던 반란군에게 외쳤다. 이 말에 사기가 드높아진 반란군은 천지가 진동할 정도로 환호성을 내질렀다. 이 소리를 들은 선덕여왕은 두려워서 어찌할 줄을 몰랐다. 김유신이 여왕을 뵙고 길함과 흉함은 사람에 달렸고 덕이 요사함을 이긴다고 아뢰고 여왕의 마음을 안정시켰다. 이어서 그는 사람의 형상인 우인(偶人)을 만들고 그것에 불을 붙인 다음 연에 띄워 하늘로 날려 보내고 어젯밤에 떨어진 별이 다시 하늘로 올라갔다고 소문을 내게 하였다. 이러한 조치로 반란군이 그들의 승리를 반신반의하고 있을 때, 그는 별이 떨어진 곳에서 흰 말을 잡아 제의를 거행했다. 제의를 거행하면서 김유신은 하늘의 이치는 양이 강하고 음이 약하나 사람의 도리는 임금이 존귀하고 신하는 낮은데 하늘에서 왕성에 별이 떨어지는 변괴를 보이는 점을 이해할 수 없다고 하고, 하늘은 착한 사람을 장려하고 악한 사람을 벌주어 부끄럽지 않아야 한다고 하였다. 그리고 그는 군사들을 독려하여 비담 등을 처단하였다.[64] 이것으로 보아 김유신은 하늘의 변괴를 그대로 믿고 따르기보다는 인간의 주체적이고 합리적인 생각으로 그것을 해석하고 활용하는 기지를 보여 반란을 평정하였던 것이다.

이와 같은 예는 나당 연합군이 백제를 정벌할 때도 있었다. 『삼국유사』

64) 『三國史記』 卷43 金庾信傳 上.

태종 춘추공 조를 보면 김유신이 방술을 활용한 내용이 나온다.[65] 황산벌에서 백제 계백 장군의 군사를 물리친 신라군이 당군과 합세하여 사비도성으로 진격하려고 백강 가에서 주둔하자 마침 당군의 원수인 소정방의 진영 위를 날아 돌아다니는 새가 있었다. 이를 본 소정방이 점을 치게 하니 반드시 원수가 상할 것이라는 점괘가 나왔다. 이런 점사를 들은 소정방은 백제에 대한 공격을 멈추고자 하였다. 이때 김유신이

> 어찌 나는 새의 괴이함이 천시를 어길 수 있겠소. 하늘과 사람에 순응하여 지극히 불인(不仁)한 자를 정벌하는 데 어찌 상서롭지 못한 것이 있겠소.[66]

라고 소정방에게 말하고 그의 검으로 그 새를 겨누니 그 새가 찢어져서 두 사람의 자리 앞에 떨어지자 마음의 거리낌을 없앤 김유신과 소정방은 사비도성을 함락시키는 전과를 거두었다고 한다. 이 승리는 자연현상의 본질을 철저하게 이해한 김유신이 그것을 상황에 맞게 적절하게 활용한 결과라고 생각한다. 김유신의 방술은 신라만이 아니라 소정방도 수긍하고 따를 수밖에 없을 정도의 최고 수준이었다고 생각한다.

제2절 방술 관련 유물 –목우인(木偶人)

김유신은 비담의 난 때 왕성에 큰 별이 떨어지자 그 두려움을 해소하기 위해 사람의 형상인 우인(偶人)을 만들어 하늘에 올려 보냈다는 점을 앞에서 살펴보았다. 사람의 형상인 우인은 흙으로 만든 토우인(土偶人), 나무로 만든 목우인(木偶人), 풀로 만든 초우인(草偶人) 등이 있는데 사람을 대신하는 것들

65) 『三國遺事』 第1卷 第2 紀異篇 上 太宗 春秋公.

66) 『三國遺事』 第1卷 第2 紀異篇 上 太宗 春秋公, “豈可以飛鳥之怪, 違天時也. 應天順人, 伐至不仁, 何不祥之有.”

이다. 이들 우인은 방술에서 매우 긴요하게 사용되었다. 이 가운데서 통일신라시대의 목우인이 출토되어 도교문화의 면모를 이해하는 데 크게 도움이 되었다.

경남문화재연구원은 2002년부터 2005년까지 진행한 창녕 화왕산성 연지 발굴에서 통일신라시대의 토기류, 금속류, 목제품, 그리고 목간을 수습하였는데, 이들 유물들은 9세기에서 11세기 경에 속하는 통일신라시대의 것으로 추정된다. 화왕산성 연지 출토 유물들은 출토양상으로 보아 연지를 대상으로 한 제의가 거행되는 과정에서 사용되었던 것들로 제의가 끝난 후에 연지에 투기된 것으로 추정하고 있다.[67] 연지를 대상으로 한 제의의 성격은 이곳에서 출토된 목간을 통해 알 수 있다.

화왕산성 출토 목간은 모두 7점인데, 그 가운데 문자를 확인할 수 있는 목간은 4점이다. 현재 문자가 판독이 된[68] 목간 가운데 형태가 매우 특이한 목간이 있다. 사람의 형태를 하고 있는 목우인이 있기 때문이다. 목우인 형태에 묵서를 했기 때문에 목우인 목간으로 부르고자 한다. 목우인 목간인 목간 4(유물번호 196)는 통나무를 깎아 만든 길이 49.1cm, 최대 너비 10.6cm의 대형 목간이다. 사람의 얼굴과 몸을 형상화한 나무의 한 면에 붓으로 먹물을 칠해 사람의 신체를 구체적으로 표현하였다. 머리 부분에는 눈썹, 눈, 코, 입을 표현하였으며, 몸에는 젖가슴, 팔다리, 성기를 나타냈다. 남녀를 구분하는 성기를 원으로 그려 목우인이 여성임을 알 수 있다. 이 목우인에는 정수리, 목, 가슴 양쪽(유방), 손 양쪽에 총 6개의 쇠못을 꽂은 구

67) 박성천·김시환, 「창녕 화왕산성 연지 출토 목간」, 『목간과 문자』 제4호, 2009, 197~238쪽.

68) 김재홍, 「창녕 화왕산성 용지 출토 목간과 제의」, 『목간과 문자』 제4호, 2009, 99~126쪽.
김창석, 「창녕 화왕산성 연지 출토 목간의 내용과 용도」, 『목간과 문자』 제5호, 2010, 101~127쪽.

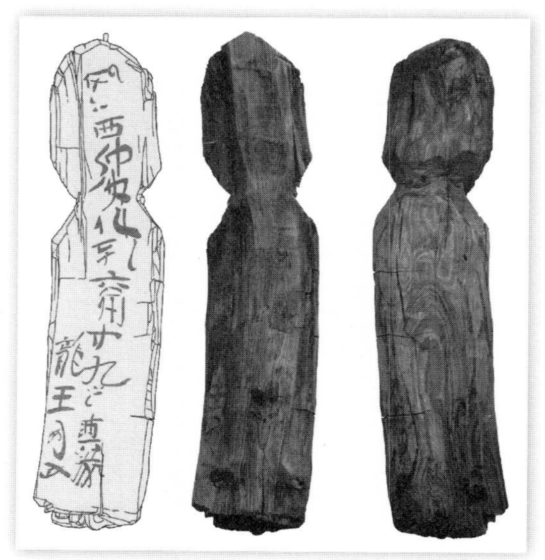

〈도판 19〉「용왕」을 쓴 목우인 목간[70]

멍이 있는데, 현재 정수리, 왼쪽 가슴(유방), 왼손에 3개의 못이 남아 있다.[69] 다른 면에는 글씨가 쓰여 있다.

목우인 목간의 사람 형상을 그린 앞면의 이마에는 진족(眞族)이라고 쓰여 있고, 평평하게 다듬어진 뒷면에 2행의 글씨가 있다. 뒷면의 글씨 가운데 학자들의 판독이 일치하는 것은 진족(眞族)과 용왕개제(龍王開祭)이다. 용왕개제는 용왕님께 제사를 드린다는 뜻이다. 글자의 판독에 따라 용왕개제의 목적과 이유를 각기 다르게 해석하고 있다. 가뭄으로 용왕에 대해 기우제를 지냈다고 주장하는 의견이 있다. 진족이란 지방의 유력자(호족)가 자신을 대신할 목우인을 만들고 그것의 중요부위에 쇠못을 찌른 다음 6월 29일에 그것을 용왕에게 바치는 제사를 지냈다는 것이다.[71] 병을 치료하기 위해 용왕에게 제사를 지냈다는 주장도 있다. 29세인 진족이란 여성의 지병을 치료하기 위해 지방의 유력자가 용왕에게 제사를 지냈다는

69) 김재홍, 앞의 논문, 2009, 111쪽.

70)「용왕명 목우인 목간」, 통일신라, 창녕 화왕산성, 길이 48cm.
삼강문화재연구원,『한국의 도교문화』, 국립중앙박물관, 2013, 54쪽.

71) 김재홍, 앞의 논문, 2009, 99~126쪽.

것이다. 환자를 대신하는 목우인의 환부에 쇠못을 박아 귀신을 쫓아내기 위한 것이었다고 한다.[72] 목우인 목간을 용왕에게 바치는 인간을 대신하는 희생물로 보는 견해도 있다.[73] 이러한 주장들은 각기 견해가 다르나 모두 목우인을 인간을 대신하는 것으로 보는 점에서는 동일하다.

창녕 화왕산성 목우인 목간 이외에 하남 이성산성 A지구 2차 저수지에서도 못이 박힌 목우인이 출토되었으며, 월지에서도 2개의 목우인이 발굴된 바 있다.[74] 이러한 목우인은 도교의 경전에서도 언급되어 있다. 중국 남북조시대에 편찬된 『적송자장력(赤松子章曆)』[75]에는 도교의 신에게 아뢰는 주장(奏章), 시에 쓰이는 물건인 신물(信物), 장문(章文), 그리고 마땅한 때와 그렇지 않은 때인 의기(宜忌) 등을 수록하고 있다. 주장의 내용에 따라 신물의 품목과 내용이 다른데, 같은 주장이라도 천자, 왕공, 서인 등 신분에 따라서 신물이 달랐다. 병사부절은인대형장(病死不絕銀人代形章)을 보면 신물로 은박인(銀箔人)을 들고 있는데, 은이 없으면 석인(錫人)이나 99전으로 대체할 수 있다고 하며, 주장(奏章)을 한 후에는 그것들을 물에 던지라고 하였다.[76] 병으로 죽는 사람이 끊이지 않을 때에는 도교의 신에게 주장을 하고 인간을 대신하는 은인을 물에 던지라고 하였다. 『적송자장력(赤松子章曆)』의 금인(金人), 은인(銀人), 석인(錫人)은 사용 시 기능의 차이를 나타내는데, 일본에서의 재질의 차이는 신분상의 차이를 나타낸다.[77] 이런 점을 보면 목우인은 도교

72) 김창석, 앞의 논문, 101~127쪽.

73) 이재환, 「전인용사지 출토 용왕 목간과 우물·연못에서의 제사의식」, 『목간과 문자』 제7호, 2011, 81~113쪽.

74) 이재환, 앞의 논문, 2011, 92쪽.

75) 任繼愈 主編, 『道藏提要』, 中國社會科學出版社, 1991, 443쪽.

76) 『赤松子章曆』 卷1 病死不絕銀人代形章, "銀箔人隨家口多少一人一形, 銀無用錫人或錢九十九, 奏章後投水中."

77) 金子裕之, 「日本における人形の起源」, 『道教と東アジア』, 福永光司 編, 人文書院,

문화와 밀접한 관련이 있음을 알 수 있다. 향후 신라시대 유적지에서 목우인이 더 발굴되어 신라시대 도교문화를 밝히는 데 크게 기여하기를 고대해 본다.

第3장 통일신라 말기 도당유학생과 도교

현존하는 자료로 확인할 수 있는 신라인으로 활발한 도교 활동과 경험을 한 인물은 김가기와 최치원 두 사람을 들 수 있다. 이 두 사람의 공통점은 모두 당나라에 유학한 도당(견당) 유학생으로 당나라 과거에 급제하여 그곳에서 활약하며 이름을 떨쳤고 한국 도교사에 큰 영향을 끼친 인물이란 점이다. 당나라 말기에서 오대십국시대에 생존했던 심분(沈汾)의 『속선전(續仙傳)』에 신선이 된 36인의 행적이 실려 있는데 여기에 김가기가 수록되어 있다.[78] 또 1987년에 중국 섬서성 서안(西安) 종남산(終南山) 자오곡(子午谷)에서 김가기의 마애비(摩崖碑)가 발견되었다. 이처럼 김가기는 중국 도교사에서도 주목받은 인물이다. 중국 측 기록을 보면 김가기는 신라에 잠시 귀국했다가 바로 당나라로 돌아갔다. 그럼에도 불구하고 조선시대 출간된 한무외(韓無畏)의 『해동전도록(海東傳道錄)』에서는 도당유학생 김가기를 최승우, 승려 자혜와 함께 한국 도교사의 원류 중의 한 사람으로 보았다. 이들은 모두 중국에서 내단을 배워 완성했기 때문이다. 그리고 최승우의 도법이 최치원으로 전승되었다고 하였다.[79] 『해동전도록(海東傳道錄)』을 근거로 후대 한국 도교사 연구자들은 도당유학생으로 중국에서 활약하다 신라로 돌아온 최치원

1989, 51쪽.

78) 『續仙傳』, 『道藏』 第5冊, 文物出版社, 77~98쪽.

79) 이종은 역주, 『해동전도록·청학집』, 보성문화사, 1986, 165~168쪽.

을 한국 도교의 비조의 반열에 올리고 있다.[80] 이는 모두 조선시대에 편찬된 저서나 야사에 실린 설화를 근거로 하고 있다.

설화는 그것이 만들어진 시대의 특징을 반영하지 그 자체가 역사적 사실은 아니다. 그러므로 그 인물이 활약했던 시공간을 조명하고 역사적 맥락에서 그들의 활동을 고찰해야만 비로소 역사의 참모습을 그려 낼 수 있다고 생각한다. 최치원의 경우 『계원필경집(桂苑筆耕集)』에 열렬한 도교 신봉자였던 당나라 회남절도사 고변을 위해 쓴 여러 편의 재사(齋詞)가 있다. 최치원이 경험한 다양하고 풍부한 당대의 도교적 특징이 담긴 재사는 그의 도교관도 엿볼 수 있는 귀중한 자료이다. 그러나 신라에 귀국한 후 최치원의 도교적 활동이 보이지 않는다. 그럼에도 불구하고 최치원이 한국 도교의 비조의 위치에 오르게 된 까닭은 무엇일까? 그 답을 당시 신라사회에서 도교의 위상과 최치원이 신라로 돌아온 후 지은 글을 통해 찾아보고자 한다.

제1절 김가기의 신선사상

도교는 신선을 설파하는 종교다. 신선은 영원불사라는 도교의 이상을 체현한 인물이다. 신선이 되었다는 인물을 역사적으로 보여 줄 때 도교는 사람들에게 더 강력한 호소력이 있었고 흡인력을 갖게 되었다. 그러므로 중국에서는 일찍부터 신선이 된 인물들의 설화를 모은 책들이 저술되었다. 가장 이른 시기에 나온 전한(前漢)시대의 유향(劉向)이 쓴 『열선전(列仙傳)』에는 전설상의 적송자(赤松子)로부터 진한(秦漢)시대의 인물까지 수록되어 있다.[81] 그 후 동진(東晉)시대 갈홍(葛洪)의 신선전(神仙傳), 당대(唐代) 왕방경(王方慶)의 『신

80) 이능화 집술·이종은 역주, 『조선도교사』, 보성문화사, 1986, 438쪽.
정재서, 「한국 도교의 역사적 전개」, 『한국 도교의 기원과 역사』, 이화여자대학교출판부, 2006, 247쪽.

81) 王叔岷 撰, 『列仙傳校箋』, 臺灣中央研究院中國文哲研究所籌備處, 1995.

선후전(神仙後傳)』, 심분(沈汾)의 『속선전(續仙傳)』 등이 뒤를 이었다. 이러한 신선전에 수록된 인물은 모두 중국인들이다. 그런데 예외가 있으니 바로 신라인 김가기(金可記)이다. 김가기는 『속선전』뿐만 아니라 『태평광기(太平廣記)』와 『운급칠첨』 등 중국의 여러 문헌에도 소개되고 있다.[82] 그는 중국 도교사에서 매우 파격적이고 유명한 인물이었다.

김가기의 위상을 알기 위해 먼저 『속선전』을 살펴보자. 『속선전』은 상·중·하 세권으로 나뉘어 있는데, 상권에 신선세계로 날아 올라간(飛升) 16인, 중권에 은둔하여 종적을 알 수 없거나(隱化) 시해선(尸解仙)이 된 12인, 하권에도 은둔한 8인 도합 36인을 소개하고 있다. 36인 중에 김가기를 제외하고 모두 당나라 사람들이다. 그들의 출신 지역은 중국 전역에 걸쳐 있고, 직업과 신분도 매우 다양하다. 도사, 고위관료, 과거 급제자, 거지, 약 판매상 등이 있고, 3명의 여성도 포함되어 있다. 직업과 신분을 뛰어넘어 누구나 신선이 될 수 있다는 무한한 가능성을 보여 주고 있다. 이처럼 『속선전』에 수록된 인물의 면면으로 볼 때 도교의 사회적 기반이 매우 광범위했음을 알 수 있다. 신라인인 김가기가 실린 것은 외국인도 신선이 될 수 있다는 점을 보여 준다. 『속선전』에 보이는 신선술로는 내적 수련인 수진양기(守眞養氣)·연기양형(熔氣養形)·수일행기(守一行氣)·벽곡양기(辟穀養氣) 등이 있고, 황정(黃精)과 단약(丹藥) 등의 약물 복용, 그리고 사회 구제를 비롯한 선행 등이 있다.[83] 『속선전』 상권 비승(飛升)편에 복기연형을 하고 음덕을 쌓은 후에 마침내 승천하여 신선이 된 인물 16인 중에 김가기는 9번째로 서술되었다. 『속선전』에 기록된 김가기의 전문을 통해 그의 행적과 그가 연마하고 매진했던 도교 수련의 구체적인 내용을 살펴보자.

---

82) 『太平廣記』 卷53 神仙53 金可記. 『雲笈七籤』 卷113下, 紀傳部, 金可記.

83) 卿希泰 主編, 『中國道教史』 第2卷, 四川人民出版社, 1996, 418~419쪽.

김가기는 신라인으로 빈공(賓貢)으로 진사(進士)가 되었다. 성품이 침착하고 고요하며 도를 좋아하며 화려하고 사치함을 숭상하지 않았다. 간혹 복기연형(服氣煉形)을 하여 스스로의 즐거움으로 삼았다. 박학한데다 기억력이 좋았으며 문장을 지으면 청아하고 아름다웠다. 아름다운 자태에 행동거지와 대화는 중화(中華)의 풍모를 지니고 있었다. 곧 발탁되었으나 (김가기는) 종남산 자오곡에 은거하며 은일의 뜻을 품고 손으로 기이한 꽃과 과실을 많이 심었다. 항상 향을 피우고 정좌하였는데 사념(思念)이 일어나면 도덕경과 여러 선경(仙經)을 끊임없이 읽었다. 3년 후에 본국으로 돌아가고자 하여 배를 타고 갔다. 다시 돌아와 도복을 입고 종남산에 들어가 음덕을 쌓는 데 힘썼다. 다른 사람이 원하면 막는 일이 없었고, 정성스럽고 근면하게 일을 하니 다른 사람이 농지거리를 할 수 없었다. (당 선종) 대중 11년(857) 12월 홀연히 (황제께) 표(表)를 올려, "신은 옥황(玉皇)의 조서를 받들어 영문대시랑(英文臺侍郎)이 됩니다. 내년 2월 25일 마땅히 위로 올라가야만 합니다"라고 말했다. 이때에 선종이 아주 이상하게 여겨 환관을 파견하여 궁내로 오도록 불러들였으나 굳이 사양하고 나아가지 않았다. 또 옥황의 조서를 보고자 하였으나 다른 신선이 갖고 있고 인간세계에는 없다고 사양하였다. 마침내 4명의 궁녀, 향약(香藥), 금채(金彩)를 하사하고, 또 2명의 환관을 보내 시중들게 하였다. 그러나 김가기는 홀로 정실(靜室)에 기거하여 궁녀와 환관은 대부분 접근할 수 없었다. 매일 밤 실내에서 사람들이 담소하는 소리가 있어 환관이 몰래 살펴보니 선관(仙官)과 선녀(仙女)가 각기 용과 봉의 위에 앉아서 엄숙하게 서로 마주하고 있고 겹겹이 호위하는 무리가 적지 않아 궁녀와 환관이 감히 놀랄 수조차 없었다. (858년) 2월 15일 봄의 경치가 아름답고 꽃이 찬란하게 피어났는데 과연 하늘에는 오색의 구름 · 우는 학 · 흰 고니 · 피리와 생황 · 징과 편경의 소리, 깃털의 가리개로 된 아름다운 수레에 (가득한) 옥구슬 꾸러미 그리고 깃발과 장막들이 하늘에 가득 메웠고, 신선의 지팡이가 무수히 많았는데 (김가기가) 하늘로 올라갔다. 산과 계곡을 가득 메운 조정의 사인(士人)과 서인(庶人) 등 참관하는 자들이 바라보면서 예를 갖추었으며 그 경이로움에 찬탄하지 않는 자가 없었다.[84)]

---

84) 『續仙傳』 卷上, "金可記 新羅人也. 賓貢進士. 性沉靜好道, 不尙華侈. 或服氣熔形, 自以爲藥. 博學强記, 屬文淸麗. 美姿容, 擧動言談, 迥有中華之風. 俄擢第, 遁居終南山子午谷中, 懷隱逸之趣, 手植奇花異果極多. 嘗焚香靜坐, 若有思念, 又誦道德及諸仙經不輟. 後三年, 思歸本國, 航海而去. 復來, 衣道服, 卻入終南, 務行陰德. 人有所求, 無阻者, 精

위의 자료를 보면 신라 사람으로 당나라 과거 빈공과에 급제하여 진사가 된 김가기는 도를 좋아하고 복기연형하며 음덕을 쌓아 대중 12년(858) 2월 15일에 옥황의 부름을 받아 승천하여 신선이 되었다고 한다. 김가기 역시 『속선전』 상권 비승(飛升)에 수록된 다른 인물들과 같은 방법으로 승천하여 신선이 된 것을 보면 그는 당나라에서 성행한 신선되는 법을 익혔음을 알 수 있다. 그리고 당 선종에게 옥황의 조서를 받들어 영문대시랑이 될 것이라고 표를 올린 것을 보면 당대 도교의 흐름을 깊게 이해했다고 보인다. 왜냐하면 영문대시랑은 옥황이 주재하는 선계(仙界)의 선관(仙官)이다. 옥황은 남조 양나라 도홍경이 편찬한 『진령위업도(眞靈位業圖)』에서는 옥황도군(玉皇道君)으로 불리며 그다지 높은 신위에 있지 않았다. 당대(唐代)에 이르러서 비로소 옥황대제(玉皇大帝)로 불리며 가장 높은 도교의 신격 가운데 하나가 되었다.[85]

1980년대 후반 중국 서안(西安)에서 김가기와 관련된 유물이 발굴되어 도교사에서 김가기를 주목하고 그 위상을 재확인하는 계기가 되었다. 1987년에 중국 섬서성 서안(西安) 종남산(終南山) 자오곡(子午谷)에서 김가기의 마애비(摩崖碑)가 발견되었다. 산의 절벽에 세운 마애비는 영원히 보존할 수 있고 문자를 새겨 넣을 면적의 제한도 덜 받는 장점이 있어[86] 김가기의 마애

勤爲事, 人不可諧也. 大中十一年十二月, 忽上表言", 臣奉玉皇詔, 爲英文臺侍郎, 明年二月二十五日當上升. "時宣宗極以爲異, 遣中使徵入內, 固辭不就. 又求見玉皇詔, 辭以爲別仙所掌, 不留人間, 遂辭官女四人, 香藥, 金彩. 又遣中使二人專看待, 然可記獨居靜室, 宮女中使多不接近. 每夜聞室內常有人談笑聲, 中使竊窺之, 但見仙官仙女各坐龍鳳之上, 儼然相對. 復有侍衛非少, 而宮女中使不敢輒驚. 二月十五日, 春景姸媚, 花卉爛慢, 果有五雲·唳鶴·白鵠·簫笙·金石·羽蓋·瓊輪·幡幢滿空, 仙仗極衆, 升天而去. 朝列士庶觀者塡溢山谷, 莫不瞻禮嘆異."

85) 王永平, 『道教與唐代社會』, 首都師範大學出版社, 2002, 372~373쪽.
賈二强, 『唐宋民間信仰』, 福建人民出版社, 2002, 267~270쪽.

86) 시집존 지음, 이상천·백수진 옮김, 『중국 금석문 이야기』, 주류성, 2014, 102쪽.

비에는 그의 행적이 후세까지 길이 보존되기를 바라는 염원이 담겨졌을 것이다. 종남산은 서안의 남쪽에 위치하고 진령산맥에 속하며 관중(關中)지역과 한중(漢中)지역을 가로막는 거대한 산이다. 중국인들은 옛부터 관중지역과 한중지역을 연결하기 위해 길고 험준한 협곡을 뚫고 길 즉 자오고도(子午古道)를 내서 사용하였다. 마애비는 자오곡 입구에서 약 3km 떨어진 곳에 있다.[87] 이 마애비를 탁본해 보니 위쪽 부분에는 두보(杜甫)의 시 현도단가증원일인(玄都壇歌贈元逸人)이 새겨져 있고, 그 아래 부분에 김가기전이 새겨져 있는데 글씨가 새겨진 부분의 크기는 가로 2.76m, 세로 3.6m이다.[88] 김가기전에서 판독할 수 있는 글자 수는 모두 199자로 글자체는 안진경 해서체이다.[89] 서체와 내용으로 보아 김가기 마애비는 당 말에서 북송 초에 새겨진 것으로 보인다.[90] 비문에 새겨진 많은 글자가 마모되었거나 이미 파손되었기 때문에 판독할 수 없는 글자가 많다. 마애비의 확인할 수 있는 글자로 그 내용을 보면 다음과 같다.

---

87) 1987년 6월 중국 서북대학의 李之勤 교수는 「再論子午道的路線和改線問題」, 『西北歷史硏究』에서 처음 김가기 마애비를 소개하였다. 그 후 변인석 교수는 김가기 마애비의 현장을 답사하고 여러 차례 논문을 발표했는데, 그 논문들을 『唐長安의 新羅史蹟』, 아세아문화사, 2000에 수록하여 김가기 연구에 좋은 참고가 된다. 이 이외에도 쪼우웨이쪼우, 「장안 자오곡 김가기 마애비 연구」, 『佛教硏究』 25, 2006과 민경삼, 「중국 서안 발견 신라인 김가기 사적비 연구」, 『중국어문논총』 제21집, 2001이 김가기 마애비 연구 진척에 많은 공헌을 하였다.

88) 변인석, 「김가기전 마애각문의 내용분석」, 『唐長安의 新羅史蹟』, 아세아문화사, 2000, 299쪽.

89) 쪼우웨이쪼우, 「장안 자오곡 김가기 마애비 연구」, 『佛教硏究』 25, 2006, 78쪽.

90) 변인석은 김가기 마애비의 비문이 당말 오대에 써진 것으로 보고 있으나, 쪼우웨이쪼우는 북송 초로 보고 있다.
변인석, 「김가기전 마애각문의 내용분석」, 『唐長安의 新羅史蹟』, 아세아문화사, 2000, 299·306쪽.
쪼우웨이쪼우, 앞의 책, 2006, 85쪽.
직접 관찰하지 않은 필자로서는 비문의 연대를 제시할 수 없는 아쉬움이 있다.

金可記傳 金可記者 新羅人
宣宗朝□文章賓于國, 遂擢進士第, 性沉默, 有意於
□□□□□因隱終南山子午谷, 好花果於所居□
□□□□□□□及鍊形服氣, 凡數年, 歸本國, 未幾
□□□□□□□隱修養, 愈有功, 大中十一年十二
□□□□□奉玉皇詔, 爲英文臺侍郎, 明年二月二
□□□□上昇, 宣宗異之, 詔, 不起, 又求□□詔, 辭以
□□□□□□見中使監護, 可記獨居□□□□□
□□□□□□□中使竊窺之, 見仙官□□□□□
□□□□□□□肅, 及期, 果有五雲□□□□□□
滿空, 須臾昇天而去

이 마애비의 발견으로 『속선전』에 수록된 김가기에 관한 행적이 허구가 아님을 알 수 있다. 마애비에서 확인할 수 있는 내용은 『속선전』 김가기전의 내용과 대동소이하지만 『속선전』에는 없는 내용도 있어 김가기의 행적을 좀 더 구체적으로 확인할 수 있는 중요한 자료이다.

『속선전』에서는 아쉽게도 김가기가 빈공진사에 급제한 시기와 당에서 활동하다가 언제 신라로 귀국하였고 언제 다시 당으로 돌아갔는지를 확인할 수 없다. 그러나 마애비에는 당 선종조(847~859)에 진사가 되었다고 하였다. 김가기는 대중 12년(858)에 죽었다. 대중(大中)은 당 선종의 연호이니 그가 진사에 급제한 시기는 아마도 대중 초로 보인다. 이후 그는 관직에 발탁되었으나 곧 은거하여 도교에 뜻을 두고 수년 간 수련하였다. 수련에 열중했던 그는 신라로 귀국했다가 다시 당으로 돌아갔다. 『속선전』에서는 '(당으로) 다시 돌아왔다(復來)'고 짤막하게 기술했기 때문에 김가기가 신라에 얼마 동안 머물렀는지 알 수 없다. 그러나 『마애비』에서는 '얼마 지나지 않아(未幾)'라고 한 것으로 보아 신라에 체류한 기간이 아주 짧았을 것이다. 이 기간

동안 김가기가 신라 도교에 영향을 주었다는 직접적 기록은 찾을 수 없다.

신라로 귀국한 김가기는 그가 익힌 도교를 펼칠 곳을 찾고자 하였을 것이다. 김가기가 신라에 귀국했을 시점은 신라 문성왕(840~856) 통치 시기이다. 신라 문성왕대는 장보고를 비롯하여 이찬 양순과 파진찬 흥종, 김식과 대흔의 반란과 각종 천재지변으로 어려움을 겪고 있었다.[91] 또 이 시기에 신라에서 불교가 대중화되면서 지방사회로까지 확산되어 그 영향력을 더욱 확대하고 있었다. 따라서 김가기는 자신의 도교적 세계관을 신라에서 제대로 펼칠 수 없었을 것이다. 그 무엇보다 도교에 대한 강한 신앙심을 갖고 있던 김가기는 도교의 세계를 찾아 당나라로 돌아갈 수밖에 없었을 것이다.

그럼에도 불구하고 김가기는 한국 도교사에서 중요한 인물이고 그의 신선사상이 최치원으로 이어진 것으로 보는 이유는 무엇일까? 조선시대 출간된 한무외(韓無畏)의 『해동전도록(海東傳道錄)』은 한국 도교의 도입과 전승을 다룬 책이다. 이 책을 보면 도당유학생이었던 김가기는 최승우와 승려 자혜(慈惠)와 함께 종리산에서 천사(天師) 신원지와 교류했고 종리장군(鍾離將軍, 鍾離權)에게 중국 내단(內丹) 도교를 전수받은 인물로 서술되어 있다. 세 사람 중에 김가기는 중국에 남았고 최승우와 자혜는 신라로 돌아와 내단 도교를 전파하였다고 했다.[92] 중국 도교사를 연구하는 중국학자들은 한무외의 『해동전도록(海東傳道錄)』이나 이능화의 『조선도교사』를 근거로 김가기, 최승우, 자혜 등에 의해 중국의 내단 도교가 신라에 전파되었다고 보았다. 중국 내단 도교가 전파될 때 불로장생을 추구하는 신선신앙, 무위자연사상은 물론 각종 도교의 수련법도 전파되었고 신라 선풍(仙風)과 결합하여 선맥(仙脈)을

---

91) 김창겸, 「왕위쟁탈전의 전개」, 『신라 왕권의 쇠퇴와 지배체제의 동요』, 신라 천년의 역사와 문화 편찬위원회, 경상북도 문화재 연구원 발행, 2016, 216~228쪽.

92) 이종은 역주, 『해동전도록 · 청학집』, 보성문화사, 1986, 165~167쪽.

법통으로 하는 새로운 도교문화가 형성되었다고 주장하였다.[93]

이능화는 한국 도교사를 체계적으로 정리하여 한국 도교사 연구에 큰 족적을 남겼다. 이능화의 저서 『조선도교사』의 목차를 보면 제21장은 「조선단학파」인데 제21장 제1절은 「『해동전도록(海東傳道錄)』에 실려 있는 선파」라고 이름 붙였다. 이능화는 한국 도교의 큰 흐름 가운데 하나가 고유의 '선파(仙派)'라고 보았다.[94] 이능화는 『해동전도록(海東傳道錄)』을 인용하며 김가기, 최승우, 자혜가 종남산에서 종리장군으로부터 도법과 도경을 전수받았고 그것이 후대에 전해졌다고 했다. 이런 주장을 하면서 『해동전도록(海東傳道錄)』에서 김가기가 신라로 돌아오지 않았다는 부분은 인용하지 않았다. 이능화가 이 부분을 고의로 인용을 안 한 것인지 확실치는 않지만 승우, 자혜와 더불어 김가기를 조선 고유 도교인 '선파'에 영향을 미친 주요 인물로 본 것이다. 이어서 이능화는 최치원이 이 선파를 계승하여 동방단학(東方丹學)의 비조가 되었다고 하였다.[95] 이는 조선시대에 편찬된 저서나 야사에 실린 설화를 근거로 견강부회한 것이다.

김가기는 『속선전』에 기록되었고, 중국 도교 발생지의 하나인 종남산에 그의 행적이 마애비로 제작될 정도로 중국 도교사에서 괄목할 만한 인물이었다. 그러므로 『해동전도록』의 내용을 그대로 믿을 수는 없지만 김가기라는 존재가 후대 한국 도교사에서 새롭게 자리매김을 하게 된 것은 당연한 일인지도 모른다. 그러나 역사적 사실을 탐구하기 위해서는 한 인물이 활약한 시공간에서의 사회적 맥락을 중시해야만 한다. 다음 절에서는 최치원과 도교의 관계는 이러한 관점에서 탐구해 보고자 한다.

---

93) 卿希泰 主編, 앞의 책, 1996, 420~421쪽.
孫亦平, 『道教在韓國』, 南京大學出版社, 2016, 73~87쪽.

94) 나의 논문, 「이능화의 한국 도교관」, 『한국인물사연구』 17호, 2012, 359~383쪽.

95) 이능화 집술·이종은 역주, 『조선도교사』, 보성문화사, 1986, 438~439쪽.

제2절 최치원과 도교

1. 시대 배경

최치원(崔致遠, 857~?)은 통일신라 말기인 헌안왕 1년(857) 왕경의 사량부 최견일(崔肩逸)의 아들로 태어났다. 자(字)는 고운(孤雲) 또는 해운(海雲)이다. 통일신라는 신분이 모든 것을 규정하는 신분제 사회였다. 최치원은 6두품에 속했다. 그의 신분은 그의 정치 사회적 위상과 기대, 그리고 사상에 지대한 영향을 미쳤다. 신분의 한계를 극복하고자 했던 부친의 큰 기대를 안고 그는 12세에 당나라에 건너가 18세에 빈공과에 응시하여 단번에 급제하였다. 20세에 당나라 강남도(江南道) 선주(宣州) 율수현(溧水縣)의 현위를 역임한 그는 23세(880)에 제도행영병마도통 · 회남절도사(諸道行營兵馬都統·淮南節度使) 고변(高騈)의 종사관(從事官)에 임명되어 4년 동안 많은 글을 지었다. 최치원이 신라로 돌아와서(884) 당나라에서 고변의 종사관으로 재임하면서 대필했던 공문서, 사문서와 시문 등 다양한 글을 모아 시문집인『계원필경집』을 편찬하여 헌강왕에게 바쳤다. 최치원의 도교사상을 추적할 수 있는 주요 자료는『계원필경집』에 수록된 재사(齋詞) 즉 도교의 재초(齋醮) 의례 때 작성했던 글이다. 재사는 고변을 위해 쓴 글이다. 이러한 재사가 과연 최치원의 도교사상을 대변할 수 있을지 하는 의문이 든다. 그러므로 혹자는 고변을 위해 대필한 글에 불과하지 최치원의 내면세계를 대변할 수는 없다는 주장도 한다.[96] 물론『계원필경집』의 내용으로 과연 최치원 개인의 종교사상이나 문화적 소양을 연구할 수 있을까라는 의구심을 가질 수도 있다. 이러한 의구심에 대해 최치원은『계원필경집』서문에서 "신 최치원은 저술한 잡시부와 표주집 28권을 (헌강왕에게) 바친다"[97]라고 하여 이 책이 자신의 저술

96) 조동일,『제4판 한국문학통사 1』, 지식산업사, 2014, 271~272쪽.

97)『桂苑筆耕集』序, "臣崔致遠進所著雜詩賦及表奏集二十八卷."

임을 밝혔다. 이어서 고변의 막부에서 4년 동안 종사관으로 문서를 담당하면서 1만 수 이상의 작품을 만들었으나 그 중에 취사선택하여 『계원필경집』을 만들었다고 했다.[98] 고변을 위해 대필한 문장도 자기가 지은 저술이라고 분명히 밝혔다. 최치원의 이런 주장으로 볼 때 『계원필경집』에 수록된 문장은 영혼이 없는 대필이 아닌 최치원 자신의 세계관을 투영한 것이고 이러한 세계관을 고변과 공유하고 공감한 것이라고 보아도 무방할 것이다. 이러한 관점에서 『계원필경집』을 통해 고변 휘하에 있던 시기 최치원의 도교관을 탐색해 보고자 한다. 이에 앞서 먼저 최치원이 활동했던 당나라의 시대적 상황과 고변이란 인물의 위상을 살펴보자.

최치원은 868년(당 의종 함통 9년)에 당나라에 가서 885년(당 희종 광계 1년)에 신라로 돌아왔다. 최치원이 당에서 활약하던 당 말기는 정치 사회적으로 매우 혼란했던 때였다. 하지만 당 말기에도 도교는 당대 초기와 같이 여전히 정치와 밀접한 관계를 맺고 통치를 정당화하는 데 활용되었다. 당 선종(847~859) 사후 환관의 추대로 제위에 오른 당 의종(860~873)도 자신의 통치를 정당화하기 위해 도교를 이용하였다. 태주자사(台州刺史)인 요곡(姚鵠)이 천태산(天台山) 천태관(天台觀) 강당 뒤편에 노군전(老君殿)을 창건하다가 "당 왕조는 영원할 것이다(皇家寶祚無休歇)"[99]라고 쓰인 옥간(玉簡)을 발견하여 의종에게 바치니 의종은 그 사실을 사방에 알리라고 하였다. 의종의 뒤를 이은 희종(873~888)은 각종 농민반란으로 국가의 운명이 위기에 빠진 시기에 즉위하였다. 희종은 즉위한 지 2년 뒤(875) 모산 도사인 오법통(吳法通)에게서 대동록(大洞籙)을 받고 도사들을 궁으로 불러들여 총애하였다.[100] 당 말기 정

98) 『桂苑筆耕集』 序, "蒙高侍中專委筆硯, 軍書輻至, 竭力抵當. 四年用心, 萬有餘首, 然淘之汰之. 十無一二. 敢比披沙見寶, 粗勝毀瓦畫墁, 遂勒成桂苑集二十卷.

99) 『全唐詩』 卷875 讖記, 天臺觀石簡記.

100) 王永平, 『道教與唐代社會』, 北京, 首都師範大學出版社, 2002, 108~109쪽.

치의 중심이 당 중앙에서 지방의 번진으로 점차 옮겨졌고 각 지역에서도 도교를 숭배하는 풍조가 성행하게 되었다.[101] 고변이 회남절도사로 주둔했던 강회지역은 당대 매우 중요한 곳이었다.

고변은 당 말기 정국을 좌우한 인물로 『구당서』와 『신당서』에 모두 그의 전기가 있다. 고변은 『신당서』 반신(叛臣) 열전에 수록되었다. 고변이 황소의 난이 일어났을 때 적극적으로 대처하지 않고 오히려 당 왕실의 뜻에 어긋나는 행동을 하였기 때문이다. 최치원이 고변의 종사관으로 활약하며 도교의 재사를 썼던 시기는 바로 황소의 난이 발발하고 고변이 당 조정과 갈등을 겪던 때이다. 그러므로 고변의 행적과 그의 도교세계를 추적하면 최치원이 쓴 재사의 성격을 구체적으로 파악할 수 있다.

고변은 3대째 당의 금군(禁軍)에서 봉사하여 혁혁한 공을 세운 무인 가문에서 태어났다. 그는 어려서부터 무예뿐만 아니라 문학에도 뛰어난 재능을 발휘했으며 유학자들과도 교유했다. 당 의종은 당항강(党項羌)의 반란을 진압하는 데 많은 공을 세운 그를 안남도호(安南都護)에 임명하였다. 안남도호로서 주위의 이민족들을 격퇴하거나 회유하여 안남지역을 안정시키자 조정에서는 그를 중용하였다. 당 의종의 뒤를 이어 즉위한 희종(873~887)은 즉위한 이듬해인 건부 원년(874) 고변을 검교사공 · 겸성도윤 · 충검남서천절도부대사 · 지절도사(檢校司空·兼成都尹·充劍南西川節度副大使·知節度事)로 임명하였다. 그 후 여러 내란을 평정한 공으로 고변의 관직은 더욱 높아졌으며, 그의 역할도 더 중요해졌다. 874년에 왕선지(王仙芝)의 난이 일어나자 희종은 고변을 제도병마도통 · 강회염철전운등사(諸道兵馬都統·江淮鹽鐵轉運等使)에 임명하였다. 고변은 임무를 완수하기 위해 그의 휘하 장군을 보내 왕선지를 토벌하며 여러 차례 큰 공을 세웠다. 당 희종은 건부 6년(879) 고변의 이전의 관직에 양주대도독부장사 · 회남절도부대사지절도사(楊州大都督府長史·淮南節度

101) 王永平, 앞의 책, 2002, 109~111쪽.

副大使知節度事)를 더하면서 그를 더욱더 중용하였다. 고변은 회남에 가서 성루를 온전하게 수리하고 군대를 모집하여 정예군사 7만 명을 얻었다. 이러한 성과가 가능했던 이유는 안사의 난 이후 국가 부세를 제공하는 중요한 지역인 회남의 양주(楊州)에 진주하였기 때문이다.[102] 당 희종이 고병에게 회남지역을 맡겼다는 점은 그만큼 그를 중용했다는 의미이다. 이때 같은 해 진사시에 합격한 고운(顧雲)에게 부탁하여 고변의 종사관이 된 최치원은 880년 5월부터 884년 8월까지 약 4년 동안 문한(文翰)의 임무를 담당하였다.[103]

880년 황소의 무리가 남쪽에서 강회지역을 통과하여 북상하려 시도하였다. 이 때 조정에서는 황소의 사면과 관직 부여 여부를 둘러싸고 치열한 정쟁이 일어났다. 회남에 진주하고 있던 고변의 진영에서도 황소에 대한 대책을 둘러싸고 엇갈린 두 가지 주장이 펼쳐졌다. 대장 필사탁(畢師鐸)은 황소의 무리를 공격하여 그들의 북상을 저지시켜야만 한다고 주장했다. 반면 고변이 총애했던 방사(方士) 여용지(呂用之)는 황소의 무리를 공격하지 말고 틈을 보면서 스스로 살길을 찾아야 한다고 했다.[104] 여용지는 고변에게 공의 업적이 이미 아주 높은데 황소의 난마저 진압한다면 그 자체가 황제의 위엄을 위협하는 것으로 오히려 위험에 처하게 된다고 충고하였다. 여용지의 이런 충고는 고변의 휘하에서 독립적인 지방 정권을 지향하고 있는 일파들의 의중을 드러낸 것이다. 고변은 여용지의 주장을 받아들여 병을 핑계로 군대를 동원하지 않고 자신의 지역만을 수호하는 데 그쳤다. 황소의 무리가 하락

---

102) 李廷先, 『唐代楊州史考』, 江蘇古籍出版社, 1992.

103) 최치원의 생애에 대해서는 장일규, 「현전하는 우리나라 고대의 유일한 문집」, 『계원필경집』 2, 최치원 지음, 이상현 옮김, 한국고전번역원, 2010, 17~56쪽을 참고하였다.

104) 『資治通鑑』 卷254 唐 僖宗 中和 2年에서는 여용지를 방사로, 『舊唐書』 卷182 叛臣열전에서는 애장으로, 『新唐書』 卷224下 叛臣 下, 高駢에서는 사랑하는 장수라는 뜻의 폐장(嬖將)이라고 표기하였다.

(河洛) 지역으로 진출하자 희종은 여러 차례 고변에게 사신을 파견하여 황소의 무리를 토벌하도록 재촉하였으나 고변은 여전히 요지부동이었다. 그 동안 장안과 낙양이 모두 함락당하여 희종은 사천지역으로 피난을 떠나야 했다. 이 때 고변은 대규모의 열병식을 거행하고 양절(兩浙)을 병합하여 삼국시대 오나라의 손책과 같이 천하의 삼분지일을 차지하려는 야망을 드러냈다. 고변은 지방할거 정권수립을 암암리에 부추긴 여용지의 주장을 받아들여 지방할거 정권수립에 나선 것이다.

여용지는 파양(鄱陽) 출신으로 구화산(九華山)에서 방사인 우홍휘(牛弘徽)로부터 귀신을 부리는 역귀술(役鬼術)을 배웠다고 한다. 역귀술로 고변에게 신임을 받고 그를 섬기게 된 여용지는 정치적인 감각이 뛰어났다. 어릴 때 상업 활동으로 민간 사회의 여러 어려움과 관리들의 문제점을 잘 파악하고 있었기 때문이다. 고변의 신임을 받은 여용지는 그에게 자신의 측근을 천거하여 세력을 확대해 나갔다. 이들 가운데 제갈은(諸葛殷)과 장수일(張守一) 같은 인물은 신선을 추구하며 영원히 죽지 않는 술법인 장년지술(長年之術)을 부릴 수 있었다고 한다. 방사 여용지 일당은 점차 고변을 좌지우지할 정도로 세력을 확대하였다.[105)]

고변이 황소의 난에 적극적으로 대처할 뜻이 없음을 안 희종은 중화 1년(881) 고변 대신 왕탁(王鐸)을 도통(都統)으로 임명하고 고변의 병권을 박탈하는 조치를 내렸다. 이러한 조치에 반발한 고변은 오히려 복권을 시도하는 글을 올렸다. 그 글은 고변의 휘하에 있던 고운(顧雲)이 작성했는데 고운은 그럴듯한 문장으로 고변의 뜻을 꾸몄지만 황제인 희종을 은근히 위협하는 내용이었다. 당시 사서에는 고변이 교만하고 두려운 것이 없었다고 하였다.[106)]

---

105) 여용지에 관한 내용은 『新唐書』 卷224 下, 叛臣 下, 高駢에 자세히 기록되어 있다.

106) 『新唐書』 卷224 下, 叛臣 下, 高駢, "吳人顧雲以文辭緣澤其姦, 偃然無所忌畏."

그러나 왕탁이 황소군을 토벌하는 데 성공하자 권력을 잃은 고변은 답답하고 무료해지면서 신선 추구에 몰두하였다. 고변은 그의 저택에 따로 도원(道院)을 세웠고 그 도원에 화려한 부속 건물들을 축조했는데 80척 높이의 영선루(迎仙樓)와 연화각(延和閣)에 금과 옥으로 장식했다. 그곳에서 시녀들에게는 신선이 입는다는 우의(雨衣)를 입히고 노래를 부르게 하여 천상 세계를 방불케 했다. 고변은 그 건물에서 향을 피우고 재(齋)를 지내며 신선과 만나기를 기원하거나[107] 여용지 · 제갈은 · 장수일 등과 더불어 도가 법록(法籙)을 (제자들에게) 나누어 주기도 하였다고 한다.[108]

도교의 법록은 도록(道籙), 부록(符籙) 또는 록(籙)으로 칭해지기도 하는데,[109] 도사는 법록을 받아야 도법을 배우고 전할 수 있는 자격이 주어졌으며, 신선세계의 명부에 이름을 올리고 사후에 신선이 될 수 있었다. 법록에는 천신(天神)의 이름, 직능 등이 적혀 있다. 도교 교단에서 위계가 올라가면 상급의 법록을 받았다. 재초의식을 거행하는 도사는 법록에 등록된 천신을 불러서 그 직능에 맞게 요귀(妖鬼)를 진압하는 능력을 발휘했다.[110] 『수서』 경적지를 보면 부록 즉 법록은 오천문록(五千文籙) → 삼동록(三洞籙) → 동현록(洞玄籙) → 상청록(上淸籙)의 순서로 받는다고 하였다. 법록을 받을 제자는 재를 올리기 전에 먼저 결재(潔齋) 곧 심신을 정결하게 하고 예물을 스승에게 올린다. 스승은 예물을 받은 후에 제자에게 법록을 수여한다고 했다.[111] 고

107) 『新唐書』 卷224 下, 叛臣 下, 高騈, "…… 薰齋其上, 祈與仙接."

108) 『舊唐書』 卷182 高騈列傳, "日與用之·殷·守一三人授道家法籙, 談論於其間, 賓佐罕見其面."

109) 野口鐵郎 등 편저, 『道教事典』, 法籙조, 平河出版社, 1994, 543쪽

110) 卿希泰 主編, 『中國道教思想史(第二卷)』, 北京, 人民出版社, 2009, 488쪽.
松本浩一, 「符籙呪術論-道教の呪術」, 『道教の教團と儀禮』, 編輯代表 野口鐵郎, 雄山閣出版, 2000, 270쪽.

111) 『隋書』 卷35, 經籍 4, "其受道之法, 初受五千文籙, 次受三洞籙, 次受洞玄籙, 次受上

변이 방사인 여용지 등과 함께 법록을 수여했다는 점으로 보면, 고변은 법록을 수여할 정도로 도교계에서 높은 위상을 지녔음을 알 수 있다. 고변은 일찍부터 도교에 심취했고 도교에 대한 깊은 이해가 있었던 것 같다. 그리고 말년에 도교에 매몰된 고변은 도교를 이용한 신정정치를 꿈꾸었던 것으로 보인다. 『자치통감』에 보면 882년에 고변이 자주 신선이 입고 있다는 우복(羽服)을 입고 도원(道院)의 정원에 있는 나무로 조각한 학에 걸터앉았으며, 밤낮으로 재초를 하고 금단을 제조하는 데 억만금을 썼다고 한다.[112] 그러나 887년에 고변이 여용지의 정적이었던 필사탁에게 죽임을 당함으로써 그의 꿈은 허망하게 끝나고 말았다.

2. 재사의 형식과 내용

고변이 도교에 심취하여 법록까지 수여하며 도원(道院)에서 밤낮으로 재초(齋醮)를 지낸 시절 그의 휘하에서 종사했던 최치원이 도교의 재에서 사용되는 재사(齋詞)를 지었다. 재사는 도교의 재초(齋醮) 의식을 거행하면서 천신에게 고하는 문장이다. 품질이 가장 좋으며 조금도 흠결이 없는 푸른색의 종이에 붉은 글씨로 쓰기 때문에 청사(靑詞)라고도 한다. 이 재사를 통해 최치원의 도교관을 보기도 한다.[113] 하지만 필자는 이 시기 최치원이 고변의 도교 활동을 통해 당시 당나라에서 성행했던 도교 의식을 직접적으로 경험한 점을 주목하고자 한다.

최치원이 당나라에서 목도한 고변의 도교 활동은 『계원필경집』 권16 여러

淸籙. 籙皆素書, 紀諸天曹官屬佐吏之名有多少, ..., 受者必先潔齋, 然後齎金環一, 幷諸贄幣, 以見於師. 師受其贄, 以籙授之."

112) 『資治通鑑』 卷254 僖宗 中和 2年, "駢於道院庭中刻木鶴, 時著羽服跨之, 日夕齋醮, 鍊金燒丹, 費以巨萬計."

113) 최치원의 재사를 도교의 측면에서 논한 글로는 金洛必, 「孤雲의 道敎觀」, 『孤雲 崔致遠』, 金仁宗 등 저, 민음사, 1989, 123~166쪽이 있다.

도관의 중수를 위해 보시하기를 청한 글(求化修諸道觀疏)에 간명하게 기술되어 있다. 그 내용을 보면 당나라에서 노자를 시조로 섬기고 도교의 의례인 재초가 널리 행해졌지만 도교의 의식인 과의(科儀)가 조금도 실추되지 않았다. 도교도인 태위(太尉) 고변은 제왕의 스승에 걸맞게 업적을 쌓았고 구전단(九轉丹)을 열심히 복용하고 있으면서 신선을 희구하고 있다. 그리고 삼원절의 도교 의식을 공경하게 지키며 일기(一氣)를 정성껏 수련하니 진인(眞人)의 지위에 높이 오르고 특이한 상서가 거듭 내렸다는 것이다. 최치원은 고변이 도교 의례인 재초 의식을 격식에 맞게 거행하고 삼원절의 도교의식을 중시했으며, 신선을 추구하는 방법으로서 구전단 복용과 일기 수련에 정성을 다했음을 주목했다.

『계원필경집』 15권에 최치원이 지은 15편의 재사(齋詞)가 실려 있다. 15편의 목록을 순서대로 보면 아래와 같다.[114]

(1) 응천절재사(應天節齋詞)1
(2) 응천절재사(應天節齋詞)2
(3) 응천절재사(應天節齋詞)3
(4) 상원황록재사(上元黃籙齋詞)
(5) 중원재사(中元齋詞)1
(6) 하원재사(下元齋詞)1
(7) 하원재사(下元齋詞)2
(8) 상원재사(上元齋詞)
(9) 중원재사(中元齋詞)2

114) 『桂苑筆耕集』 재사의 내용은 『桂苑筆耕集』, 韓國文集叢刊 1, 민족문화추진위원회, 1990과 최치원 지음, 이상현 옮김, 『계원필경집』 2, 한국고전번역원, 2010을 참고하였다.

(10) 하원재사(下元齋詞)3

(11) 황록재사(黃籙齋詞)

(12) 양화재사(禳火齋詞)

(13) 천왕원재사(天王院齋詞)

(14) 위고소의복야재사(爲故昭義僕射齋詞)1

(15) 위고소의복야재사(爲故昭義僕射齋詞)2

이 15편의 재사들을 내용별로 분류해 보면 응천절재사 3편, 상원황록재사 1편, 상원재사 1편, 중원재사 2편, 하원재사 3편, 황록재사 1편, 양화재사 1편, 천왕원재사 1편, 위고소의복야재사 2편이다. 이 중에 천왕원재사 1편과 위고소의복야재사 2편은 모두 법운사(法雲寺)에서 지낸 불교 의식의 재사이다. 불교 재사를 뺀 나머지 12편은 모두 도교 의식에 사용된 재사이다.[115) 불교 의식의 재사는 재를 올린 날짜를 확인할 수 있다. 천왕원재사는 당 중화 2년(882) 1월 15일, 위고소의복야재사1은 중화 2년(882) 7월 23일, 다음의 위고소의복야재사2는 중화 2년(882) 7월 27일에 올렸다. 이처럼 불교의식에서 사용된 재사는 재를 올린 날짜순으로 되어 있다. 도교의 재사에는 재를 올린 정확한 시점이 없지만 불교의 재사의 예로 볼 때 도교의 재사도 재가 거행된 순서대로 나열했을 것으로 보인다.

최치원이 쓴 도교의 재사를 구체적으로 검토하기 전에 당나라에서 거행된 도교 재초의 성격과 의식을 검토해 보자. 재초 의식의 실제 사례를 구체적으로 검토해 보면 최치원이 경험한 당대 도교 의식을 좀 더 깊이 이해할

115) 유교, 도교, 불교 모두 재를 지내므로 그에 해당하는 재사가 있다. 그러나 유·불·도의 재는 서로 다르다. 재의 대상이 되는 신명과 진설되는 음식도 상이하다. 음식을 살펴보면, 유교의 재에서는 육류를 사용하나 도교의 재에서는 육류는 물론 오곡도 기피하는 경향이 있으며 불교의 재에서는 깨끗한 마음을 중시하므로 음식을 중시하지 않는다. 張澤洪, 『道教神仙信仰與祭祀儀式』, 臺灣 文津出版, 2003, 26쪽.

수 있을 것이다. 『수서』 경적지 4에 보면 도교 의식이 잘 요약되어 있다. 이것은 위진남북조시대에 크게 성행한 도교 의식을 정리한 것이다. 『수서』 경적지의 내용을 정리하면 주요 도교 의식으로 3 종류가 있다.

첫째, 가장 먼저 올려야만 하는 결재(潔齋) 곧 재(齋) 의식이다. 재를 거행하기 위해서 3층의 단을 설치했는데 매 층마다 경계를 표시하는 표식을 했다. 재를 지내는 사람은 차례로 단의 표식 안에 들어가 도열하고 스스로의 허물을 말하며 신에게 고백하기를 밤낮으로 쉬지 않고 7일 동안 했다. 황록재(黃籙齋), 옥록재(玉籙齋), 금록재(金籙齋), 도탄재(塗炭齋) 등 다양한 명칭으로 볼 때, 재는 종류가 많은데, 각각의 목적과 기능에 대한 설명이 없어 그 성격을 자세히 알 수는 없다.

둘째, 상장(上章) 의식이 있다. 상장(上章) 의식은 음양오행술수에 따라 사람의 수명을 추론해서 쓴 글을 예물을 갖추어서 향을 사르면서 천조(天曹)에 상주(上奏)하는 것이다. 상장은 재앙을 없애고 액운을 피하는 소재도액(消災度厄)을 청하는 것으로 중요한 의식이다.

셋째, 초(醮) 의식이다. 초는 밤에 별 아래서 술 · 포(脯) · 떡 · 경단 · 폐물(幣物)을 진설하고 먼저 천황 · 태일에게 차례로 제사 지내고 이어서 오성(五星)과 여러 별들에게도 제사를 지낸 후 글을 써서 상주(上奏)하는 의식이다.[116] 이 의식은 오두미도의 창시자인 장릉이 파촉(巴蜀)에 있을 때 민간에서 별을 숭배했던 성두(星斗) 신앙을 받아들인 것에서 유래했다고 본다.[117]

이와 같이 『수서』 경적지에 의하면 재(齋), 상장(上章), 초(醮)는 각기 서로 다른 도교 의식이었다. 당대에 성행했던 도교 의식은 『당육전(唐六典)』에서 확인할 수 있다. 『당육전』은 현종의 칙명으로 편찬된 당대의 법전으로 당

116) 『隋書』 經籍志, "夜中, 於星辰之下, 陳設酒脯餅餌幣物, 歷祀天皇太一, 祀五星列宿, 爲書如上章之儀以奏之, 名之爲醮."

117) 張澤洪, 앞의 책, 2003, 28~31쪽.

종실로 요직을 거쳐 장기간 재상의 자리에 있으며 권력을 독점했던 이임보(李林甫) 등이 편찬하였다. 『당육전』에 보면 기능에 따라 다르게 명명한 7가지 재(齋)와 기타 도교 의식에 대한 구체적인 설명이 있다. 7가지 재의 내용을 각각 살펴보면 다음과 같다.

(1) 금록대재(金錄大齋)는 음양을 조화시키고 재해를 소멸시키며 제왕(帝王)과 국토에 국운을 연장시키고 복을 내리기를 기원하는 의식이다.

(2) 황록재(黃錄齋)는 일체를 위하고 아울러 조상을 천도시키기 위해서 하는 의식이다.

(3) 명진재(明眞齋)는 도를 배우는 사람이 자신의 심신을 깨끗하게 하면서 선연(先緣)을 구제하는 의식이다.

(4) 삼원재(三元齋)는 정월 15일 상원(上元)에 천관(天官)에게 지내고, 7월 15일 중원(中元)에는 지관(地官)에게 지내며, 10월 15일 하원(下元)에는 수관(水官)에게 지내는 의식이다.

(5) 팔절재(八節齋)는 양생하며 신선을 추구한 것이다.

(6) 도탄재(塗炭齋)는 갑자기 닥친 어려운 일을 모두 해결하기 위한 의식이다.

(7) 자연재(自然齋)는 자연계의 일체를 위해서 복을 기원하는 의식이다.

이러한 7가지 재(齋) 외에도 재앙을 물리치기 위해 신에게 제사 지내고 감사하는 의식으로 장(章)과 초(醮) 등이 있다고 하였다.[118] 그러므로 『당육전(唐六典)』에 수록된 당대의 도교 의식이 수대의 주요 도교 의식인 재(齋), 상장(上章), 초(醮) 등을 계승하였음을 알 수 있다.

당대 재초의식은 당 현종 때 이르러 국가 제사에 편입되었다. 당 현종 개원 10년(722)에는 장안과 낙양의 양경(兩京)과 여러 주(州)에 현원황제묘(玄元皇

118) 陳仲夫 點校, 『唐六典』, 尙書禮部 卷4, 中華書局, 125쪽.

帝廟)를 세워 매년 도교 의식인 재초를 지내도록 하였다.[119] 천보 원년(742)에는 장안의 현원황제묘는 태청궁(太淸宮)이라고 했고, 낙양의 현원황제묘는 태미궁(太微宮)이라고 했으며, 각 주의 현원황제묘는 자극궁(紫極宮)이라고 그 명칭을 바꾸었다.[120] 그리고 도관에서 삼원일과 천추절일(千秋節日 : 현종 생일)에 금록재, 명진재 등을 지냈으며 행도(行道)에 따라 관에서 급료를 지급하도록 했고, 국기일(國忌日)에도 재를 지내도록 하였다.[121] 당 현종 개원 25년(737)에는 숭현서(崇玄署)를 설치하여 경도인 장안과 동도인 낙양의 도관, 도사, 그리고 도교 의식인 재초를 관장하게 하였다.[122] 이러한 조치로 볼 때 당 현종이 재초의식을 매우 중시했다는 것을 알 수 있다. 이와 같이 재초의식의 거행을 제도화한 당 현종은 태청궁에서 재초를 행할 때 도교의 재사 즉 청사(靑詞)를 사용하도록 하였다.[123]

그러자 재사의 수요가 많아졌고 재사를 작성하는 일정한 격식이 생겼다. 도교 경전인 『무상황록대재입성의(無上黃籙大齋立成儀)』 등에 보면 도교 재사 작성 규칙이 기록되어 있다. 이 경전은 남송시대 장숙여(蔣叔輿)가 편집한 것이지만 그 내용에는 당나라 때 사례가 많다. 그러므로 이 경전에 수록된 재사 작성 규칙을 보면 당대 재사의 격식을 알 수 있다. 『무상황록대재입성의(無上黃籙大齋立成儀)』 권11에 나오는 재사 작성 격식을 보면

> 조금도 오염되지 않고 흠결이 없는 1척 2촌의 청색 종이 한 장만을 사용한다. 글자는 17행(行)을 넘지 않아야 하는데 그 내용은 질박함을 숭상한다. 청사를 쓸 때는 깨끗한 방에

119) 『冊府元龜』 卷53, "唐玄宗開元十年, 詔兩京及諸州各置玄元皇帝廟一所, 每年依道法齋醮."

120) 『唐會要』 卷50, 尊崇道教.

121) 『唐六典』, 尙書禮部 卷4 祠部郎中, "凡道觀三元日 · 千秋節日, 凡修金籙 · 明眞等齋, …… 應行道官給料."

122) 『唐六典』, 衛尉宗正寺 卷16, "崇玄署令掌京 · 都諸觀之名數, 道士之帳籍, 與其齋醮之事."

123) 『唐會要』 卷50, 尊崇道教.

들어가 숨을 멈추고 다른 사람과 말하지 않는 상태에서 붉은 글씨로 쓴다.[124]

고 하여, 재사를 쓸 때 형식과 주의할 점을 제시하고 있다.

재초의식을 자주 치르게 된 당 황실은 재사를 도사만이 아니라 한림학사에게도 짓도록 하였다.[125] 한림원학사가 재사를 쓸 때 지켜야 할 격식도 있었다. 당나라의 양거(楊鉅)가 지은 『한림학사원구규(翰林學士院舊規)』의 「도문청사례(道門靑詞例)」를 보면 먼저 재초의식의 시간, 주관자, 장소, 재초의 성격, 그리고 도교의 각종 신명 등을 적었다.[126] 다음에 신문(臣聞) 이하에는 재초를 거행하게 된 원인, 내용, 기원 등을 적었다. 신문(臣聞)은 복이(伏以), 복문(伏聞), 개문(蓋聞), 복위(伏爲)라는 용어로 대체되기도 하였다. 끝은 근사(謹詞)로 마무리하였는데 근사(謹詞)를 불임(不任), 또는 무임(無任)으로 대신하기도 했다. 이런 재사의 내용을 보면

(1) 도나 도교 천신의 공덕을 기리는 송덕(頌德)

(2) 스스로 책무를 다하지 못했음을 사죄하는 회과(悔過)

(3) 현재 닥친 곤경을 아뢰고 재초를 거행하는 동기를 설명하는 진정(陳情)

---

124) 『無上黃籙大齋立成儀』, 『道藏』 第9冊, 文物出版社, 437쪽, 書詞格式 조, "應靑詞須用上等靑紙, 勿令稍有點汚穿破, … … 高一尺二寸, 只許用一幅, 通前後不過十七行, … … 不拘字數,… … 務在簡而不華, … … 惟質朴爲上, … … 凡書詞之時, 當入靜室, … … 朱筆, … …, 閉氣書之, … … 與他人言語, 仍不許."

125) 당대의 청사에 대해서는 周西波, 『杜光庭道敎儀範之硏究』, 臺灣, 新文豐出版社, 2003, 429~474쪽, 제2절 靑詞를 주로 참고하였다.

126) 洪遵 編, 『翰苑群書』 (中國哲學書電子化計劃; http:ctext.org/wiki.pl?if=gb&chapter=250276) 卷5, 道門靑詞例, "維某年月歲次某月朔某日辰, 嗣皇帝臣署謹差某銜威儀某大師賜紫某處, 奉依科儀, 修建某道場幾日, 謹稽首上啓虛無自然元始天尊·太上道君·太上老君, 三淸衆聖, 十極靈仙, 天地水三官, 五嶽衆官, 三十六部衆經, 三界官屬, 宮中大法師, 一切衆靈, 臣聞云云, 尾云謹詞."

(4) 도나 천신에게 재앙을 소멸하고 복을 달라는 청원(請願)

(5) 국가와 부모에게 충성과 효도를 다하겠다는 맹서(盟誓) 등이다.[127)]

최치원이 쓴 재사도 이상과 같은 당대 재사의 내용과 형식에 잘 부합된다. 최치원은 당대의 격식에 맞추어 재사를 썼음에도 불구하고 『계원필경집』을 편찬하면서 많은 글 중에 취사선택을 하고 편집하는 과정에 자신의 도교관을 나름대로 투영했던 것으로 보인다.

3. 최치원 재사의 특징

『계원필경집』에 수록된 재사를 그 순서대로 면밀하게 분석해 보면 최치원이 쓴 재사에 몇 가지 특징을 찾을 수 있다.

첫째, 응천절재사에서 쓴 '선재(仙齋)'라는 용어이다. 『계원필경집』에 모두 3편의 응천절재사가 있는데 편의상 수록된 순서에 따라 응천절재사1, 응천절재사2, 응천절재사3으로 구분하고자 한다. 당 희종의 생일을 응천절이라고 했다. 당 현종은 개원 17년(729)에 그의 생일인 8월 5일을 천추절(千秋節)로 명명하고 관리들에게 휴가를 주었는데, 군신들은 만수주(萬壽酒)를 바치면서 경축하였다. 현종 이후 역대 황제들은 이러한 전통을 계승했다.[128)] 응천절재사는 바로 희종의 생일인 응천절에 지낸 재에 사용된 재사이다. 응천절재사1에 보면 희종이 "일찍 경사(京師)로 돌아가서 분수(汾水)를 건너는 노래를 짓고 태산에 봉선하는 의식을 거행하여… 세상에 경사(慶事)가 있게 하소서"[129)]라고 하였고, 응천절재사2에서는 "서쪽으로 거동하신 행차를 일

127) 周西波, 『杜光庭道教儀範之研究』, 臺灣, 新文豐出版社, 2003, 43~439쪽.

128) 『唐會要』 卷29, 節日.

129) 『桂苑筆耕集』 卷15, 應天節齋詞, "廻鳳輦. 然後搜濟汾之詠. 撰封岱之儀 ... 積慶於天長地久."

찍 돌려, 동쪽의 태산(泰山)에 봉선(封禪)하는 의식을 곧장 거행하게 해 주소서"[130]라고 하였으며, 응천절재사3에서는 "분수(汾水)의 난가(鑾駕)를 돌려서"[131]라는 내용이 있다. 분수(汾水)의 난가(鑾駕)란 희종이 황소의 난을 피해 촉 지역으로 피난한 것을 비유한 말이다. 이 내용으로 볼 때 응천절재사 3편은 모두 당 희종이 황소의 난을 피해 촉 지역으로 피신한 중화 원년(881)부터 수도인 장안으로 복귀한 광계 원년(885) 사이에 지어졌음을 알 수 있다. 응천절재사는 희종이 제왕으로서의 품격을 갖고 태어났음을 칭송하고 현재 황소의 난을 피해 촉 지역에 있음을 완곡하게 언급하면서 조속히 경사로 회귀하여 평화로운 세상이 펼쳐지길 청원하는 내용이다. 다시 응천절재사1과 응천절재사2를 보면 서두에 "도사(道士) 모 을이 아룁니다… 감히 선재를 올리게 되었습니다(道士某乙言… 敢設仙齋)", " 도사 모가 아룁니다… 삼가 선재를 베풀어 축원하는 말씀을 올리게 되었습니다(道士某言… 謹設仙齋 仰陳善祝)"라고 하여 의식을 올리는 주체가 도사이고 그 의식을 선재(仙齋)라고 하였다. 그런데 응천절재사3에서는 서두에 도사를 언급하지 않은 채 "삼가 아룁니다. … 열사(列士)가 재(齋)를 올리는 것이"(伏以… 列士修齋)라고 했다.[132] 응천절재사3에서는 의식을 올리는 주체가 열사 즉 사대부이고 그 의식을 재(齋)라고만 표기했다. '선재(仙齋)'라는 표기로 당 희종의 만수무강을 축원하는 응천절재사의 목적을 잘 드러냈다고 본다. 동시대에 활약한 도사 두광정이 지은 재사에서는 찾을 수 없다. 최치원은 재(齋) 앞에 선(仙)이란 글자를 붙여서 재의에 자신의 독특한 도교관을 피력한 것이라는 생각을 조심스럽게 해 본다.

둘째, 최치원이 쓴 도교 재사는 당 말기 재(齋)와 초(醮)의 각기 다른 의식

---

130) 『桂苑筆耕集』 卷15, 應天節齋詞, "早廻西幸之儀 便擧東封之禮."

131) 『桂苑筆耕集』 卷15, 應天節齋詞, "汾水廻.鑾"

132) 이상 『桂苑筆耕集』 卷15, 應天節齋詞.

이 재초라는 하나의 의식으로 융합되어 가는 과정을 잘 보여 준다. 『계원필경집』 15권에 수록된 재사를 검토해 보자. 먼저 상원황록재사는 천관(天官)의 생일인 상원일 곧 1월 15일에 지낸 황록재이다. 황록재는 도교의 중요한 재이다.[133] 상원일은 중원일, 하원일과 함께 삼원일(三元日)의 하나이다. 중원일(中元日)은 지관(地官)의 생일인 7월 15일이고 하원일(下元日)은 수관(水官)의 생일인 10월 15일이다. 도교에서는 상원일에는 천관이 복을 주고, 중원일에는 지관이 죄를 사해주며, 하원일에는 수관이 재액을 풀어 준다고 여겼다. 『당육전』에도 실릴 만큼 당대 삼원절에 지내는 삼원재는 매우 중요하게 여겨졌다.[134]

상원황록재사부터 양화재사까지 그 형식을 보면 공통적으로 도입부는

과의(科儀)를 갖추어 계청합니다(啓請如科儀).

로 시작하고, 끝부분은 아래와 같이 경건하게 기도드리고 죄를 회개하며 두렵고 간절한 심정으로 삼가 아뢴다는 뜻으로 맺고 있다.

臣無任虔肅禱祠懇悃之至, 謹辭.(상원황록재사)
臣某無任祈恩謝過虔肅禱祠懇悃之至, 謹辭.(중원재사)
臣某無任瀝投祈辭虔禱祠懇惶切之至, 謹辭.(하원재사)
臣無任悔過祈恩虔切惶恐之至, 謹辭.(상원재사)
臣無任悔過祈恩懇迫惶恐之至, 謹辭.(황록재사)
臣無任悔歸罪乞恩虔禱懇迫惶恐之至, 謹辭.(양화재사)

133) 『唐六典』 卷4, 尙書禮部.
134) 『唐六典』 卷4, 尙書禮部.

과의는 도교에서 흔히 사용하는 용어로 도교의 규범 · 계율 · 예의 등을 가리킨다.[135] "과의를 갖추어 계청한다"는 뜻은 도교의 규범과 의식에 맞게 재를 행한다는 의미이다. 과의(科儀)는 곧 도교 의식(儀式) 또는 형식을 말한다. 앞에서 언급한 바와 같이 원래 재와 초는 각각 독립된 의식 곧 재의(齋儀)와 초의(醮儀)가 각각 독립된 도교 의식이었으므로 물론 재사(齋詞)와 초사(醮詞)도 각각 따로 지었다. 당 중기까지는 초의보다는 재의 위주였다. 앞부분에서 인용한 『당육전(唐六典)』에 상세하게 남겨진 다양한 재의 종류를 보아도 알 수 있다. 과의의 순서는 재의(齋儀)를 지낸 후에 이어서 초의(醮儀)를 거행하는 선재후초(先齋後醮)의 형식이었다. 당 말기에 이르러서 재와 초는 점차 하나의 의식으로 융합되어 갔다. 그렇게 된 까닭은 참회 위주의 재의와 은혜에 감사하는 초의가 상호 보완되기 때문이다.[136]

최치원이 쓴 재사가 당 말기 재(齋)와 초(醮)가 하나의 도교 의식으로 융합되어가는 과정을 보여 주고 있지만 같은 시기 활약했던 저명한 도사 두광정(杜光庭, 850?~933)과는 큰 차이점이 있다. 최치원이 고변의 휘하에서 재사를 작성한 시기에 두광정도 촉에서 많은 재사를 작성했다. 두광정은 유학을 배우고 과거에 응시하였으나 급제하지 못하고 도교에 입문하였다. 그는 매우 박식하여 도교만 아니라 유학에도 능통했고 불교 승려와도 교우관계를 맺었다. 당 희종의 중용으로 도교계의 지도자가 된 그는 881년 황소의 난으로 희종을 따라 촉 지역에 들어갔으나 다시 장안으로 돌아가지 않고 촉 지역에 머물며 저술활동에 진력했다. 두광정은 당대 도교를 집대성한 수많은 저술을 남겼다.[137] 『광성집(廣成集)』에는 그가 지은 많은 재사와 초사가 수록

---

135) 盧國龍 · 王桂平 著, 『道敎科儀硏究』, 北京, 方志出版社, 2009, 3~5쪽.

136) 張澤洪, 『道敎神仙信仰與祭祀儀式』, 臺灣 文津出版, 2003, 35~44쪽.

137) 두광정에 관해서는 卿希泰 主編, 『中國道敎史』 第二卷, 四川人民出版社, 1992, 421~477쪽. 卿希泰 主編, 『中國道敎思想史』 第二卷, 2009, 482~511쪽. 周西波, 『杜光庭道敎儀範之硏究』, 臺灣, 新文豐出版公司, 北京, 人民出版社, 2003을 참고하였다.

되어 있다. 『광성집』 권4 · 5에는 39편의 재사가 있고, 권6에서 권17까지에는 185편의 초사가 실려 있다.[138] 이처럼 두광정은 재사보다 초사를 더 많이 지었다. 두광정이 재사와 초사를 따로 지었고, 재사보다 초사가 많다는 점은 당 말기에 재보다는 초가 더 중요한 의식으로 자리 잡기 시작했다는 것을 반영한다.[139]

이에 비해 최치원이 고변을 위해 초사(醮詞)를 지었는지 알 수는 없지만 『계원필경집』에서는 초사를 찾을 수 없다. 다만 최치원은 재사(齋詞) 안에서 초(醮)를 언급했다는 점을 주목해 볼 필요가 있다. 최치원이 쓴 재사에 언급된 초(醮)를 각각 검토해 보면 다음과 같다.

> 삼가 '초(醮)'를 올리며 미천한 정성을 우러러 바치고자 합니다.[140]
> 보단에 의지하여 의식을 갖추어 초를 올립니다.[141]
> 삼원팔절에 아득한 곳을 향해 성대한 초를 지냈으니.[142]
> 엄숙히 초례를 베풀고 경건히 재를 올리겠습니다.[143]
> 삼가 상초를 닦습니다.[144]
> 삼가 영우에 우러러 나아가 보단에 초를 올립니다.[145]

이처럼 최치원은 재사 안에서 초를 올린다고 쓰고 있다. 최치원의 재사

---

138) 『廣成集』, 道藏 第11冊, 文物出版社, 231~309쪽.
139) 張澤洪, 『道教神仙信仰與祭祀儀式』, 臺灣 文津出版, 2003, 35~44쪽.
140) 『桂苑筆耕集』 卷15, 上元黃籙齋詞, "謹修常醮仰貢微誠."
141) 『桂苑筆耕集』 卷15, 中元齋詞, "依寶壇而醮設常儀."
142) 『桂苑筆耕集』 卷15, 下元齋詞, "三元八節顯醮遙祠."
143) 『桂苑筆耕集』 卷15, 上元齋詞, "儼陳醮禮敬薦齋誠."
144) 『桂苑筆耕集』 卷15, 中元齋詞, "謹修常醮."
145) 『桂苑筆耕集』 卷15, 禳火齋詞, "仰投靈宇敬醮寶檀."

는 당 말기 재와 초가 하나로 융합된 도교 의식의 변화를 잘 보여 준다. 최치원의 초사를 따로 작성하지 않고 재사 안에서 초를 언급한 점이 동시대에 활약했던 저명한 도사 두광정과의 큰 차이점이다. 어쩌면 최치원은 초기 도교 의식이 투영된 초보다는 심신의 재계(齋戒)를 강조하는 재를 더 중요하게 여겼는지도 모른다는 생각이 든다.

셋째, 최치원의 재사에서 절대적인 존재로서의 도와 도교의 다양한 신명을 확인할 수 있다. 절대적인 도의 형상은 형용할 수 없으나 간절하게 구하면 도와 감통하여 도에 다가갈 수 있다고 여겼다.[146] 또 원시천존(元始天尊), 태상삼존(太上三尊), 십방중성(十方衆聖), 육갑(六甲)과 육정(六丁)과 같은 다양한 도교의 주요 신명을 기록하였다. 원시천존은 6세기경까지 도교의 최고신이었으나 수당시대에는 원시천존은 삼청(三淸)으로 화현한 옥청원시천존(玉淸元始天尊)·상청영보천존(上淸靈寶天尊)·태청도덕천존(太淸道德天尊)으로 출현한다. 태상삼존은 이들 삼청을 가리킨 것이며 십방중성은 세상에 큰 공헌을 한 신적 존재인 여러 신선으로 보인다. 십방중성이라 한 이유는 도교의 각종 신선은 물론 고대의 제왕과 위대한 인물까지 망라한 것이다. 육갑(六甲)은 갑자(甲子)·갑술(甲戌)·갑신(甲申)·갑오(甲午)·갑진(甲辰)·갑인(甲寅)을 지칭하고, 육정(六丁)은 정묘(丁卯)·정사(丁巳)·정미(丁未)·정유(丁酉)·정해(丁亥)·정축(丁丑)을 가리킨다. 육갑과 육정은 모두 귀신을 제압하는 도교의 신장(神將)으로 비록 그 신위는 높지 않지만 도사들이 부리는 매우 중요한 존재이다.

넷째, 최치원이 쓴 재사에는 신선세계를 향한 지향성이 강하게 드러난다는 점이다. 재사의 여러 곳에서 신선이 되고자 하는 갈망이 잘 드러난다. 황록재사의 서두와 끝부분을 보면

146) 『桂苑筆耕集』 卷15, 黃籙齋詞, "雖窈窈冥冥至道則無形可扣, 而勤勤懇懇精心則有感必通."

과의를 갖추어 계청합니다. 신(臣)은 몸이 세상의 일에 얽매여 있으나 뜻만은 진리의 세계를 향하고 있습니다. ... 중략 ... 호중(壺中)의 일월에 노닐며 꿈속에서만 생각한 것이 안 되게 해 주소서.[147]

라고 하였다. 재사에 보면 재의를 주재하는 주체를 '신(臣)'이라고 칭했다. 도교의 신(神)들에게 경배하고 복종한다는 의미로 재의의 주체인 고변을 신(臣)이라고 칭한 것이다. 호중(壺中)은 후한의 방사 비장방(費長房)이 시장에서 호(壺)를 걸어 놓고 약을 파는 범상치 않은 노인이 신선임을 알고 그를 따라 호 속(壺中)으로 들어가서 속세의 근심을 잊고 경험한 경이로운 신선세계이다.[148] 신선을 추구하는 열망을 드러낸 재사의 각 부분들을 정리해 보면

신은 마음속으로 진풍을 사모하며 몸은 정도를 행하려고 노력하였습니다.[149]

선인(仙人)의 도술(道術)을 배울 수 있게 해 주소서.[150]

신은 태평성대에 태어나 진풍을 사모하며 존사하는 것을 경건히 닦고 있습니다.[151]

신은 손에 금월을 쥐었으나 마음은 (신선의) 요대에 가 있습니다. ... ... 삼원의 명절에 공경을 다하고 일기존사하며 하늘 위의 닭 울음소리를 기다리며 남몰래 소망을 걸고, 바다 속 삼신산의 소식을 고대하며 매양 간절한 정성을 쏟습니다.[152]

라는 구절이다. 진풍(眞風)이란 신선이 된 진인의 풍모란 뜻으로 보인다. 진

147) 『桂苑筆耕集』 卷15, 黃籙齋詞, "啓請如科儀 臣身拘俗網 志仰眞筌. ... 중략 ... 玩壺中之日月 免役夢思."

148) 『後漢書』 卷82 方術列傳下.

149) 『桂苑筆耕集』 卷15, 上元黃籙齋詞, "臣志慕眞風, 躬行正道."

150) 『桂苑筆耕集』 卷15, 中元齋詞, "得效仙人之術."

151) 『桂苑筆耕集』 卷15, 中元齋詞, "臣生逢聖日, 志慕眞風, ..., 每虔一氣以存思."

152) 『桂苑筆耕集』 卷15, 下元齋詞, "臣雖手提金鉞而心寄瑤臺 ... 三元致敬, 一氣存思, 佇天上之鷄聲, 潛懸素望, 待海中之鶴信, 每瀝丹誠."

인의 풍모에 뜻을 두고 있으므로 신선이 사는 요대와 삼신산에 마음을 둔다는 것과 간절하게 선인의 도술을 배울 수 있게 해 달라고 하였다. 선인의 도술은 신선을 추구하는 구체적인 방법을 의미한다. 이어서 재사에는 신선 추구의 구체적인 방법도 언급하였다. 하나는 오석(五石)이고 또 하나는 일기존사(一氣存思)이다. 오석에 대한 언급을 보면

> 매번 곽박의 시에 나오는 대로 오석을 연단하여 복용하면서 갈홍의 전기 위에 저의 이름을 하나 더 얹고 싶습니다.[153)]

라고 하였다. 오석(산)에 대해서는 이미 제2부 백제의 도교문화[154)]에서 상론하였으므로 여기서는 다루지 않겠다. 『자치통감』에 보면 고변이 신선을 좋아했고 도사처럼 우복(羽服)을 입고 조석으로 재초(齋醮) 의식을 거행했으며 거금을 들여 연금소단(鍊金燒丹)하였다는 기록이 있다.[155)] 이 기록을 볼 때 고변이 실재 재사에 나오는 오석(산)을 복용하고 신선을 추구하며 갈홍과 같은 반열에 오르고자 했다는 것을 알 수 있다. 또 고변이 연마했다는 금단(金丹)은 일종의 신선술로 외단과 내단 모두에서 사용하는 용어이다. 고변이 거금을 들였다고 한 것으로 보아서 외단술임이 틀림없다. 외단술의 금단이란 단사(丹砂)로 만든 합금(合金)을 일컫는다. 중국역사상 당나라 때 금단술이 가장 성행했다. 이 시기에 각종 금단술이 발전하였는데, 주로 황금, 단사, 연(鉛), 수은(汞), 유황(硫黃) 등을 사용하였다.[156)]

---

153) 『桂苑筆耕集』 卷15, 下元齋詞, "每依郭璞詩中, 精調五石, 願向葛洪傳上, 得寄一名."

154) 제2부 백제의 도교문화 제4장 백제의 의약과 도교문화 제3절 백제 본초학의 특징.

155) 『資治通鑑』 卷254, 僖宗 中和 2年(882), "高騈好神仙 ...... 時著羽服跨之, 日夕齋醮, 鍊金燒丹, 費以巨萬計."

156) 任繼愈 主編, 『中國道教史』 上卷, 中國社會科學出版社, 2001, 第11章 唐代道教外丹, 463~508쪽에서는 당대 외단이 성행한 이유, 유파, 그리고 사회적 영향 등이 간략하

그리고 일기존사(一氣存思)는 기를 하나에 집중하면서 존사(存思) 하는 신선술이다. 존사(存思)는 몸의 일부 혹은 몸 안에 있는 체내신(體內神)에게 생각을 집중하는 기법이다. 도교에서는 체내신이 몸에서 떠나면 쇠약해지거나 병이 생겨 결국 죽게 된다고 여긴다. 체내신의 이탈을 방지하고 오히려 몸을 활성화하고자 하는 방법이 존사이다. 도교 경전에는 체내신의 이름, 모습, 그리고 복장 등이 기술되어 있는데, 체내신에 관한 내용은 스승으로부터 제자에게 구두로만 전수되는 비결(秘訣)이었다.[157] 체내신에 대해서는 초기 도교경전인 『태평경』에 보이지만 보다 구체적인 내용은 갈홍의 『포박자내편』에 나온다. 『포박자내편』 지선편을 보면 장생하는 방법인 수일법(守一法)을 논하고 있는데, 그 방법은 일(一)을 골몰히 생각하는 것이다. 그런데 배가 고프면 일(一)이 양식을 주고, 목이 마르면 물을 준다고 하여 일(一)이 인간에게 물질을 제공할 수 있는 신적인 존재임을 알 수 있다. 일(一)은 이름과 자(字), 의복, 색깔은 물론 성별과 크기도 있다. 남(男)은 크기가 구분(九分)이고, 여(女)는 크기가 육분(六分)이라고 하였다. 남(男)은 양을 상징하고, 여(女)는 음을 상징하는 신이라고 생각된다. 도교의 전개에 따라 출현하는 다양한 신은 음양만이 아니라 오행 등을 상징하였다. 이런 상징에는 음양이나 오행 등의 기(氣)의 관념이 자리하고 있다. 체내신을 존사하는 기법은 결국 기를 존사하여 몸에 머물게 한다는 신선술이다.[158] 이러한 존사의 특성으로 볼 때 최치원이 재사에 쓴 "일기존사(一氣存思)"는 신선을 추구하는 기법이었음이 틀림없다. 고변의 종사관으로 중국에서 유행했던 다양한 신선술은 물론 풍부한 도교적 경험을 했던 최치원은 신라로 돌아온 후에 도교에 대해 어떤

게 소개되어 있다.

157) 坂出祥伸 責任編輯, 『道教の大事典』, 新人物往來社, 1994, 197쪽, 存思, 山田利明 지음.

158) 垣內智之, 「存思の技法-體內神の思想」, 『講座 道教 第3卷, 道教の生命觀と身體論』, 野口鐵郎 編輯代表, 雄山閣出版, 2000, 120~136쪽.

견해를 펼쳤는지 그의 행적을 통해 고찰해 보자.

4. 선(仙) 관념의 신라적 전개

최치원은 29세인 헌강왕 11년(885)에 신라로 돌아왔다. 당시 신라에서는 지배체제의 근간인 골품제와 중앙집권적 정치체제가 무너져 가면서 왕조 말기의 징후가 뚜렷이 드러나고 있었다. 집권세력은 혁신보다는 기존의 지배체재와 가치를 유지하는 데 급급했으며, 황룡사 9층탑의 중수나 대숭복사의 중창과 같은 대규모 불사(佛事)를 통해서 왕실의 단합과 정통성을 확보하려고 노력하였다. 헌강왕은 최치원이 신라로 돌아오자 그를 시독겸한림학사 · 수병부시랑 · 지서서감사(侍讀兼翰林學士·守兵部侍郎·知瑞書監事)에 임명하였다. 헌강왕의 뒤를 이은 정강왕이 1년 만에 죽고 그의 여동생 진성왕(887~896)이 즉위하자 최치원은 중앙에서 밀려나 외직인 지방의 군 태수로 부임하였다. 이때 그는 각 지방의 피폐한 상황과 농민반란을 목도하였다. 진성왕 8년(894)에 최치원은 당시 해결해야 할 시급한 국가정책인 시무책(時務策) 10여 조를 진성왕에게 올렸다. 왕은 이를 받아들여 최치원을 6두품 신분으로서는 최고의 관등인 아찬에 임명하였다. 그러나 집권세력은 그의 개혁안을 받아들이지 않았다. 진성왕은 실정에 대한 책임을 지고 재위 11년 만에 효공왕(897~911)에게 양위하였다. 최치원은 더 이상 벼슬길에 미련을 두지 않았고 44세인 효공왕 4년(900)에 가족들을 거느리고 가야산으로 들어가 은거하였다. 최치원은 귀국한 후 왕명을 받고 수많은 글을 지었고, 해인사에 은거하면서도 저술에 몰두하여 승려들의 전기인 승전(僧傳)을 찬술하였다.[159] 최치원이 쓴 승전에서 그의 도교관을 엿볼 수 있다.

---

159) 곽승훈, 「최치원의 저술과 고뇌, 그리고 역사 탐구」, 『고운집』, 최치원 지음·이상현 옮김, 한국고전번역원, 2009, 15~47쪽.
이강래, 「최치원」, 『신라를 빛낸 인물들』, 신라 천년의 역사와 문화 편찬위원회, 경상북도문화재연구원, 2016, 194~213쪽.

그가 지은 승전으로는 「의상전(義湘傳)」, 「당대천복사고사주번경대덕법장화상전(唐大薦福寺故寺主翻經大德法藏和尙傳, 약칭 법장화상전)」, 「석이정전(釋利貞傳)」, 「석순응전(釋順應傳)」 등이 있다. 이 중에 「법장화상전」만이 온전히 전해지고 있다. 「법장화상전」은 중국 화엄종의 제3조인 법장(643~712)의 일생을 소개한 글이다. 최치원이 48세 때인 효공왕 8년(904)에 찬술한 이 승전은 원문이 약 7천 6백여 자에 달하는 장문으로 법장의 조상 행적부터 열반에 이르기까지의 과정을 상세하게 담고 있다.[160] 「법장화상전」은 10개 부분으로 이루어졌는데, 8번째 부분인 「속세를 제도하는 데 두 마음을 갖지 않는다(濟俗不二心)」에 보면

> 일찍이 조주(曹州)의 강장(講場)에서 교종의 사정(邪正)을 분변하고 있을 때였다. 어느 도사가 도교를 헐뜯는다고 여기고 "제법(諸法)이 평등한가, 아닌가?"라고 물으니, 법장 스님은 "평등하기도 하고 평등하지 않기도 하다"고 답했다. 또 묻기를 "어찌 두 가지인가?"라고 하니, "진(眞)과 속(俗)이 다르기 때문에 일개(一概)가 아닌 것이다"라고 답하였다. 그 도사가 더욱 성을 내어 크게 (불교의 불법승) 삼보를 매도하였다. 이튿날 아침에 (도사가) 세면을 하려다 문득 보니 수염과 눈썹이 손만 대면 떨어지며 온몸에 창포(瘡疱)가 갑자기 생겼다. (이에) 허물을 참회하며 (법장에게) 화엄경을 백 번 되풀이해서 독송해 달라고 하였는데, (법장이) 경을 절반도 안 읽었는데 형질이 이전과 같이 회복되었다.[161]

고 하였다. 심오한 불교의 교리를 이해하지 못한 도사가 불교의 삼보를 비

---

160) 최영성, 「최치원의 승전 찬술과 그 사상적 함의」, 『한국의 철학』 제28호, 2000, 206~210쪽.

161) 崔英成, 『譯註 崔致遠全集 2』, 아세아문화사, 1999, 339~340쪽, 「唐大薦福寺故寺主翻經大德法藏和尙傳」, "嘗於曹州講場, 適辨教宗邪正. 有道士, 謂訾玄元, 含怒問曰 : 諸法爲平等以不, 答曰, 平等不平等. 又問何有二耶. 答曰:眞俗異故, 非一槩. 黃冠益奰, 大詬三寶. 翌旦頮面欻見, 鬚眉隨手墜落, 遍體瘡疱. 遽來懺過, 願轉華嚴百遍, 讀經未半, 形質復舊."

난한 후에 온몸에 물집과 고름 등 창포가 생기자 법장화상이 신이한 능력으로 도사의 창포를 사라지게 했다는 것이다. 이는 도교보다 불교가 더 심오하고 우위의 종교임을 보여 주는 내용이다.

최치원의 이러한 생각은 「지증화상비명(智證和尙碑銘)」에도 잘 나타난다. 최치원은 「지증화상비명」에서 "인에 의지하고 덕에 의거한 공자와 백을 알면서도 흑을 지킨 노자의 이교(二敎, 유교와 도교)가 천하의 모범이 되었으나, 석가는 (이교와) 힘을 겨루지 않고 동국(東國 : 신라)을 밝혔다"고 하면서 불교를 앞세웠다.[162] 흥미로운 점은 「지증화상비명」에서 삼교를 언급할 때 최치원은 유·불·도를 유·불·선이라 하여 도(道)를 선(仙)으로도 칭했다.[163] 최치원이 도교(道敎)를 선(仙)으로 바꾸었음을 알 수 있다.

그렇다면 최치원은 과연 자신이 당나라에서 접했던 도교를 선(仙)이라고 인식한 것일까? 최치원이 당에 체류하고 있을 때는 고변을 통해 불사(不死)를 추구하는 신선술을 잘 이해했고 그것을 칭송했다. 그런데 신라로 돌아온 후에는 도교의 핵심 사상을 부정하는 자세를 취했다. 최치원이 왕명으로 지은 4편의 비문 즉 사산비명(四山碑銘)의 하나인 「성주산성주사낭혜화상백월보광탑비(聖住山聖住寺朗慧和尙白月葆光塔碑)」의 비문 내용을 보면 최치원의 선(仙) 관념의 변화를 알 수 있다.

「성주산성주사낭혜화상백월보광탑비」는 신라 말의 대표적 선승인 낭혜화상의 비이다. 이 비는 낭혜화상의 법호인 무염(無染)을 넣어 「무염화상비(無染

162) 崔致遠, 「智證和尙碑銘」, 『孤雲集』, 『韓國文集叢刊』 1(民族文化推進委員會, 1990), "麟聖依仁乃據德, 鹿仙知白能守黑, 二教從稱天下式. 螺髻眞人難确力, 十萬里外鏡西域, 一千年後燭東國"....."鷄林地在鰲山側, 儒仙自古多奇特, 可憐曦仲不曠職, 更迎佛日辨空色.", 193~194쪽.

163) 崔致遠, 「智證和尙碑銘」, 『孤雲集』, 『韓國文集叢刊』 1, "鷄林地在鰲山側, 儒仙自古多奇特, 可憐曦仲不曠職, 更迎佛日辨空色.", 194쪽.

和尙碑)」라고도 하나 약칭인 「낭혜비」로 칭하고자 한다.[164] 낭혜화상은 태종 무열왕 김춘추의 8대손으로 그의 부친이 김헌창의 반란에 연루되어 진골에서 6두품으로 강등되었다. 낭혜화상은 13세에 출가하여 부석사에서 석징대덕(釋澄大德)에게 화엄학을 배웠으며, 22세인 헌덕왕 13년(821)에 당나라에 유학하여 남종선(南宗禪)을 배웠다. 중국의 여러 곳을 돌아다니며 수행하다가 당 무종의 불교탄압 사건인 그 유명한 회창폐불(會昌廢佛)이 일어나자 신라로 귀국한 후 지금의 보령 지방에 있는 성주사를 중창하였다. 경문왕과 헌강왕 2대에 걸쳐 승려로서 최고의 예우인 국사(國師)로 봉해졌던 그는 진성왕대에도 왕실의 극진한 대우를 받았다. 신라 왕실에서 그를 극진히 모신 이유는 그가 왕실의 통제에서 벗어나 지방 세력과 결탁할 것을 두려워한 까닭이었다.[165] 최치원은 890년 진성왕의 명을 받고 888년에 입적한 낭혜화상을 위해 5천 1백 여자의 장문으로 구성된 「낭혜비」를 892년경에 완성하였다.[166] 비문을 보면 신라인의 내면의 덕성을 닦게 한 낭혜화상은 신라를 외연으로 확장하여 큰 변화를 이끈 태종 무열왕의 공훈과 필적할 정도로 큰 업적을 쌓았다고 칭송하였다. 또 낭혜화상을 한나라 장량과 비교하며 장량을 비판하였다. 낭혜화상이 "처음에 속세를 초월하고 중도에 중생을 제도하고 마지막에 자기 자신을 깨끗이 하였다"[167]고 하였다. 최치원의 장량 비판을 분석하기 전에 장량에 대해 간략하게 살펴보자.

---

164) 崔致遠의 『孤雲集』에서는 「無染和尙碑銘」으로 나오나 『新羅四山碑銘』에서는 「聖住山聖住寺朗慧和尙白月葆光塔碑」로 나온다. 이 글에서는 「朗慧碑」로 약칭하고자 한다.

165) 정병삼, 「무염」, 『신라를 빛낸 인물들』, 신라 천년의 역사와 문화 연구총서 22, 신라 천년의 역사와 문화 편찬위원회, 경상북도, 2016, 264~275쪽.

166) 곽승훈, 「최치원의 사산비명 찬술에 대한 시론」, 『최치원의 중국사 탐구와 사산비명 찬술』, 한국사학, 2005, 42쪽.

167) 崔致遠, 「無染和尙碑銘」, 『孤雲集』, 『韓國文集叢刊』 1, 民族文化推進委員會, 1990, 174쪽, "大師拔俗於始, 濟衆於中, 潔己於終矣乎."

『한서』 장량열전을 보면, 장량은 건강이 좋지 않아 직접 군사를 거느리고 출정한 적이 없다. 그는 한 고조 유방 옆에서 기묘한 계책을 냈고 한 고조가 천하를 평정하고 한 제국을 건국하는 데 결정적인 역할을 한 인물이었다. 장량은 질병에 시달린 까닭에 한때 외부와 관계를 끊고 "도인(導引)하며 곡식을 먹지 않았다"[168]고 한다. 한 고조를 따라 이성제후왕(異姓諸侯王)을 제거하는 등 많은 공을 세운 장량은 세 치 혀로 황제의 스승이 되어 만호에 봉해지고 열후(列侯)가 되었는데, 이것은 평민들이 이룰 수 있는 최고의 지위였다. 장량은 인간사를 버리고 신선인 적송자를 따르고 싶다고 하였다. 또 도인과 벽곡 등의 신선술 즉 선도(仙道)를 배워 가볍게 날아올라가 신선이 되고자 하였던 인물이다.[169]

최치원은 당에 있을 때 장량을 이상적인 인물로 묘사하였다. 『계원필경집』에 실린 「여러 도관의 중수를 위해 보시하기를 청한 글(求化修諸道觀疏)」을 보면

> 지금 다행히 (고변이) 태위인 시대를 만났는데 그분은 유룡(猶龍, 노자)의 덕을 이어받고, 유상(有象)의 도를 깊이 터득하였습니다. 황석공의 묘한 비결에 능통하여 평소에 제왕의 스승으로 일컬어지고 적송자의 멋진 유희를 즐기며 신선의 벗을 맞이하려 합니다. …… 그 다음 소원은 태위가 뛰어난 전략을 세워 국가를 돕는 것이 멀리 장량을 능가하기를 바랍니다.[170]

168) 『漢書』 卷40, 張陳王周傳, "性多疾, 卽道引不食穀, 閉門不出歲餘."

169) 『漢書』 卷40, 張陳王周傳, "今以三寸舌爲帝者師, 封萬戶, 爲列侯, 此布衣之極, 於良足矣. 願棄人間事, 欲從赤松子游耳. 乃學道, 欲輕擧." 顔師古는 『漢書』 주에서 道는 仙道라고 하였다.

170) 『桂苑筆耕集』 卷16, 「求化修諸道觀疏」, "今幸遇太尉,德繼猶龍, 道深有象. 黃石公之妙訣, 雅稱帝師, 赤松子之勝遊, 佇迎仙友 …… 次願太尉運籌佐漢, 迥掩張良."

라고 하였다. 이것은 하비(下邳)에서 황석공(黃石公)을 만나 『태공병법』을 받아서 뛰어난 병법으로 한 고조 유방의 스승이 되었고, 신선인 적송자와 같이 놀기를 원했던 장량처럼 태위 고변도 제왕의 스승으로서 신선의 벗이 되기를 바란다는 내용이다. 더 나아가 태위 고변이 장량을 능가하는 인물이 되기를 기원하고 있다. 최치원은 장량을 태위 고변이 본받고 넘어야 할 거대한 산과 같은 존재로 묘사하였다. 그런데 「낭혜비」에서 최치원은 장량을 이전과는 전혀 다르게 평했다. 장량에 대해

> 한 고조의 군사(軍師)가 되어 만호에 봉해지고 열후의 지위에 오른 것을 크게 과시하면서 한나라 재상의 자손으로서 최고의 영광으로 여긴 것은 작은 일이다. 그가 가령 신선술을 처음부터 끝까지 배웠다 하더라도, 한낮에 하늘로 올라갈 수 있었겠는가? 그런데 그것도 중간에 그만두어 학(鶴)의 등 위의 하나의 덧없는 몸이 되고 말았을 뿐이다.[171)]

라고 하며 장량의 공훈을 폄하하고 장량이 추구했던 신선술을 부정하였다.

그렇다면 최치원의 장량에 대한 인물평은 왜 이렇게 전후가 다른 것일까? 신라에 돌아와서 사회혼란에 직면했던 최치원은 신선술을 좇는 것은 사적인 욕망만을 추구하는 것으로 보았다. 그러므로 사회에 무관심한 채 신선술을 추구한 장량을 강하게 비판한 것으로 보인다. 최치원은 「낭혜비」에서 자신에게 썩은 유학자라는 '부유(腐儒)'[172)]라는 겸사를 썼는데 이는 스스로 유자(儒者)임을 천명한 것이다. 최치원은 「낭혜비」의 저술취지를 유자로서 후학들에게 경계가 될 만한 일들만 적겠다고 밝히고 있다.[173)] 낭혜화

171) 崔致遠, 「無染和尙碑銘」, 앞의 책, 1990, 174쪽, "彼文成侯爲師漢祖, 大誇封萬戶, 位列侯, 爲韓相子孫之極則倕矣. 假學仙有始終, 果能白日上升去, 於中止, 得爲鶴背上一幻軀爾."

172) 崔致遠, 「無染和尙碑銘」, 앞의 책, 1990, 168쪽, "顧腐儒之今作也."

173) 崔致遠, 「無染和尙碑銘」, 앞의 책, 1990, 168쪽, "非所以警後學, 亦不書."

상이 중생을 제도하고 자기 자신을 깨끗이 했다는 점을 강조하고 장량이 추구한 신선술은 사적 욕망의 추구로 폄하하면서, 최치원은 유자로서 사회 구제를 해야 할 의무가 있다고 생각했던 것 같다. 최치원은 농민반란과 같은 각종 사회의 혼란상을 목도하고 그것을 개혁하려는 강한 의지를 지녔던 것으로 보인다.[174] 이러한 최치원의 뜻은 결국 펼쳐지지 못하고 말았다.

신라로 돌아온 후에 최치원의 선(仙) 인식에 흥미로운 변화가 일어난다. 최치원은 그의 문장에서 선(仙)을 불교적인 의미로도 구사하였다. 「지증화상비명」에서 최치원은 불교를 진흥시킨 진흥왕을 상선(上仙)이라 칭하고, 부처를 금선(金仙)으로 표기하였다.[175] 이때 선(仙)은 불교적인 의미로 사용한 것이다. 그런데 최치원은 「대화엄종불국사비로자나문수보현상찬병서(大華嚴宗佛國寺毘盧遮那文殊普賢像讚并序)」에서는 선(仙)을 도교적 의미와 불교적 의미로 혼용해서 쓰고 있다. 이 글은 헌강왕(875~885)이 서거하자 수원(脩媛) 권씨(權氏)가 비구니가 되어 헌강왕을 추봉하기 위해 비로자나불상, 문수보살과 보현보살상을 불국사에 모신 내용을 적은 것이다. 그 내용을 보면

> 생각건대 헌강왕께서는 신선(神仙) 속에 계시는 분이시고 .... (헌강)왕께서 은궐(銀闕)로부터 강림하시어 금성(金城)을 다스리는데, 방금 계림에 죄지어 내려온 것에 놀라시어 갑자기 오수(신라)에서 돌아가실 기약을 재촉하시고 말았다.[176]

---

174) 곽승훈, 「대낭혜화상비명의 찬술에 나타난 최치원의 고민」, 앞의 책, 한국사학, 2005, 121~171쪽.

175) 崔致遠, 「智證和尙碑銘」, 『孤雲集』, 『韓國文集叢刊』 1, 民族文化推進委員會, 1990, 187쪽; "爰有中貴捐軀, 上仙剔髮.", 192쪽; "金仙花目", 187쪽의 구절은 존귀한 근신이 몸을 바치고 임금이 삭발을 하였다고 번역하는데, 존귀한 근신은 이차돈을, 임금은 진흥왕을 지칭한다. 남동신, 「鳳巖寺 智證大師塔碑」, 『譯註 韓國古代金石文』 제3권, 한국고대사회연구소편, 1997, 178쪽 참고. 「智證和尙碑銘」의 주에 의하면 금선은 당 무종이 부처를 도교식의 대각금선으로 부른 데서 연유하였다.

176) 崔英成 譯註, 『譯註 崔致遠全集』 2, 아세아문화사, 1999, 195쪽, "惟王是神仙中人

고 하였다. 여기서 최치원은 헌강왕을 마치 도교의 신선처럼 표현하였다.[177] 이어지는 내용인 왕이 은궐(銀闕)로부터 강림하시어 신라를 다스리다가 죄지어 내려온 것에 놀라시어 갑자기 돌아가셨다는 구절은 도교의 적선(謫仙)을 떠올리게 한다. 적선이란 신선이 천상 또는 선계(仙界)에 있다가 죄를 저질러 그 벌로 인간 세상으로 적(謫) 즉 귀양을 내려온 신선이란 의미이다. 적선은 지상에 내려와 인간으로 있다가 처벌 기간이 차면 다시 신선으로 돌아가게 된다. 최치원은 천계의 은궐에 있던 헌강왕이 죄를 지어 지상에 내려와 임금으로 신라를 다스리다가 다시 선계로 되돌아갔다고 한 것이다. 헌강왕의 서거를 이처럼 도교적인 관념으로 표현하였다. 「대화엄종불국사비로자나문수보현상찬병서(大華嚴宗佛國寺毘盧遮那文殊普賢像讚幷序)」의 불찬(佛讚)에서는

> 태부 선왕(헌강왕)께서는 동자의 천진함을 지닌 화상(和尙)이시니 잠시 진한과 변한에서 교화를 펴시다가 일찍이 곤륜산의 신선이 산다는 낭원(閬苑)으로 향하셨네. 신선이 사는 봉래산 밖으로 걸음을 옮기시어 화대(연화대) 위에 자리하셨도다. 원컨대 회향(回向)하옵소서. 만 겁 동안 공양하오리다.[178]

라고 하여 헌강왕이 화상(和尙)으로도 표현되었음을 알 수 있다. 이러한 표현은 화랑제도의 창설시기까지 소급된다.

『삼국유사』 미륵선화(彌勒仙花) · 미시랑(未尸郎) · 진자사(眞慈師)의 내용에는

...... 君也降從銀闕, 來治金城, 方驚謫墜於鷄林, 遽促還期於鰲岫."

177) 최치원이 헌강왕을 신선으로 표기한 것은 그가 경문왕계 왕실과 정치적 입장을 함께 하였기 때문이라는 주장도 있다.
장일규, 「최치원의 선 이해」, 『한국고대사탐구』 15, 2013, 120쪽.

178) 崔英成 譯註, 『譯註 崔致遠全集』 2, 197쪽, "太傅先王, 童眞和尙, 暫化辰卞, 早歸崑閬, 屣蓬壺外, 席化臺上, 願言回向, 萬劫供養."

화랑제도의 성립을 알려주고, 화랑제도를 이해하는 데 매우 중요한 풍월도, 신선, 미륵, 국선 등 다양한 용어가 나온다. 그 내용을 요약해 보면 법흥왕의 뒤를 이은 진흥왕이 법흥왕의 숭불정책을 계승하여 온 마음으로 부처를 받들며 불교 사원을 널리 짓고 사람들을 제도하여 승려가 되게끔 하였다. 진흥왕은 천성이 풍류를 즐기고 신선을 크게 숭상했는데 아름다운 여성을 뽑아 원화(原花)로 삼고 사람들을 모아 효제충신을 가르치니 국가를 다스리는 대강이 되었다. 그러나 원화인 교정이 남모를 질투하여 살해하는 지경에 이르자 진흥왕은 원화제를 폐기하였다. 여러 해가 지난 후 왕은 다시 국가를 흥성하게 하려면 풍월도(風月道)를 먼저 해야 한다고 생각하고 좋은 가문 출신의 남자를 뽑아 화랑(花郎)이라고 하고 처음으로 설원랑을 국선(國仙)으로 삼았으니 화랑국선(花郎國仙)의 시작이었다.

진흥왕의 뒤를 이은 진지왕대(576~578)에 흥륜사 승려 진자(眞慈)가 미륵상 앞에서 성자(聖者)인 부처가 화랑으로 세상에 나타나기를 소원하면서 빌었다. 한 승려가 그의 꿈에 나타나서 웅천(현 공주)의 수원사에 가면 미륵선화를 볼 수 있을 것이라는 말을 듣고 깨어나서 수원사로 간 진자는 서울 사람(京師人)이라는 체구가 아름다운 소년의 안내를 받았다. 하지만 이 소년이 홀연히 사라졌다. 다음 날 깨어나서 진자는 다시 미륵선화를 찾아 나섰다가 산 아래서 한 노인을 만나서 미륵선화를 만나고자 하는 전후사정을 말했다. 이 노인은 산신령의 변신으로 진자에게 지난번 수원사에서 만난 소년이 바로 미륵선화였다고 하자 진자는 놀라서 흥륜사로 되돌아왔다. 이 소식을 들은 진지왕이 진자를 불러 성자(聖者)는 거짓말을 하지 않을 텐데 수원사에서 만났을 때 서울사람이라고 하였으니 미륵선화를 서울에서 찾아보라고 하였다. 진자는 마침내 서울에서 미시(未尸)라는 이름을 가진 미륵선화를 찾아냈다. 미시를 본 진지왕은 그를 받들어 국선(國仙)으로 삼았다. 자제들과 화목하게 지내고 예의와 풍교가 보통과 다른 미시의 풍류(風流)가 거의 7년이나 세상에 떨쳤다고 한다. 신선을 미륵선화라고 칭함은 진자의 유풍

이라고 하였다.[179]

위 『삼국유사』의 내용을 보면 미륵불이 신라에서 화현한 화랑을 미륵선화라고 했고, 미륵선화인 국선은 풍류(또는 풍월)를[180] 체현했음을 보여 준다.[181] 이러한 이야기는 경북 월성군 단석산 신선사(神仙寺)의 조상명기에서도 확인할 수 있다. 조상명기에 보면 가람을 짓고 신선사라 칭하고 미륵석상 1구와 보살 2구를 만들었다는 내용이 있다. 미륵석상 1구를 만들었다는 것은 곧 미륵을 주존불(主尊佛)로 했다는 것이고, 또 이 사찰을 신선사(神仙寺)라고 명명한 것은 미륵이 곧 신선이라는 것을 의미한다. 미륵을 신선이라고 표현하는 것은 신라 중고기의 특징이다.[182]

『삼국유사』의 기록을 보면 화랑, 국선, 화랑국선이라는 용어가 같은 의미로 혼재되어 있다. 그런데 『삼국사기』에는 화랑이란 용어만 출현한다. 그리고 『삼국유사』에 기록된 화랑은 대부분 삼국통일 이후의 인물인데 비해 『삼국사기』에 보이는 화랑은 대부분 삼국통일 이전의 인물이다. 또 『삼국사기』에는 화랑의 충성심과 애국심 그리고 무용담을 수록한 반면 『삼국유사』에는 화랑과 불교의 밀접한 관련성을 수록하였다.[183] 이처럼 두 사서에 나타난 화랑상의 차이는 사서의 편찬자인 김부식의 유교적 사관과 일연의 불교

179) 『三國遺事』 第3卷 第4 塔像篇 彌勒仙花·未尸郎·眞慈師.

180) 풍류와 풍월이 같은 뜻으로 사용되었음은 김상현, 「화랑의 여러 명칭에 대하여」, 『신라의 사상과 문화』, 일지사, 1999, 503~505쪽을 참고하였다.

181) 김영태, 「미륵선화고」, 『신라불교연구』, 민족문화사, 1987, 67~81쪽.
박남수, 「신라 진흥왕대 정치사회와 화랑도 제정」, 『신라 화백제도와 화랑도』, 주류성, 2013, 381~394쪽.

182) 신종원, 「단석산신선사 조상명기에 보이는 미륵신앙 집단에 대하여」, 『역사학보』 143, 1994, 1~26쪽.

183) 김영태는 화랑과 불교의 관계를 연구하여 많은 성과를 거두었다. 그의 논문인 「신라 진흥대왕의 신불과 그 사상연구」, 「미륵선화고」, 「승려낭도고」는 『신라불교연구』, 민족문화사, 1987에 수록되어 있다.

중시에 기인한다.[184] 신라 왕 56명 가운데 국선(國仙)으로 왕위에 즉위한 유일한 인물은 경문왕이다.[185] 『삼국유사』에서 경문왕을 국선이라고 표기하였다.[186] 최치원도 「대숭복사비명(大崇福寺碑銘)」에서 경문왕이 옥록(玉鹿)에서 이름을 날리고 특별히 풍류(風流)를 진작시키고 풍속을 맑게 하는 등 많은 업적을 쌓았는데, 즉위 후에는 나라를 더욱 잘 다스렸다고 하였다.[187] 옥록은 선록(仙鹿)처럼 신선에 비유되는 것으로 경문왕이 국선(國仙)이었던 점을 비유적으로 표현한 것으로 보인다.[188]

끝으로 최치원이 「대숭복사비명(大崇福寺碑銘)」에서 이상적인 임금으로 여겼던 경문왕이 풍류를 진작시켰다고 기술한 점을 주목해 볼 필요가 있다. 최치원은 정확히 풍류를 어떤 의미로 쓴 것일까? 「난랑비서(鸞郎碑序)」에서 최치원은 풍류에 대해 집중적으로 다루었다.[189] 신라 하대의 화랑으로 추정

---

184) 주보돈, 「신라 화랑도 연구의 현황과 과제」, 『계명사학』 8, 1997, 118~125쪽.
김기흥, 「화랑 설치에 관한 제 사서의 기사 검토」, 『역사교육』 88, 2003, 115~145쪽.

185) 최광식, 「신라의 화랑도와 풍류도」, 『사총』 87, 2016, 19쪽.

186) 『三國遺事』 卷2, 紀異2, 景文大王, "王諱膺廉, 年十八爲國仙. 至於弱冠, 憲安大王召郎, 宴於殿中, 問曰, 郎爲國仙, 優遊四方, 見何異事. 郎曰, 臣見有美行者三."

187) 崔致遠, 「大崇福寺碑銘」, 『孤雲集』, 『韓國文集叢刊』 1, 民族文化推進委員會, 1990, 182쪽, "伏惟先大王, 虹渚騰輝, 鰲岑降跡, 始馳名於玉鹿, 別振風流."
주석과 번역은 최영성, 「신라국 초월산 대숭복사 비명 및 병서」, 『譯註 崔致遠全集1-四山碑銘』, 아세아문화사, 1998, 203쪽과 235쪽을 주로 참고하였다.
옥록에 담긴 뜻을 밝혀줄 고사를 찾기 어려우나, 녹선(鹿仙)의 예처럼 사슴은 신선에 비유되고 경문왕이 국선이었던 점을 참고하여 옥록을 국선으로 본다.

188) 崔致遠, 「大崇福寺碑銘」, 앞의 책, 1990, 182쪽, "伏惟先大王, 虹渚騰輝, 鰲岑降跡, 始馳名於玉鹿, 別振風流."
주석과 번역은 최영성, 「신라국 초월산 대숭복사 비명 및 병서」, 『譯註 崔致遠全集1-四山碑銘』, 아세아문화사, 1998, 203쪽과 235쪽을 주로 참고하였다.

189) 「난랑비서」에 대한 역사학계의 최근의 연구 성과는 박남수, 「최치원의 난랑비서와 화랑관련 제명칭의 갈래」, 『신라화백제도와 화랑도』, 주류성, 2013, 453~481쪽을 참고하기 바란다.

되는 난랑[190]을 위해 지은 난랑비명은 인멸되어 오늘날 찾아 볼 수 없고 이 비명의 서문인 「난랑비서」만 전해온다. 김부식은 화랑을 설명하기 위해서 이 비명의 서문을 『삼국사기』에 인용하였다. 김부식은 김대문이 지은 『화랑세기』의 "어진 보필자와 충신은 이로부터 나왔고, 훌륭한 장수와 용감한 병졸이 이로부터 생겼다"[191]는 내용을 인용하여 화랑제도가 크게 성공한 이유를 설명하였다. 화랑제도가 인재 선발을 위해 설치되었다고 본 것이다. 김부식은 화랑의 기저에 있는 전통사상과 덕목을 가장 잘 표현한 글로 최치원의 「난랑비서」를 인용하였다. 그리고 당나라 영호징(令狐澄)의 『신라국기』를 인용하여 당나라 사람도 화랑제도를 주목하고 있음을 적시하였다.

「난랑비서」의 전문을 보고 그 내용을 면밀히 검토해 보면 최치원의 새로운 선(仙) 관념이 잘 드러난다. 『삼국사기』에 실린 「난랑비서」 전문을 인용해 보면 다음과 같다.

> 최치원의 「난랑비서」에서 다음과 같이 말했다. 나라에 현묘한 도가 있으니 풍류라고 한다. 가르침을 만든 근원에 대해서는 『선사(仙史)』에 자세히 갖추어져 있거니와, 실로 이는 삼교를 포함하고 뭇 백성들과 접하여 교화한다. 이를테면 들어와서는 집안에서 효를 행하고 나가서는 나라에 충성함은 노나라 사구(공자)의 뜻이고, 하였다고 자랑함이 없는 일을 하고 말없는 가르침을 행함은 주나라 주사(노자)의 근본이며, 모든 악을 짓지 말고 모든 선을 받들어 행하라 함은 축건태자(석가)의 교화이다.[192]

190) 『譯註 三國史記』 3 주석편(상), 정구복 등 , 한국정신문화연구원, 1997, 122쪽, 주 143. 장일규는 난랑의 난이 군주의 지덕을 상징하는 새의 이름을 일컬으므로 난랑은 군주인 화랑 즉 화랑이었던 경문왕을 지칭한다고 하였다.
장일규, 『최치원의 사회사상 연구』, 신서원, 2008, 381쪽.

191) 『三國史記』 卷4 新羅本紀 眞興王 37年, "故金大問花郎世紀曰, 賢佐忠臣, 從此而秀, 良將勇卒, 由是而生."

192) 『三國史記』 卷4 新羅本紀 眞興王 37年, "崔致遠鸞郎碑序曰, 國有玄妙之道, 曰 風流, 設敎之源, 備詳仙史, 實乃包含三敎, 接化羣生. 且如入則孝於家, 出則忠於國, 魯司寇

위의 글에서는 현묘(玄妙)한 도, 풍류, 선사, 삼교 등의 용어가 등장한다. 이 용어들의 의미를 분석해 보아야 「난랑비서」의 뜻을 구체적으로 알 수 있다. 먼저 "나라에 현묘한 도가 있으니 풍류라고 한다"를 검토해 보자. 현묘라는 용어는 『노자』 제1장의 "현지우현(玄之又玄), 중묘지문(衆妙之門)"이란 문구에서 나왔다. 현이란 무(無)와 유(有)를 함께 형용할 때 사용한 용어로 미묘하고도 심원함을 의미하고, 묘(妙)는 오묘하여 추측할 수 없음을 나타낸다. 결국 현묘란 언설로서 표현할 수 없는 심오함을 뜻한다. 이러한 현묘한 도가 바로 풍류라고 하였다. 바꾸어 말하면 풍류가 바로 현묘한 도이다. 풍류란 용어는 일찍이 중국 동진의 고승 도안(道安, 312~385)의 「이교론(二教論)」에 나온다. 「이교론」은 일준동자(逸俊童子)와 통방선생(通方先生)이라는 가상의 인물을 등장시켜 유가와 도가의 성격을 논한 글이다. 「이교론(二教論)」에서 "풍류가 바르지 않고 무너졌기에 육경을 모아서 편수하였다(風流傾墜, 六經所以緝修)"[193]고 하였다. 이는 아름다웠던 풍류가 바르지 않고 무너져 버리자 공자가 육경을 편찬하였다는 뜻이다. 이런 점으로 볼 때 풍류란 예전부터 내려오는 기풍과 흐름이라는 뜻의 유풍여류(遺風餘流)의 줄임말로 볼 수 있다.[194] 최치원은 신라의 고유한 기풍 즉 전통사상을 풍류라고 지칭하였고 여기에 현묘한 도라는 심오한 의미를 더 첨가시켰다.

최치원은 또 「난랑비서」에서 풍류의 가르침의 근원이 『선사(仙史)』에 자세

之旨也. 處無爲之事, 行不言之教, 周柱史之宗也. 諸惡莫作, 諸善奉行, 竺乾太子之化也."

193) 『廣弘明集』 卷8 釋道安, 二教論, 歸宗顯本第一.

194) 최영성, 「최치원의 현묘지도와 유·선사상-난랑비서 재해석을 중심으로」, 『한국고대사탐구』 9, 2011, 82~84쪽.
김성환은 「최치원 국유현묘지도 설의 재해석」, 『도교문화연구』 제34집, 2011, 17쪽에서 중국에서 풍류는 1. 사람들이 널리 존숭하는 습속, 2. 예로부터 전해지는 (특히 성현들의) 유풍, 3. 재능이 걸출하고 비범함 혹은 그러한 인재 등의 용례가 있다고 하였다.

히 기록되어 있다고 하였다. 이 말은 풍류의 역사가 바로 『선사』임을 말한다. 풍류가 신라 고유의 전통사상을 의미하므로 『선사』는 곧 신라 고유 전통사상의 역사이다. 『선사』에 기록된 풍류의 가르침은 (유·불·도) 삼교를 포함한다고 하였다. 즉 유 · 불 · 도 삼교의 핵심 사상을 회통(會通)하는 것으로 구체적인 내용은 유가의 충효사상, 도교의 무위사상, 불교의 악을 짓지 말고 선행하라는 윤리사상이다. 이런 삼교의 핵심 사상을 포함한 풍류의 궁극의 가르침은 바로 사회 윤리적이고 실천적인 덕목을 갖추어 뭇 백성을 교화하는 것이라고 보았다. 최치원은 여기서 삼교의 사회윤리적인 차원만을 언급하고 종교의 신비함을 언급하지 않았다. 「난랑비서」에서 최치원이 도교의 예로 든 '하였다고 자랑함이 없는 일을 하고, 말없는 가르침을 행하는' 것 역시 사회 윤리적인 의미를 취한 것이다. 궁극적으로 최치원은 선(仙)을 도교의 종교적인 특징과는 다른 신라 고유의 전통사상인 풍류라고 하며 사회윤리적인 관점에서 해석한 것이다. 이것은 도교와 선(仙)에 대한 인식의 대전환이다.

김가기와 최치원은 비슷한 시기에 모두 당나라 유학생으로서 당나라에서 풍부한 도교적 경험과 활동을 했던 인물들이란 공통점이 있다. 그런데 신라에 귀국한 후에 김가기의 활동은 별로 보이지 않는다. 바로 당나라로 돌아간 김가기는 도교 활동에 전심하여 중국도교사에 행적을 남긴 주요 인물이 되었다. 이에 비해 최치원은 신라로 돌아온 후에 거의 도교 활동을 하지 않았다. 그 이유는 신라사회에서 도교의 위상과 관련이 깊다. 『삼국유사』를 보면, 선덕왕과 김경신에게 시해된 혜공왕이 어려서부터 부녀가 하는 짓만 좋아하고 도사(道士)들과 함께 희롱했다는 기록이 있다.[195] 이는 혜공왕이 시해된 원인이 도사와 희롱했기 때문이라는 것이다. 도사의 역할을 부정적

195) 『三國遺事』 第2卷 第2 紀異 下 景德王 忠談師 表訓大德.

으로 본 대표적인 사례이다. 『삼국유사』 흥법편에도 도교에 대한 비판적 기록이 보인다. 고구려에 불교를 전한 중국의 승려 담시(曇始)의 신이한 행적에 관한 기록이 있다. 북위 태무제는 재상 최호와 도사 구겸지의 건의를 받아들여 불교를 폐하도록 하였다. 그러나 태무제는 담시의 이적(異蹟)을 보고 그러한 조치를 매우 부끄러워했다고 한다. 담시는 최호가 황제에게 폐불이란 무도한 건의를 한 까닭이 좌도(左道)를 익혔기 때문이라고 하였다.[196] 도교에 능통했던 최호를 좌도를 익힌 사람으로 비판하고 있다. 좌도는 정치와 사회를 해롭게 하는 사도(邪道)를 말한다. 그러므로 좌도를 습득하거나 전파한 사람은 극형에 처하기 마련이다. 불교에서 볼 때 도교는 좌도였다. 이와 같이 도교를 부정적으로 보는 사회에서 당에 유학한 김가기와 최치원은 귀국해서 도교 활동을 펼칠 수 없었을 것이다. 당으로 돌아가 그곳에서 도교 활동에 전념했던 김가기와 달리 당나라에서 귀국한 후에 최치원은 15년 동안 관직에 있으면서 당시의 정치와 사회의 혼란상을 극복하고자 많은 노력을 경주하였다. 하지만 자신의 뜻을 펼칠 수 없었던 최치원은 관직에서 물러나 곳곳을 유람하면서 자연 속에서 위안을 찾고자 했다. 그런데 최치원은 말년에 오히려 도교에 대해 비판적 태도를 보였다. 최치원은 하늘로 올라가 장생불사하여 신선이 된다는 허무맹랑한 설을 믿기보다는 현실사회의 제세구민(濟世救民)이 중요하다고 여긴 것이다. 따라서 최치원은 유·불·도 삼교의 회통을 통한 새로운 윤리사상으로서의 선(仙) 관념을 내세워 신라 말기 사회의 분열상을 극복하고 통합이란 이상세계를 꿈꾸었던 것이다. 이러한 최치원의 도교관과 선(仙)에 대한 관념은 한국 도교사의 새로운 전개를 알리는 신호탄이 되었다. 따라서 후일 최치원을 한국 도교의 비조로서 드높인 이유는 여기에 있다고 할 수 있겠다.

196) 『三國遺事』 第3卷 第3 興法 阿道基羅.

한국 고대 도교

참고문헌

1. 기본 자료

(1) 한국 사료

『三國史記』, 『三國遺事』, 『海東高僧傳』, 『桂苑筆耕集』, 『孤雲集』, 『海東傳道錄』, 『青鶴集』

(2) 중국 사료

『史記』, 『漢書』, 『後漢書』, 『三國志』, 『晉書』, 『梁書』, 『南史』, 『南齊書』, 『周書』, 『隋書』, 『舊唐書』, 『新唐書』, 『册府元龜』, 『唐會要』, 『唐大詔令集』, 『大唐新語』, 『太平御覽』, 『太平寰宇記』, 『通典』, 『唐六典』, 『四庫全書總目提要』, 『老子』, 『孫子兵法』, 『抱朴子內篇』, 『淮南子』, 『三輔黃圖』, 『莊子』, 『抱朴子內篇』, 『春秋左傳』, 『資治通鑑』, 『洛陽伽藍記』, 『雲笈七籤』, 『赤松子章曆』, 『說文解字』, 『大戴禮』, 『論衡』, 『論語』, 『論語正義』, 『列仙傳』, 『女青鬼律』, 『神仙傳』, 『續仙傳』, 『肘後備急方』, 『太平廣記』, 『全唐詩』, 『册府元龜』, 『廣成集』, 『廣弘明集』, 『老子道德經河上公章句』, 『神農本草經』, 『諸病源候論』, 『千金翼方』

(3) 일본 사료

『日本書紀』, 『續日本紀』, 『校訂新撰姓氏錄』, 『律令』, 『令義解』, 『令集解』, 『醫心方』, 『藤氏家傳』, 『類聚三代格』

2. 단행본

(1) 한국

강종원, 『4세기 백제사 연구』, 서경, 2002.
고경희, 『안압지』, 대원사, 1989.
국립경주문화재연구소, 『경주 동궁과 월지 1 발굴조사보고서』, 2012.
국립공주박물관, 『무령왕릉1 신보고서』, 2009.
국립부여문화재연구소, 『궁남지 3』, 2007.
국립부여문화재연구소 편, 『백제도성의 변천과 연구상의 문제점』, 서경, 2003.
__________________, 『사비도성과 백제의 성곽』, 서경문화사, 2000.
국립부여박물관, 『陵寺-2007 부여 능산리사지 6-8차 발굴조사보고서』, 2007.
__________, 『陵寺』, 2000.
국립중앙박물관, 『한국의 도교문화 -행복으로 가는 길』, 2013.
권오영, 『고대 동아시아 문명교류사의 빛 무령왕릉』, 돌베개, 2005.
권오영 외, 『풍납토성 Ⅳ-경당지구 9호 유구에 대한 발굴보고』, 한신대학교 박물관, 2004.
길기태, 『백제 사비시대의 불교신앙 연구』, 서경, 2006.
김기섭, 『백제와 근초고왕』, 학연문화사, 2000.
金斗鍾, 『韓國醫學史』, 探求堂, 1993.
김영태, 『신라불교연구』, 민족문화사, 1987.
金元龍 · 任孝宰 · 朴淳發 · 崔鍾澤, 『夢村土城-西南地區發掘調査報告』, 서울대학교 박물관, 1989.
김택민 주편, 『역주 당육전 상』, 신서원, 2003.

나희라, 『신라의 국가제사』, 지식산업사, 2003.
노중국, 『백제정치사연구』, 일조각, 1988
______, 『백제의 대외 교섭과 교류』, 지식산업사, 2012.
노중국 외 지음, 『금석문으로 백제를 읽다』, 학연문화사, 2014.
노태돈, 『고구려사연구』, 사계절출판사, 1998.
______, 『한국고대사의 이론과 쟁점』, 집문당, 2009.
도광순, 『신선사상과 도교』, 범우사, 1994.
동방문화재연구원, 『부여 사비 119안전센터 신축부지 내 유적발굴조사 지도위원회 자료집』, 2010.04.09.
______________, 『부여 사비 119안전센터 신축부지 내 쌍북리 173-8번지 유적』, 2013.
미조구치 유조 · 이케다 도모히사 · 고지마 쓰요시 지음, 조영렬 옮김, 『중국 제국을 움직인 네 가지 힘』, 글항아리, 2012.
박경자, 『안압지조영계획 연구』, 학연문화사, 2001.
박순발, 『漢城百濟의 誕生』, 서경문화사, 2001.
______, 『백제의 도성』, 충남대학교출판부, 2010.
변인석, 『唐長安의 新羅史蹟』, 아세아문화사, 2000.
백제역사유적지구 세계유산등재추진단 · 충청남도역사문화연구원, 『백제도성제와 주변국 도성제의 비교연구』, 충청남도역사문화연구원, 2013.
부여군지편찬위원회, 『부여군지 제1권, 부여의 지리』, 2003.
부여문화원, 『부여의 지리지 · 읍지(1)』, 1999.
_________, 『부여의 지리지 · 읍지(2)』, 2000.
서정석, 『백제의 성곽-웅진 · 사비시대를 중심으로』, 학연문화사, 2002.
시집존 지음, 이상천 · 백수진 옮김, 『중국 금석문 이야기』, 주류성, 2014.
우홍(巫鴻) 저, 김병준 역, 『순간과 영원-중국고대의 미술과 건축』, 아카넷, 2001.
윤선태, 『목간이 들려주는 백제 이야기』, 주류성, 2007.
李能和 輯述, 李鍾殷 譯注, 『朝鮮道教史』, 서울, 보성문화사, 1986.
이도학, 『백제사』, 휴머니스트, 2003.
이종은 역주, 『해동전도록 · 청학집』, 보성문화사, 1986.

임기환, 『고구려 정치사 연구』, 한나래, 2004.
장일규, 『최치원의 사회사상연구』, 신서원, 2008.
章輝玉, 『海東高僧傳硏究』, 민족사, 1991.
쫜스촹 지음/안동준 · 련샤오리 뒤침, 『도교문화 15강』, 알마, 2011.
전호태, 『고구려 고분벽화의 세계』, 서울대학교출판부, 2004.
______, 『고구려 고분벽화 연구 여행』, 푸른역사, 2012.
정구복 등, 『역주 삼국사기』 3, 주석편 상, 한국정신문화연구원, 1997.
정선여, 『고구려 불교사 연구』, 서경문화사, 2007.
정재서 역주, 『山海經』, 민음사, 1993.
______, 『한국 도교의 기원과 역사』, 이화여자대학교출판부, 2006.
조동일, 『제4판 한국문학통사 1』, 지식산업사, 2014.
酒井忠夫외 지음, 崔俊植 옮김, 『道敎란 무엇인가』, 民族史, 1990.
차주환, 『한국도교사상연구』, 서울대학교출판부, 1978.
______, 『한국의 도교사상』, 동화출판사, 1984.
채미하, 『신라 국가제사와 왕권』, 혜안, 2008.
최광식, 『한국고대의 토착신앙과 불교』, 고려대학교출판부, 2007.
최영성, 『譯註 최치원 전집』, 아세아문화사, 1999.
한글학회, 『한국지명총람』 4(충남편 · 상), 2001.

(2) 중국

葛兆光, 『道敎與中國文化』, 上海人民出版社, 1987.
曹元宇 輯注, 『本草經』, 上海科學技術出版社, 1987.
卿希泰 主編, 『中國道敎史』 第一卷, 四川人民出版社, 1988.
王筠默 · 王恒芬 輯著, 『神農本草經校證』, 吉林科學技術出版社, 1988.
胡孚琛, 『魏晉神仙道敎-抱朴子內篇硏究』, 人民出版社, 1989.
任繼愈 主編, 『中國道敎史』, 上海人民出版社, 1990.
王毅, 『園林與中國文化』, 上海人民出版社, 1990.
饒宗頤, 『老子想爾注校證』, 上海古籍出版社, 1991.

呂錫琛,『道家, 方士與王朝政治』, 湖南出版社, 1991.
陳永正 主編,『中國方術大辭典』, 中文大學出版社, 1991.
任繼愈 主編,『道藏提要』, 中國社會科學出版社, 1991.
陳仲夫 點校,『唐六典』, 中華書局, 1992.
鐘肇鵬,『讖緯論略』, 遼寧敎育出版社, 1992.
李廷先,『唐代楊州史考』, 江蘇古籍出版社, 1992.
王卡 點校,『老子道德經河上公章句』, 中華書局, 1993.
陳立撰,『白虎通疏證』, 中華書局, 1994.
卿希泰 主編,『中國道教史』第二卷, 四川人民出版社, 1996.
卿希泰 主編,『中國道教史』第三卷, 四川人民出版社, 1996.
漢寶德,『物象與心境-中國的園林』, 臺北, 幼獅文化, 제2장 神仙與中國園林, 1996.
廖育群 主編,『中國古代科學技術史綱-醫學卷』, 遼寧教育出版社, 1996.
韓昇,『隋文帝傳』, 人民出版社, 1998.
蕭登福,『讖緯與道敎』, 文津出版, 2000.
李申,『道敎本論』, 上海文化出版社, 2001.
賈二强,『唐宋民間信仰』, 福建人民出版社, 2002.
李大華 · 李剛 · 何建明,『隋唐道家與道敎』上册, 廣東人民出版社, 2002.
王永平,『道敎與唐代社會』, 首都師範大學出版社, 2002.
張澤洪,『道敎神仙思想與祭祀儀式』, 文津出版社, 2003.
周西波,『杜光庭道敎儀範之硏究』, 新文豊出版公司, 2003.
李遠國,『神霄雷法-道敎神霄派沿革與思想』, 四川人民出版社, 2003.
徐興無,『讖緯文獻與漢代文化構建』, 中華書局, 2003.
王建東,『孫子兵法思想體系精解』, 臺灣, 武陵出版有限公司, 2003.
廖芮茵,『唐代服食養生研究』, 臺灣學生書局, 2004.
耿鐵華,『高句麗古墓壁畵研究』, 吉林大學出版社, 2008.
羅宏才,『中國佛道造像碑研究-以關中地區爲考察中心』, 上海大學出版社, 2008.
卿希泰 主編,『中國道敎思想史(第二卷)』, 北京, 人民出版社, 2009.
盧國龍 · 王桂平 著,『道敎科儀研究』, 北京, 方志出版社, 2009.
金維諾,『中國美術 · 魏晉至隋唐』, 中國人民大學出版社, 2010.

中國社會科學院考古研究所 編著,『中國考古學, 秦漢卷』, 中國社會科學出版社, 2010.
韋正,『六朝墓葬的考古學研究』, 北京大學出版社, 2011.
何炳棣,『何炳棣思想制度史論』, 臺灣, 聯經出版公司, 2013.
孫亦平,『道教在韓國』, 南京大學出版社, 2016.

(3) 일본

三木榮,『朝鮮醫學史及疾病史』, 자가출판, 1962.
佐伯有清,『新撰姓氏錄の研究 本文篇』, 吉川弘文館, 1963.
速水侑,『日本佛教史－古代』, 吉川弘文館, 1986.
安居香山,『緯書と中國 神秘思想』, 平河出版社, 1988.
砂山稔,『隋唐道教思想史研究』, 平河出版社, 1990.
井上秀雄,『古代東アジアの文化交流』, 溪水社, 1993.
野口鐵郎 등 편저,『道教事典』, 平河出版社, 1994.
坂出祥伸 責任編輯,『道教の大事典』, 新人物往來社, 1994.
高倉洋彰,『金印國家群の時代』, 青木書店, 1995.
奈良文化財研究所,『飛鳥・藤原宮發掘調查概報26』, 1996.
小林正美,『中國の道教』, 創文社, 1998.
沖森卓也 外,『藤氏家傳 鎌足・貞慧・武智麻呂傳 注釋と研究』, 吉川弘文館, 1999.
白石太一郎,『古墳とヤマト政權』, 文藝春秋, 1999.
新川登龜男,『道教をめぐる攻防』, 大修館書店, 1999.
吉田 晶,『七支刀の謎を解く－四世紀後半の百濟と倭』, 新日本出版社, 2001.
奈良縣立橿原考古學研究所編,『ホケノ山古墳 調查概報』, 學生社, 2001.
福永伸哉,『邪馬臺國から大和政權へ』, 大阪大學出版會, 2001.
渡辺晃宏,『平城京と木簡の世紀』, 講談社, 2001.
熊谷公男,『大王から天皇へ』, 東京, 講談社, 2001.
奈良國立博物館,『七支刀と石上神宮の神寶』, 2004.

田中史生,『倭國と渡來人－交錯する內と外』, 吉川弘文館, 2005.
上野誠,『大和三山の古代』, 講談社, 2008.

(4) 영문

Jonathan W. Best, A History of the Early Korean Kingdom of Paekche, Harvard University Asia Center, 2006.
Kohn, Livia, Daoism and Chinese Culture, Three Pines Press, Magdalena, New Mexico, 2001.
Livia Kohn, God of the Dao－Lord Lao in History and Myth, Center for Chinese studies the university of michigan ann arbor. 1998.
__________, Introducing Daosim, New York, Routeledge, 2009.
Susan N. Erickson, Bosanlu－mountain Censers of the Western han period : A typological and iconological analysis , Archives of Asian Art XLV, 1992.

3. 연구 논문

(1) 한국

강형태 · 고민정 · 김연미,「능산리사지 백제금동대향로와 금동광배의 합금조성 및 도금층 특성」,『하늘에 올리는 염원 백제금동대향로』, 2013년 백제금동대향로 발굴 20주년 기념 특별전 도록, 국립부여박물관, 2013.
구효선,「신라의 경계와 제사」,『선사와 고대』 28, 2008.
곽승훈,「하대 전기 흥륜사 금당 십성의 봉안과 미륵하생신앙」,『통일신라시대의 정치변동과 불교』, 국학자료원, 2002.
_____,「최치원의 사산비명 찬술에 대한 시론」,『최치원의 중국사 탐구와 사산비명 찬술』, 한국사학, 2005.

______, 「대낭혜화상비명의 찬술에 나타난 최치원의 고민」, 『최치원의 중국사 탐구와 사산비명 찬술』, 한국사학, 2005.
______, 「최치원의 저술과 고뇌, 그리고 역사 탐구」, 『고운집』, 최치원 지음 · 이상현 옮김, 한국고전번역원, 2009.
김기섭, 「백제 동성왕의 즉위와 정국 변화」, 『한국상고사학보』 50, 2005.
______, 「5세기 무렵 백제 도왜인의 활동과 문화전파」, 『왜5왕문제와 한일관계』, 한일관계사연구논집편찬위원회 편, 경인문화사, 2005.
김기흥, 「화랑 설치에 관한 제 사서의 기사 검토」, 『역사교육』 88, 2003.
김길식, 「고고학에서 본 한국 고대의 도교문화」, 『한국의 도교문화 -행복으로 가는 길』, 국립중앙박물관, 2013.
김낙중, 「백제 궁성의 원지와 후원」, 『백제연구』 제53집, 2011.
김낙필, 「고운의 도교관」, 『고운 최치원』, 김인종 등 저, 민음사, 1989.
김남윤 역주, 「감산사 미륵 · 아미타상 조상기」, 『역주 한국고대금석문』 제3권, 한국고대사회연구소편, 1992.
__________, 「감산사 미륵보살 조상기」, 『역주 한국고대금석문』 제3권, 한국고대사회연구소편, 1992.
__________, 「감산사 아미타상 조상기」, 『역주 한국고대금석문』 제3권, 한국고대사회연구소편, 1992.
김덕원, 「사륜계의 등장과 진지왕대의 정국운영」, 『신라 중고 정치사 연구』, 경인문화사, 2007.
金相鉉, 「百濟 威德王의 父王을 위한 追福과 夢殿觀音」, 『한국고대사연구』 15, 한국고대사학회편, 1999.
김상현, 「화랑의 여러 명칭에 대하여」, 『신라의 사상과 문화』, 일지사, 1999.
김선민, 「당초 군주의 노자숭배와 『노자』의 정치적 운용」, 『동방학지』 115, 2002.
김성구, 「백제의 와전」, 『백제의 조각과 미술』, 공주대학교 박물관 · 충청남도, 1991.
______, 「백제의 기와와 전돌」, 『백제의 미술』, 충청남도역사문화연구원, 2007.
김성태, 「삼국시대 龍鳳文環頭大刀에 대하여」, 『용, 그 신화와 문화』, 서영대 · 송화섭 엮음, 민속원, 2002.
김성환, 「최치원 국유현묘지도 설의 재해석」, 『도교문화연구』 제34집, 2011.

김수진, 「7세기 고구려의 도교 수용 배경」, 『한국고대사연구』 59, 2010.
김수태, 「백제 위덕왕대 부여 능산리 사원의 창건」, 『백제문화』 27집, 1998.
김영심, 「사비도성의 행정구역 편제」, 『사비도성과 백제의 성곽』, 국립부여문화재연구소편, 2000.
______, 「七支刀銘」, 『역주 한국고대금석문』 제1권, 한국고대사회연구소편, 1997년 재판본.
______, 「백제의 도교 성립 문제에 대한 일고찰」, 『백제연구』 53집, 2011.
______, 「백제문화의 도교적 요소」, 『한국고대사연구』 64, 2011.
______, 「무령왕릉에 구현된 도교적 세계관」, 『한국사상사학』 40집, 2012.
______, 「칠지도의 성격과 제작배경」, 『한국고대사연구』 69, 2013.
______, 「4세기 동아시아 세계와 백제의 위상, 칠지도」, 『금석문으로 백제를 읽다』, 학연문화사, 2014.
김영태, 「김유신의 통일의지와 미륵신앙–용화향도와 난승노인을 중심으로」, 『한국불교학』 14, 1989.
______, 「미륵선화고」, 『신라불교연구』, 민족문화사, 1987.
김인숙, 「약물복용」, 『중국 중세 사대부와 술 · 약 그리고 여자』, 서경, 1998.
김일권, 「고구려 5세기 금석문에 나타난 간지역일 자료와 역법연구」, 『동북아역사논총』 36호, 2012.
______, 「한국 고대 '선'이해의 역사적 변천」, 『종교연구』 13권, 한국종교학회, 1997.
______, 「고구려 고분벽화의 도교와 유교적 신화 도상 분석」, 『동북아역사논총』 25호, 2009.
김재홍, 「창녕 화왕산성 용지 출토 목간과 제의」, 『목간과 문자』 제4호, 2009.
김정숙 역주, 「永郎銘石臼」, 『역주 한국고대금석문』 제2권, 한국고대사회연구소편, 1992.
김주성, 「무왕의 즉위와 서동설화」, 『사비도읍기의 백제』, 충청남도역사문화연구원, 2007.
김창겸, 「왕위쟁탈전의 전개」, 『신라 왕권의 쇠퇴와 지배체제의 동요』, 신라 천년의 역사와 문화 편찬위원회, 경상북도 문화재 연구원 발행, 2016.

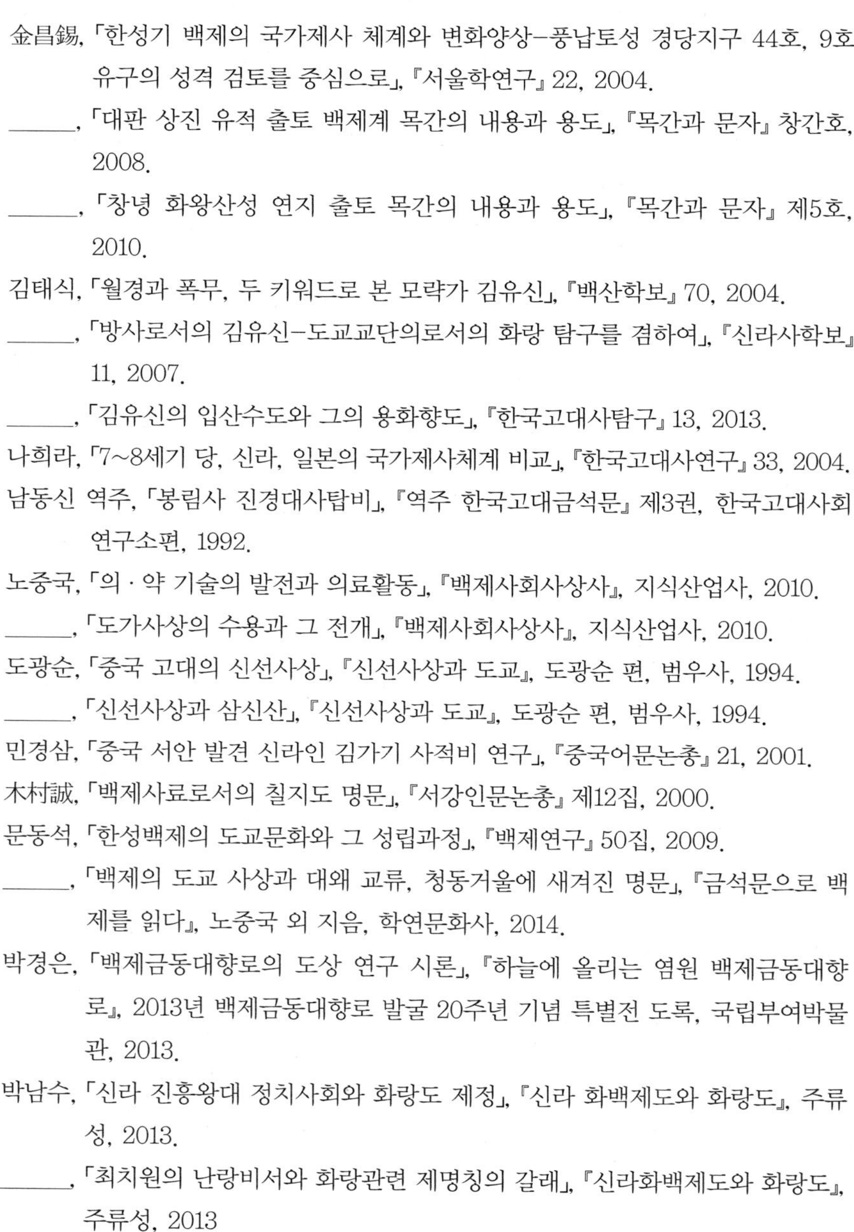

金昌錫,「한성기 백제의 국가제사 체계와 변화양상-풍납토성 경당지구 44호, 9호 유구의 성격 검토를 중심으로」,『서울학연구』22, 2004.

______,「대판 상진 유적 출토 백제계 목간의 내용과 용도」,『목간과 문자』창간호, 2008.

______,「창녕 화왕산성 연지 출토 목간의 내용과 용도」,『목간과 문자』제5호, 2010.

김태식,「월경과 폭무, 두 키워드로 본 모략가 김유신」,『백산학보』70, 2004.

______,「방사로서의 김유신-도교교단의로서의 화랑 탐구를 겸하여」,『신라사학보』11, 2007.

______,「김유신의 입산수도와 그의 용화향도」,『한국고대사탐구』13, 2013.

나희라,「7~8세기 당, 신라, 일본의 국가제사체계 비교」,『한국고대사연구』33, 2004.

남동신 역주,「봉림사 진경대사탑비」,『역주 한국고대금석문』제3권, 한국고대사회연구소편, 1992.

노중국,「의 · 약 기술의 발전과 의료활동」,『백제사회사상사』, 지식산업사, 2010.

______,「도가사상의 수용과 그 전개」,『백제사회사상사』, 지식산업사, 2010.

도광순,「중국 고대의 신선사상」,『신선사상과 도교』, 도광순 편, 범우사, 1994.

______,「신선사상과 삼신산」,『신선사상과 도교』, 도광순 편, 범우사, 1994.

민경삼,「중국 서안 발견 신라인 김가기 사적비 연구」,『중국어문논총』21, 2001.

木村誠,「백제사료로서의 칠지도 명문」,『서강인문논총』제12집, 2000.

문동석,「한성백제의 도교문화와 그 성립과정」,『백제연구』50집, 2009.

______,「백제의 도교 사상과 대왜 교류, 청동거울에 새겨진 명문」,『금석문으로 백제를 읽다』, 노중국 외 지음, 학연문화사, 2014.

박경은,「백제금동대향로의 도상 연구 시론」,『하늘에 올리는 염원 백제금동대향로』, 2013년 백제금동대향로 발굴 20주년 기념 특별전 도록, 국립부여박물관, 2013.

박남수,「신라 진흥왕대 정치사회와 화랑도 제정」,『신라 화백제도와 화랑도』, 주류성, 2013.

______,「최치원의 난랑비서와 화랑관련 제명칭의 갈래」,『신라화백제도와 화랑도』, 주류성, 2013

박성천 · 김시환, 「창녕 화왕산성 연지 출토 목간」, 『목간과 문자』 제4호, 2009.
박영철, 「출토자료를 통해 본 중세 중국의 사후세계와 죄의 관념」, 『동양사학연구』 70집, 2000.
박진숙, 「백제 동성왕대 대외정책의 변화」, 『백제연구』 32, 2000.
石井昌子, 「도교의 신」, 『道教란 무엇인가』, 酒井忠夫 외 지음/최준식 옮김, 민족사, 1990.
成周鐸, 「百濟 河南慰禮城」, 『百濟城址研究』, 서경, 2002.
신선혜, 「삼국유사 이혜동진조와 신라 중고기 불교계」, 2012.
신종원, 「단석산신선사 조상명기에 보이는 미륵신앙 집단에 대하여」, 『역사학보』 143, 1994.
안동준, 「고조선 지역의 무교가 중원 도교문화에 미친 영향」, 『도교문화연구』 26, 2007.
양기석, 「근구수왕의 대외활동과 정치적 지위-고구려왕의 관계를 중심으로」, 『백제의 국제관계』, 서경문화사, 2013.
______, 「한성시대 후기 정치사의 전개」, 『백제 정치사의 전개과정』, 서경문화사, 2013.
연민수, 「5세기 후반 백제와 왜국-곤지의 행적과 동성왕의 즉위 사정을 중심으로」, 『일본학』 13, 1994.
鈴木勉, 「백제의 금속공예와 고대 일본」, 『백제금동대향로, 고대문화의 향을 피우다』, 제59호 백제문화제 국제학술대회 백제금동대향로 발굴 20주년 기념 논문집, 충청남도역사문화연구원, 2013.
오승연, 「신라의 궁원지-구황동 원지의 성격을 중심으로」, 『백제연구』 53집, 2011.
______, 「신라 궁원지의 변천-구황동 원지를 중심으로」, 『동아시아 고대 정원 및 사지의 연구현황과 과제』, 국립부여문화재연구소 학술세미나 발표문, 2011.
오성훈, 「당 전기 도교 전개의 한 측면」, 『중국 도교사론1-중국고대도교의 민중적 전개내용』, 이론과 실천, 1997.
유원재, 「사비시대의 삼산숭배」, 『백제의 종교와 사회』, 현대사회문제연구소, 1994.
尹武炳, 「百濟美術에 나타난 道教的 要素」, 『百濟의 宗教와 思想』, 現代社會問題研究所, 1994.

윤성환, 「고구려 영류왕의 대당조공책봉관계수립 정책의 의미」, 『동북아역사논총』 39호, 2013.
이강래, 「최치원」, 『신라를 빛낸 인물들』, 신라 천년의 역사와 문화 편찬위원회, 경상북도문화재연구원, 2016.
이기동, 「골품제사회 완충제로서의 화랑도」, 『신라골품제 사회와 화랑도』, 일조각, 1984.
______, 「김유신-지성으로 이룩한 삼국통일의 위업」, 『한국사시민강좌』 30, 2002.
이기백, 「신라 오악의 성립과 그 의의」, 『신라정치사회사연구』, 일조각, 1974.
______, 「신라 정토신앙의 기원」, 『신라사상사연구』, 일조각, 1986.
______, 「망해정과 임해전」, 『신라사상사연구』, 일조각, 1986.
이난영, 「백제금동대향로 발굴의 의의」, 『백제의 미술』, 충청남도역사문화원, 2007.
이내옥, 「연개소문의 집권과 도교」, 『역사학보』 99 · 100합집, 1983.
______, 「백제 문양전 연구-부여외리 출토품을 중심으로」, 『백제미의 발견』, 열화당, 2015.
이도학, 「사비시대 백제의 4방계산 호국사찰의 성립」, 『백제연구』 20, 1989.
______, 「백제 한성도읍기 도성제에 관한 몇가지 검토」, 『백제도성의 변천과 연구상의 문제점』, 국립부여문화재연구소편, 서경, 2003.
이문기 역주, 「蔚州川前里書石」, 『역주 한국고대금석문』 제2권, 한국고대사회연구소편, 1992.
______, 「한성도읍기의 군사조직과 운용」, 『백제의 정치제도와 군사』, 충청남도역사문화연구원, 2007.
이병호, 「사비도성의 구조와 축조과정」, 『백제의 건축과 토목』, 충청남도역사문화연구원, 2007.
______, 「부여 능산리사지 가람중심부의 변천과정」, 『한국사연구』 43, 2008.
______, 「부여 능산리 출토 목간의 성격」, 『목간과 문자』 창간호, 2008.
______, 「백제 사비시기 도성의 의례 공간과 왕권」, 『한국고대사연구』 71, 2013.
이용현, 「목간」, 『백제의 생활과 문화』, 충청남도역사문화연구원, 2007.
이재환, 「전인용사지 출토 용왕 목간과 우물 · 연못에서의 제사의식」, 『목간과 문자』 제7호, 2011.

이정숙, 「진평왕의 즉위 배경과 정국추이」, 『신라 중고기 정치사회 연구』, 혜안, 2012.
이현숙, 「백제의학과 복서」, 『백제의 사회경제와 과학기술』, 충청남도역사문화연구원, 2007.
李熙德, 「삼국시대의 瑞祥說」, 『韓國古代自然觀과 王道政治』, 혜안, 1999.
임채우, 「한국선도와 한국도교-두 개념의 보편성과 특수성」, 『도교문화연구』 29집, 2008.
______, 「한국 선도의 기원과 근거 문제」, 『도교문화연구』 34집, 2011.
장수남, 「무령왕릉 매지권의 기원과 수용배경」, 『백제연구』 54집, 2011.
장인성, 「고대인의 질병관과 의료」, 『백제의 종교와 사회』, 서경, 2001.
______, 「무왕대의 도교」, 『백제의 종교와 사회』, 서경, 2001.
______, 「백제금동대향로의 도교문화적 배경」, 『백제금동대향로와 고대동아세아』, 국립부여박물관, 2003.
______, 「의례와 일본 고대국가 형성」, 『호서사학』 제37집, 2004.
______, 「한성백제시대의 도교문화」, 『향토서울』 65, 2005.
______, 「고대 일본에 전파된 백제 도교」, 『한국고대사연구』 55, 2009.
______, 「백제 의약과 도교문화」, 『백제연구』 52집, 2010.
______, 「이능화의 한국 도교관」, 『한국인물사연구』 17호, 2012.
______, 「한국 고대 도교의 특징」, 『백제문화』 제52집, 2015.
______, 「고대 동아시아 역사상의 백제 원지」, 『백제문화』 56, 2017.
장일규, 「현전하는 우리나라 고대의 유일한 문집」, 『계원필경집』 2, 최치원 지음, 이상현 옮김, 한국고전번역원, 2010.
______, 「최치원의 선 이해」, 『한국고대사탐구』 15, 2013.
전미희, 「연개소문의 집권과 그 정권의 성격」, 『이기백선생 고희기념논총 한국사학논총(상) 고대편, 고려시대편』, 일조각, 1994.
전호태, 「고구려 감신총벽화의 서왕모」, 『한국고대사연구』 11, 1997.
______, 「고분벽화로 본 고구려인의 신선신앙」, 『신라문화』 17 · 18합집, 2000.
______, 「고구려 고분벽화의 자료적 가치와 연구방향」, 『고분벽화로 본 고구려 문화』, 고구려연구재단, 2005.

정동준, 「백제 22부사체제의 성립과정과 그 기반」, 『한국고대사연구』 54, 2009.

정병삼, 「무염」, 『신라를 빛낸 인물들』, 신라 천년의 역사와 문화 연구총서 22, 신라 천년의 역사와 문화 편찬위원회, 경상북도, 2016.

정재서, 「고구려 고분 벽화에 표현된 도교 도상의 의미」, 『고구려연구』 16집, 2003.

______, 「해방 후 한국 도교 연구의 흐름(1945~2006)」, 『한국 도교의 기원과 역사』, 이화여자대학교출판부, 2006.

정재윤, 「5~6세기 백제의 남조 중심 외교정책과 그 의미」, 『백제문화』 41집, 2009.

______, 「동성왕대 왜계 세력의 동향」, 『역사학연구』 49, 2013.

조경철, 「백제칠지도의 상징과 명협」, 『한국사상사학』 제31집, 2008.

주보돈, 「신라 화랑도 연구의 현황과 과제」, 『계명사학』 8, 1997.

______, 「김유신의 정치지향」, 『흥무대왕 김유신 연구』, 신라사학회편, 2011.

______, 「백제 칠지도의 의미」, 『한국고대사연구』 62, 2011.

周裕興, 「백제문화와 중국의 남조문화 -무령왕릉을 중심으로」, 『백제문화』 40, 2009.

______, 「東晉高崧 家族墓與百濟武寧王陵的比較硏究」, 『백제문화』 46, 2012.

쪼우웨이쪼우, 「장안 자오곡 김가기 마애비 연구」, 『佛教硏究』 25, 2006.

秋月觀暎, 「道教의 역사」, 『道教란 무엇인가』, 酒井忠夫 외 지음, 崔俊植 옮김, 민족사, 1990.

최광식, 「국가제사의 제장」, 『고대 한국의 국가와 제사』, 한길사, 1994.

______, 「신라의 화랑도와 풍류도」, 『사총』 87, 2016.

최영성, 「최치원의 승전 찬술과 그 사상적 함의」, 『한국의 철학』 제28호, 2000.

______, 「최치원의 현묘지도와 유 · 선사상-난랑비서 재해석을 중심으로」, 『한국고대사탐구』 9, 2011.

최준식, 「이능화의 조선도교사」, 『한국도교문화의 위상』, 한국도교사상연구회편, 아세아문화사, 1993.

홍성화, 「웅진시대 백제의 왕위계승과 대왜관계」, 『백제문화』 45, 2011.

홍순창, 「신라의 삼산 · 오악에 대하여」, 『신라 민속의 신연구』, 신라문화선양회, 1983.

穴澤和光 · 馬目順一, 「龍鳳文環頭大刀試論」, 『백제연구』 제7집, 1976.

(2) 중국

僧延慶著, 吉田常吉 等編, 「武智麻呂傳」, 『古代政治社會思想』, 日本思想大系8, 岩波書店, 1979.

吳天穎, 「漢代買地券考」, 『考古學報』 第1期, 1982.

湖南省博物館, 「湖南資興晉南朝墓」, 『考古學報』 1984年 3期.

王明, 「論老子兵書」, 『道家和道教思想研究』, 中國社會科學出版社, 1984.

李澤厚, 「孫老韓合說」, 『中國古代思想史論』, 人民出版社, 1986.

李之勤, 「再論子午道的路線和改線問題」, 『西北歷史研究』, 1987.

呂錫琛, 「讖語, 道教與李唐王朝的崛起」, 『道家, 方士與王朝政治』, 湖南出版社, 1991.

李建民, 「中國古代禁方考論」, 『中央硏究院歷史語言硏究所集刊』 68-1, 1997.

巫鴻, 「地域考古與對五斗米道美術傳統的重構」, 『漢唐之間的宗教藝術與考古』, 巫鴻 主編, 文物出版社, 2000.

尹振環, 「老子與孫子兵法」, 『帛書老子與老子術』, 貴州人民出版社, 2000.

劉仲宇, 「兩宋新符籙道派社會文化背景分析」, 『道家與道教』 道教卷, 陳鼓應 · 馮達文 主編, 廣東人民出版社, 2001.

李淞, 「關中北朝造像碑研讀札記」, 『長安藝術與宗教文明』, 中華書局, 2002.

王勇, 「唐曆在東亞的傳播」, 『東亞文化圈的形成與發展-政治法制篇』, 高明士 主編, 國立臺灣大學歷史學系, 2003.

廖育群, 「呪禁療法」, 『醫者意也-認識中國傳統醫學』, 東大圖書公司, 2003.

杜正勝, 「從醫療史看道家對日本古代文化的影響」, 『從眉壽到長生-醫療文化與中國古代生命觀』, 三民書局, 2005.

程錦, 「唐醫疾令復原研究」, 『天一閣藏明.本天聖令交證 附 唐令復原研究』, 天一閣博物館 · 中國社會科學院歷史研究所天聖令整理課題組 校證, 中華書局, 2006.

白彬, 「吳晉南朝買地券 · 名刺和衣物疏的道教考古研究」, 『中國道教考古』, 張勛燎 · 白彬 著, 線裝書局, 2006.

____, 「試從考古材料看『女靑鬼律』的成書年代和流行地域」, (成都)『宗教學研究』 2007年 1期.

張寅成,「古代韓國的道教和道教文化」,『成大歷史學報』第39號, 國立成功大學歷史學系, 2010.
______,「古代東亞世界的呪禁師」,『宗教與醫療』, 林富士 編, 臺灣 聯經出版社, 2011.
劉屹,「中古經敎道敎的主神與補神研究」,『神格與地域－漢唐間道敎信仰世界研究』, 上海人民出版社, 2011.
張成,「中國古代墓葬出土的鎭墓神像」,『考古與文物』2014年 第1期.

(3) 일본

石母田正,「國家成立史における國際的契機」,『日本の古代國家』, 岩波書店, 1971.
下出積與,「呪禁師」,『日本古代の神祇と道教』, 吉川弘文館, 1972.
井上光貞,「日本律令の成立とその注釋書」,『律令』, 岩波書店, 1976.
僧延慶 著, 吉田常吉 等編,「武智麻呂傳」,『古代政治社會思想』(日本思想大系8), 岩波書店, 1979.
ジャン-ピェール ディエニィ,「鳳凰とフェニックス」,『中國文學報』第39册, 中國文學會, 1988.
山尾幸久,「石上神宮七支刀銘の百濟王と倭王」,『古代の日朝關係』, 塙書房, 1989.
金子裕之,「日本における人形の起源」,『道教と東アジア』, 福永光司編, 人文書院, 1989.
泉武,「律令祭祀論の一視點」,『道教と東アジア』, 人文書院, 1989.
福永光司,「道教における醮と章」,『道教と東アジア』, 福永光司編, 人文書院, 1989.
澤田瑞穗,「禁術考」,『中國の呪法』, 平河出版社, 1990.
大淵忍爾,「黃巾の叛亂と漢中政權」,『初期の道教』, 創文社, 1991.
坂出祥伸,「彭祖傳說と彭祖經」,『道教と養生思想』, へりかん社, 1992.
神塚淑子,「南北朝時代の道教造像－宗教思想史的考察を中心に」,『中國中世の文物』, 礪波護 編, 京都大學人文科學研究所, 1993.
和田萃,「藥獵と本草集注－日本古代における道教的信仰の實態」,『日本古代の儀禮と祭祀・信仰』中, 塙書房, 1995.
______,「呪符木簡の系譜」,『日本古代の儀禮と祭祀・信仰』中, 東京, 塙書房, 1995.

關晃,「歸化人」,『古代の歸化人−關晃著作集第三卷』, 吉川弘文館, 1996.
大形徹,「二條大路木簡の呪文」,『木簡硏究』18, 1996.
新川登龜男,「日本古代における佛教と道敎」,『道敎と日本−第二卷 古代文化の展開と道敎』, 野口鐵郞責任編輯, 東京, 雄山閣, 1997.
窪德忠,「朝鮮の道敎」,『東アジアにおける宗敎文化の傳來と受容』窪德忠著作集 6, 第一書房, 1998.
李成市,「高句麗泉蓋蘇文の政變について」,『古代東アジアの民族と國家』, 岩波書店, 1998.
丸山裕美子,「日唐醫疾令の復原と比較」,『日本古代の醫療制度』, 東京, 名著刊行會, 1998.
金子裕之,「佛敎・道敎の渡來と蕃神信仰」,『古代史の論點5−神と祭り』, 金關恕・佐原眞編, 小學館, 1999.
新川登龜男,「調(物産)の意味」,『日本古代の對外交涉と佛敎−アジアの中の政治文化』, 吉川弘文館, 1999.
林克,「醫書と道敎」,『道敎の生命觀と身體論』, 三浦國雄 等編, 雄山閣出版, 2000.
松本浩一,「符籙呪術論−道敎の呪術」,『道敎の敎團と儀禮』, 編輯代表 野口鐵郞, 雄山閣出版, 2000.
垣內智之,「存思の技法−體內神の思想」,『講座 道敎 第3卷, 道敎の生命觀と身體論』, 野口鐵郞 編輯代表, 雄山閣出版, 2000.
仁藤敦史,「鬼道を事とし,よく衆を惑わす−謎の女王卑彌呼」,『三國志がみた倭人たち』, 設樂博己編, 山川出版社, 2001.
樋口隆康,「ホケノ山古墳出土鏡を解く」,『ホケノ山古墳調査槪報』, 學生社, 2001.
和田萃,「南山の九頭龍」,『長屋王家・二條大路木簡を讀む』, 奈良國立文化財硏究所, 2001.
寺崎保廣,「平城京二條大路木簡の年代」,『長屋王家・二條大路木簡を讀む』, 奈良國立文化財硏究所, 2001.
高倉洋彰,「弁韓・辰韓の銅鏡」,『韓半島考古學論叢』, 西谷正編輯, 2002.
辰巳和弘,「古墳のシンボリズム」,『古墳の思想』, 白水社, 2002.
小澤毅,「都城の誕生 藤原京」,『倭國から日本へ』, 森公章 편, 吉川弘文館, 2002.

金子裕之, 「古代都城と道教思想」, 『古文化談叢』 53집, 2005.
坂出祥伸, 「冥界の道教的神格」, 『道家・道教の思想とその方術の研究』, 汲古書院, 2009.
福島邦夫, 「巨樹傳承・宇宙樹・シャーマーニズム・神樂」, 『長崎大學總合環境研究』第12卷 第2号, 2010.
劉安志, 「六朝買地券研究二題」, 『魏晉南北朝における貴族制の形成と三教・文學』, 渡邊義浩 編, 汲古書院, 2011.
張成, 「中國古代鎭墓獸の基礎的研究(1)」, 『和田晴吾先生退職記念論集』, 立命館大學考古學論集刊行會, 2013.
小澤毅, 「飛鳥の都と古墳の終末」, 『岩波講座 日本歷史 第2卷 古代2』, 岩波書店, 2014.

4. 기타

연합뉴스 2010년 4월 13일 김태식 기자, 「백제시대 마약조달문서 발견」
대전일보 2010년 4월 14일 김효숙 기자, 「백제시대에도 마약을」

한국 고대 도교 찾아보기

ㄱ

가몰로국(伽沒路國) 55
경문왕 281
계원필경집 249
고구려비기(高句麗秘記) 66
고변(高駢) 249, 251, 256, 269
고분벽화 73
관륵 181, 233
구와츠(桑津)유적 196
구칠 213
구황동 원지 225
국가제사 151
국선(國仙) 279, 281
궁남지 128, 139
규원사화(揆園史話) 16
근초고왕 83
급격(急擊) 전술 88
길대상(吉大尙) 178
길상구(吉祥句) 95
길의(吉宜) 182
길전련의(吉田連宜) 183
김가기 242
김암(金巖) 232
김유신 145, 230
김인문 211
김지성(金志誠) 211
김후직 207

ㄴ

난랑비서(鸞郞碑序) 281

노자 39, 45, 84, 207
노장(老莊) 사상 13, 211
녹진 223
능사(陵寺) 168

ㄷ

담수 214
당 고조 43
당귀(唐鬼) 199
당 태종 43
대사(大祀) 145
대세 213
대추(棗) 115
대화(大和) 삼산(三山) 147
덕자진 190
덕정상(德頂上) 178
도(道) 14
도교 13, 284
도교 진흥책 51, 59
도사 39
도왜인 176
도홍경(陶弘景) 33, 171
동성왕 116
등원경 146
등원궁(藤原宮) 148
등원무지마려 183

ㅁ

마애비(摩崖碑) 244
매실 169
매지권 103
명산대천 63
목소정무(木素丁武) 188
목우인(木偶人) 236
목우인 목간 237
목제인형 195
몽촌토성 137
무령왕 102
무령왕릉 102
무왕 127
무위지치(無爲之治) 45, 47
문화의 복합체 15
미륵선화 279

ㅂ

박산향로(博山香爐) 155
반력(班曆) 29, 30
방격규구신수문경(方格規矩神獸文鏡) 113
방사(方士) 183, 253
방선도(方仙道) 13
방술 14, 230, 231, 234
방장선산 129

배상(盃相) 224
백제금동대향로 153
백제신집방 171
백제 유민 178
백제 인삼 171
법록 254
법장화상전 272
벽백병(辟百兵) 95
보덕화상 68
보장왕 48
복이(服餌) 184, 224
본초학 170
봉래산 133
봉황 157
부서주저(符書呪詛) 194
부종율령(不從律令) 110

ㅅ

사비도성 153
사신도 162
사택만수(沙宅萬首) 188
사후세계 105
산경문전(山景文塼) 160
산신(山神) 151
산천제사 61
삼산(三山) 127, 129, 142
삼신산 229
상림원 132
상장(上章) 258
서왕모(西王母) 77
석신(石神) 유적 140
선(仙) 273, 277, 282, 284
선계(仙界) 74
선덕여왕 235
선사(仙史) 283
선약(仙藥) 179
선인지당(仙人持幢) 73
선재(仙齋) 262
선파(仙派) 15
성왕(聖王) 160
속선전 242
송교 225
수도성선(修道成仙) 14
시해선 216
신농본초경(神農本草經) 114
신라선인영랑연단석구(新羅僊人永郎鍊丹石臼) 221
신선 73, 212, 267
신선사(神仙寺) 280
신선사상 73, 229
신선세계 127
신장(神將) 267

ㅇ

약부(藥部) 163
약아(藥兒) 165
양로율령 192
양생술 14
여용지 253
여율령(如律令) 109
여인군(余仁軍) 190
역귀술(役鬼術) 253
역사기억 55
연개소문 27
연금소단(錬金燒丹) 269
염매(厭魅) 194
영류왕 28, 39
영집해(令集解) 193
오두미도 39, 98
오석명목간 173
오석산(五石散) 173
옥천 114
왕궁리 유적 140
왕권 과시 123
운모 169
원시천존(元始天尊) 33, 267
원지 116, 122, 225
월지(月池) 226
육진병법(六陣兵法) 233
을지문덕 71
음양오행 234
의심방(醫心方) 171
의질령 188, 192
이능화 15, 248
이성산성 239
이씨당왕설(李氏當王說) 43
일기존사(一氣存思) 270
임류각 122, 138

ㅈ

자오곡 245
장군 막고해 83
재(齋) 258
재사(齋詞) 249, 255, 256, 260, 261
재초(齋醮) 63, 255, 264
재초의식 261
적선(謫仙) 278
적송자장력(赤松子章曆) 239
전약두 182
정관지치(貞觀之治) 45
정교합일 98
정재서 21
조선도교사 15
종남산 245
주금박사(呪禁博士) 165, 188
주금사 186, 192
주금생(呪禁生) 192

주금술 187
주부(呪符)목간 196, 198
주학귀법(呪瘧鬼法) 198
주후방 172
지약아식미기(支藥兒食米記) 165
지약아식미기(支藥兒食米記) 목간 165
지하세계 105
진묘수(鎭墓獸) 111
진사왕 124
진평왕 207

ㅊ

차주환 17
참언(讖言) 64
천존(天尊) 33
천존상 37
청사(靑詞) 255
청정무위(淸靜無爲) 45
청학집(靑鶴集) 16
초(醮) 258
최치원(崔致遠) 249
칠지도 83, 89

ㅌ

태상노군(太上老君) 33, 109
태상삼존 267
태액지 133
태자 근구수 84
토욕혼(吐谷渾) 30

ㅍ

평성경 146
평안경 146
풍납토성 138
풍류 283
풍월도(風月道) 279

ㅎ

한국련광족(韓國連廣足) 190
한무외(韓無畏) 247
해동전도록(海東傳道錄) 247
해약(解藥) 178
혜공 215
혜숙 215
화랑(花郎) 279
화문대신수경(畵文帶神獸鏡) 99
화왕산성 237
회통(會通) 284